제노사이드와
대량학살,
극단적 폭력의
심리학

Translated from the English Language edition of *The Psychology of Genocide, Massacres, and Extrime Violence: Why Normal People Come to Commit Atrocities* by Donald G. Dutton, originally published by Praeger, an imprint of ABC-CLIO, LLC, Santa Babara, CA, USA. Copyright © 2007 by Donald G. Dutton. Translated into and published in the Korean language by arrangement with ABC-CLIO, LLC. All rights reserved.

No part of this book may be reproduced or transmitted in any form or by any means electronic or mechanical including photocopying, reprinting, or on any information storage or retrieval system, without permission in writing from ABC-CLIO, LLC.

Korean translation copyright © by Humanrights & Peace Institute

제노사이드와 대량학살, 극단적 폭력의 심리학
  초판2쇄 인쇄 2024년 6월 29일
  초판2쇄 발행 2024년 7월 5일

지은이	도널드 G. 더튼
옮긴이	신기철
펴낸이	심재환
펴낸곳	(재)금정굴인권평화재단 인권평화연구소
	출판등록 2015년 9월 14일 제2015-000178호
	경기도 고양시 일산서구 주화로 40 동주오피스텔 617호
	070-8223-2700 ǀ gjpeace@hanmail.net
	홈페이지 www.gjpeace.or.kr
인쇄	(주)상지사P&B
ISBN	979-11-956330-8-1 (93180)

책값은 뒤표지에 있으며 잘못 만들어진 책은 서점이나 본사에서 바꾸어 드립니다.
이 책은 저작권법에 의해 보호됩니다.

제노사이드와 대량학살, 극단적 폭력의 심리학
평범한 사람들이 잔학 행위에 이르는 이유를 찾아

도널드 G. 더튼 지음 | 신기철 옮김

The Psychology of Genocide, Massacres, and Extreme Violence
Why "normal" People Come to Commit Atrocities

Donald G. Dutton

차례

서문_7

제1장 폭력의 역사_14

제2장 20세기 대규모 폭력_36

데모사이드 38 · 발생율 40 · 살해의 과실성 지각 45 · 제노사이드 48 · 르봉의 군중 심리 53 · 집단 심리와 자아 분석 54

제3장 제노사이드_59

아르메니아 59 · 우크라이나 대기근 또는 홀로도모르 63 · 캄보디아 66 · 르완다 71 · 보스니아 74

제4장 홀로코스트_77

살인 무기로서 법 90 · 동성애자 공격 94 · 집단 수용소 102 · 죽음의 수용소 110

제5장 군대에 의한 대량학살_120

난징 대학살 122 · 미라이 130 · 엘 모소테 135

제6장 린치_139

샘 호스 141 · 린치 사건의 발생 빈도와 목화 농업의 관련성 144 · 인구와 군중 폭력 146 · 정치와 억제 147 · 클로드 닐 148 · 표적 집단 선택 152

제7장 감옥 폭동_159

아티카 160 · 산타페 교도소 169

제8장 사회적 이행: 제노사이드에서 규범의 변화_179
제노사이드의 전제 조건과 표적 집단의 선택 185 · 학살의 새로운 청사진 188 · 가해 집단의 구조 191 · 신념을 집중시키다 203 · 표적 집단의 선택 204 · 공포 주입 206 · 바이러스 은유 208 · 외부 집단을 제거하라는 결정이 내려지다 209

제9장 극단적 폭력에 이르는 개인의 이행_212
탈개인화된 폭력과 야만적 대량학살 222

제10장 성폭행과 연쇄 살인, 그리고 전쟁의 법의심리학_229
성폭행 231 · 성적 살해 241

제11장 폭력적 공격성의 개인 차이_250
이들에게 개인별 차이가 있을까? 255

제12장 마지막 고찰_263
잔인성 265 · 포식과 고통-피-죽음 복합 267 · 전쟁 범죄 재판 275

제13장 요약_282
자살 폭탄테러범 285

후기_289
옮긴이 후기_291 · 미주_304 · 찾아보기_341

일러두기

1. 이 책은 2007년 미국에서 출간된 더튼 교수의 *The Psychology of Genocide, Massacres, and Extreme Violence: Why "normal" People Come to Commit Atrocities*를 완역한 것입니다.
2. 직역을 우선으로 했으나 필요한 경우 의역을 하거나 옮긴이의 의견을 괄호로 곁들였습니다.
3. 원 저작의 각주에 달린 미주는 각 각주에 괄호로 표시했습니다.
4. 제노사이드, 홀로코스트, 홀로도모르 등 용어에 있어서 일반적인 대량 학살을 의미하는 경우 외에 구체적인 지역 또는 대상을 특정한 사건이나 집단 학살의 특정 유형을 지칭하는 것으로 보아 원문의 용어를 그대로 사용했습니다.

서문

사람이 신화적인 짐승으로 변신하는 소재를 다루는 영화[1]에서 뱀파이어나 늑대인간은 인간의 조건을 넘어서는 가공할 폭력을 저지른다. 그런데 사실 이는 사람이 저지를 수 있는 잔인성을 비유한 것에 다름없다.

우리는 친절한 행동을 묘사하면서 이를 "인간적"이라고 부른다. 하지만 인간은 비인간화된 희생자에게 극악한 행동을 저지르기도 한다. 인류 역사를 통하여 아직도 인간은 지구상에서 가장 파괴적인 종(種)이다. 르네상스가 폭력에 반대하는 더 밝고 문화적인 인간성을 불러일으킬 것이라는 희망은 이미 오래 전 사라졌다. 이제 막 지난 20세기는 인간의 역사에서 피를 가장 많이 흘린 시기였다.[2] 강력한 무기를 만들 수 있는 우리의 능력은 매년 늘어났으나 공동체로서 전체 인간 사회에 동정심을 가지는 능력은 늘어나지 않았다. 이 책의 제1장에서 살펴보겠지만 21세기 학살의 발생 과정은 11세기에 비해 별로 다르지 않다. 적이라고 규정한 뒤 혐오스럽게 행동한다거나 행동할 것이라고 비난하는 것이 똑같고, 이제 막 참상이 벌어질 것같은 두려움을 불러일으키는 것도 똑같다. 이단이라거나 애국심이 부족하다며 비난하는 것도 역시 같다. 자기 부족에 대한 열정은 극단적 분노와 집단 살해를 낳는 폭력, 즉 상대 집단 전체를 멸망시키려는 의지를 불러일으킨다. 이 부족적 열정으로 가는 길은 급변하는 사회적 변화, 즉 희생자 집단을 기생충과 바이러스라고 묘사하면서 이들에 대한 폭력 행사를 받아들이게 만드는 새로운 사회 규범의 발달에 의해 열린다. 이렇게 공포에 기초한, 적 집단에 대해 만연된 견해는 비록 상대가 어린아이들일지라도 가능한 신속히 절멸시키려는 행동을 낳는다.

살해 충동은 권력과 운명에 대한 사회적 감각, 즉 개인 차원의 나르시시즘과 국가 차원의 민족주의 등으로부터 일종의 권한을 부여받았다는 느낌에 의해 강화된다. 카드리Sadakat Kadri[3]는 재판의 역사에 대한 탁월한 서술 속에서 15세기 성 아우구스티누스가 했다는, 출처가 분명하지 않은 한 이야기를 소개했다. 알렉산더 대왕은 사로잡힌 해적에게 어찌 감히 공해상에서 약탈을 저지르는지 물었다. 해적은 이렇게 답했다. "당신은 큰 선단을 가지고 약탈을 하기 때문에 제왕으로 불리지만 나는 작은 배로 하기 때문에 해적이라고 불리는 것이오."[4] 살인에 대한 우리의 도덕적 판단은 여러 개의 잣대를 갖고 있어서 민간인의 경우와 군인의 경우에 서로 다르게 적용하는 것이 사실이다. 대부분의 미국인들은 베트남 미라이My Lai에서 여성과 어린이를 강간하고 살해한 캘리William Calley 중위의 처벌을 달가워하지 않았다.[5] 살인자 캘리는 단지 며칠 동안만을 감옥에서 지냈을 뿐이었다. 최근에 그의 행동이 정상이 아니었음이 드러났다.[6] 타이거부대라고 불렸던 미 제101공수부대는 베트남에서 고문과 강간을 저지르고 신체 일부를 잘라 수집하는 등 피바람을 일으켰다. 민간 사회에서는 단 한 명이 이런 짓을 했더라도 경찰 당국 전체를 발칵 뒤집어 놨을 것이다. 마치 시애틀 그린 리버의 살인자 게리 리지웨이의 경우처럼 말이다. 전쟁 중에는 이런 가혹 행위가 은폐되어 무관심의 대상으로 전락한다.

공격성에는 개인적으로, 사회적으로 차이가 있다. 그런데 이런 차이들은 한 문화 안에서 변화하는 것으로서 기억의 소멸에 뒤따르는, 시간이 지나면 그만이라는 오만[7]에 의해 발생함을 보여준다. 극단적 잔학 행위는 특별한 어떤 문화에서가 아니라 급격히 악화되는 "최악의 상황 perfect storm"에 직면한 모든 문화에서 나타날 가능성이 높아 보인다. 이렇게 여러 문화에 걸쳐 공통적으로 나타나기 때문에 사회생리학자들은 극단적 폭력을 유전적인 것으로 보는 경향이 있다. 그들은 포식자였던 인류 역사에서 퇴화한 찌꺼기라거나 "고통-피-죽음pain-blood-death"의 복합complex, 성공한 사냥과 연관된 일련의 과정으로 본다.[8] 인간은 다른 동물보다도 훨씬 잔인한 능력이 있다는 것을 보여줬다. 어떤 이들은 인간의 두뇌가 발달함에 따라 '희생물들이 어떻게 생각할까?'와 같은 "마음의 이론theory of mind"을 받아들였는데 이것이 잔인성의 기초가 되었다고 생각하기도 한다. 또 다른 이들은 위성과 탐사 장비에도 불구하고 인간보다 고등인 생명체와 접촉하는 일에 실패했을 때 이 고등생명체가 지능의 부산물인 극단적 폭력으로 사람들을 없애고 그들 자신조차 파괴하지 않겠냐고 걱정을 하기도 한다.

극단적 폭력을 낳는 심리적 기제를 설명하기 위해 쓰인 이 책은 역사와 함께 사회심리학과 법의심리학이 결합되어야 했다. 나는 이 심리적 기제를 "야만적"이라고 부르지 않았다. 고도로 문명화된 집단조차도 그들이 경멸해 마지않던 야만적 폭력을 사용했기 때문이다. 이 결합에 의해 어떤 학문적 결과가 탄생한다면 그것은 "법의행동학forensic ethology"이라고 부르는 새로운 연구 영역이 될 것이다.

이 책은 로미오 댈레어의 『악마와 악수하다Shake Hands with the Devil』를 읽고 영감을 얻었다.[9] 그는 유엔군의 지휘자로서 르완다에서 투치족을 구하면서 겪었던 공포를 회고했다. 나는 댈레어의 연설을 듣기 위해 갔고 그의 용기와 연민에 감동을 받았다. 그는 비범한 사람이었다. 나는 일찍이 엘살바르도 엘 모소테에서 벌어진 학살을 회고하는 마크 대너Mark Danner의 저서를 읽었다.[10] 어린이를 포함하여 민간인을 학살하는 엘살바르도 군인들의 행위에 기절할 뻔했지만, 이제 그것들이 그리 특별한 것이 아니라는 것을 안다. 20세기 학살에 대한 사만다 파워Samantha Power의 놀랄만한 저술 역시 나에게 영감을 주었다.[11] 나는 에릭 프롬Eric Fromm[12]이나 어니스트 베커Ernest Becker[13]와 같은 위대한 사상가가 취미로나 가질 정도의 사회심리학적 배경 지식을 가지고 있다. 제2장은 인간의 "악evil"이 일으키는 문제의 밑바닥까지 총체적으로 바라 본 이들의 통찰력에 대한 서술이다. 이들은 극단적 폭력이 나타나게 되는 일반적인 동기를 탁월하게 설명했다. 몇몇 사회심리학 실험 연구는 인간의 외부 집단 증오가 절대절명의 위기감에 대한 반응이라는 베커의 생각을 지지하고 있다.[14] 실험실 연구는 대개 이 책에서 벌어지는 사건에 잘 적용되지 않는다. 대량 학살에 있어서 사건이 반복되면서 가해자들의 폭력이 나선형으로 증폭되는 것을 볼 수 있다. 실험실에서는 이러한 사례가 연구될 수 없다는 것은 분명하다. 내가 이 책에서 택한 연구 방법은 자연 상태의 동물 행동을 연구하는 행동학ethology[15]에 따랐다. 이 행동학은 사회생물학 이론이 이 분야를 휩쓸기 전에 수행된 것으로 프로크루스테스의 침대처럼 한 이론을 입증하는 데 모든 관찰들을 억지로 맞추게 했었다. 나는 인간의 공격성에 대한 행동학 연구는 가해자와 직접 목격자의 서술로부터 얻어져야 한다고 주장한다. 이 책에는 난징, 르완다, 베트남에서 잔학 행위를 저지른 가해자들의 증언이 소개되어 있다.

이 책을 쓰는데 다음 사람들에게 빚을 졌다. 학자이자 오랜 친구인 마이클 본드Michael Bond와 이호 보야노스키Ehor Boyanowsky가 2005년 『공격성과 폭력 행동Aggression and Violence Behavior』 잡지에 발표한 논문은 이 책을 이끄는 도입 부분에 도움을 주었다. 이 두 사람은 이 저술 전반에 걸쳐 아이디어와 소재에 대하여 영감을 주었다. 브리티시 콜롬비아대학의 오랜 동료인 피터 슈펠드Peter Suedfeld는 문헌 조사를 도와주었다. 크리스티 테트롤트Christie Tetreault는 재학 중 홀로코스트를 주제로 논문 초고를 썼으며 관련 장의 수정 보완에 상당한 기여를 하였다. 그가 심리학을 공부하기 전에 역사학 학위를 갖고 있었다는 것이 나에게는 행운이었다. 그는 이 책에 있는 사건에 대하여 막대한 양의 조사를 완벽하게 수행하였다. 그와 르네 레인Rene Lane은 최종 편집에 많은 도움을 주었다. 린지 코만Lindsey Korman 역시 린치 장의 서술에 기여하였다. 린치는 이 책에서 만날 수 있는 가장 잔인한 행동이다. 린지의 발견에 따르면, 군사적 대량 학살에서는 오랜 기간의 선동에 의해 예비적 흥분이 나타나는 데 비해 린치에서는 가장 잔인한 형태에서조차도 그 흥분이 나타나지 않는다. 린치 사건의 살인자들은 놀랍게도 이제 막 교회에서 나온 평범한 시민들이었다!

이 책의 내용에 관하여 경고의 말을 몇 가지 하고자 한다. 이 책은 쉬운 읽을 거리는 아니다. 이 책에 서술된 폭력은 혐오스럽지만 사실이다. 이것들은 얻을 수 있는 최고의 역사적 증거에 기초하고 있다. 폭력에 대한 영화적 묘사를 위해 컴퓨터 그래픽이 늘어나고 있는 것에서 볼 수 있는 것처럼 여기서 우리가 묘사하고 있는 것 역시 역사적 증거 외에는 접근할 수 없다. 사람들은 사지 절단, 신체 절단, 새디즘적인 고문을 실제 볼 수 없다. 아동 살해 장면도 볼 수 없다. 영화 『라이언 일병 구하기』에서 전투하던 군인들이 피와 살을 뿌리며 죽어가는 장면들은 많은 시청자들을 마비시켰다. 실제로 재현될 수 없는 이런 장면은 컴퓨터 그래픽에 의존한다.('코믹북' 영화사의 『씬 시티』도 그렇다) 이러한 재현은 동족 살해에 대해 조건화된 혐오감을 정서적으로 남긴다는 점에서 바람직한 것이다. 그런데 불행하게도 우리는 너무나 쉽게 이를 넘어선다. 이 책을 쓰는 목적은 학문적인 심리 실험실의 멸균상태 연구가 아니라 모든 혐오스러움 속에 있는 인간의 폭력을 설명하는 데 있다. 심리실험실에서는 낮은 수준의 전기 충격을 가하거나 자루bag를 두드리는 것이 고작 얻을 수 있는 중대한 성과이다. 내가 바라는 것은 무슨 일이 일어날 수 있는지 사람들에게 충분히 알리고자 하는 것이며 같은 인간으로서 모든 사람들에게 재발을 막을 수 있도록 충분히 유념하게 하는 것이다.

마지막으로 이 책의 주제를 서술하는 과정에 대해 몇 마디 하고자 한다. 빅터 넬Victor Nell은 잔인성을 주제로 한 논쟁적인 사회생리학 논문에서 고생물학자 쿠체J. M. Coetzee가 한 말, 즉 악마성을 다루는 사람들은 그것에 의해 오염된다고 한 것(악마성은 쉽게 전염된다)에 대해 지적했다. '난징대학살'과 '죽음의 바탄 행진'의 주제에 짓눌린 아이리스 장Irish Chang은 자신의 두 번째 책을 쓰던 중 자살했다. 내가 이 책을 준비하면서 읽었던 자료에 대한 나의 첫 감정적 반응은 공포에서 시작된 일종의 심리적 마비였다. 이것은 이미 만연되어 있는 감상적 비관주의Weltshmertz(인간성에 대한 총체적 실망으로 인해 세상이 지긋지긋하다는 것을 뜻하는 독일어) 상태에 이어 발생한 것이었다. 사실 살인자를 무감각하게 만드는 것 역시 이와 다를 바 없는데 이 주제는 제9장에서 다룰 것이다. 나는 영화 『모리의 화요일Tuesdays with Morrie』에 감동받았다는 한 이웃(우리 둘 다 이 영화를 봤다)과 함께 걷던 중 그로부터 영화에서 어떤 느낌을 받았냐는 질문을 받았다. 별 감동이 없었다고 말하자 그는 흥분하며 연민이 부족하다며 나를 비난했다. 허 참! 당시 내가 읽고 있던 책의 내용에 비해 보잘 것 없었노라고 어떻게 그에게 말할 수 있었겠는가? 영화 속의 남자 모리는 암으로 죽어갔지만 그래도 죽을 때가 되어서 죽은 것이었다. 그때 내가 떠올린 이미지는 이 책 끝 부분에 있는 우크라이나 기술자 헤르만 그레베Herman Graebe의 기록에 있다. 함께 죽어가야 했던 한 유대인 가족의 엄숙한 죽음에 대한 그의 서술은 나에겐 매우 심각한 충격이었다. 이것은 뉘른베르크 재판을 조사하면서 얻은 최근 이미지로서 이 책 제12장의 결론이다.

   이 연구를 통해 얻은 마지막 교훈은 무엇일까 생각해 본다. 나는 인간의 가장 강한 동기는 사랑하는 사람과 영원히 함께 있기를 갈망하는 것이라는 결론에 이르렀다. 인간은 이를 위해 어떤 것이라도 하려 한다. 스스로의 몸(그리고 다른 사람도 함께)을 산산히 날려버리기도 한다. 나는 부족주의가 보편적이라는 것을 깨달았다. 그리고 이것은 바로 자식의 일이 아니면 무관심해지는 모성애처럼 타인에 대한 애착에서 시작하며 우리가 인정하는 내부 집단과 그렇지 않은 외부 집단의 구분으로 더 나아가기도 한다. 그런데 상징화에 대한 우리의 능력은 우리 안에서조차 내부 집단과 외부 집단을 만들어 냈고 그리고 그 안에서 우리는 그들의 행동을 완전히 다르게 본다. 우리가 살아남아야 한다면 부족이 갖는 인간성과 급진적 폭력의 잠재성 모두를 필요로 한다. 만약 우리라는 집단만이 이 지구상에서 문명화되었을 것으로 착각한다면 지난 시절의 잘못을 반복할 운명이 될 것이다. 더욱 강력하고 파괴적인 무기를 가진 채 말이다.

서문 13

제1장 폭력의 역사

조직화된 집단의 일부가 되었다는 바로 그 사실로 인해 인간은 문명의 사다리에서 몇 계단 떨어진다. 비록 교양 있는 사람일지라도 군중 속에 고립되어 있을 때 본능에 따라 행동하는 야만인이 된다. ─구스타프 르 봉, 『군중 심리』[1]

12세기 기사와 그의 부하들에게는 끔찍한 딜레마가 있었다. 이들은 산 사람들에게 냉혹하게 폭력을 가하고 죽이도록 훈련을 받았다. 이와 동시에 폭력의 범죄는 신에 의해 처벌을 받는다고 믿었다.[2] 존 아코셀라Joan Acocella는 잡지 『뉴요커』에 기고한 십자군에 대한 논문[3]에서 "모든 교회의 정문에서 폭력을 저지른 죄인을 지옥으로 끌고 가며 미소 짓는 악마의 모습을 보았던 그들은 폭력을 휘두르도록 훈련 받으면서도 이 때문에 영원히 불에 태워지는 형벌을 받게 되리라는 강박에 사로잡혔다."[4] 믿음과 실천사이의 이런 인지부조화cognitive dissonance[5] 또는 심리적 모순은 견딜 수 없는 것이었다. 살인자의 일생은 분명히 불의 지옥에서 영원히 태워지는 것을 의미했으므로 너무 끔찍해서 이를 상상조차 할 수 없는 일이었다. 카톨릭 교회는 자기 모순에 빠졌다. 속세의 왕들은 권력을 놓고 교회와 투쟁하게 되었고 교회 자체도 로마 중앙과 비잔틴 제국의 지배 아래 멀리 떨어져 있는 콘스탄티노플의 그리스 정교회로 나뉘어졌다. 교회권력을 확립하는 과정은 애스브리지Asbridge, T.가 "거대한 야심과 의지가 충만하고, 비타협적"6)이라고 묘사한 교황 그레고리Gregory 1073-1085 초기에 시작되었다. 유럽 속세의 왕이 개입하는 것에 대한 그레고리의 해법은 파문의 힘을 사용하여 천국 그리고 영원한 평화에 다가갈 수 없게 위협하는 것이었다. 어떤 난관을 극복하여 전체 권력을 독점적으로 장악했다는 주장만으로 그 권력이 성공했다고 평가받을 수 있었다. 이런 측면에서 본다면 독일의 헨리4세에 반대하여 최초로 사용된 이 전략은 성공적이었다.

그레고리 자신이 선택한 후계자는 교황 어반 2세Urban II였다. 어반에게는 취임 초기에 뇌물을 주고 떠나게 했던 경쟁자 교황 클레멘트 3세Clement III와 싸워야 하는 문제가 있었다. 어반은 교회 권력을 강화시키려는 독보적인 전략을 구상했다. 그는 폭력을 사용하면서도 천국에 갈 수 있는 '긍정적인 폭력'의 개념을 고안했다. 폭력의 한 형태였으면서도 천국으로 갈 수 있는 실질적인 보증이 되었고 후세대는 이를 '성전聖戰, holy war'이라고 불렀다.

성전의 청사진은 여러 해 전에 이미 성 아우구스티누스St. Augustine 354-430 C.E.의 『마니교도 파우스투스 반박Contra Faustum Manichaeum』에 그려져 있었다.7) 논쟁의 요점은 이런 것이었다. "정의의 전쟁just war"은 합법적이고 도덕적이다. 이는 신과 신을 대신하고 있는 자의 적에 대항하여 싸우는 것이다.(카톨릭 교회가 이렇게 주장한다) 이는 (왕, 왕자, 성직자, 교황의) 합법적 권위에 의해 선포되어야 하며 (피해에 대한 복수, 재산 되찾기, 공격에 대항한 방어 등) 정당한 원인이 있어야 하고 (잔인함이나 지나친 유혈 없이) 정당한 의도를 가지고 싸워야 한다. 정의의 전사는 악으로부터 범죄자들을 억제해야 하며 자신의 이익만을 추구하려는 욕구에 굴복하지 않아야 한다.

그러나 '올바른 의도'의 기준은 얼마 지나지 않아 거의 찾아 볼 수 없다는 것이 확인되었다. 아우구스티누스에 의해 촉발된 이 새로운 견해는 폭력성의 정도를 떠나 자신들이 저지르는 폭력이 사악한 것이 아니라는 것을 의미하게 되었다.(상대방 그 자체가 악이므로. mala in se)[8] 단지 그들의 의도만이 그들을 그렇게 만들었을 뿐이었다. 게다가 신성한 전쟁은 신이 단지 인내하는 것이 아니라 능동적으로 자신들을 지원하는 것이었다. 법률적으로 유추해보건대, 키케로Cicero가 만든 이전 개념이 (처벌이 아니라) 전쟁 피해에 대한 보상에 버금가는 것이라면, 아우구스티누스의 개념은 법적 처벌로부터의 자유와 같은 것이었다.[9] 이에 대해 조나단 필립스Phillips, J.는 아우구스티누스가 "평화주의라는 족쇄로부터 라틴 기독교 이론을 해방"한 공이 있다고 말했다.[10] 이제 영원히 저주받아야 했던 폭력의 딜레마에 대한 그의 해법은 재빠르게 유럽 사회 전체에 스며들었다.

필립스의 설명에 따르면 카톨릭 교회는 이미 천 년 전에 정의의 전쟁 개념을 실행하려 했다.[11] 이미 9세기 로마 방어를 위해 싸우는 자들에게 "천국의 보상"이나 "영생"을 약속한 시도가 두 번에 걸쳐 있었다. 이어서 발발한 야만적 전쟁은 동유럽의 이교도 개종을 목적으로 했으므로 전투 행위 자체가 성스러운 목적을 가지고 있다는 생각을 확산시켰다. 11세기에는 교황 레오 11세Leo IX 자신이 전투에 참가한 것을 계기로 기독교 병사들의 생각이 한 걸음 더 나아가게 되었다.[12] 이러한 생각은 자신을 성 베드로의 화신으로 여긴 그레고리 7세에 의해 더 자극을 받았다. 그는 모든 인간의 영적 행복을 무한히 통제할 능력을 가져야 했으며 그의 권력은 이전 왕들의 것을 능가해야 했다. 여기서 더 나아가 그는 기독교인들이 복종해야 할 신, 지배자로서 신의 개념을 선동했다.[13] 이제 신의 도덕적 권위는 교황에 대한 충성심에 속하게 되었고 이 과정에서 겪는 죽음은 천국에서 특별한 지위를 보장받는 일이 되었다. 교회 철학자들은 아우구스티누스의 방법 안에서, 그리고 기독교 병사들의 관점에서 성서를 해석하기 시작했다. 요한John of Mantua은 비록 예수가 게세마니 동산에서 베드로에게 칼을 거두라는 명령을 내렸다고 하더라도 칼을 포기하라고 한 것은 아니라고 적었다. 이런 생각에서 요한은 훗날을 위해 예수가 자신의 제자들이 무장하고 있기를 원했다는 입장을 유지했다.[14] 요한은 신이 기독교 왕국을 지키기 위해 교황으로 하여금 신도들을 이끌게 하려 한다는 결론을 내렸다. 이제 십자군에게는 정의의 전쟁에 대한 충성심과 영생에 대한 약속이라는 인지적 토대가 형성되었다.

정의의 전쟁 개념은 교황 어반 2세에 의해 1095년 프랑스 클레르몽에서 처음 성공적으로 실행되었다.(교황 그레고리는 십자군을 내보내려는 데 실패했다) 그는 "페르시아 왕국, 외부 인종, 신에게 완전히 이방인 인종의 사람들이 기독교도의 땅을 침공하여 칼로 억압하고 강탈하고 태워버렸다." 라고 설교했다.[15] 애스브리지의 노트에 따르면 어반의 설교는 아우구스티누스가 말한 정의의 전쟁의 세 원칙뿐 아니라 "이슬람을 모욕하고 비인간화"하는 내용을 담고 있었다. 외부 집단은 "신성역 밖의 존재", 야만, 폭력, 이해할 수 없는 수준의 잔인하고 악랄한 것으로 묘사되었다.[16] 어반은 무슬림이 감춰진 돈을 찾기 위해 운 없이 잡힌 희생자들의 신체를 자른다고 거짓으로 선동했다.(이 방법은 실제 기독교인들이 예루살렘을 점령한 후 사용했다) 더 나아가 무슬림의 폭력은 내부 집단과 부족, 기독교 집단을 향하는 것으로 묘사되었다. 이는 이어지는 장(章)에서 다루어질 것인데, 이런 호소는 어느 시대나 문화에 있어 보편적인 것으로 근원적이고 궁극적인 선동 구호로 만들어진다.

애스브리지가 적은 것에 따르면 "어반은 인간 사회에서 가장 강하게 작동하는 충동의 하나인 '타인' 정의를 활용하였다."[17] 더 나아가 점령당한 예루살렘에 대한 어반의 묘사는 기독교인들에게 고통스러운 이미지를 남겼는데 특히 그곳에서 벌어지는 잔학 행위에 대한 묘사가 더해져 더욱 끔직했다. 당시 보편적인 믿음은 성경에서 예언하고 있는 "최후 심판의 날"이었다.(2006년 필립스의 저서 『미국의 신정일치』를 보라)[18] 이 믿음은 신성한 도시 예루살렘이 다시 기독교인들의 것이 될 때에만 다가오는 것으로 모든 사람들이 심판을 받게 되는데 여기에서 선택을 받은 사람들은 영원한 천국으로 들어간다는 것이었다.[19]

어반은 설교를 통해, 잃어버린 땅을 수복하는 정의의 전쟁에 참여하는 새로운 '주님의 병사'에게 영원한 보상을 약속했는데 이는 또 다른 차원의 전쟁으로 통제된 조건 아래 수행해야 했다. 이때의 조건들은 폭력의 정도와는 아무런 관련이 없었고 오로지 적이 갖고 있는 "이방인 속성"에 근거하고 있었다.[20] 애스브리지는 "이것은 십자군 제1차 원정대가 그렇게 극단적인 잔인성을 갖게 된 이유를 어느 정도 설명할 수 있을 것"이라고 결론지었다.[21]

이 설교에서 어반은 신성한 폭력의 이념적 틀을 다시 정의했는데 이는 구원의 방법을 담고 있는 신성한 전쟁의 새로운 모델을 낳았다. 이제부터는 사람을 죽여도 천국에 갈 수 있게 되었다. 천국은 성스러운 전쟁을 치르는 자에게 문을 열었으나 그렇지 않은 자는 받아들이지 않을 것이었다. 이제부터 전투는 인간의 영혼을 정화하고, 세속적인 폭력은 그 대가로 영원한 평화를 얻는 수단이 되었다. 십자군 원정대는 클레르몽에서 새로운 형태의 "초강력 고해성사"와 극심한 수행으로 그 어떤 죄도 씻어낼 수 있다는 미덕을 설교했다. 애스브리지는 "신과 교황의 이름으로 싸우는 것이 처음으로 영적 보상을 받게 되었다. 받아들일 준비가 되어 있고 또 흔쾌히 받아들일 수 있게 된 이 영적 보상은 죄로 인한 오점을 없앨 수 있는 진정한 기회였으므로 사람들로 하여금 전쟁의 불길 속으로 뛰어들게 했다."라고 적었다.[22] 이슬람 자살 폭탄 테러에서 볼 수 있듯이 지하드 성전의 죽음이 천국으로 가는 길의 보장이라는 주장은 이미 천 년 전 서로를 적으로 비난하던 기독교와 이슬람교 모두가 했던 것이었다. 위협적인 표적 집단에 대한 거짓 빌미(대량 살상 무기를 갖고 있다거나 기독교인에 대해 생체 해부 실험을 했다는 등)가 21세기에 받아들이는 것처럼 11세기에서도 마찬가지였다.

교황 어반의 설교는 유럽을 자극하는 효과, 즉 6만 명에서 10만 명에 이르는 십자군을 일상에서 떠나 다양한 종류의 욕구를 추구하게 했다. 기사들에게는 면죄와 더불어 천국의 보상을 받을 수 있는 기회였고 가난한 농노에게는 기아와 권태에서 벗어날 뿐 아니라 모험을 할 수 있는 기회였다. 이에 대해 애스브리지는 당시 십자군이 클레르몽 설교에 참석했던 르퓌의 아데마르Adhemar de Le Puy에 의해 관리되는 단계로서 십자군은 교황의 설교가 끝남과 동시에 십자가를 받기 위해 앞으로 나아가 나머지 사람들에게 모범이 되는 "주요한 선동가"로서 공헌해야 했다고 주장했다.[23] 아데마르와는 별개로 툴루즈의 레몽Raymond of Toulouse은 다음 날 대사를 보내 한발 앞선 제안을 했다. 그러자 어반은 프랑스로 종횡무진하며 연설 여행을 확대해 나아갔고 수많은 대규모 집회를 열었다.[24] 그 결과 오늘날의 히스테리성 전염병처럼 "십자군의 열병은 급속도로 확산"[25]되었다. 그것은 비공식 설교의 부산물로 성직자, 농부, 여성, 아이들처럼 다양한 지원자를 낳았을 뿐 아니라 일부 지역에서는 폭동을 야기하기도 했다.[26]

독실한 일반 기독교인뿐 아니라 남창, 살인자, 도둑, 사기꾼 등 다양한 사람들이 프랑스 수도사 은자 피에르Peter the Hermit가 지휘하는 '인민의 십자군People's Crusade'으로 모였다.[27] 대개 최초의 십자군은 역사가들이 프랑크로 불렀던 지역인 프랑스, 독일, 이탈리아에서 온 사람들로 구성되었다. 이들 중에는 소수의 하위 집단만이 기사들을 갖고 있었다. 이는 당시 사회에 있어서 소수 집단만이 전투에 쓰일 말을 사고 돌볼 수 있었기 때문이었다. 말을 타고 최대 속력으로 달려 들어가 적을 분열시키거나 창으로 공격해야 하는 기병들은 아직 완벽하게 훈련되지 않았다.[28]

그러나 십자군에 참가한 기사들은 전투 훈련을 받았고 곧 직면하게 될 싸움의 형태인 혼란한 근접 전투에 숙련되었다. 기사들은 기병창뿐 아니라 일반 창, 검 등으로 잘 무장되었으며 무기를 사용하는 훈련도 잘 받았다.(훈련은 고된 것이었으며 여가 시간을 가질 수 있는 재산이 있어야 했다) 기사들은 또한 그들의 말, 무기, 식량을 돌보며 스스로도 무장하고 전투에 참가할 수 있는 5명의 수행원을 데리고 다녔다. 이 보병의 전형적인 무기인 활은 만들기 쉬웠을 뿐 아니라 300여 미터나 떨어진 곳에서도 적을 죽일 수 있었다. 화살은 당시 개발된 어떤 종류의 방어 무기에도 구멍을 낼 수 있었다. 1095년 석궁이 개발되었는데, 이 무기는 7센티미터 두께의 단단한 나무도 뚫을 수 있을 정도로 강해 12세기 초 무기 협정에서 이를 금지시키려는 시도가 있기도 했다.[29] 당시 십자군에게 요구되었던 전쟁의 형태는 포위 전투로서 기사들은 이미 이에 대한 상당한 경험을 가지고 있었다. 십자군 전쟁 이전 시기 유럽에 있어서 포위 공격은 일반적인 것이었다. 중세 사회는 방어를 성에 의존했으므로 성은 침략에 대항하기 위해 요새화되어야 했다. 당시 전형적인 요새는 성 위 부분이 난간으로 되어 있는 거대한 돌담이 있었는데 이 난간은 끓는 물을 붓거나 화살을 쏠 때 필요한 것이었다. 이 거대한 벽에 맞서 성을 포위하려는 군대는 큰 돌이나 불덩이, 사람의 머리나 몸통을 던질 수 있는 다양한 종류의 투석기(라틴어로는 '페트라리아Petraria'나 '메가넬라Meganella'라고 부른다)를 사용해왔다. 사람의 머리나 몸통을 던지는 것은 포위되어 있는 적들에게 공포와 불쾌감을 확산시키는 심리적 전술로 쓰여 왔다.

포위 전술에는 어떤 전형이 있었는데 그것은 싸우는 두 집단이 방어와 공격이라는 길항적인 목표를 가지고 있다는 것과 오랫동안 진행되는 데 따른 증오감과 결전의 의지를 양쪽 모두에게 증가시킨다는 것이었다. 심리전은 십자군에게 일상적인 것이었다. 무슬림은 포위된 성벽에 십자군의 시체를 걸어놓고 그들의 동료들로 하여금 썩어가는 모습을 보게 만들었다. 기독교인 역시 적들이 볼 수 있는 곳에서 이슬람 포로의 목을 자르고 그 머리를 성으로 던져 넣었다.[30] 포위된 성안의 누군가에게 배신하라고 매수하는 일도 흔한 일이었다. 말할 필요도 없이 성벽이 무너지면 갈등, 공포, 증오 등 잔학 행위의 사회적 조건들이 서로 만나게 된다.

십자군 제1차 원정대는 안티오크Antioch와 예루살렘에서 두 개의 거대한 포위 전투를 겪게 되었다. 이들은 직전에 니케아Nicaea에서 조그만 포위 전투를 경험했다. 이 도시는 콘스탄티누스와 300명의 주교에 의해 325년에 현대 기독교를 규정했던 니케아 신조Nicaea Creed가 만들어진 곳이기도 했다. 니케아 포위가 시작되기 전에 십자군과 "사라센" 또는 투르크 군대 사이에서 이미 몇몇 전투가 시작되었다. 이 전투에서 많은 병사들을 잃은 "인민의 십자군"은 궤멸되다시피 했다. 따라서 이후 전개될 니케아 전투에서 십자군 사이에는 이미 최악의 감정이 만연되게 되었다. 니케아는 마르마라 해안에 있었으므로 포위작전을 하던 십자군으로서는 쉽게 군사 물자를 공급 받을 수 있었다. 십자군이 만난 무슬림들은 잘 훈련되었으며 사나운 전사들이었다. 이슬람의 확산은 폭력에 근거하고 있었고(그것은 모하메드 자신이 메카를 점령하는 동안 잔인한 전투를 치렀다는 사실을 보아 알 수 있다) 이슬람의 지하드 또는 신성한 전쟁의 개념은 이미 8세기부터 합법적으로 숭배되었다.[31] 그러나 이슬람이 기독교와 치른 거대한 전쟁에 참여하던 초기부터 그렇게 보았던 것은 아니었다. 11세기 이슬람 전쟁의 초점은 시아파에 반대하는 수니파에게 있었다. 십자군 시대를 맞아 기독교가 신앙의 적으로 재규정되었던 것이다.

은자 피에르가 이끄는 '인민의 십자군'은 다른 군대를 앞질렀다. 이들은 군사 훈련도 받지 못했으며 몰락한 민간인 집단이었음에도 소아시아로 오는 길에 라인 지방의 유대인들을 살해하지 않았다. 투르크 왕 킬리지 아르슬란Kilij Arslan은 쉽게 '인민의 십자군'을 물리쳤는데 이들은 실제 전멸되었다. 이 승리로 인해 아르슬란은 이어 오던 부용의 고드프루아Godfrey of Bouillon가 이끄는 십자군을 과소평가했을 것이다. 이런 이유로 '인민의 십자군'과 달리 기사들이 포함되어 있던 이 군대는 소아시아에 쉽게 들어올 수 있었고 첫 번째 목표 도시인 니케아를 밀어붙일 수 있었다. 애스브리지에 따르면, 명령의 구심도 없이 기존에 있던 몇 개의 부대로 구성된 이 군대는 식량과 물자 공급 등 병참 계획도 없이 부대별로 띄엄띄엄 도착했다.[32] 이 십자군은 당시 아르슬란이 없어 살아남을 수 있었다. 니케아는 콘스탄티노플 남부와 가까이 있었다. 콘스탄티노플은 비잔틴의 교황 알렉시우스 1세Alexius I 가 지배하는 동유럽 기독교 교회가 있던 곳이었다. 알렉시우스는 해방된 구역을 보상으로 제공하겠다고 약속한 십자군과 거래했다. 그러나 실제로는 처음부터 서로를 배신했다. 알렉시우스는 니케아 포위가 실패하도록 아르슬란과 뒷거래를 했다.[33] 그리고 또 다른 한편으로는 양방이 겨루고 있는 동안 십자군을 위해 병참 설치를 도왔고 포위 작전을 지원하기 위해 2천 명의 비잔틴 병사를 보냈다.

니케아는 한 면에 큰 호수가 있었고 다른 세 면에는 10미터 높이의 벽이 5키로미터에 걸쳐 있었다. 이 벽은 중간 중간에 100개의 탑이 있었고 이중으로 만들어진 해자에 의해 보강되어 있었다.[34] 모든 병력이 도착하자 십자군은 세 벽을 포위하기 시작했다. 이곳에 모인 십자군은 50만 명의 보급 부대가 딸려 있는 10만 명으로 추정되고 있다. 20개가 넘는 언어를 쓰는 연합군으로 분명한 지도자도 없었다. 만약 아르슬란이 이 순간에 공격을 했다면 십자군은 참패했을 것이었다. 1097년 5월 10일 십자군은 도시를 고립시키기 시작했고 투석기, 공성망치, 포격망을 설치했다.

십자군은 5월 15일 잡힌 간첩을 고문·협박하여 아르슬란군이 남쪽에 매복하는 중이며 곧 공격할 것이라는 사실을 알게 되었다. 결국 더 많은 십자군 지원병이 도착한 후 벌어진 아르슬란의 공격은 참패했다. 하지만 그의 군대 대부분은 온전히 후퇴할 수 있었다. 십자군은 위협용 과시로서 죽은 자의 목을 자르고 그 머리를 창에 꿰어 도시의 벽에 걸었으며 다른 머리는 투석기를 이용해 성안으로 던져 넣었다.[35] 애스브리지는 이에 대해 "중세의 모든 군대는 포위 전투에 있어서 사기의 중요성을 깊이 인식하고 있었으므로 상대의 사기를 떨어뜨리기 위해 공포스러운 잔학 행위를 주고받았다. 이는 당시로서 흔한 일이었다."라고 했다.[36] 투르크군은 잡힌 십자군의 시체를 고리에 걸어 매달은 채 성벽에서 썩어가게 두었다. 성벽을 공격하려는 몇몇 시도는 모두 격퇴되었다. 방어자들은 즉석에서 만든 방패로 무장한 침입자들에게 돌과 화살을 쏘고 끓는 기름을 퍼부었다. 한 달 이상 지속된 이 전투에서 양측 모두 수많은 희생자를 냈다. 결국 알렉시우스가 보낸 그리스 군대의 도움을 받은 십자군이 호수방면에서 공격하기로 결정했고 이 공격으로 도시는 6월 18일 항복했다. 그리스는 즉시 치안을 유지하고 약탈과 살육을 막았다. 하지만 알렉시우스가 효과적으로 이들을 매수하고 있는 동안에도 십자군에게는 더 많은 불평불만이 생기고 있었다. 군인들은 자신들의 일기에 전사한 자들이 "승리하여 천국에 들어가리라"라는 믿음을 적었다.[37]

여기서부터 십자군은 100키로미터나 떨어진 다음 목표 안티오크로 서서히 움직였다. 이들이 움직이는 속도는 당시 7만 명이었던 군대의 규모, 아르슬란의 역습에 효율적으로 대응하기 위해 더 작게 재편된 것에 대한 두려움에 의해 결정되었다. 안티오크를 향해 움직이는 분리된 두 군대는 공격의 보조를 맞추기 위해 긴밀한 접촉을 계속해야 했다. 하지만 6월 30일 강을 건너면서 두 군대가 나누어지게 되자 바로 투르크군의 공격을 받게 되었다. 생존 목격자들은 당시의 투르크군의 규모가 거대했고 말을 타고 있어 기동성이 있었다고 묘사하고 있다. 십자군은 방어 대형으로 침착성을 유지하면서 "주 예수 그리스도와 신성한 십자군의 승리를 믿고 함께 지키자. 오늘 우리는 많은 은혜를 입을 것이다."라는 말을 되뇌며 기도하였다.[38] 비전투원 사이에 퍼진 공포는 갈 데까지 갔다. 공포에 떨던 그들은 살기 위해 서로를 뛰어넘으며 뒤엉켜 있었다. 투르크군은 대열을 뚫고 들어와 학살을 시작했다. 어떤 여인들은 포로에게 자비를 바라며 "탐미 love of beauty"의 복장을 하기도 했다.[39] 마침내

두 번째 십자군이 도착하자 투르크 군대는 물러났다.

이 전투에서 3천여 명의 무슬림과 4천여 명의 기독교인이 죽었다. 애스브리지는 이 전투에서 십자군이 승리한 것은 근육질이었던 7피트 키의 거인 지도자 보에몽Bohemond 개인의 공으로 돌렸다. 그는 십자군 대열이 무너지는 것을 지켜냈다. 투르크군은 승리의 희망을 잃고 도망하면서 침략군이 사용할 수 있는 모든 것을 파괴시키는 '초토화 전술'을 사용하였다.

애스브리지는 십자군이 유럽에서 온 이질적인 집단으로 구성되었으며 20개가 넘는 언어를 사용하고 있었다는 것을 명확히 밝혔다. 정확히 말해서 이들은 비록 모두가 프랑스에서 온 것이 아니었지만 모두 "프랑크Franks"라고 불렸다. 하지만 이들에게는 하나의 공통점이 있었다. 모두 기독교인이었고 이단자라고 하는 공동의 적을 눈 앞에 두고 있다는 것이 그것이었다. 그래도 이들은 각자 독립된 지휘자를 가지고 있는 서로 다른 군대로 구성되어 있었으므로 내분을 피할 수 없었다. 내분은 니케아와 안티오크 사이에 있는 도시인 타르수스Tarsus에서 시작되었다. 이 도시는 쉽게 정복되었는데 정작 싸움은 전리품을 두고 두 군대의 지도자인 탕크레드Tancred와 고드프루아Godfrey사이에서 벌어졌다. 이것은 곧 다가올 사건들, 즉 승리에 대한 탐욕 때문에 기독교인들이 기독교인들을 죽이게 되는 사건들이 발생할 조짐이었다.[40] 이들의 전략은 이제 포위된 무슬림을 무너뜨리는 것이 아니라 승리 후 전리품을 나누는 것에 두어지게 되었다.

기사 중 한 명인 볼로뉴의 보두앵은 이 지역에 살고 있는 아르메니아 기독교인들이 십자군을 무슬림 통치의 해방자로 환영했기 때문에 점령이 무난할 것으로 보고 분리된 점령지의 영주가 되기 위하여 안티오크로 이동하는 다른 자들과 서열을 없앴다. 보두앵은 지금의 북시리아 지역 에데사Edessa라고 부르는 도시의 통치자가 되었는데 이는 자신을 보호하겠다는 십자군의 맹세를 믿은 성주가 성문을 열어줘서 생긴 일이었다. 십자군은 맨손으로 성주의 몸를 찢어서 각 부위를 들고 도시를 돌아다니며 시위를 하였다.[41]

예루살렘을 떠난 지 한 달 만인 1097년 9월 십자군은 소아시아에 들어갔고 안티오크에서 패배했다. 당시 안티오크는 오리엔트에서 가장 큰 도시의 하나이자 모든 주요 무역의 중심지였다.(이곳이 오늘날 튀르키예의 안타키아Antakya이다) 기원전 300년에 조성된 안티오크는 로마와 콘스탄티노플에 이어 로마 제국의 세 번째 규모의 도시로 30만 명의 인구를 갖고 있었다. 로마인들은 서기 560년 이래 600년이 지나는 동안 이 도시에 강력한 방어 성벽을 건설하였다. 십자군이 도착하던 시기까지 이 도시는 그리스와 투르크의 수많은 침략을 받았고 점령 세력이 교체됨에 따라 다양한 정치 세력이 형성되었다. 십자군이 도착했을 당시도 도시의 정치적 구성은 매우 복잡하였다. 어쨌든 십자군이 안티오크를 평정하지 않고는 예루살렘으로 갈 수 없었으므로 안티오크의 점령은 전략적으로 매우 중요했다. 포위를 위해 우선 안티오크에 물자를 공급하는 위성 도시들부터 점령할 계획이 조심스럽게 세워졌다. 안티오크는 두 개의 바위산 아랫자락에 건설되었다. 한 쪽은 강과 접해 있고 다른 쪽은 산과 연결된 두께 2미터, 높이 20미터, 길이 5키로미터의 성벽으로 둘러싸여 있었다. 이를 본 십자군이 받은 첫 느낌은 난공불락이었다.[42] 도시는 강에 접해 있었으며 충분한 식량을 공급받고 있는 5천 명의 방어군이 있었다. 포위 작전은 1097년 10월 20일 시작되어 9개월 동안 계속되었다. 방어가 무너졌을 때 약탈을 먼저 하기 위해 일곱 부대가 문 근처에 배치되어 있었다. 약탈품의 분배 규칙은 "점령의 권리"였으므로 누가 먼저 접근했느냐로 결정되었다. 공격 전략은 "먼저 약탈하기pre-looting"에 기초했다. 공격 부대를 맡은 보에몽은 도시에 진입하기 전 도시 안의 투르크인들에게 죽음의 슬픔을 주기 위해 성문 앞에서 사로잡힌 투르크 방어군의 머리를 잘랐다.[43]

십자군 전쟁이 시작되기 전까지 안티오크의 기독교도들은 대부분의 무슬림 지역처럼 별다른 억압 없이 살고 있었다. 그러나 일단 포위가 시작되자 그리스 기독교도 족장이 주기적으로 성벽에 거꾸로 매달린 채 발다닥을 맞았다. 잡힌 라틴인들은 누구나 참수당했고 그들의 머리는 투석기에 실려 십자군 캠프 안으로 던져졌다. 잡힌 여자들은 강간을 당한 후 살해당했다. 애스브리지는 "이런 행동은 현대 기준으로는 몹시 야만스러워 보일 것이나 중세 전쟁에서는 흔히 있는 일이었다."라며 놀랄 일이 아니라고 지적했다. 이어서 그는 "신성한 전쟁이라는 맥락에서 병사들은 적을 인간 이하로 보도록 훈련되어 있었으므로 기독교 신앙은 관용이 아니라 극단적인 잔인성과 야만성을 조장하는 것이었다."라고 하였다.[44] 그런데 이어질 장에서 볼 수 있듯이 애스브리지의 생각과 달리 이런 잔인성은 오늘날까지도 별로 달라진 것이 없다. 사실 비인간화된 지각, 적 진영 여성의 강간, 잔인함의 과시 등 치명적 갈등은 시간과 공간을 넘나드는 보편적인 형태라는 주장이 있을 정도로 그 심리 구조의 유사성은 놀랍게도 일관성있게 나타난다.

양쪽 군대는 서로를 기아 상태로 내몰기 위해서 식량을 약탈하였고 이런 상태로 안티오크의 포위는 1097년과 1098년의 겨울을 나게 되었다. 그 동안에도 서로의 인명을 살상시키는 크고 작은 전투와 충돌이 이따금씩 벌어졌다. 애스브리지는 1098년 겨울 내내 기아와 질병, 전투로 인한 죽음이 끊이지 않았다고 적고 있다.[45] 포위된 아르메니아 기독교인 주거지 인근에 발달된 암시장은 안티오크 교외의 식량을 싹 쓸어 십자군에게 팔아넘기는 기능을 하였다. 애스브리지는 기아와 가끔의 전투, 공공연한 고문, 위협 수단인 적군 살해로 인한 갈등이 악순환된 것으로 설명했다.[46] 여기에 더해 이슬람 증원 부대와 십자군이 만나 대규모 전투가 벌어졌다. 전투의 고통은 갈망과 분노 그리고 영적 신앙심을 동시에 증가시켰다. 이를테면 십자군은 자신들이 겪는 어려움이 죄에 대한 신의 처벌 때문이라고 탓했다.[47] 십자군의 승리에 결정적인 전투였던 "교문 전투Bridge Gate Battle"를 포함하여 양측은 거의 매일 전투를 치렀다.[48] 이런 소모전에도 불구하고 전투의 승패는 이슬람 포로인 배신자 피루즈Firuz에 의해 결정났다. 이슬람으로 개종한 아르메이아인이었을 피루즈는 적어도 한 개 탑의 지휘관이었다. 피루즈가 보에몽과 접촉한 것은 분명했는데 보에몽은 피루즈가 지휘하는 탑을 통해 자신을 가장 먼저 도시에 들어갈 수 있게 해준다면 목숨을 살려줄 뿐 아니라 재물도 보상하겠다며 매수했다. 십자군은 "신의 의지"를 외치며 6월 3일 밤 침입에 성공했다.[49] 대개가 아르메니아인이었던 기독교 원주민들이 문을 열어주자 이어 "지난 8개월 동안의 고통, 기아와 공격성으로 축적된 십자군에 의해 무차별 학살이 저질러졌다."[50] 그리고 "나이나 성에 관계 없이 그 땅의 이슬람인은 아무도 살아남지 못했다. 대지는 피와 시체로 뒤 덮였으며 이들 중에는 성안에 살던 기독교인들도 있었다."[51] 애스브리지에 따르면, "이 자체가 역겨운 일이지만 라틴인들이 안티오크를 점령한 동안 저질러진 이 가공할 폭력은 사실 십자군들에게는 승리의 전망을 더 높여 주는 것이었다. 도시 방어군에 대한 십자군의 학살은 잔인한 평판을 얻음으로서 예루살렘으로 가는 길에 만나게 될 이슬람 도시들로 하여금

'전멸 당하느니 차라리 협상'하는 것을 고려하게 했다."라고 하였다.[52] 하지만 누가 살아서 이 말을 퍼뜨릴 것인지는 분명하지 않았다. 기독교 군대가 전리품을 놓고 자신들끼리 싸우는 동안 이슬람 군대가 도착했다. 이제 입장이 바뀌게 되었고 도시는 다시 포위당하기 시작했다. 많은 사람들은 이 시기에 대해, 여러 주 동안 희망 없이 수에서 압도당한 적군에게 포위되었던 십자군이 이슬람 지도자 케르부가Kerbogha의 무능함과 십자군 지도자의 재능과 열정으로 1098년 6월 28일 승리했다고 썼다.[53]

안티오크는 안정되었고 거주자들은 개종하던가 아니면 살해당했다. 이슬람 성전은 교회로 바뀌었고 소유물은 약탈당했다. 이러한 과정은 예루살렘으로 가는 길에 있던 작은 도시들에서도 반복되었다. 이를테면 마라트Marratt가 정복 후 약탈당했고 거주자들은 모두 학살당했다. 한 십자군인은 당시 상황을 이렇게 기록했다.

> 도시에 들어간 우리는 집과 광에서 보이는 대로 약탈했다. 그리고 날이 밝자 남성 여성 구분 없이 우리가 만나는 모든 사람들을 죽였다. 도시의 어느 구석에도 사라센인들의 시신이 없는 곳이 없었다. 가는 곳 어디에서나 시체들이 밟혔다.(출처. 애스브리지가 인용한 Gesta Francorum)[54]

비록 예루살렘은 도로를 따라 3일이면 갈 수 있는 거리였으나 안티오크의 전리품을 차지하려는 기사들의 싸움 때문에 최종 공격에 착수하기까지 6개월이나 걸렸다. 이제 십자군은 학살을 취미로 여기기에 이르렀고 희생자 중에는 전투와 무관한 여성과 아이들도 있었다. 이 행위는 오늘날의 전쟁 범죄에 해당한다. 이들이 자행한 최초의 폭력은 이교도들에 대한 것이었지만 점차로 같은 십자군을 비롯해 약탈을 방해하는 모든 집단을 향하게 되었다.

제1장 폭력의 역사 29

겨울이 시작되자 마라트의 기독교도들은 식량을 살 동전을 찾기 위해 무슬림 시체를 조각냈다. 그러나 이를 통해 더이상 식량을 구할 수 없게 되자 조각낸 시신들을 요리해서 먹기에 이르렀다.[55] 애즈베리는 신성한 전쟁을 회고하는 역사 기록물에서 이런 역겨운 내용을 보여주는 경우가 거의 없었다고 적었다. 마라트에서 있었던 식인은 예외였다. 다시 하는 말이지만 사람을 잡아먹었다는 등 잔학 행위에 대한 이야기는 십자군이 피에 굶주려 있는 무적의 야만 군대라는 소문으로 퍼져 결과적으로 승리에 기여했다.

1099년 6월 7일 극심한 전투에 단련된 1천 3백 명의 기사들과 1만 2천 명의 보병으로 구성된 십자군이 예루살렘에 도착했다.[56] 격렬한 전투가 벌어지긴 했지만 예루살렘은 비교적 빠르게 함락되었다. 7월 15일에 있었던 최후 전투 후 무슬림 방어군들은 달아났고 이어 대혼란이 찾아왔다. 애스브리지는 "성스러운 야망의 실현과 함께 십자군은 이전에 했던 것들을 뛰어넘는, 신성하지 못한 잔인성을 도시 전체에 걸쳐 뿜어냈다."라고 적었다.[57] 십자군의 한 명인 아길레라의 레몽Raymond of Aguilers은 다음과 같이 적었다.

> 몇몇 이교도들이 참수되었다. 이는 오랫동안 고문받고 불에 태워져 죽임을 당한 자들에 비하면 자비로운 것이었다. 건물과 거리에는 머리와 손, 발의 무더기가 쌓여 있었다. …… 십자군들은 성안에 살거나 집안으로 도망한 여자들을 칼로 찔러 죽였으며, 엄마의 무릎이나 요람에서 발목이 잡혀 끌려나온 아이들을 담벼락에 던지거나 목을 부러뜨려 죽였다. 무기로 학살하는 경우도 있었지만 때로는 돌로 쳐서 죽이기도 했다.[58]

희생자들의 핏물이 십자군의 발목까지 찰 정도였다.[59] 학살이 진정되자 약탈이 시작되었는데 돈을 삼킨 것으로 의심되는 무슬림의 배를 가르는 짓까지 벌어졌다.[60] 유대인들이 사원으로 피신하자 십자군들은 사원을 통째로 불질렀다.

학살 행위를 저지르다 지친 십자군들은 "아직도 적들의 피로 뒤덮인 채 우리 구세주 예수를 숭배하는 환희의 눈물을 흘리면서 약탈품을 이고 내려왔다."[61] 이어 애스브리지는 "십자군의 마음 속에서 종교적 열정과 야만적 전쟁, 그리고 물질적 이익을 얻고자 하는 이기적 욕망 사이에 서로 충돌하는 경험은 없었다."라고 적었다.[62]

투르크는 이 공격이 있기 전에 이집트 파티마 왕조에게 예루살렘을 빼앗겼었다. 그래서 십자군은 그들의 동맹이 되길 원하는 나라에게 예루살렘을 넘겼다. 얻은 재물 대부분은 집으로 되돌아가는 데 사용했으므로 이들이 집에 도착했을 때 빈털터리나 다름없었다. 아르메니아 기독교인과 콥트인 등 동기독교 분파들은 도시에서 추방되었다. 그리고 교황 어반 2세는 십자군 승리 2주일 전에 사망했으므로 십자군의 승리 소식을 듣지 못했다.[63]

이후 투르크가 다시 성도를 장악하였고 그 뒤로도 200년 동안 더 심각한 십자군 전쟁이 세 번이나 더 있었다. 첫 번째 십자군 전쟁과 비교할 때 상황은 점차 더 악화되었다. 사지 절단, 식인, 아동 살해, 고문 등의 극단적 폭력은 계속되었고 이제는 유대인처럼 이교도 집단뿐 아니라 헝가리의 기독교 도시 자라Zara 같은 곳의 주민들에게도 저질러졌다.[64] 자라의 포위는 순전히 정치적·경제적 목적으로 시도되었는데 이를 반대한 로마 교황은 파문의 위협에 시달려야 했다. 몇몇 지도자들의 다툼 끝에 십자군은 1203년 교황을 몰아내는 것을 다음으로 미루고 전진을 계속했다. 이번 경우 일반 병사들과 파문의 위협을 공유하지 못했다. 제4차 십자군 전쟁에 대해 최소한 주의할 점이 있다면 아마 첫 번째 십자군 전쟁 당시 전리품에 상응하는 정도를 유럽의 어느 도시보다도 부유했던 동유럽 기독교 교회 도시인 콘스탄티노플에서 얻을 수 있었다는 정도였을 것이다. 이 침략은 순전히 정치적이며 탐욕적인 동기에 의한 것으로 보였다. 약탈품 자체는 십자군의 처리 수법modus operandi, 즉 강간과 대량 학살 그리고 약탈을 연상시키는 것이었다.(오늘날 베니스에 있는 성 마르코 대성당 정문의 네 마리 말은 콘스탄티노플에서 약탈한 것이다) 십자군 프랑드르의 보두앵은 비잔틴 제국의 왕이 되었으나 일 년도 못 가 살해당했다. 상황은 제1차 십자군 전쟁 때의 끔찍했던 폭력보다 더욱 악화되었다. 무슬림이나 기독교도들이나 서로의 팔다리를 잘랐고 고통을 줄 의도로 천천히 죽도록 방치하였다.[65] 1204년 11월 7일 보두앵 황제에게 보낸 편지에서 교황 이노센트Innocent는 콘스탄티노플 점령에 대해 기쁨을 감추지 못했다. 그는 이를 "우리 눈앞에서 벌어진 엄청난 기적"이라면서 "주님의 덕"이라고 서술했다.[66] 1205년의 편지에서도 로마 교회의 힘이 늘어나는 것에 대한 이노센트 교황의 줄어들지 않는 즐거움이 드러난다. 그러나 콘스탄티노플을 약탈했던 방법에 대한 이야기가 로마로 되돌아가는 그들의 뒤를 바짝 따라다녔다. 그 이야기 중에는 "이교도들에게 사용되었어야 할 기독교인의 칼"로 기독교인들을 남녀노소 구별 없이 무자비하게 학살했다는 내용도 포함되어 있었다. 귀환한 십자군은 "유부녀, 처녀, 수녀를 강간하고 교회를 약탈했다. 이는 십자가와 신성함을 위배하는 것이었다."라며 잔학 행위를 회고했다.[67] 이는 교황에게 "십자군 전쟁의 진정한 동기에 대해 의구심을 드러내게" 했다.[68] 하지만 이로 인해 교황으로 하여금 교회가 막대한 이익을 추구하는 것과 자신의 "영토를 지키고 강화하는 일"을 못하게 되지는 않았다.[69]

내가 십자군을 다룬 이유는 몇 가지가 있다. 첫째는 실용적인 것이다.

십자군에 대해서는 기독교 측과 이슬람 측 모두 자세하게 기술하고 있다. 애스브리지나 필립스 같은 현대 역사가들이 사용할 수 있는 기록물은 너무나 많다. 둘째는 그들이 중세 시대의 포위 전투와 관련된 공포, 즉 점령당한 거주민들에게 저질러진 사실상 피할 수 없는 학살의 공포를 동시에 서술하고 있다는 것이다. 이런 이유로 중세 유럽의 도시는 대개 성벽으로 둘러싸여 있다. 독자들은 이런 방어의 중요성을 프랑스 남부 카르카손Carcasonne에 있는 거대한 벽에서 느낄 수 있다. 십자군은 기독교라고 하는 종교적 이념이 뒷받침된 무절제한 중세 시대의 폭력 형태를 보여주었다. 이 책에서 통해 볼 수 있듯이 역사 전체를 통틀어 이념으로 보강된 학살은 일반적이었다. 이는 그 이념이 정치적이든 종교적이든 상관없는 것이었다. 폭력을 낳는 데 있어서 종교적 이념은 정치적 이념을 능가하는 강점을 가지고 있다. 어반 2세가 제1차 십자군 전쟁에서 역설했듯이 종교적 이념은 영원한 구원을 제공할 수 있었다. 이런 사례는 일본 가미가제 특공대 조종사에게 볼 수 있었고 오늘날에는 이슬람 자살 폭탄 공격에서도 볼 수 있다.(이는 제13장에서 볼 수 있다) 이런 약속의 핵심에 해당하는 신념, 즉 순교자들은 사랑하는 사람들과 함께 천국에서 영원히 행복하게 살 것이라는 믿음은 사람의 마음에 가장 강력한 동기를 부여한다. 약속된 미래에 대한 이런 믿음은 현재에도 극단적이며 자기 파괴적인 폭력을 계속 낳고 있다. 기독교나 이슬람 모두 성경이나 코란이 평화와 용서를 옹호하고 있음에도 불구하고 이런 폭력이 지금까지도 저질러지고 있다. 우리는 앞에서 평화의 주제가 교회를 확장하려는 정치적 필요 때문에 어떻게 왜곡되는지 보았다.

더 심각한 힘이 종교적 이념인 아마겟돈Armageddon이라는 개념에 들어 있다. 애스브리지는 예루살렘 탈환이 어떻게 성경의 예언에 있는, 예수의 재림 전날인 "최후의 날"에 대한 믿음과 일치하는지에 대해 적었다. 성경에는 예루살렘이 다시 기독교인들의 수중에 장악되었을 때 이 날이 나타난다고 적혀 있다.[70] 필립스는 그의 책 『미국의 신정일치American Theocracy』에서 흔히 "종말론자"라고 부르는 꽤 많은 수의 근본주의자들이 이를 믿고 있으며 이런 믿음은 2003년 이라크 침공이 이스라엘과 예루살렘에 대한 위협을 감소시키는 것에 대한 지지로 볼 수 있다고 지적했다.[71] 십자군 전쟁 이래 천 년이 지나는 동안 무기는 엄청나게 발전했다. 그러나 "부족"의 시대에나 어울릴만한 이념적 신념 구조와 심리적 필요는 아직도 변함없이 계속되고 있다.

십자군을 조사한 데는 또 다른 이유가 있다. 비록 십자군에 자원했던 기사들은 폭력의 인생을 살아가도록 훈련되었지만 그 외 다른 사람들은 평범한 생활을 하던 사람들이었다. 이를테면 "인민의 십자군"은 "보통 사람들everyday people"로, 독일 지역을 지나 성도 예루살렘으로 가는 동안에도 그 지역 유대인을 전혀 학살하지 않았다. 이런 측면은 우리가 해답을 찾으려고 하는 의문, 즉 정상적으로 사회화된 사람들이 정치적으로 승인된 혼란 속에서 어떻게 살인자들이 되어 가는가 하는 의문의 중요한 사례이다. 또한 십자군에 대해 풍부한 정보가 있으므로 우리는 한 집단을 폭력으로 몰아가는 사고 과정과 그 집단 속에서 투사된 개인들이 사고 과정을 관찰할 수 있다. 이 과정을 통해서 자신이 받아들일 수 없는 동기와 의사가 외부 집단으로 "투사project"되며 이에 따라 내부 집단을 제외한 외부 집단이 저지르는 극단적인 폭력은 야만적 또는 비인간적인 것으로서 묘사된다. 실제로 하등 형태의 생명체들은 호모 사피엔스만큼 폭력적이지 않다. 동물들 중에서는 일정한 수준의 두뇌 조직을 갖고 있는 것으로 보이는 침팬지만이 새디스트의 행동을 보여준다.[72]

이번 장에서는 이슬람 탓으로 돌렸었던, 사지 절단과 같은 잔혹한 행동이 점차 십자군 자신들이 저지르게 되었음을 보았다. 로마를 여행하면서 나는 콜리세움을 방문했다. 안내인은 우리에게 백만의 사람과 백만의 동물이 "야만 종족에게 점령당하기 전"에 죽음으로 내몰렸다고 말했다. 안내인과 헤어지고나서야 아이러니한 말이라는 생각이 떠올랐다.

집단 사이에서 벌어지는 보편적인 야만 행위의 하나는 자기 집단의 책임은 부정하면서 그 책임을 적대적인 상대 집단에게 돌리는 것이다. 집단 사이에서 야만 행위가 있었다는 이 역사적 사실은 블라드 체페슈Vlad Tepes로부터 징키스칸, 제2차 세계대전의 콘키스타도르Conquistador(정복자)에서도 확인된다. 아이리스 장의 저서 『난징 대학살Rape of Nanking』[73]에서 나오는 편지에는 일본인들이 난징을 점령한 후 저지르는 잔학 행위의 야만성에 대해 쓰여 있다. 이 내용은 사람들의 주의를 끄는 흉악한 범죄자들만의 독특한 무언가가 있다는 것으로 희생자 집단의 구성원들이 가지는 전형적인 인식에 해당하는 것이다. 그런데 모든 가해자 집단으로 관심을 넓힐 때 이런 독특함은 사라질 것이다. 전 미 외무부장관 맥나마라MacNamara의 자서전적 영화 『전쟁의 안개The Fog of War』에서 미국이 주도한 폭격에 의해 60개 일본 도시 민간인 1백만 명이 타 죽은 사실에 대해 서술했다.(이때는 히로시마와 나가사키에 핵폭탄이 투하되기 이전이었다) 그는 전쟁에서 졌다면 미국은 전쟁범죄자가 되었을 것이라고 나즈막히 읊조리고 있다. 맥나마라처럼 야만 행위에 대한 내부 집단의 책임을 인정하는 경우는 드물다.

제2장 20세기 대규모 폭력

……그것은 우리를 추악하게 만드는 공황 상태의 가면으로 자연 상태의 짐승들도 하지 않는 짓이다. …… 이것은 상상 가능한 것으로 악이 비판적으로 분석되고 이성에 의해 지배될 수 있다는 것을 의미한다. _어니스트 베커, 『악으로부터 탈출』, 169쪽

이 책은 실질적으로 필요한 집단 폭력의 사례를 선택하는 데 있어 한계가 있으므로 11세기의 십자군 전쟁에서 20세기로 뛰어넘었다. 종교 전쟁의 기원 역할을 했으며 풍부한 문서 자료가 있어 선택한 십자군 전쟁에서 이렇게 20세기로 뛰어넘는 것은 상대적으로 탁월한 문서 자료가 있으며 여전히 진행 중인 최근의 사건과 관련되어 있기 때문이다.

20세기 이전의 집단 전멸 사례로는 성경에 있는 것으로 이스라엘의 필리스틴 절멸[1], 로마의 카르타고 파괴(곡물이 자라지 못하도록 소금을 뿌렸으며 이 때문에 15만 명이 죽었다), 그리고 제1장에서 다루었던 11세기부터 13세

기까지 십자군 전쟁 동안에 있었던 양쪽 이교도 학살[2] 등이 있다. 13세기에도 징기스칸에 의해 서로 떨어져 있던 도시들인 모스크바, 키에프, 바그다드, 사마르칸트, 베이징이 유혈 점령되어 더 많은 학살 사건들이 벌어졌다.[3] 그리고 루이 16세에 의해 위그노 교도가 절멸당했다. 이런 개탄스러운 이야기는 스페인의 아메리카 정복,[4] 짜르 러시아의 유대인 학살,[5] 19세기 멕시코 아파치 인디언 머리가죽에 매긴 상금,[6] 신대륙의 베오수크Beothuks족 절멸에서도 있다.[7] 20세기 이전에 "제노사이드"라는 용어가 없었다고 할지라도 제노사이드와 다름없는 역사적 사건들은 있었다. 그 안에는 미국의 원주민 취급,[8] 30년 전쟁 동안 벌어진 유럽 학살이 포함된다.[9] 물론 이 목록을 완벽하게 작성할 방법은 없지만 더 포괄적인 연구는 차니Charney 또는 럼멜Rummel의 저서에서 볼 수 있다.[10] 우리는 인간의 오랜 역사 속에서 종족정치적ethnopolitical 폭력이 없었던 경우를 알지 못한다. 20세기에는 데모사이드(정부에 의해 1백만 명 이상 살해당하는 경우를 이른다)나 제노사이드가 급격하게 증가하였다.

20세기에는 후기 르네상스 문명의 두드러진 진보를 넘어 역사 속 어느 세기보다도 대규모의 체계적인 학살이 목격되었다.[11] 사람들은 지난 세기에 사건 기록이 빈약하다며, 특히 구술로 전수되는 문화권에서는 이렇게 주장할 수 있었다. 식민주의에 정복당하기 이전의 아프리카 원주민 부족과 아메리카 원주민 부족은 매번 목가적 "자연 상태"에서 살고 있었던 것으로 묘사되었다. 인류학적 증거는 보통 원주민들이 서로 고립되어 있었으므로 각자 다른 상황에 처해 있었음을 보여주는데 부족이 대체로 비폭력적이었던 경우는 예외였다. 매우 드문 경우였지만 어쩌다 외부관찰자들이 원주민들이 처해진 다양한 상황을 관찰하여 기록할 수 있었다. 이는 알려진 모습과 크게 달랐다. 브리티시 컬럼비아 밴쿠버섬

서해안의 눗카Nootka부족에게 잡혔던 영국 선원 존 주이트John Jewitt[12]는 그가 머무는 동안 계속되는 습격과 학살, 노예 사냥의 모습을 목격했다. 눗카족은 1803년 정박해 있는 그의 배를 공격하여 잡힌 선원들을 참수했으며 그들의 머리를 일렬로 늘어놓았다.[13] 주이트는 금속을 다루는 기술을 알고 있다는 이유로 살아남아 눗카족 추장이 거느리는 50명 노예의 하나가 되었다가(또 다른 일행은 근처 다른 부족에게 잡혔다) 28개월 후 탈출하여 원제목 『주이트 이야기Jewitt's Narrative』로 알려진 회고록을 썼고 이 책은 1815년에 처음 출판되었다. 눗카족에 대한 주이트의 사실적인 서술은 그 전이었던 1792년 초에 이 지역을 방문했던 스페인의 과학자 호세 모지노Jose Mozino에 의해 대부분 확인된 것이었다.[14] 초기에 백인들이 먼저 원주민에 대해 폭력을 저질렀으므로 이에 대한 원주민의 공격은 역사적으로 정당했다. 이웃 부족에 대한 원주민의 계속된 전투 역시 일상적이었을 것이다. 문자를 가지고 역사를 기록할 수 있었던 마야처럼 사건을 기록할 수 있는 문명이 가능했던 곳에서는 계속된 전쟁과 노예 사냥이 일상적인 것으로 기록되어 있다.[15]

데모사이드

20세기는 제2차 세계대전이 끝날 때까지 살해를 의미하는 용어 목록에 없었던 데모사이드democide[16]나 제노사이드의 정의처럼 새롭고 사악한 공격 유형이 드러남으로서 역사적으로 수치의 시대가 될 것 같다. 20세기 이전에는 정치적 협박의 한 형태로 학살이 자행되었다. 그 예로 벨기에 레오폴드왕의 대규모 농장에서 고무 할당량 수집에 실패한 콩고의 노동자들이 처형당한 경우를 들 수 있다.[17] 이런 학살들의 냉혹함은 현재 우리의 관점으로서는 상상하기조차 어렵다. 레오폴드의 대규모 학살은 콩고인 모두를 절멸시키려는 것이 아니었으므로 제노사이드는 아니었다. 반대로 레오폴드는 비록 콩고인들이 두렵기는 했으나 고무 농장 일을 계속시키기 위해 이들을 살려두려고 했다. 통제를 계속하기 위해 레오폴드는 겁에 질린 일꾼들의 손과 코, 귀를 자르라고 병사들에게 명령했다.[18] 이는 살인자들이 자신들의 "일"로 빚을 갚게 하는 시스템, 즉 잘라낸 희생자들 신체의 일부로 자신들의 빚을 갚는 것이었다. 실제 한 세기 후 같은 지역에서 후투족이 투치족을 학살하였고 그에 대한 대가로 같은 일이 자행되었다. 이때에도 이를 "일"이라고 불렀다. 레오폴드가 저질렀던 난폭함의 트라우마는 적어도 50년 동안 콩고에서 구전되었고 이는 이 지역에 파견되었던 한 카톨릭 성직자에 의해 기록되었다. 투왐베Tswambe라는 이름의 한 남자가 벨기에 장교 레온 피베즈Leon Fievez에 대해 이렇게 경찰관에게 말했다.

> 원주민들은 이 사람을 '적도의 악마'로 보았어요. …… 농장에서 살해당한 모든 시체에서 손을 잘라야 했어요. 그는 병사들에 의해 잘려 바구니에 담겨있던 손의 수를 셌어요. …… 고무를 제공하지 않겠다던 마을들은 모두 사라졌어요. 어린 나는 피베즈의 병사 모릴리를 보았어요. …… 그는 마을 사람들이 잡혀 있던, 큰 돌이 매달린 거대한 그물을 강물에 뒤집어 던졌어요. …… 고무는 우리에게 이런 고통을 가져다주었기 때문에 우리는 더이상 그 말조차 듣고 싶지 않아요. 군인들은 형들을 죽였고 어머니와 누이들을 강간했어요.[19]

콩고에서 벌어진 잔학 행위는 이후 발생한 제노사이드와 마찬가지로 내부 고발자에 의해 알려졌다. 처음에 유럽이나 이후 미국의 언론은 문명인들이 그런 잔학 행위를 저질렀다는 사실을 믿으려 하지 않았다. 우리가 볼 수 있듯이 이런 식의 부인은 아직도 일반적이다. 휴대가 편리한 영상 촬영기의 보급이 확산되면서 폭력을 목격할 수 있는 능력에 변화가 일어났다. 레오폴드의 문제는 그의 장교들이 "감히 영국인을 살해하려고"[20] 했고 작가와 내부 고발자들이 연달아서 당시 "어둠 속heart of darkness"(조셉 콘라드의 1902년 소설 제목이기도 하다_옮긴이) 악몽에 대해 경종을 울리면서 발생하기 시작했다.

이들이 알린 악몽은 매우 단순한 것으로 콩고인들이 죽을 때까지 일을 시켰던 노예 제도에서 발생했다는 사실이었다. 회사원이었던 에드먼드 모렐Edmund Morel은 선적 기록이 일치하지 않는 것에 주목했다. 벨기에에서 콩고로 오는 증기선은 정부가 주장하는 무역 품목이 아니라 단지 무기만을 수송했을 뿐이었다. 여기에는 콩고로부터 운송된 고무와 아이보리에 대한 대가는 없었다. 콩고인을 다루는 벨기에의 정책은 생산하지 못하면 버리게 되는 짐승처럼 콩고인을 취급하는 것이었다. 이 정책은 후에 콩고인에 대한 학살을 제노사이드로 볼 수 있는지 의문을 갖게 했는데 그 이유는 콩고인들이 증오의 대상이 아니라 단지 비인간화의 대상이었기 때문이었다.

발생율

럼멜[21]은 20세기 동안 제노사이드를 포함해서 데모사이드의 희생자 수를 세계에서 여섯 번째 나라의 인구에 비교되는 수인 1억 6,919만 8,000명이라고 했다. 관심 있는 독자들은 럼멜이 작성한 수많은 표와 통계를 참조할 수 있다. 그는 스탈린, 마오, 히틀러, 장개석처럼 1억 명이 넘는 희생자를 낸 사건을 "데카메가 학살자dekamegamurders"로 부르며,

이보다 덜 한 100만에서 1억 사이의 희생자를 낸 일본군, 크메르루즈의 캄보디아, 튀르키예의 숙청, 베트남 전쟁, 폴란드의 종족 청소, 파키스탄, 티토의 유고슬라비아를 "덜한 메가학살자lesser megamurders"라고 한다. 끝으로 북한(럼멜은 1980년대 이정식, 스칼라피노 교수의 주장에 근거했다_옮긴이), 멕시코, 중세 러시아의 경우를 100만 미만인 "메가학살혐의자suspected megamurders"로 분류했다. 멕시코의 희생자 수는 포르피리오 디아스 독재정권 아래에서 국가적으로 시행된 노예 노동에 의해 살해당한 마야인들을 포함한 것이다. 1910년 당시 멕시코는 전체 인구의 3분의 1이 노예였는데 이들 대부분은 원주민이었다. 그리고 불과 3천 가구가 나라 전체 재산의 절반을 소유하고 있었다. 이는 각 가구당 6백만 에이커의 대규모 농장을 소유하고 있었음을 의미했다. 1910년에서 1920년 사이 멕시코 혁명 시기에 양쪽은 마음대로 학살을 자행했으며 일상적으로 강간을 저질렀고 결국 전체 지역민들은 절멸당했다. 그 예로 토레온에 있는 모든 중국인들이 판초 비야에 의해 살해당했던 사건을 들 수 있다.[22] 럼멜은 노예 노동과 기아로 사망한 원주민의 수가 82만 5천 명에 이른다고 적었다. 그런데 이것도 결국 원주민을 상대로 한 완전한 제노사이드는 아니었다.

20세기에 들어와서 대량 학살의 희생자 수가 급증했다. 길버트Gilbert에 따르면 1914년 약 1백만 명에 이르는 아르메니아인들이 튀르키예에 의해 잔인하게 학살당했다.[23] 콩고의 "노동에 의한 죽음"과 함께 이 두 학살은 20세기 초에 등장한 가장 큰 규모의 잔학 행위였다. 2천만 명의 동유럽인 전사에 더해 나치는 1933년과 1945년 사이에 6백만 명의 유대인뿐 아니라 5백만 명의 슬라브인과 집시 등을 학살했다.[24] 스탈린은 소련에서 3천만 명의 "반대자"들을 죽이거나 굶주리게 했다.[25] 마오 쩌

뚱은 중국에서 2천만 명의 부르주아 학살을 총괄했다.[26] 그리고 폴 포트가 이끌었던 크메르 루즈는 1974년과 1978년 사이에 캄보디아의 "교육받은 사람" 250만 명을 살해했다.[27] 1994년 르완다에서는 후투족이 불과 3개월 동안 80만여 명을 살해했는데 희생자 대부분은 투치족이었다.[28] 사담 후세인은 독가스를 사용하여 쿠르드족 학살을 지휘했고 생존자들은 지금도 후유증으로 고통받고 있다. 보스니아에서는 밀로세비치의 세르비아가 비세르비아인에 대한 "종족 청소"를 자행했다. 또 다른 대량 학살에 있어서도 제노사이드의 법률적 정의에는 미치지 못하지만 제노사이데어스(genocidaires, 영어에는 제노사이드 가해자를 지칭하는 단어가 없으므로 이 책에서 프랑스 용어를 사용한다_글쓴이. 영어권에서는 genocidist를 쓰기도 한다_옮긴이)는 심리적 공통점을 가지고 있다. 엘살바르도, 난징, 콩고(현재 진행 중이다), 소말리아, 시에라리온, 다르푸르의 학살 등이 이런 경우이다.

  이 책은 이러한 대규모 사회적 폭력을 설명하는 데 있어서 개인과 사회 모두에게 있는 심리적 요소에 초점을 두고 있다. 여기서 조사하려는 대량 학살과 정치적 학살, 제노사이드라는 정치적 폭력의 이 세 가지 구분은 결코 엄격한 기준에 의한 것은 아니다. 종족정치적 폭력에 대한 더 완전한 분류를 위해 이에 흥미를 가지고 있는 독자들은 슈펠드Suedfeld,[29] 럼멜,[30] 차니[31]를 알아야 한다. 우리는 슈펠드가 말하고 있는 다양한 형태의 테러리즘, 억압, 보복적 박해까지 살펴보지는 않는다. 이것들은 제노사이드와 군사적 대량 학살의 심리를 이해하려는 현재 우리의 관점을 벗어난다. 우리의 초점은 럼멜이 주장하는 것처럼 정부에 의해 대부분 발생하고 정부 기관의 대리 조직이나 공공 기관 등에 의해 실행되는 사회정치적 폭력에 있다. 이어 정부에 의한 폭력과 비교하기 위하여 자발적 집단 폭력의 두 가지 형태인 린치와 감옥 폭동의 경우를 살펴볼 것이다. 이 시도는 구조적으로 반복되면서 어떤 위협도 받아들이게 하는 특정 형태의 양식과 자동차의 차동 기어같은 권위의 일정한 전달 장치가 끔찍한 폭력까지 낳을 수 있다는 논쟁의 쟁점을 명확히 보여줄 것이다.

20세기에 악화된 종족정치적 폭력은 인구의 집중과 그에 따른 접촉의 증가,[32] 빈부 차이를 증가시키는 경제의 세계화,[33] (가난한 사람들을 분노하게 만드는) 정보 사용량의 증가, (정치적 탄압에 저항하게 만드는) 인권 의식의 확대, (부족의 권리를 주장하는 심리적 요구뿐 아니라 혼란으로도 이끌 수 있는) 급격한 사회 변화에 그 원인이 있을 수 있다. 이러한 변화에는 르완다의 벨기에 경우처럼 무소불위의 힘으로 작동했던 식민지 권력의 철수도 포함된다. 벨기에 식민 통치가 무자비하고 폭력적이었음에도 이들이 철수한 직후 르완다 상황이 더 악화되었음을 이미 살펴보았다. 또한 구소련의 붕괴는 유고슬라비아에서부터 소말리아에 이르는 여러 나라에서 불안정과 함께 대규모 학살을 불러일으켰다.[34] 윈-에드워즈Wynne-Edwards는 대량 살해 현상을 설명하는데 있어서 마치 동물의 종들이 적절한 수를 유지하는 경향이 있는 것과 같은 개체 규제의 항상성 이론을 제안했다.[35] 과잉 인구는 이용할 수 있는 식량과 관련되므로 전쟁과 폭력은 증가한다. 그가 동물의 행동에 신경을 쓰는 반면, 사회생물학자들은 우리 인간 역시, 베커가 "항문을 가진 신God with anuses"이라고 묘사한 것처럼 다른 동물들과 마찬가지라는 것을 우리에게 상기시켜 주었다.[36] 베커는 땅에 기초한 동물의 본성(항문)과 상징화시킬 수 있는 이성의 능력(신)이 어우러지기를 원했다.

정치적으로 동기화된 학살의 형태에는 개인에 대한 공격과 집단에 대한 공격이 있다. 개인에 대한 공격에는 아르헨티나에서 볼 수 있었던 국가의 처형, 반대자 처형, 반대할 것으로 의심되는 자를 "실종"시키는 것이 있으며, 집단에 대한 공격에는 전쟁, 포그롬pogrom 또는 대량학살, 제노사이드, 체계적인 정치적 학살이 있다. 전쟁은 일정한 국가적 범위 또는 지리적 범위에서 희생자를 낳으며, 포그롬 또는 대량학살은 1864년 미국 샤이엔Cheyenne에서 있었던 샌드 크리크 학살 사건[37]의 경우처럼 무가치한 외부 집단으로 더 특별하게 규정된 희생자를 낳는다. 제노사이드는 독일이나 르완다의 경우처럼 종교적 또는 종족적 집단으로 규정된 희생자를 낳으며, 체계적인 정치적 학살은 캄보디아나 스탈린의 구소련에서 저질러진 것처럼 정치적 이념이거나 편리에 의해 자의적으로 규정된 희생자를 낳는다. 극단적인 형태의 대규모 공격 방법은 잘 알려져 있다. 이를테면 히로시마와 나가사키의 원자탄 투하나 독일 드레스텐과 일본 토쿄에 대한 폭격을 들 수 있다. 이는 모든 민간인을 상대로 한 것이었다.[38] 그러나 이런 행동은 전쟁의 맥락이 있으므로 그나마 덜 비난받을 만한 것처럼 여겨지기도 한다. 전쟁 상태는 대규모 살해를 합리화한다. 히로시마, 토쿄, 함부르크, 드레스텐의 폭격은 공격자 내부 집단을 구하기 위한 것이었다며 합리화했다. 후투족의 폭력은 지난 세월에 받은 고통에 대한 보복으로, 수백만 유대인에 대한 체계적 학살인 홀로코스트는 다수를 위한 더 많은 이익을 위한다고 여긴 정치적 결정으로 합리화하기도 한다. 그리고 르완다의 경우처럼 연쇄 보복 학살의 하나로 저질러지거나, 공중 폭격처럼 간접적 또는 원격 조작에 의한 경우도 있다. 또는 추방에 이어 억류, 그리고 체계적 처형을 거치는 마치 "산업화된industrialized" 형태처럼 저질러지기도 하며, 1932년 스탈린의 러시아에 의해 저질러진 우크라이나 수백만 명의 기아 사태처럼 식량의 수출에 의한 경우도 있다. 이는 오늘날 홀로도모르Holodomor(우크라이나 대기근)라고 불린다.[39] 살해를 어떻게 정당화할 수 있는지에 대한 우리의 인식은 그것이 내부 집단을 보호하기 위해 저질러진 것이었는지 여부(또는 그렇게 상징화되어 있는 내부 집단의 중심 도그마나 이데올로기)에 크게 의존한다. 어떻게 보면 이것은 내부 집단에 의한 폭력이 변형된 것으로 아우구스티누스가 발전시킨 "신성한 전쟁"의 개념이 상징적으로 확대된 것이었다. 죽음에 대한 개인적 두려움은 돈과 힘으로 외부 집단을 능가하는 내부 집단의 능력에 의해 감소한다.[40] 외부 집단을 능가하는 궁극적인 권력은 그 집단의 삶과 죽음을 통제하는 것이다. 어니스트 베커는 "공황의 가면 disguise of panic"으로 기여하는 권력의 이런 행동을 보았다. 스티븐 스필버그 감독의 영화 『쉰들러 리스트』에서 오스카 쉰들러(리암 리슨의 역할)는 새디스트 나치 장교(랄프 파인즈의 역할)가 '궁극적 권력은 살해할 수 있는 권력을 가지고 있으면서도 그것을 실행하지 않는 선택을 하는 것'이라는 신념을 가지게 되어 학살을 피하게 되었다고 말한다.

살해의 과실성 지각

민간 환경에서 벌어진 살해는 가해자에게 "정신적 결함"이 있거나 정당방위 또는 제정신이 아니어서 옳고 그름을 구분하지 못하는 경우에만 처벌을 받지 않는다. 정치적 싸움판에서는 옳고 그름의 구별은 모호하다. 살해의 과실성에 대한 법정 논쟁은 "충분히 옳다고 믿어지는" 누군가가 때로는 훨씬 위험하며 또한 실제로 살인을 저지른다는 것에 있다. 민간 환경에서도 이런 믿음이 잘못 형성될 수도 있는데 실질적인 살해 위협이 있는 군사적 환경에서는 그 구분이 더욱 어려워질 것이다. 우리는 미라이 집단학살 사건 피고인에 대한 변론 법정에서 이러한 문제를 본다.

제노사이드와 대량학살 등 군사적 살해는 가해자가 패전한 경우가 아니라면 대개 무시되거나 용서되었다. 제2차 세계대전에서 양쪽 군대는 오늘날의 전쟁 범죄에 해당하는 짓을 저질렀다. 이들은 적 전투원들이 민간인을 방패로 쓰지 못하게 하려고 고의로 민간인들을 대량 학살했다. 로버트 맥나마라는 자서전적 영화, 『전쟁의 안개』에서 미 장군 커티스 리메이Curtis LeMay가 어떻게 일본 도시에 대한 폭격을 지시했는지, 그리고 민간인을 어떻게 태워 죽였는지(물론 여성과 아이들에 대한 무차별 학살을 포함하여) 회고했다.* 일본의 60여 개 도시들이 소이탄 폭격을 당했다. 대부분 1944년과 1945년 사이에 마리아나와 이오지마에서 날아 온 B-29폭격기에 의한 것이었다. 피부에 달라붙어 끔찍하게 타 죽게 하는 물질인 네이팜이 이 폭격에서 최초로 사용되었다. 이 폭탄은 이후 베트남 전쟁에서 더 악명을 떨쳤다. 1945년 3월 10일 리메이는 네이팜으로 도쿄를 폭격하여 약 8만 4천 명을 죽이고 약 4만 1천 명에게 화상을 입혔다. 그리고 도시 1만 6천 평방마일을 잿더미로 만들었다. 일본 도시들이 연속된 원자탄 공격을 받은 사실이 잘 알려져 있는 반면 네이팜탄이 사용된 사실을 알고 있는 사람들은 거의 없다. 그러나 "일본의 소이탄 공격"이라는 문구는 인터넷 사이트 구글에서 5백만이 넘는 조회수를 보이고 있다. 독일의 경우를 제외한다면 대부분의 나라들은 자신들이 저지른 폭력을

---

* 커티스 리메이 장군은 호전적인 냉전주의자로서 풍자 영화『닥터 스트레인지러브(Dr. Strangelove)』에서 걸핏하면 전쟁을 일으키려 했던 잭 리퍼 장군으로 묘사되었다. 아이러니하게도 리메이는 이후 일본 정부로부터 훈장을 받았다. 1961년 쿠바 미사일 위기 동안 리메이는 쿠바에 공중 폭격 전략을 사용하려던 케네디 대통령을 옹호했다. 그가 부른 이 작전명은 "튀겨버리자(fry it)"였다. 이 위기가 평화적으로 해소되자 리메이는 이를 "미국 역사상 최악의 패배"라고 불렀다. 분명히 리메이는 죽음의 공포로부터 면역되어 갔다. 그는 일본에 네이팜탄 폭격을 지시했는데 이 폭격은 "단지 여섯 시간 만에 인류 역사상 그 어느 때 보다도 많은 사람들을" 살해한 것으로 평가된다. 그는 전쟁에 대해 "당신은 사람을 죽여야 한다. 당신은 전쟁이 중단될 정도로 충분히 사람을 죽여야 한다."라고 말했다. 또 한 번은 "우리는 북한 인구의 20퍼센트를 죽음으로 몰아야 한다. 안 그런가?"라고 말했다. (이상 발언의 출처에 대해서는 www.geocities.com/lemaycurtis 참고)

잊어버린 것처럼 보인다. 일본 정부는 지금도 난징에서 있었던 대학살을 부인하고 있으며 튀르키예도 아르메니아 학살을 여전히 부인하고 있다.

일본 나가사키, 히로시마, 니가타, 그리고 코쿠라 등 네 곳을 제외한 모든 도시가 소이탄 공격을 받았다. 이 도시들은 핵폭탄으로 8만 명이 희생된 나가사키나 15만 명이 희생된 히로시마를 생각할 때 어쩌면 "구원"을 받은 것이라고 할 수 있었다. 영화에서 몇 마디 안 하는 리메이는 맥나마라가 "만약 전쟁에서 졌다면 우리는 전쟁범죄자로서 재판을 받았을 것이네."라고 말한 사실을 공개했다. 하지만 이어진 토론은 일본의 항복을 받기 위해 소이탄 공격이 군사적으로 필요했다는 것으로 방향이 돌아갔다. 드레스텐과 다른 독일 도시에 대한 소이탄 공격과 같은 민간인 대량 학살이 적의 사기를 떨어뜨렸다는 것에 대해 논쟁이 있었다. 비록 뉘른베르크 회의에서 민간인 살해를 금지했다 하더라도 이 경우는 예외로 봐야 한다는 것이었다.(www.wikipedia.org 참고)

다음 장에서 우리는 여성과 아이들을 목표로 했던 몇 건의 군사적 대량 학살 사례를 살펴볼 것이다. 우리는 게릴라들이 이들을 인간 방패로 삼으면서 생긴 부수적 피해collateral damage 환경은 다루지 않을 것이다. 우리는 고의적인 대량 학살을 다루고 있다. 아직까지 미군 중 누구도 학살과 관련하여 수감된 경우는 없다.(비록 이라크 내 해병대 기지에서 강간과 살해로 기소되고 판결이 내려진 경우에도 그렇다) 미라이에서 민간인을 강간하고 살해한 윌리엄 캘리William Calley는 여자 친구의 아파트에 "가택 연금"되기 전 며칠 동안만 감옥에 있었을 뿐이었다.[41] 비전투 민간인을 살해하라는 요구를 처음 받았을 경우, 특히 "직접적"인 경우 대부분의 군인들은 망설인다. 그러나 목표가 먼 거리에 있어 희생자들을 인간으로 여기지 않게 되는 폭격이나 소이탄 공격에 있어서는 일종의 살해 의도를 보이게 된다. 복종에 대한 스탠리 밀그램Stanley Milgram[42]의 유명한 실험에서 피험자는 동료 피험자에게 전기 충격을 가하라는 요구를 받았다. 이 실험에서 피험자가 다른 방에 격리되어 있는 경우 전기 충격을 가하라는 명령에 더 잘 복종한다는 것이 발견되었다. 한번은 전쟁 범죄에 해당하는 행동에 대해 군대내 의사결정 집단의 내부 토론이 있었다. 이들은 전쟁에서 승리하기 위해서 불가피했다며 이 행동을 정당화했다. 최고 회의는 군사적 선택에 대한 토론이 진행되는 동안, 부수적 피해에 대해 전쟁을 치르는 데 불가피하게 따르는 달갑지 않은 비용 정도로 여기고 있었다. 집단 사고의 측면들은(제8장에서 보게 된다) 군인들에게 표적 집단의 절멸이 불가피하다는 방향의 결정을 충동질한다. 쿠바 미사일 위기 동안 치명적인 군사력 사용보다는 협상을 선택했던 케네디의 결정은 매우 드문 사례 중 하나일 뿐이다. 어빙 재니스Irving Janis는 정책 결정 과정을 주제로 한 그의 책에서 집단 사고를 회피하였던 긍정적인 사례로 이 경우를 제시한다.[43] 네이팜탄 공격에 의한 희생자 수가 매우 많은 것에 비하면 파괴의 사회적 과정은 상대적으로 단순하다. 네이팜탄은 파괴력이 엄청나므로 극소수의 가해자만으로도 어마어마한 수의 사람들을 파괴하는 것이 가능하다. 이 지점에서 우리는 마치 전체 국민처럼 표적 집단이 너무 크므로 오랜 시간이 걸리고 게다가 직접 살해하기도 어려웠던 폭력에 집중한다. 이 폭력은 피해자들에 대한 가해 행위가 모두 적나라하게 노출되는 곳, 그리고 민간 환경이라면 더욱 엄격하게 금지되었을 곳에서 벌어졌다.

제노사이드

제노사이드라는 용어는 홀로코스트에서 탈출했던 생존자 폴란드 유대인 라파엘 렘킨Rafael Lemkin이 창안하였다. 그는 1948년 민족, 종족, 인종, 또는 종교 집단의 전체 또는 일부를 고의로 절멸시키려는 행동을 "제노사이드 범죄 방지과 처벌을 위한 UN협약"에서 정의하는 대량 학살의 형태로 인식시키기 위해 쉼 없이 로비 활동을 했다.[44]

제노사이드 그 자체는 어떤 동일성이 있는 집단을 학대하고 제거하려는 일반화된 공격의 특별한 경우이다. 1948년 UN결의는 제노사이드를 다음과 같이 정의했다.

> 제2조(1948년 제노사이드 범죄 방지와 처벌에 대한 UN협약)
> 제노사이드는 다음과 같은 민족적, 종족적, 인종적, 또는 종교적 집단의 전부 또는 일부를 의도적으로 절멸하려는 행동이다.
> a) 그 집단의 구성원이라는 이유만으로 살해하는 것
> b) 그 집단의 구성원이라는 이유만으로 신체를 심각하게 훼손하거나 정신적으로 해를 주는 것
> c) 그 집단의 전체 또는 일부를 절멸시킬 목적으로 집단의 생존 조건을 고의로 악화시키는 것
> d) 그 집단 내부의 출생을 막을 목적으로 어떤 수단을 강요하는 것
> e) 강제로 그 집단의 어린이들을 다른 집단으로 옮기는 것

우리가 이 책에서 주로 주목하는 것은 a)항, b)항과 c)항 일부이다.

나는 제노사이드에 덧붙여 "계급 학살classicide" 또는 정치적 학살로서 다음 세 가지 대량학살 사례를 추가하려 한다. 첫 번째 사례는 "난징 대학살Rape of Nanking"이다.[45] 이 사건을 선택한 이유는 엄청난 희생자 수, 끔찍한 잔학 행위, 우리와 같은 시대라는 것, 그리고 문헌[46]이 있기 때문이었다. 1937년이라는 우리와 같은 시대에 25만 명이 강간, 살인 대회,

아동 살해 등 아주 처참하고 잔혹한 방법으로 집단 학살당한 이 사건은 아이리스 장이 지은『난징 대학살』에 소개되어 있다. 글쓴이가 인터뷰한 가해자들의 증언이 있어 제노사이드 사건과 비교할 수 있다. 또 다른 사례는 미라이 사건이다. 이 사건은 1968년 베트남 민간인들이 미 육군 아메리칼 사단의 제11경보병여단 C중대에 의해 강간당하고 학살당한 사건이다. 이 사건에는 윌리엄 캘리 중위에 대한 두 번째 판결문을 포함하여 풍부한 문서 자료가 있다.[47] 끝으로 엘 모소테El Mozote 사건이 있다. 엘살바도르에 있는 이 도시는 군대에 의해 비무장 여성과 아이들이 강간당하고 학살당한 곳으로 목격자들도 현재 생존해 있다.[48] 대량 학살에 대한 또 다른 역사적 사례는 너무 많아서 열거하기 어려울 정도이다. 그러나 짧게 나열하자면 앙골라, 동티모르, 체첸, 수단, 스리랑카, 샌드 크리크(콜로라도), 그리고 시에라리온(차니를 보라)이 있다. 이 학살들은 모두 전쟁 상황 아래에서 어쩔 도리가 없는 비무장 민간인들에게 저질러졌다.

 제노사이드가 정치적 목적에 의해 통제되며 "무감각"하고 도구화된 폭력으로 나타나는 반면, 대량학살은 비록 군사적 명령에 기초한 것일지라도 "과잉 살해overkill"[49]나 군사적 목적을 넘어서는 폭력, 이를테면 강간, 고문, 신체 절단, 아동 등 저항 능력 없는 민간인에 대한 살해로 나타나는 것이 그 전형이다. 결국 제노사이드와 대량학살은 뒤섞여 일어난다. 르완다에서 투치족 소수파에 대한 후투족 정부의 제노사이드 정책은 대량학살 또는 포그롬[50]이 연속하여 대규모로 활성화되었고 이에 따라 정치적 학살의 두 형태가 뒤섞여 나타났다.

 제노사이드에 대한 사회 정치적 설명은 표적 집단의 선택과 학살의 사회적 유도 과정을 설명하는 데 충분하다. 그 과정에서 무감각한 학살자 개개인들은 기계 속 톱니바퀴의 이 하나에 불과한 매우 한정된 역할에 그친다. 이런 역할에는 아돌프 아이히만처럼 사형 집행 영장에 서명하는 것에서부터 비행기 폭탄실의 문을 여는 버튼 누르기 또는 독가스 방출하기, 총부리 겨누기, 굶주린 사람들로부터 음식물 빼앗기까지 있다. 가해자는 개인에게 고통을 가하거나 신체 절단, 살해 또는 시체 더미를 초래할 끔찍한 결과를 당해본 적이 없는 전문 직업인이다. 이들은 그 결과를 부인 또는 축소하거나 자신의 행동을 완곡하게 표현함으로써 그 학살 행동의 불편한 부분을 제거한다. 결국 대량학살에 있어서 군사적 행동은 훈련의 정도와 상관없이 잔인하고 폭력적이게 되는데 이를 억제할 수 있는 것은 오직 인간의 풍부한 감수성이다. 그런데 우리가 볼 수 있듯이 이런 억제는 그리 대단한 것이 아니다.

끝으로 제노사이드와 대량학살에는 모두 국제적인 공모 행위가 관련되어있다. 이 행위는 "외부 국가로 하여금 벌어진 학살 사건을 외면하도록" 능동적으로 결정하며 벌어지고 있는 사태에 대하여도 "의도적으로 모른 척"하는 것이다. 20세기에 저질러진 아홉 개의 제노사이드에 있어 어떤 외부 집단도 그 폭력이 스스로 외부에 알려질 때까지 개입한 적이 없다. 파워Power는 홀로코스트, 캄보디아 제노사이드, 세르비아와 르완다 제노사이드에 대한 고의적 무지와 불신이 어떻게 결합되었는지 설명했으며,[51] 세계의 강대국과 UN이 현재 진행되는 모든 제노사이드에 대한 정보를 가지고 있으면서도 행동하지 않는 것이 자국에 이익이라며 정당화하고 있다고 비난했다. 국제법에 대한 어떤 의무와 사건으로부터 거리를 두려는 정치적 결정의 실패는 개인 또는 작은 집단에 있어서 '방관자 개입 연구bystander intervention study'에서 관찰되는 '해로움 탐지하기 detect the harm'[52]의 실패를 능가하는 결과를 보여준다. 여기서 살펴보게 되는 모든 대량학살에는 가해자들의 혼란스러움이 대단히 많이 소개되어 있다. 제노사이드는 부정되었고 마치 르완다에서의 투치족 학살을 "일"로 표현한 것처럼 사건을 완곡하게 표현하려는 "소독된sanitized" 언어가 개발되었다.

우리는 이 책에서 제노사이드로서 1915년 튀르키예의 아르메니아인 학살, 홀로도모르로 알려진 1930년대 스탈린의 우크라이나 기아 학살, 보스니아 밀로세비치에 의한 세르비아 무슬림 학살, 1994년 르완다 후투족에 의한 투치족 학살, 그리고 홀로코스트를 다룬다. 그러나 이것도 완벽한 목록은 아니다. 마오쩌둥에 의한 대규모 학살이나 현재 진행 중이면서도 널리 알려져 있는 수단 다르푸르 지역의 학살은 제외하였다. 덧붙여 대규모 정치적 학살의 한 사례로 1979년부터 1988년까지 있었던 크메르 루즈의 캄보디아 학살을 포함시켰다. 슈펠드는 이 학살을 계급 학살이라고 불렀다.[53] 대량학살의 사례로는 1937년 중국 난징에서 일본군이 저질렀던 강간 학살[54]과 미라이, 엘 모소테 학살을 포함했다. 상황을 비교하고 시야를 넓히기 위해 린치와 감옥 폭동이라는 극단적 사회 폭력의 서로 다른 두 가지 형태도 조사했다.

나는 각 사건으로부터 외부 집단을 위협으로 지각하는 것, 제노사이드나 폭력 행동을 저지르겠다는 의사를 결정하는 것, 그리고 외부 집단에 반대하는 결정을 실행하는 것과 관련된 역사적인 핵심 요소들을 추출했다. 나는 여기에서 다루는 모든 사례에서 설명이 서로 상충하는 경우, 특히 전형적인 것으로 사건을 부인하는 가해자 집단의 설명과 피해자 집단의 설명이 서로 다른 경우가 실제로 있다는 것을 지적해야만 했다. 다음 보게 될 다케모토와 오하라[55]의 경우에서 아직도 일본이 난징 대학살을 부인하고 있음을 알 수 있다. 나는 가능한 한 인권 단체인 휴먼라이츠워치나 역사학자, 또는 이해 관계가 없는 지역의 목격자 등 제

3자의 보고에 근거했다. 난징의 경우 나치당원 욘 라베John Rabe는 포위된 중국 민간인들에게 은신처를 제공했고 이후 히틀러에게 야만스런 일본과 어떤 협약에도 주의해야 한다는 편지를 썼다.[56] 존 우즈John Woods에 의해 영어로 번역된 라베의 일기는 독자들을 오싹하게 했다. 나치당원이 평화의 영웅이 될 정도이니 당시 상황이 정상과는 너무나 거리가 멀었다는 것을 느낄 수 있다. 엘 모소테와 이라크처럼 몇몇의 경우는 법의학적 증거가 희생자의 주장을 입증해 준다. 엘 모소테에서는 부에노스아이레스 대학에서 온 법의인류학팀이 여성과 어린이의 유골들을 발굴했다. 이는 마치 겁에 질린 학살 현장 생존자가 사건 발생 사실을 의심했던 미국 정부 관료들을 비난하는 것처럼 보였다.[57] 난징과 르완다의 경우 인권 법정이 확고한 증거를 제공하였고 댈레어[58]와 같은 제3목격자의 증언이 있었다.

르봉의 군중 심리

이 책의 질문은 다음과 같다. 어떻게 평범해 보이는 사람들이 죽이고, 고문하고, 고통을 즐기는 자로 변하게 되는가? 철학자 토마스 홉스가 암시했던 폭력의 유전적 원천이 우리 모두에게 잠재되어 있는 것일까? 만약 그렇다면 그 메커니즘은 무엇일까? 성폭행범, 연쇄 살인범, 새디스트처럼 일상 생활이라면 정신이상자로 보였을 자들이 전쟁 동안 왜 그렇게 많아지는가? 폭력을 일으키는 상황과 그 상황에 대한 사람들의 반응에 대한 주의 깊은 분석으로부터 인간의 조건에 관한 무언가를 배울 수는 있을까? 사회심리학 고전인 『군중 심리Psychologie des Fouls』(1895)에서 르 봉은 프랑스 대혁명 당시 혁명적 군중의 행동에 대해 "군중 심리

group mind"를 지침으로 삼아 서술해 나갔다.[59] 이런 집단 무의식의 형태는 모든 사람들에게 나타나는데 심지어 문명화되었다는 사람들에게 있어서도 마찬가지이다. 하나의 공통된 목표를 가지고 있는 군중 또는 "심리적 집단들"에 있는 인간 행동은 원시인의 위치로 진화의 사다리를 몇 계단 하락한다. 르 봉이 적고 있듯이, "조직화된 집단의 일부가 되었다는 그 사실로 인해 인간은 문명의 사다리에서 몇 계단 떨어진다. 비록 교양 있는 사람일지라도 군중 속에 고립되어 있을 때 본능의 충동에 의해 행동하는 야만인이 된다."[60]

이런 집단화된 상황에 "홀로 있는 개인들은 그가 억제하고 있던 본능에 굴복하는, 극복할 수 없는 감정을 갖게 된다."[61] 르 봉은 군중 심리가 군중 속 익명성과 그에 따르는 개인적 책임감의 상실이 전염병처럼 확산되기 때문에 생기는 것이라고 주장한다. 정상 상황에선 금지된 행동들이 군중 속에서 저질러지고 모방된다. 군중 속에 있는 개인의 피암시성은 군중 심리에 의해 좌우되어 자신의 도덕적 신념에 모순되는 행동까지도 저지르게 된다. 이 군중 심리는 원시인처럼 충동적이고, 화를 잘 내고, 변덕이 심하고, 무의식적 충동에 따르게 만든다. 또한 이는 복종을 갈망하고 강한 지도자를 찾게 한다. 르 봉은 이 군중들이 이성적이지 못하며 시각적 충동으로 이미지화된 이상에 따라 행동하게 된다고 지적한다.

집단 심리와 자아 분석

르 봉의 논문은 프로이트로 하여금 『집단 심리와 자아 분석Group Psychology and Analysis of the Ego』이라는 사회심리학 과제에 도전하도록 자극을 주었다. 프로이트는 이런 군중이 광신적 지도자들을 만들었을 뿐 아니라 이런 지도자에 의존하는 추종자도 만든 것이라고 지적했다. 광신적 지도자들은 집단에 소속된 누구에게나 애착을 보이는 자들이었으며 추종자들은 지도자들을 이념의 화신으로 만들었다. 추종자들은 우상화된 지도자를 매개로 한 일상적 연결을 통해 서로 다른 추종자끼리도 의존하게 된다.[62]

프로이트의 "일반화된 자아 이상$_{\text{ego ideal}}$"은 집단을 단결시키며, 일상생활의 규범 규칙에 따라야 한다는 사회적 불안이나 감정적 반응으로부터 자유롭게 한다. 모든 사회가 집단의 생존을 보장하는 방법으로서 집단 내 공격에 반대하는 규칙을 만든 이래로 사회적 불안은 내부 집단에 대한 공격을 금지하는데 기여해 왔다. 사회적 불안으로부터의 해방은 결과적으로 폭력으로 퇴행하는 것이었고, 프로이트가 "원시적 패거리"라고 불렀던 집단의 행동으로서 '아버지를 죽인 후 죽은 아버지의 우상을 세우는 가설적 집단'의 행동이었다.[63] 프로이트는 추종자들을 맹목적으로 지도자에게 복종하는 자들로 봤는데 이런 지도자-추종자 조합은 복종에 대한 갈망과 함께 나타나는 것으로 자연스럽게 상호 상승 작용을 일으켰다.

어니스트 베커는 지도자-추종자 관계의 기초로서 "사회적 불안으로부터의 자유"보다도 더 강력한 동기를 제시했다.[64] 그에 따르면 부족을 묶어주는 데 기여하는 것은 사회적 불안보다도 죽음의 공포를 피하게 하는 상징적 만병통치약이었다.

부족 집단 안에 소속되었다는 느낌은 나약하고 죽음에서 벗어날 수 없는 자신을 초월하게 만들었으며 죽지 않을 것이라는 감각을 불러일으켰다. 인류학자였던 베커는 프로이트보다 초기 인류에 대한 연구에 관하여 더 많이 알 수 있었는데 이는 프로이트 사후 1933년부터 1969년 사이에 쓰인 호커트A.M. Hocart의 역작이 있었기 때문이었다. 베커는 원시인들이 이성적으로 사고할 수 있는 뛰어난 좌뇌 활동을 통해서 인간의 동물적 본성을 뛰어넘을 수 있었다고 주장했다. 그런데 이 좌뇌의 활동은 인류의 몰락을 초래하기도 했다. 베커는 "동물적 본성이라기보다는 인간만의 재능으로서 창조물에게 주어진 쓰라린 운명이었다."라고 적었다.[65] 인류가 가진 "재능"은 자신의 죽음을 피할 수 없다는 사실을 생각할 수 있는, 그리고 상징적인 행동을 통해 죽음을 피할 수 있는 방법을 찾아가는 능력이었다. 이런 회피는 죽음을 피할 수 있다는 환상 속에서 주변 환경을 지배하는 행동을 하게 만들거나 그런 형식을 취하게 했다. 베커가 이미 보았듯이 이것이 원시적 외부 집단과 종교 발생의 토대가 되었다. 외부 집단을 통제할 정도로 나아가자 우리는 강력해진 느낌, 더 나아가 불멸한다는 느낌을 갖게 된다.

인간은 우연이나 기회가 인간 만사를 결정한다는 생각을 받아들이는 것이 그다지 즐거운 일이 아님을 깨닫는다. 그래서 우리는 인간 만사에 있는 혼돈이라는 생각을 대신할 "원인"을 발명할 필요가 생겼다. 초기 인류는 불행한 일이 생겼을 때 그 원인이 죽은 자의 영혼 때문이라고 여겼다. 인류 역사 초기에 불행을 일으키는 영혼을 통제하는 방법으로서 종교 의식이 발명되었다. 이렇게 죽은 자는 산 자들과 구별되는 최초의 "외부 집단"이 되었다. 외부 집단은 점차 외부 부족이 되어 갔으며 이런 기능은 내부 집단에게 있어서 불멸의 힘을 느끼는 감정을 강화시켜 주었다. 베커는 "인류에게 있어서 극단적 흥분은 살아남았다는 황홀한 느낌에 사로잡힌 채 죽음을 겪는 자들을 지켜봄으로서 죽음에 직면하고 죽음에 능숙하게 맞서는 것이다."라고 적었다.[66] 베커는 이것이 나치의 무차별 "초토화 작전scorched earth policies"이라는 고도화된 공격 형태의 동기가 되었다고 했다. 나치는 제2차 세계대전이 끝날 무렵 패전의 기운을 감지하고 후퇴 직전 광란의 "최종 해결책final solution"을 저질렀으며, 나치 친위대 SS는 내부 집단인 자신의 군대에게조차 총을 쏘는 폭력을 저질렀다. 극한 상황에서 벌어지는 이런 극단적 공격성이 바로 베커가 말한 "공황의 가면"이다.

베커에 따르면 후기 르네상스의 인류는 과학으로 종교적 의식을 대치시켰으면서도 이전과 마찬가지로 죽음의 진실을 속이기 위해 우주를 통제할 수 있을 것이라는 환상을 만들어냈다. 베커는 깊고 흔들리지 않는 원천을 가지고 있는 '내부 집단-외부 집단'의 개념이 죽음의 공포와 소멸에 대한 참을 수 없는 두려움을 극복하는 데 기여했다고 생각했다. 상대적으로 허약한 동물인 인간은 생존을 위한 힘의 원천이 무엇인지 통절히 깨닫게 되었다. 베커는 "이것이 다른 동물의 공격성보다도 인간의 공격성이 더 강했던 것을 이해할 수 있는 한 가지 방법이다. 인간은 죽음과 소멸*을 의식하고 있는 유일한 존재이고, 불멸의 힘을 찾기 위해 고도의 노력을 기울인다."라고 했다.[67] 초기 인류는 신의 지지를 얻기 위해 종교적으로 헌신했다. 인간은 하나의 생명이 다른 생명으로 옮겨질 수 있다고 믿었으니 희생자의 머리 가죽을 가지는 것, 심장이나 간을 먹는 것은 희생자들의 생명력을 정복자에게로 옮기는 것이었다. 식인 풍습은 현재에도 캄보디아와 콩고에서 저질러지고 있으며 이런 믿음은 아직도 남아 있다.

르 봉과 프로이트가 군중 심리와 원시적 패거리에 대한 이론을 세울 당시 어떤 신경 메커니즘이 인종적 무의식이나 군중 심리를 담고 있는지

---

* 어떤 동물들 역시 죽음에 대한 감각이 있다는 증거가 있다. 메이슨과 맥카시는 무리를 떠나 죽음을 맞이하는 코끼리들이 죽음을 예감한 것이라고 주장한다.(Masson, J.,and McCarthy, S.(1995). *When elephants weep: The emotional lives of animals.* New York: Dell Publishing.

를 살펴볼 수 있는 방법이 없었다. 하지만 오늘날 우리는 그런 수단을 갖고 있다. 기능자기공명영상Functional Magnetic Resonance Imaging은 함께 활성화되어 폭력이 포함된 복잡한 행동에 연결된 신경 세포들의 "뇌 행동 시스템"을 보여준다.[68] 이런 신경 세포의 네트워크가 군중 심리의 한 형태일까? 이것들이 모든 인간에게 공통되게 있으며 사회적 관습에 의해 억제되어야 하는 어떤 유전된 행동의 조합을 알려줄 수 있을까? 그리고 이런 관습이 전쟁과 같은 사회적 환경에 의해 약해지는 때, 그리고 우리 모두가 끔찍한 폭력을 저지르는 경향이 나타나는 때는 언제일까? 우리 모두가 원시적 패거리에 가담할 후보자들일까? 마지막 드는 의문, 어떤 악마적 힘이 그런 집단을 강하게 요구하게 만들며 그리고 그 집단에 소속되기 위해 우리의 비판적 능력까지 기꺼이 포기하게 만드는 것일까?

제3장 제노사이드

> 모든 새디즘이 갖는 징후의 공통적 핵심은 살아있는 것들에 대한 절대적이고 무한한 통제력을 얻으려는 욕망이다. …… 그것은 무능함을 전능함으로 변화시키는 것이다. _프롬, 『인간 파괴성의 해부』, 323쪽.

20세기에 들어와 어떤 집단 전체를 절멸하는 사건이 반복되어 발생했다. 6백만 명으로 추정되는 유대인 희생자를 낸 홀로코스트가 가장 잘 알려진 사례이지만 그것이 유일한 것도 아니고 또 가장 많은 희생자를 낸 것도 아니다. 대략 8백만 명에서 1천만 명에 이르는 우크라이나인들이 홀로모도르로 희생되었다. 구체적인 내용을 알고 싶은 독자는 사만다 파워[1]나 니얼 퍼거슨Niall Ferguson의 뛰어난 저서[2]를 참고할 수 있다.

아르메니아

파워에 따르면 1914년 튀르키예에게 전쟁을 선포한 러시아는 튀르키예에 사는 아르메니아인들에게 오스만 제국의 통치에 맞서 싸울 것을 요청했다.³⁾ 아르메니아의 소수파는 그에 따랐으나 다수파는 오히려 콘스탄티노플에 충성을 표시했다. 청년 투르크당Young Turks에 의해 통치되던 튀르키예가 1915년 독일과 오스트리아 편에 서서 제1차 세계대전에 가담하면서 기독교도(당시 아르메니아 사람들은 기독교도였다)를 국가의 적으로 삼았다. 이때부터 아르메니아인들은 "비무슬림 시민infidel dhimmis" 신분이 되었다.⁴⁾ 1915년 1월 청년 투르크당의 지도자 딸랏Mehmed Talaat은 튀르키예에 기독교인들을 위한 공간은 없으므로 모두 떠나야 한다고 선언하였다. 퍼거슨은 유대인과 마찬가지로 아르메니아인들이 대개 부유했으므로⁵⁾ 이에 대한 질투가 다가올 폭력의 꽤나 복잡한 동기의 일부가 되었을 것이라고 지적한다. 3월에는 오스만 제국 군대에서 활동하던 아르메니아 군인들의 무장이 해제되었다. 영국, 프랑스, 러시아 등 동맹국들이 1915년 4월 25일 튀르키예를 침략하자 딸랏은 콘스탄티노플에 있는 아르메니아 지식인 지도자 250명을 소집하여 처형하라고 명령하였다. 다른 지역의 저명한 아르메니아인들도 역시 같은 운명이었다. 무장해제 당한 아르메니아인들은 물자를 나르는 동물로서 징집되었고, 교회는 종교 활동을 정지당했다. 학교는 문을 닫았으며, 이슬람으로 개종을 거부한 교사들이 살해당했다. 이어 아르메니아인들은 식량과 물도 없이 시리아 사막으로 "추방"되었고 가는 도중 실제 이들 모두 사망했다. 많은 여성들은 튀르키예 민병대에게 강간당하고 살해당했다. 10세가 넘은 아이들을 포함한 모든 남자들이 15명에서 20명 단위로 총살당했다.⁶⁾ 그들은 선포된 법령에 의해 재산을 소유할 수 없었으며 즉시 집을 떠나야 했다. 그리고 값이 나갈 만한 것들은 모두 약탈당했다. 청년 투르크당은 "아르메니아인들의 폭동을 막기 위한 필요 조치"라며 이 행동들을 합리화했다. 딸랏은 부분을 전체로 일반화시키면서 이렇게 변명을 하였다.

우리는 죄를 지은 사람과 무고한 아르메니아인을 구별하지 않았다는 비난을 받고 있다. 그러나 이러한 비난은 오늘 무고한 사람이 내일 죄인이 될 수 있다는 관점에서 볼 때, 가당치 않은 주장이다.[7] (고딕 글씨는 글쓴이 강조)

튀르키예 학살이 시작되고 약 8개월 후인 1915년 12월 『뉴욕 타임즈』는 80만 명의 아르메니아인들이 학살당했다고 보도했다. 1916년까지 그 수는 1백만 명에 달했는데 이 피해는 당시 현대의 어느 역사에서도 비교되지 않는 것이었다.[8] 추정되는 사망자 수는 튀르키예 역사가들이 주장하는 20만 명에서부터 영국 역사가들이 주장하는 100만 명에 이른다.[9] 서머나Smyrna의 미 영사관은 이 학살에 대해 다음과 같이 묘사하였다.

고의로 오랫동안 저질러진 공포로서 여태까지 세계사 속에서 벌어졌던 그 어떤 것도 뛰어넘는다.[10]

오스만 제국과 전쟁 중이었던 영국과 프랑스가 이 잔학 행위를 알렸다. 영국 언론은 학살 사건 희생자들의 사진을 기사로 다루었으며 영국과 프랑스 등 동맹국들도 "문명과 인도에 반한 범죄"라는 비난 성명을 발표했다.[11] 윌슨은 미국이 제1차 세계대전에서 벗어나 있기를 원했으므로 중립을 지키고 있었다. 미국에서는 여러 사연을 폭로한 『뉴욕 타임즈』를 제외한 그 어떤 언론도 이 학살 사건에 대한 기사를 다루지 않았다. 잔학 행위에 대해 일일 보고를 받았던 오스만 제국의 미 대사 헨리 모겐소Henry Morgenthau는 이 사건이 단지 군중 폭동이라는 튀르키예 측 설명이 거짓이라는 것을 확신하고 있었다. 그는 "인종 살해race murder"가 저질러지고 있음을 확신하고 1915년 7월 10일 워싱턴에 다음과 같은 전보를 보냈다.

아르메니아인 학대가 전례 없는 사실로 보임. 넓게 흩어져 있는 각 지역으로부터 들어온 보고는 임의 체포, 끔찍한 고문, 총체적 배제, 그리고 제국의 한쪽 끝에서 다른 쪽 끝으로 추방함을 통해 평화로운 아르메니아 군중을 제거하려는 체계적인 시도를 보여줌. 아르메니아인들을 굶주리게 하여 파괴하려는 추방에는 강간, 약탈, 살해, 집단 학살이 수반되었음. 이런 방법들은 …… 순전히 자의적이었고 군사적 필요성이라는 명분 아래에서 콘스탄티노플로부터 직접 나온 지시에 의한 것이었음. 그곳은 군사 작전이 전혀 없을 것 같은 지역임.[12]

모겐소는 (르완다에서 제노사이드가 벌어질 당시 로미오 댈레어가 유엔에 했던 것처럼) 손에 물집이 잡히도록 바쁘게 미국으로 무선 통신문을 보냈다. 한번은 모겐소가 당시 내무부 장관이었던 딸랏을 만났다. 딸랏은 그를 툭 치면서 말했다. "당신은 왜 그렇게 아르메니아인들에게 관심이 많은 거요? 당신은 유대인이고 이 사람들은 기독교인들이오." 이에 모겐소는 자신은 유대인으로서가 아니라 미국의 대사로서 여기에 있는 것이라고 대답했다. 딸랏은 당황스러워 하며 "우리는 아메리카인들 역시 잘 대하고 있소."라며 변명하였다.[13] 튀르키예 군대는 1918년 10월 30일 영국에게 항복하였다. 그러나 4년 후 새로운 지도자로 재편된 튀르키예 군대는 서머나의 해안 도시에 남아있는 아르메니아인들과 일부 그리스인들을 총살하거나 바다에 수장하는 만행을 다시 저질렀다.[14] 런던의 언론『데일리 메일』은 이에 대해 "바다는 점점 검붉게 변해갔다. 그리고 가장 끔찍한 것은 몇 마일 떨어진 곳에서도 극심한 공포의 비명 소리가 계속해서 들려오는 것이었다. 앞의 깊은 바다와 뒤의 불에 타죽은 시신들 사이에 있는 좁은 항구인 그곳에는 수천 명의 피란민들이 빽빽하게 들어차 있었다."라고 보도했다.[15]

튀르키예 정부는 오늘날까지 미국, 영국, 카톨릭 주교, 그리고 당시 튀르키예에 있었던 독립 용병과 유럽인 등 수많은 중립적 근거들이 있음에도 불구하고 아르메니아인 제노사이드를 인정하지 않고 있다.[16] 영국은 전쟁 범죄 법정을 세우려고 했으나 시간이 흐르면서 이를 포기했다.

우크라이나 대기근 또는 홀로도모르

열 발자국만 멀어져도 우리 목소리는 들리지 않는다. 들을 수 있는 유일한 자들은 생명 파괴자와 농부 학살자인 크레믈린 산사람들mountaineer뿐이다. 오십 만델스탐, 시인. 스탈린에 반대한 작품으로 인해 총살되었다.

우크라이나는 역사적으로 짧은 기간만 독립된 나라였다. 러시아 혁명이 일어나자 대부분 자영농이었던 코사크 농부Cossack-farmers[17]들은 정부에 복종하는 보답으로 곡물의 절반을 적절한 가격에 처분할 수 있었으며 절반의 독립을 이룰 수 있는 기회가 있었다. 울람Ulam[18]에 따르면, 우크라이나 시골 지역의 땅이 비옥했으므로 농업 생산성은 현저하게 빨리 회복되었다. 그러나 컨퀘스트Conquest[19]는 우크라이나 농민(전적으로 땅을 임대하는 소작농이 아니라 약간의 땅을 소유하고 있었다)은 소시민적 성공 때문에 또는 우크라이나 농민의 50퍼센트가 볼셰비키 대신 우크라이나 정당에게 투표했다는 이유로 광신적인 마르크스주의자들로부터 사상이 의심스러운 자들로 취급되었다고 적었다.[20] 대부분 도시에 살고 있던 마르크스주의자들은 교외에 있는 프롤레타리아로 농민들을 교체하는 교조적인 정책을 선택했다. 강제로 집단화시키려는 그들의 노력은 곧 농민들의 저항에 직면했다. 농민들은 가축을 국가에 넘기는 것보다는 죽이는 쪽을 선택했다. 소비에트 정부는 한동안 잠잠했으나 얼마 지나지 않아 이미 정착된 가격을 더 낮췄다. 그리고 국가가 요구하는 할당량을 증가시킴으로써 농민들을 압박하였다. 처음에는 농민들을 "계급의 적인 소자본가"로 여긴 수만 명의 무장한 광신도적 당원들을 투입하여 농산물을 강제로 수탈했으며 이후에는 경찰과 군대가 투입되었다. 점차 증가한 정부의 할당량은 1932년에 생산량을 초과했고, 농민의 저항에 격노한 스탈린은 수확물 전체를 공출했을 뿐 아니라 주민들이 식량을 수입하거나 식량을 찾으러 이동하는 것조차 금지하였다. 그 결과 엄청난 재앙이 들이닥쳤다. 컨퀘스트에 따르면 이로 인해 우크라이나, 카자흐스탄, 그리고 이웃한 벨로루시에서 7백만 명에서 1천만 명에 이르는 주민들이 점차적으로 희생되었다. 이는 20세기 최대의 제노사이드로서 제1차 세계대전 양쪽 사망자 수를 합한 것보다 많았다.[21] 카자크와 쿠반 코사크뿐만 아니라 우즈베키스탄에서는 인구 전체의 20%가 사망했다.[22] 당시 상황에 대해 한 생존자는 이렇게 묘사했다.

> 처음으로 굶어 죽는 일이 발생했다. …… 마을 공동묘지에서는 항상 몇 건의 장례식이 있었다. 사람들은 아이들이 부모의 시신을 손수레에 싣고 나오거나 부모가 아이들의 시신을 싣고 나오는 낯선 장례 과정을 볼 수 있다. 관은 없었고 성직자가 주관하는 매장 장례식도 없었다. 굶어 죽은 시체는 커다란 공동 무덤에 쌓여 있는 다른 시체더미 위에 올려진다. 그것이 그곳에서 벌어지는 일의 전부이다. 비록 누군가 아직도 땅을 팔 수 있는 육체적인 힘이 남아 있다고 하더라도 개인 무덤은 허용되지 않는다. …… 이제 와서 당시를 돌이켜 보면 내가 일종의 끔찍한 악몽의 세계에서 살았던 것 같다. …… 당시 내가 목격하고 겪었고 지금 내가 적고 있는 모든 사건은 그 잔인성과 이루 말로 다 할 수 없는 공포로 인해 마치 실제 겪은 일이 아닌 것처럼 느껴진다.[23]

당과 정부는 1932년 굶주린 농부들로부터 생산된 곡물을 빼앗기 위해 몇 가지 엄격한 법률을 통과시켰다. …… 밀, 감자, 야채 농장 안과 주변에 감시탑이 세워졌고 …… 감옥에서나 볼 수 있는 탑이었다. 그 탑 안에는 엽총으로 무장한 사람들이 있었다. 농장 안이나 근처에서 식량을 약탈하는 것처럼 보인 많은 농부들이 걸핏하면 총을 쏘는 젊은 자경단과 경비대에게 희생되었다.[24]

굶어죽지 않은 사람들은 사살당했다. 그 죽음은 스탈린의 편집증적인 논리에 의해 만들어진 변덕스런 측면이 있었다. 스탈린은 모든 우크라이나 민요 가수들을 총살하라는 명령을 내렸다.[25] 코사크 사람들은 시베리아로 추방되었다. 허버트 조지 웰스, 조지 버나드 쇼, 퓨리처 상을 받은 『뉴욕 타임즈』의 월터 듀런티 등 많은 서구 지식인들은 물론 소비에트 연방 내부조차도 이 극단적 대량 학살을 비밀로 유지하기 위해 큰 고통을 감수해야 했다. 웰스 등 서구 지식인들은 이 사실을 알았으나 다른 방법으로 해결하려고 했는데 심지어 이념적 이유 때문에 이 가공할 사건을 부인하기도 했다. 말콤 머거리지와 조지 오웰 같은 사람들은 이에 경종을 울렸지만 반공주의자라며 무시당했다. 스탈린조차도 개인적인 자리에서 처칠에게 이 사건의 희생자 수에 대해 인정했다는 것은 분명했다.[26] 오늘날 영국 정부의 문서에서 영국이 홀로도모르 또는 우크라이나 대기근에 대해 알고 있었다는 것이 확인된다. 그러나 당시 누구도 스탈린이 자극받는 것을 원하지 않았다. 이미 입증되었듯이 비무장 민간인에 대한 제노사이드 수단으로서 전체 식량을 박탈하는 것은 가스실, 추방, 총살 부대, 심지어 핵무기보다도 더 효과적이었다. 퍼거슨은 내전 중이라고 상상하던 스탈린이 히틀러만큼이나 잔인하게 비러시아인들을 학살했다고 지적했다.[27] 퍼거슨은 이렇게 적었다.

우리는 이제 독일의 강제수용소에서 저질러진 많은 것들이 굴락Gulag에서 이미 선행되었다는 것을 알 수 있다. 여기에서 가축 트럭으로 사람을 이송하고, 죄수들을 서로 다른 범주로 구분하고, 머리카락을 면도기로 밀고, 생활 조건을 비인간화하고, 모욕적인 복장을 하고, 끝없이 점호를 하고, 임의로 잔인하게 처벌하고, 결정된 사람과 불운한 사람을 차별하는 등의 만행이 저질러졌다.[28]

캄보디아

캄보디아에서는 표적을 선택하는 데 있어서 상징적 측면이 강조되었다. 캄보디아의 불교도들은 가공된 정치적 차별 외에는 근본적으로 똑같은 캄보디아 불교도들을 살해했다. 완전히 정치적으로 평등한 "고차원적인" 이상 사회를 만들기 위하여, 부정한 사회 체제에 참여해서 이익을 받아왔던 "교육받은 사람들"은 제거되어야 했다. 안경을 썼다든가 7년 이상의 교육을 받은 모든 캄보디아인들이 살해당했다. 캄보디아에서 벌어진 제노사이드는 논리적으로 집단 내부 사이의 학살로 평가되므로 인종 또는 종족의 관점에서 볼 때 제노사이드라고 부를 수 있는지에 대한 논쟁이 있었다. 현재의 관점에서 볼 때, 원래 의미의 제노사이드에 어긋나는 측면이 있으므로 우리는 이것을 "체계화된 정치적 학살sysmatic political slaughter"로 부른다. 럼멜은 이를 "데모사이드"[29]로 불렀는데, 이것의 정의는 정치적 이유 또는 "생명 경시의 관점에서 죽음을 초래하며, (인종, 종교, 종족 등에 더해) 기존의 사회 정책을 반대하는 행동"[30]에 근거한 정부 주도의 대량 학살이다. 제노사이드와 데모사이드라는 두 대량 학살이 모두 정부 주도로 저질러지는 공통점이 있는 반면, 데모사이드는 상징화된 정치적 이유에 의한 한 집단의 절멸을 포함한다는 것이 차이점이다. 마오주의 혁명은 교육을 받은 사람들이 반대자가 될 가능성이 높다고 보았기 때문에 "백지 같은 사람들"을 선호했다. 캄보디아의 폭력은 가해자와 인종적으로 동일한 캄보디아인에게 저질러졌기 때문에 원래 의미의 제노사이드와 다르다.(이는 논리적으로 자기소멸autoexinction을 의미한다) 캄보디아 데모사이드는 내부 집단과 외부 집단 구별의 근거와 상관없이 제노사이드처럼 이행되었다. 그러나 내부 집단과 외부 집단의 구별은 중요하다. 비록 종교, 인종, 종족의 범주가 종종 대량 학살의 기초로서 작용한다고 하지만 정치적 이념에 근거한 인위적 구별 역시 이런 범주들을 대신할 수 있다.

중국의 지원을 받았던 캄보디아가 구소련의 지원을 받았던 베트남과 전투를 벌였다. 베트남이 캄보디아를 침략하자 미국은 크메르 루즈Khmer Rouge의 편이 되었다. 크메르 루즈의 출현은 베트남에서 벌어진 미국의 전쟁에 관련되어 있었는데 이는 중국의 공산주의가 캄보디아의 이웃인 남베트남에 "도미노 효과"처럼 번지는 일을 막는 것이 목적이었다. 미 대통령 리차드 닉슨은 북베트남 군대의 피난처였던 캄보디아로 전쟁을 확대하였다. 그는 융단 폭격을 명령하였고 얼마 후 지상군을 투입했다. 공산주의에 반대한다는 명분에서 시작된 미국의 전쟁이 캄보디아로 번지자 1970년 론 놀Lon Nol의 군대와 미국의 지원을 받던 폴 포트Pol Pot의 크메르 루즈 사이에 내전이 발생했다. 크메르 루주는 마오주의로 이념화된 급진적 반란 군대로, 소르본느에서 유학했으며 폴 포트로 불린 샐로스 사르Saloth Sar가 이끌었다. 1975년 승리한 크메르 루즈는 캄보디아의 수도 프놈펜에 입성하였으며 캄보디아를 "산업화 이전, 자본주의화 이전의 유토피아"로 바꾸기 시작했다.[31)] 1973년 초 캄보디아 미 영사관은 마을 주민들이 크메르 루즈에 의해 사라지고 있다는 사실을 알게 되었고 이런 정보는 1974년 워싱턴에 전달되었다. 당시 보고에서 미 외무성 관료 케네스 퀸Kenneth Quinn은 크메르 루즈의 계획을 "독일 나치나 소련 전체주의 정권이 저질렀던 것보다도 훨씬 일상적인 것이었다."라고 묘사했다.[32]

그 사건들은 미국 언론에 의해 "내분infighting"으로 묘사되었다. 제노사이드에 버금가는 행위에 대한 보도가 베트남에 있던 캄보디아 피란민들과 캄보디아인들과 살던 프랑스 제수이트 성직자인 프랑수아 퐁쇼드Francois Ponchaud로 부터 나오기 시작했다. 그럼에도 크메르 루즈나 폴 포트에 대해서는 거의 알려지지 않았다. 퐁쇼드는 크메르 루즈가 잡힌 모든 군인들과 그의 가족 전체를 학살하므로 포로가 있을 수 없었다고 증언했다. 캄보디아인들은 적의 간을 먹음으로서 육체가 더욱 강해진다고 믿었으므로 내전 동안 식인 행위가 일상적으로 저질러졌다. 이런 믿음은 콩고나 부룬디[33]의 아프리카 원주민 부족, 일본군[34]에서도 나타난다. 크메르 루즈가 저지른 악행에 대한 보도는 수도 프놈펜에서조차 크메르 루즈에 함락되어 직접 당해보기 전까지는 믿기지 않았다. 마지막 외국 언론인이 캄보디아를 떠나자 비밀의 망토가 나라를 봉인하였고 이후 소식은 외부에 전혀 알려지지 않게 되었다.

피란민들에 대한 소식은 캄보디아-태국의 국경에 피신하고 있던 태국의 미 대사 찰스 트위닝Charles Twining에 의해 전해졌다. 많은 사람들이 머리 뒤 부분을 괭이로 맞아 살해당했다고 전했다. 살해자들은 10대 소년들이었다. 아이들은 굶주렸고 승려들은 질식사당했다. 크메르 루즈는 베트남인, 중국인, 무슬림 참Cham족, 불교 승려를 비롯하여 지식인으로 보이는 모든 "국가의 적"을 학살하였다. 지난 삶을 공공연하게 추모하는 행위는 사형을 당할 만한 "범죄" 중 하나였다. 도서관은 불태워졌고,

기도, 음란, 즐거움의 표현, 외부와 접촉, 사유 재산의 소유는 금지되었다. 마오주의 혁명은 "백지 같은 사람blank slate"에 의해 진행된다라거나 "당신을 지켜서 얻는 것이 없지만 당신을 죽여도 잃을 것은 없다."라고 선언했다.[35] 조지 오웰의 소설 『1984』를 바탕으로 만든 마이클 래드포드의 영화는 크메르 루즈가 창조한 지옥에 비하면 아무것도 아니었다.

임상적으로 보아 편집증 환자와 같은 지도자와 그의 이런 이념이 제노사이드를 일으켰다. 스탈린과 마찬가지로 폴 포트 역시 자신이 혁명의 적들에게 포위되었다고 믿었다. 폴 포트에 반대하던 한 목격자는 "폴 포트는 사방팔방의 적들이 자신을 둘러싸고 있었으며 이들이 점점 다가와 숨을 쉴 틈조차 전혀 없다고 여겼다."라고 말했다.[36] 폴 포트는 자신의 편집증을 크메르 루즈의 세계관으로 만들 수 있었다. 편집증은 스스로를 먹이로 삼았으며 점차 실재하는 새로운 존재가 되었다. 이런 세계관에 도전하려는 그 누구도 혁명의 적으로 취급받아 처단되었다. 따라서 지도자가 자신들 외 집단에 대해 품고 있는 의심을 완화시켜보려는 반대의 목소리는 실종되었다. 편집증은 한 극단에서 다른 극단으로 나선형 진화의 길을 걸었다. 한순간이라도 충성심을 의심받은 사람은 누구나 처단당했다. 이런 정신병리적 집단에 있어 광적 분노는 가장 극단적인 "충성심"의 과시에 이어 발생한다. 이런 테러의 결과는 모든 독재 정권의 특징인데(스탈린의 편집증 역시 널리 알려져 있다) 폭력에 반대하는 것조차 죽음의 위협에 놓이는 폐쇄적인 체계(어빙 재니스의 집단 사고의 개념에서 설명된다)를 만든다.[37] 문자 그대로 지식에 반대한다는 의미의 편집증paranoia은 끔찍하게도 이 집단에 분명히 드러난다.

크메르 루즈가 권력을 잡던 첫 한 해 동안 80만 명으로 추정되는 사람들이 희생되었고 약 250만 명이 "킬링 필드"에 매장되었다. 1만 6천 명이 뚜얼 슬랭Tuol Sleng으로 불린 감옥에서 죽을 때까지 고문을 당했다.[38] 고문의 전형적인 방법은 발을 묶어 거꾸로 매달기, 생식기에 전기충격 가하기, 물통에 머리 담그기 등이었다. 전직 공직자들에게는 더 고통스러운 고문이 기다리고 있었다.[39] 처형자들은 공공연하게 희생자들의 배를 가른 후 간을 꺼내 요리해 먹었다.[40] 총알을 아긴다며 곡괭이나 괭이로 학살했으며 아이들은 반얀나무에 머리를 찧어 살해당했다.[41]

　전쟁 범죄 법정이 직면한 문제의 하나는 도대체 가해자가 몇 명이었는지를 평가하는 것이었다. 어떤 전직 크메르 루즈의 장교는 자진하여 파리에 나타나 곡괭이로 직접 5천 명을 처형했다고 주장했다.[42] 나치가 제노사이드를 부드럽게 표현하여 "재정착, 제거, 또는 특별 행동"이라고 한 것처럼 이들도 "청소, 일소, 그리고 폐기"라는 용어를 사용했다.[43] 이렇게 완곡하게 표현된 용어는 가해자들로 하여금 끔찍한 행동의 기억으로부터 벗어나도록 도와주는 기능을 함과 동시에 내부 분란에 불과하다는 소문으로 변질되어 외부인들로 하여금 학살에 대한 판단을 흐리게 만드는 기능을 했다. 2002년 아직도 크메르 루즈는 잔학 행위에 대한 어떤 공식적 책임을 인정하지 않고 있다. 폴 포트 정권 후에 태어난 캄보디아인들은 가정에서 배우는 어떤 것보다도 미국 영화 『킬링 필드』에서 당시의 잔학 행위에 대해 더 많이 배우고 있다.[44] 폴 포트는 1988년 죽기 전까지도 뚜얼 슬랭을 인정하지 않았으며 캄보디아인들의 죽음을 "베트남 간첩"의 짓이라며 비난했다.[45]

　나치가 자신들의 범죄를 "재정착", "제거", 그리고 "특별 행동"이라는 완곡한 말로 속였고, 르완다의 후투족은 대량 학살을 "일"로 불렀다면 크메르 루즈는 "청소하다, 버리다, 제거하다"를 같은 뜻으로 사용했다. 이들은 절대로 "죽이다, 암살하다, 처형하다"라는 단어를 사용하지 않았다.[46)] 나치의 제노사이드가 인종적 순수성이라는 이념에 봉사했던 것처럼 캄보디아의 데모사이드는 정치적 순수성이라는 이념에 봉사하는 수단으로 작동했다. 이 미친 정권을 붕괴시킨 것은 북베트남에 대항해서 일으킨 전쟁이었다.

르완다

수단 등 몇몇 예외를 제외하고 보면 제노사이드가 발생하는 배경에는 꼭 전쟁이 있었다. 1백만 명을 죽음으로 몰아간 캄보디아의 제노사이드는 잔인한 내전에서 발달했다. 유대인에 대한 나치의 제노사이드도 제1차 세계대전 동안 유입된 정착민에 대한 오랜 불만으로부터 발달했다.

파워는 "전쟁은 기회주의적인 시민들에게 그들의 이웃을 학대할 수 있는 극단적 폭력을 허용하거나 공격 대상으로 삼아도 될 것 같은 느낌을 갖게 했다."라고 주장했다.[47)] 또한 전쟁은 분노를 대신할 수 있는 전방위적 절멸 테러를 낳았으며,[48)] 분노를 집중시킬 표적 집단을 결정하였고,[49)] 제노사이드를 저지르기 위한 위장과 정보의 진공 상태를 만들었다.

1962년 벨기에가 식민지 르완다로부터 철수했을 때 르완다에는 갈등의 역사를 갖고 있던 두 부족이 있었다. 다수 부족이었던 후투족은 약 650만 명이었고 소수 부족이었던 투치족은 약 1백만 명이었다. 투치족은 키가 더 컸고 더 밝은 색의 피부를 갖고 있었다. 후투족의 관점에서 볼 때 투치족은 벨기에 식민주의자들에 의해 더 낮은 정치적 지위를 차지하고 있었다. 벨기에가 떠나자 후투족의 통치가 30년 동안 계속되었으며 이 기간 동안 투치족이 체계적인 차별을 받으면서 "종족 청소"에

해당할 만한 피해를 당했다.[50]

　부족 간의 적대에도 불구하고 후투족과 투치족은 함께 살면서 부족 간 결혼도 하였다. 학교도 함께 다녔으며 같은 술집에서 함께 술을 마시기도 했다. 1990년 르완다애국전선Rwandan Patriotic Front(RPF)이라고 불린 무장 투치족 집단이 추방되면서 정치적 긴장이 발생했다. 1993년 르완다애국전선과 르완다 정부 사이에 아루샤 협정이 맺어지고[51] 후투족과 투치족 사이에 명문화된 평화 협정이 약속되었다. 그리고 평화를 유지하기 위해 유엔군이 요청되었다. 캐나다 장군 로미오 댈레어는 즉시 르완다에 도착하여 UN군을 지휘했다. 적어도 그가 도착하기 1년 전에는 후투족 극단주의자들이 총, 수류탄 85톤과 50만 개의 마체테 칼을 비축했었다. 후투족이 운영하던 신문과 라디오는 소수 부족이었던 투치족을 끝장내자고 선동했다.[52] 후투족의 파워 엘리트들은 투치족을 건방지고 특권을 가진 이주민 악마로서 "인민의 적"이라고 묘사하였다. 정부 소유의 라디오 방송국은 시시각각 투치족에 반대하자는 내용의 선전을 송출했다.

　1994년 4월 르완다의 대통령이 항공기 추락 사고로 사망했다. 이어 수개월 동안 투치족 80만 명, 투치족과 평화 공존이 가능하다고 믿었던 온건한 후투족이 수류탄과 칼로 무장한 후투족에 의해 강간, 사지 절단, 그리고 학살당했다. 많은 경우에 교회로 소집당해 난도질당했다. 웹사이트 제노다이나믹genodynamics.org의 데이븐포트와 스탐은 학살당한 투치족의 수가 50만 명에 달한다고 적었으며, 광란의 학살 속에서 정치적 또는 개인적 이유로 30만 명의 후투족도 학살당했다고 주장했다. 정치적 이유였든 아니면 개인적 이유였든 간에 학살은 제노사이드 방식으로 진행되어 투치족의 77%가 사라질 때까지 계속되었다. 이 학살은 투

치족과 평화롭게 공존하려던 후투족 온건파에게도 확산된 것으로 보아 "초 제노사이드"로 불릴 만하다.[53]

휴먼라이츠워치는 일단 학살이 시작되면 지난 날 후투족이 살해당했던 적이 있던 모든 지역에서 투치족으로 의심되는 사람들이 모두 학살당할 때까지 멈추지 않았다고 보고했다.[54] 여성이고 남성이고 아이들이고(후투족 민병대에는 9살 어린이도 있었다)[55] 모두 학살에 가담했고 심지어 얼마 전까지 가까웠던 이웃조차 살해했다. 댈레어는 이어진 탄자니아 법정의 증언에서[56] 투치의 여성들이 강간을 당하고 신체를 훼손당하면서 살해당했으며, 학살자들이 희생된 여성들의 자궁에 이물질들을 집어넣었다고 말했다. 희생자들의 시신 상태는 법의심리학자들의 관점에서 보아 성적 새디스트의 처리 수법으로 볼만한 것이었다.[57] 이런 식의 강간 또는 살인 범죄는 난징에서도 발생했다.[58] 한편 이런 행동은 새디즘의 원인에 관한 광범위한 의문을 불러일으킨다. 특히 성적 새디즘의 경우가 그렇다. 이러한 "성도착"은 민간 환경에서는 통상 법의심리학자 또는 정신병리학자에 의해 특성 병리학의 대상으로 취급된다. 그러나 전쟁이나 제노사이드 상황에서는 단기적 정신병리 상태에서, 그리고 주어진 치명적 환경에서 발생하는 새디즘의 한 형태로서 나타난다. 우리는 이 주제에 대해 제10장에서 살펴볼 것이다.

댈레어는 제노사이드에 대해 유엔 사무총장 코피 아난과 미 외무부장관 올브라이트에게 일일 보고와 경고를 했다. 그러나 이들은 보고를 무시했다. 프랑스, 벨기에와 미국은 자기 나라 시민들을 구하기 위해 르완다에 군대를 보냈다. 이들 군대들은 곧 살해당할 것이 분명했던 투치족 생존자의 요청을 거절하고 재빠르게 스쳐 지나갔다.[59] 이들의 방기는 이 상황을 극복하려고 했던 댈레어에게 무력감을 배가시켰고 그를 일시적인 트라우마PTSD 상태에 빠뜨렸다. 댈레어는 이 사실을 캐나다에서 공개했다.(이는 그가 회복된 후 르완다인을 돕기 위한, 그리고 제노사이드에 관한 공공연한 관심을 불러일으키기 위한 영웅적 여정이었다)

보스니아

1991년 이전 여섯 개의 공화국으로 구성되어 있던 유고슬라비아는 세르비아 대통령 슬로보단 밀로세비치가 세르비아의 지배를 강화시키기 시작하자 슬로베니아와 크로아티아가 분리하였다. 세르비아 시민들은 선거를 보이콧했고, 45년간 계속되었던 공산주의자 티토Marshal Tito의 철권 통치에 의해 겨우 통일 국가의 명맥을 유지했던 이 나라는 분리되었다. 세르비아는 보스니아를 분리할 계획을 포함하여 소위 "종족 청소"를 시작했다. 이는 세르비아의 지도자 슬로보단 밀로세비치가 고안한 것이었다. 비록 보스니아 인구의 40%가 무슬림이었지만 분리 지역 중 무슬림에게 할당된 곳은 어디에도 없었다.[60] 종족 청소는 비세르비아계 보스니아인들에게 집회, 여행, 통신의 자유를 제한하는 것뿐 아니라 직업조차도 제한하는 것에서 시작했다. 세르비아는 공간의 사용조차 제한하고 통제하였다.[61] 그러자 종족 청소라는 용어는, 표적이 되어 강제 행진으로 "추방"된 종족 집단에 대한 체계화되고 승인된 절멸을 의미하는 것으로까지 확대되었다. "청소"라는 단어의 위생적 의미는 이러한 잔학행위가 마치 사회의 건강에 좋을 것같은 편견을 불러일으켰다.

파워는 홀로코스트 역사가 라울 힐베르크Raul Hilberg가 한 말을 인용했다.

심리학적 관점에서 그 전체 작전의 핵심을 표현하는, 그 행동에 적절할 것 같은 단어에 대해 입 밖에 꺼낼 수도 없다. 이런 짓을 한 그 누구도 아무 말이 없으며 기록도 하지 않는다.[62]

세르비아의 준군사적 학살 부대는 주민 추방에 이어 바로 강간과 학살을 저질렀다. 어떤 희생자들은 동력 사슬톱에 의해 사지를 절단당했다.[63]* 비세그라드라고 불린 보스니아 동부 지역의 한 도시에서는 잡힌 14명의 무슬림이 참수를 당했다.[64] 이어지는 몇 달 만에 1천 6백 명의 무슬림이 학살당했다. 크로아티아인이나 무슬림으로 보이는 사람들은 집단 수용소에 감금되어 굶어 죽었다. 사건 발생 7개월 동안 7만 명의 보스니아인들이 살해당했고 1년 사이에 모두 10만 명에 달하는 사람들이 희생당했다.[65] 캄보디아에서 있었던 사건과 달리 이 폭력 사실은 사진 보도를 통해 널리 서구 사회에 알려졌다. 그런데 잔학 행위가 이렇게 널리 알려졌음에도 이를 막기 위해 시행된 것은 아무것도 없었다. 결국 무장력이 약한 소규모의 유엔군이 배치되어 우선 비세르비아계 보스니아인들을 보호하는 일부터 실행했다. 1995년 스레브레니차에서 유엔군이 공격을 당했고 7천 명의 무슬림이 학살당했다. 이들은 강간 후 칼에 찔리고, 목이 잘리거나 사살당했다.[66] 학살은 체계적이었다. 남성들은 여성들과 분리된 후 먼저 살해당했고 분리된 여성들은 강간을 당한 후 살해당했다. 강간당한 희생자의 수는 2만 명에서 5만 명으로 추정되는데[67] 여성들 중 많은 수가 최종적으로 살해당했다. 희생자의 정확한 수는 아직까지도 알려지지 않고 있다.

1992년 10월 2일 평화를 바라는 10만 명의 사람들이 사라예보의 거

---

* 희생자들이 살아있는 채, 아니면 죽은 뒤 절단당했는지 알려져 있지 않다. 중세 시대 제4차 십자군 전쟁에서 이교도를 공격하던 기독교도들이 패배한 적군의 사지를 절단했는데 3일 동안 피를 흘리며 죽도록 방치했다.(Phillips. (2003), *The fourth crusade and the sack of Constantinople*, London: Jonathan Cape.)

리를 행진했다. 다음 날 밀로세비치의 유고슬라비아 군은 이 도시에 박격포를 쏘기 시작하면서 이후 4년 동안 포위되어 있던 1만 2천 명의 사람들이 살해당했고, 죽은 자들을 매장하기 위해 축구장이 파헤쳐졌다.

결국 오하이오 데이튼Dayton에서 평화 협정이 맺어졌다. 그러나 전쟁 범죄자들을 체포하라는 명령을 내리지 못함에 따라 데이튼 협정은 폭력을 멈출 수 없었다. 폭력 지대는 남쪽의 코소보로 번졌고 알바니아인들이 다음 목표가 되었다. 이중 3천 명이 살해당했다. 당시 세르비아 군이 내건 표어는 "하루 한 번의 학살은 나토를 몰아낸다"였다.[68] 나토는 결국 세르비아를 폭격했고 세르비아는 종족 청소 행위로서 130만 명의 코소보 주민들을 추방하는 것으로 보복했다. 나토의 폭격과 6만 명의 나토 군이 배치된 후에야 곧 깨질지 모를 위태로운 평화가 보스니아에 왔다.

보스니아 학살을 설명하기 위한 최초의 견해는 티토의 죽음 이후 유고슬라비아를 유지시켰던 강력한 권위가 사라지면서 "오래된 증오ancient hatreds"가 표면에 나왔기 때문이라는 것이었다. 그러나 퍼거슨은 1989년 이전에 "오래된 증오"가 있었다는 것을 입증할 증거는 없었다며 이러한 견해를 반박했다. 사실 보스니아의 주요 집단(크로아티아, 무슬림, 그리고 세르비아) 사이에 통혼이 있었다. 그런데 인구 증감의 경향은 세르비아가 좋아할 만한 것은 아니었다. 다른 집단의 인구 증가[69]에 비해 세르비아의 인구는 정체했고 경제는 멈추었다. 밀로세비치는 이런 세르비아를 "위험한endangered" 처지라고 묘사하기 시작했다. 적대 행위가 멈춘 후 희생자들에 대한 법의학적 조사가 시작되었다. DNA 조사는 무슬림, 세르비아와 크로아티아 사이의 어떤 유전적 차이점도 발견하지 못했다.[70] 인간 집단 사이에 세워진 차이는 대부분 상징에 불과한 것이었다.

제4장 홀로코스트

홀로코스트는 우리를 매우 혼란스럽게 한다. 그 이유는 평화, 번영, 산업화, 교육, 기술적 성취 등 문명의 진보와 관련된 그 어떤 것도 인간 영혼의 어두운 측면으로부터 우리를 자유롭게 하지 못한다는 것을 보여주기 때문이다. 마치 모든 사람들의 심장에 악이 있는 것처럼 가장 "문명화된" 사회의 심장에도 악이 있다. 하지만 이조차 안이한 인식이다. 인간이나 사회 모두 가장 혐오스러우며 타락한 행동을 할 수 있다. 사회만 볼 경우 이런 행동은 산업화와 비례하여 발생한다. _마크 보우든, 『뉴욕 타임즈』, 2006년 10월 4일.

니얼 퍼거슨은 20세기 갈등에 대한 연구를 통해 1901년에 독일인들이 훗날 유대인을 집단 학살할 것으로 예상한 사람은 아무도 없었다고 지적하였다.[1] 당시 유대인 인구는 전체 독일 인구의 1%에도 미치지 못했으며 또한 20년 동안 감소하고 있었다. 서러시아, 헝가리, 그리고 미국 모두 더 많은 수의 유대인을 가지고 있었다. 게다가 독일의 유대인들은 독일인과 결혼하여 독일 사회에 이미 통합되어 있었다. 이런 결혼은 1900년대 초기 약 20%에 이른다. 유대인들은 2천 년 전인 로마시대 이래로 오랫동안 독일에 충실했던 시민들이었다.[2] 제1차 세계대전 당시 1만 2천 명의 유대인들이 독일을 위해 싸우다 전사했다.[3] 그럼에도 나치는 권력을 장악하기 이전인 1920년 초기부터 반유대주의를 공공연하게 선언하였으며, 다른 비아리안 집단 중에서도 유독 유대인만을 배제하는 "아리안족 우월주의"에 초점을 두었다.[4] 다니엘 골드하겐Daniel Goldhagen은 유럽 반유대주의의 기원을 기독교 시대에 두었는데 특히 기독교가 콘스탄티누스 통치하에서 로마의 국교가 되었던 4세기로 보았다. 골드하겐은 이것이 "기독교인들이 스스로 관계를 끊었던 종교(유대교를 말함_옮긴이)를 갖고 있는 사람들과 자신들을 구분하도록 강제하는 심리적이고 신학적인 필요"에 의한 것,[5] 즉 부족주의(종교적인 내부 집단주의)와 권력(콘스탄티누스 이전 로마제국 시절의 무능력에서 벗어난 새롭게 강력한 종교)을 포함한 사회심리적 현상으로 보았다. 더군다나 유대인들은 예수의 계시를 거절한 이래로 뜻하지 않게 그 계시에 대한 기독교인들의 확신에 도전한 결과가 되었다. 우리가 제1장에서 보았듯이 그 확신에 대한 어떤 도전, 즉 그 도전이 유대인에 의한 것이든 아니면 무슬림에 의한 것이든 상관없이 중세 유럽 폭력의 핵심으로 떠올랐다. 1950년대에 모든 변수를 없앤 연구실에서 사회심리학 실험이 실행되었는데 이는 절대적 집단 교리에 대한 어떠한 위협도 거부하는 경향을 재현한 것이었다.[6] 신학적인 용어로 표현한다면, 이 실험은 신의 선택을 받은 유대인이 신이 약속한 메시아를 회피했고 이는 그 메시아가 잘못되었던가 아니면 그 사람들이 악마의 유혹을 받아 타락한 것으로 여긴다는 것을 보여주었다. 사람들은 메시아가 잘못되었을 것이라는 앞의 견해는 너무 문제가 많으므로 고려하지 않는다. 따라서 사람의 잘못이라는 뒤의 설명을 선호한다. 또 다른 신학적 견해는 기독교가 유대교를 대체했다는 것으로 유대인이 기독교인 되기를 거절한다면 지구상에서 사라져 마땅하다는 것이다. 유대인들은 기독교인이 되는 것을 실제 거부했다.[7] 유대인과 기독교인은 요즘 우리가 유대-기독교 종족이라고 부르는 공통된 유산을 가지고 있으며, 신성하거나 또는 세속적인 도덕 질서에 대한 이해에 있어 "성서Gods' words"의 명확한 견해에 공통적으로 의존한다.(따라서 생명의 영원성에 대한 애착은 존재할 수 없다) 유대인이 옳다면 기독교인들이 틀린 것이다. 4세기 기독교 성직자들은 유대인들을 교회의 적, 좋은 기독교인들에 대한 위협으로서 묘사했다.[8] 유대인들은 메시아로서 예수를 거부했던 예수 시대의 유대인으로서 뿐 아니라 "예수를 살해한 자들"로 폄하되었다. 기독교 이론가의 주축으로서 영향력이 있었던 존 크리스토톰John Chrystotom은 다음과 같이 적고 있다.

> 예수를 살해한 자들이 모인 곳에서 십자가는 조롱당한다. 신은 모욕당하고 주님은 무시당하며 그 아들도 치욕을 당한다. 그리고 성령의 은총은 거절당한다. …… 만약 유대교의 예배가 신성하고 장엄하다면 우리의 인생은 잘못될 것이 틀림없다. 그러나 우리가 옳다면, 실제 그렇지만, 그들의 인생은 부정한 것이다.[9]

결국 유대인에 대한 기독교인들의 생각은 우주와 사회의 도덕적 명령으로 짜여졌다. 기독교인이 된다는 것은 유대인을 대하는 데 있어서 마치 악이나 악마를 대하는 것처럼 본능적으로 적대감을 가지는 것을 의미했다. 중세 기독교 생각에 악, 악마, 또는 유대인은 모호하게 그러나 서로 연결되어 융합되었으며 반기독교의 관념으로 인격화되었다.(팔웰Falwell

의 인용문을 보라)

　19세기 독일인들의 반유대인 개념은 변화했다. 이전 시기의 개념은 근원적으로 종교와 관련하여 형성된 것이었으나 점차 사회정치적 관점으로까지 확대되었다. 이제 유대인들은 근본적으로 반도덕적이나 반사회적이며, 사회 질서를 방해하고 현 상태를 위협하는 사람들로 비쳐지게 되었다.[10] 때때로 이런 사회정치적 견해는 성공한 자본가인 유대인들을 비난하는 동시에 공산주의에 동정적인 원인을 유대인 탓으로 돌리는 것을 포함한다.[11] 모든 프러시아 백만장자 중 22%가 유대인인데 비해 독일 부자들 중 31%가 유대인이었다.[12] 어떤 의미에서 그들은 질투와 원망의 대상이 되었을 뿐 아니라 기성 사회 질서에 대한 위협으로 보였다. 퍼거슨이 적고 있듯이 "반유대주의는 성공하지 못한 자들의 질투 이상은 아니었다."[13] 따라서 마치 미국 남부의 아프리카계 미국인이 당했고 나중에 르완다의 투치족이 후투족에게 당했듯이, 유대인들은 번개가 모이는 피뢰침처럼 비난이 집중되는 희생양 집단이 되었다. 유대인들은 뭔가 차이가 있는 사람으로서가 아니라 악의를 가지고 사회를 부패시키는 존재로 여겨지게 되었다.[14] 이러한 견해는 유대인이 독일 사회에 있는 잘못된 모든 것의 원천으로 사회 기능을 가로막는 존재로 보는 데까지 확장되었다. 골드하겐은 "유대인들은 잘못된 모든 것이었고 또한 의도적으로 그렇게 되었다."라고 적었다.[15] 골드하겐에 따르면 그 결과 독일에는 유대인에 대한 심각한 증오가 어디에나 있었는데 이런 모습은 지금도 나타난다. 그런데 나치 이전에도 반유대주의가 일상적인 것이었다는 골드하겐의 주장은 나치가 권력을 장악하기 이전에 유대인에 대한 어떤 물리적 공격이 없었다는 사실뿐 아니라 유대인에 대한 법률적 차별이 적었다는 사실을 설명하지 못한다.[16] 제프 일리Geoff Eley는 반유대주의가 1871~1945년에 만연했다는 골드하겐의 주장은 근본적으로 그 주장이 가지고 있는 순환성 때문에 결함이 있다고 지적했다.[17] 골드하겐의 주장은 유대인을 반대하는 어떤 편견이 있었음을 부인하는 증거가 없었으므로 이것이 그 시기 동안 유대인 증오가 있었음을 알려준다는 논리에 근거하고 있다.[18]

물론 반유대주의는 프랑스와 러시아, 스페인에서도 있었다. 러시아에서 있었던 반유대주의는 유대인 강제 거주지구인 게토에서 포그롬이나 대량학살의 형태를 띠었다.[19] 이는 나치처럼 인종적 순결성을 지키겠다는 생각에 의한 것이 아니라 "부당한 비방blood libel, 즉 유대인의 피를 섞은 무교병(누룩을 넣지 않고 만든 빵_옮긴이)을 기독교 아이들에게 먹여 살해하려 한다는 믿음"에 근거를 두었던 것이다. 이런 믿음은 12세기 영국에서 시작된 이래로 기독교 유럽에서 계속 있었다.[20] 갑자기 불붙은 러시아의 대학살인 포그롬은 유대인 도시 인구의 급격한 증가와 러시아 유대인들의 범상치 않은 경제적 성공, 당시 혁명적 정치 상황에 유대인들이 관련되었던 상황과 일치한다.[21] 퍼거슨은 러시아 포그롬을 "넓은 지역에서 동시에 일어난 현상, 불안정한 경제 상황과 다종족 사회에서 생긴 폭력의 분출"로 보았다.[22] 이렇게 동시에 발생하는 폭력과 대조적으로 독일에서는 대학살을 초래할 "최악의 상황"에다 제1차 세계대전의 패배, 그리고 제국주의의 침략 열망이 더해져 홀로코스트가 발생한 것으로 보였다. 골드하겐이 중세 기독교의 시대에서 반유대주의의 뿌리를 추적하는 동안 다른 학자들은 나치주의가 유대교뿐 아니라 기독교까지도 부인했다는 사실을 발견했다. 기독교에 대한 나치의 최초 반응은 침묵이었다. 1920년 독일노동자당(이후 나치가 된다)은 "우리는 유물론적 세계 질서에 봉사하는 로마 법률이 모든 독일인들을 위한 합법적 체계에 의해 바뀌어야 한다고 요구한다."라고 선언문에 적었다. 또한 "우리는 국가에 위험이 되지 않고, 독일 인종의 도덕적 감정에 거슬러 작용하지 않는 한도 안에서 모든 종교 활동의 자유를 요구한다. 따라서 우리 정당은 긍정적인 기독교를 지지한다. 그러나 그렇다고 해서 어떤 특별한 종파에 대한 교의의 문제에 있어서 그 자체를 속박하는 것은 아니다. 우리 정당은 우리 안에 있거나, 우리 안에는 없으나 우리 주변에 있는 유대교 유물론 영혼과 전투한다. ……" 이 견해에 따르면, "독일의 도덕적 감정에 반해 작용하지 않는" 어떤 종교도 기꺼이 받아들일 수 있다. 이후 이 "조항"은 모든 종교가 나치가 정의한 "독일 국가의 도덕 감정"으로부터 어긋났다는 이유로 비난하는 구실이 되었다.[23] 나치 권력이 강해짐에 따라 히틀러는 기독교를 비난하기 시작했다. "히틀러는 (1) 기독교는 약하고 천박한 모든 것을 편든다, (2) 기독교는 순전히 유대와 동양에 기원을 둔 것이다, (3) 기독교는 병들고 지친 사람들, 삶에 믿음을 잃은 절망한 사람들 사이에서 시작되었다, (4) 기독교의 용서와 죄, 부활, 구원에 대한 생각은 허튼 것이다, (5) 은총에 대한 기독교의 개념은 모두를 위험에 빠뜨린다, (6) 기독교의 사랑은 마비시키기 때문에 어리석다, (7) 모든 인간이 평등하다는 기독교의 생각은 열등한 자와 병자, 불구자, 범죄자, 약자가 보호받아야 된다는 것이다."[24] 히틀러는 유대교뿐 아니라 기독교 역시 독일인이 갖고 있는 건강한 북유럽 게르만 토속 신앙Nordic pagan의 이상에 반대된다고 말했다. 그는 기독교를 파괴하려던 것은 아니었으나 '시저의 것은 시저에게 돌려줘라'와 '환전상을 교회 밖으로 쫓아내라'라는 것처럼 기독교를 다시 정의함으로서 유리한 측면들을 활용하려 했다."[25] 따라서 반유대주의가 중세 기독교의 관념 안에 존재할 수 있었던 것에 비해 나치시대의 반유대주의는 나치의 악의적인 표현에 반대하는 완충기로 기여할 수도 있는 기독교의 가치와 함께 존재하였다. 히틀러는 자신들의 악의적 표현에 반대하는 기독교의 어떤 가치와 안전 장치도 거부했다.

1920년대 독일에서 권력 장악에 나선 나치는 또 다른 제노사이드를 초래할 충분한 정치 권력을 갖게 되었다. 아돌프 히틀러는 정부 통제권을 장악하자마자 제1차 세계대전의 패전 손실과 베르사이유 협정에 의해 지불해야 하는 보상금 때문에 생긴 심각한 문제를 해결하겠다는 것을 공약으로 내거는 등 엄청나게 인기가 있는 정책들을 나치당원과 함께 만들어갔다.[26] 패전에 대한 보상은 독일 경제의 침체, 범죄의 증가, 그리고 의기양양했던 독일의 역사적 지위가 몰락해가는 느낌이라는 사회적 결과를 초래했다. 그러나 뜻이 명백하지 않은 단어들로 만들어진 나치의 정책은 나중에 스스로 선언했던 문제에 반대로 사용되었다. 그 문제에는 정치적 반대자와 함께 유대인이 포함된 "비아리안"에 대한 것이 분명히 포함되어 있다. 이를테면 정권에 공공연히 반대하는 의사 표시는 범죄가 되었다.[27] 이런 유형의 법률은 너무 주관적이어서 모든 것에 포괄적으로 적용되었다. 해가 지날수록 더욱 많은 집단들이 단지 "주류 아리안족"이 아니라는 이유만으로 이 법의 표적이 되었다. 이 외부 집단은 주로 법적으로 그리고 이어 물리적으로 고립되었다. 이들의 기본적인 인권은 점차 박탈당했으며 나아가 생명조차도 빼앗기게 되었다. 나치는 여러 해를 거치면서 그들의 적을 체계적으로 주의 깊게 계산하여 학살을 저질렀다. 처음에는 구타로 시작했으며 얼마 뒤에는 총살과 교수형, 독가스실을 사용했다. 심지어 패배를 코앞에 두고도 유럽의 유대인 전체를 물리적으로 학살할 계획을 실행하려고 했다. 나치가 독일을 장악했던 1933년부터 붕괴했던 1945년까지 연쇄적인 폭력 사건이 급증했는데 이는 역사상 유례가 없는 제노사이드를 초래했다.

  나치가 어떻게 그렇게 많은 대중의 지지를 받았는지 충분히 이해하기 위해서는 제1차 세계대전의 결과와 전쟁을 끝냈던 베르사이유 협정을 되돌아 봐야 한다. 베르사이유 협정은 최종적으로 1919년 6월 28일 맺어졌다.[28] 마이클 버얼리Michael Burleigh에 따르면 협정에 있는 보상이나 군사적 조사 등에 응해야 하는 기간은 나치 운동이 시작되기 전에 이미 해소되었으므로 나치의 권력 장악과 관련이 없다고 한다.[29] 그러나 루이스 스나이더Louis Snyder는 히틀러가 정치적 추진력을 얻는 데 이 협정을 이용했으므로 이 협정은 "권력으로 나아가는 히틀러의 도로를 포장"해 준 것이었다고 주장한다.[30] 베르사이유에서의 "협상"은 손실을 보상하려는 것보다는 독일에 대한 보복으로 보였는데 독일을 처벌하기 위해 작동된 것은 분명했다.[31] 협정으로 인해 독일은 바다 너머의 점령 지역뿐 아니라 폴란드 점령 지역을 반환함으로서 그들이 통제할 수 있는 영역이 크게 줄어들었다.[32] 더 나아가 한 번에 작전할 수 있는 해군 함정 수를 제한함으로서 한때 거대했던 독일 군대를 축소시켰다.[33] 이런 모든 타격에도 불구하고 독일인의 관점에서 가장 불리하고 보복적인 조항들 중의 하나는 "범죄"절로 알려진 조항이었다.[34] 이 조항은 독일이 제1차 세계대전의 모든 손실과 피해에 대해 전적으로 책임이 있다고 규정했다.[35] 나치는 이 범죄 조항이 재판부의 고의적 실책이라며 이를 이용하여 독일인들을 규합했다.[36] 독일 국민들이 이 협정에 관하여 처음에 어떻게 느꼈는지 상관없이, 히틀러는 이 협정이 독일을 연합군의 노예로 만드는 것이므로 참지 말아야 한다고 연설했다.[37] 여기서 더 나아가 그는 협정이 가져온 이렇게 심각한 상황은 단지 독일을 반란에 휩싸이게 할 뿐이라고 선언했다.[38]

제1차 세계대전 후 바이마르 공화국은 영국과 미국, 프랑스, 스위스의 헌법에 기초하여 헌법을 제정함으로써 독일에서 민주주의를 실시하려고 했다.[39] 그러나 불행하게도 바이마르 공화국은 대중의 지지뿐 아니라 연합국의 지지도 받지 못했으므로 즉시 문제에 직면하게 되었다. 독일의 경제가 제1차 세계대전 종전 직후 상태로 되돌아가기 시작하자 바이마르 정권은 비난을 받았다.[40] [41] 아이러니하게도 바이마르 의회는 이후 나치에 협력한 꼴이 되었다. 1920년 히틀러와 독일노동자당(나중에 국가사회주의당이 됨)은 반유대주의와 아리안 우월주의라는 수사적인 선언을 창안하였다.[42] 1920년대를 거쳐 히틀러와 그의 정당은 더욱 많은 노출의 기회와 지지를 안정적으로 얻어나갔다. 1932년 4월 10일 독일 대통령 선거의 결과 힌덴부르크 49.6%, 히틀러 30.1%, 공산당 13%, 국민당 6.8%의 지지를 얻었다.[43] 1등이 과반수를 얻지 못했으므로 결선 투표가 필요했으며 아직 히틀러는 당선된 것이 아니었다.[44] [45] 힌덴부르크는 날로 성장하는 나치 운동이 자신의 권력을 유지하는데 유용하다고 본 슈리헤르를 수상으로 임명했는데 그는 힌덴부르크에게 독일 의회의 해산을 요구하고 결국 사임했다.[46] [47] 이는 히틀러에게 권력을 잡을 수 있도록 문을 열어준 것이었다. 이틀 후 히틀러는 수상 취임 선서를 했다.[48] 이제 히틀러는 다수당으로서 선출된 것이 아니었음에도 민주적 제도 아래에서 권력에 다가갔다. 히틀러는 이날부터 독일의 모든 정치적 반대자들을 제거하고 민주주의를 끝장내기 위해 움직이기 시작했다.[49] 1933년 2월 27일 나중에 자작극으로 밝혀진 악명 높은 "국회의사당 방화 사건Reichstag Fire"이 발생했다.[50] 나치의 선전 기계들은 이 사건을 공산주의 반란의 신호라고 비난하면서 자신들에게 유리하게 이용했다.[51] 히틀러는 국가 비상사태를 선포면서 연설의 자유에 더해 언론의 자유도 금지시켰다.[52] 이 사건과 이에 이어진 악선전은 1933년 선거에서 히틀러에게 승리를 안겼다.[53] 그는 이 승리에 대해 『새 정당 구성에 관한 법 Law Concerning the Formation of New Parties』을 공포하고 합법적으로 다른 모든 정당을 해산하는 것으로 응답했다.[54] 수상이 된 지 일 년만에 히틀러는 『제국의 재조직을 위한 법 Law for Reorganization of the Reich』을 통해 합법적으로 독재 체재를 구축했다.[55]

히틀러는 개인 경호 부대인 친위대 SS(Schutzstaffel)[56]의 우두머리 하인리히 히믈러 Heinrich Himmler에게 독일이 전쟁을 치르는 동안 국내에서 어떤 문제가 생긴다면 독일은 제1차 세계대전에서 고통을 겪었던 것과 비슷한 운명이 될 것이고 이를 피하기 위해 수용소에 있는 모든 반대자들을 처형해야 할 것이라고 말했다.[57] 히틀러는 조국 독일이 일치단결해서 군대를 지원하지 않아 제1차 세계대전에서 패전했으며 그에 대한 책임은 종족적 소수자들에게 있다고 느꼈다.[58] 위대한 독일 군대가 패배했다는 사실에 충격을 받은 히틀러는 그 원인을 독일 내부에 있던 배신자에 의한 것으로 설명할 수밖에 없었다.[59] 제1차 세계대전이 끝나고 베르사이유 협정이 맺어진 이래로 독일의 입장에서 볼 때 폴란드와 독일 사이에 긴장이 계속되고 있었다.[60] 나치가 집권한 마당에 히틀러는 독일이 베르사이유 협정 조문에 의해 다시 폴란드 땅을 돌려줘야 한다는 사실에 대항해 무엇인가 해야 하는 상황이었으므로 이런 긴장은 고조되었다.[61] 히틀러는 폴란드인들을 제노사이드로 몰아가려는 관점 속에서, 마치 독일이 당연한 소유자였던 것처럼 폴란드 땅을 돌려받기 원했다.[62] 이것은 폴란드에서 폴란드인들의 것을 제거하고 그 땅을 독일에 다시 복속시키라는 명령에서 분명하게 드러났다.[63]

이런 히틀러 계획의 이념적 배경은 "독일 인종적 제국주의"의 일부가 되길 바랐던 많은 사람들의 동조와 지지를 받았다.[64] 이러한 지지는 유대인과 다른 종족에 대한 제노사이드가 구체화될 수 있는 굳건한 기초가 될 수 있었다. "그것은 히틀러가 역사적 위임을 받았다는 느낌으로 독일 국민 대부분으로 하여금 정권을 탈취한 나치에 대한 두려움을 잊게 만들었다."[65] 나치가 권력을 장악하기 거의 10년 전에 쓴 『나의 투쟁Mein Kampf』에서 히틀러는 "인종 혼합"이 제1차 세계대전에서의 패배를 포함하여 독일의 위대한 문명을 붕괴시켰다는 주장을 분명히 드러냈다.[66] 이런 히틀러의 역사학적 식견은 자기만족적이었고 편견에 싸인 것이었다는 점은 더 말할 필요도 없다.

나치는 우량의 "순수한" 독일인들로부터 순수한 사회에서는 살아있을 가치가 없고 퇴보한 것으로 느껴지는 종족과 분리하도록 정책을 설계했다. 골드하겐에 따르면 나치는 1933년과 제2차 세계대전이 끝난 1945년 사이에 유대인 "문제"를 해결하기 위해 10단계에 걸쳐 유대인의 정신을 점차적으로 황폐화시키려 했다.

1. 언어적 공격
2. 물리적 공격
3. 유대인을 비유대인으로부터 고립시키기 위한 법률적·행정적 조치
4. 이주 보내기
5. 강제 추방과 "재정착" 시키기
6. 게토를 이용한 물리적 격리
7. (공식적인 제노사이드 계획을 실행하기 전에) 굶겨 죽이기, 쇠약하게 하여 죽이기, 질병으로 죽이기
8. 죽음으로 몰아가는 노예 노동
9. 집단 사살과 계산된 기아, 독가스에 의한 제노사이드

제4장 홀로코스트 87

10. 죽음의 행진[67]

　이 단계들의 점진적 속성은 각 단계의 이행을 정상적인 것처럼 받아들이게 하는데 기여한다.(제8장에서 볼 수 있다) 만약 이 모든 단계를 한꺼번에 작동시킨다면 커다란 저항에 직면했을 것이다. 대개 히틀러가 중앙 정부만의 배타적인 힘으로 이런 정책을 모두 만들었을 것이라고 믿지만 실제로는 당원 개개인뿐 아니라 지역과 지방 정부의 역할이 컸다.[68] 유대인의 운명을 봉인했던 모든 결정을 책임져야 할 사람은 히틀러 혼자만은 아니었다.[69] 노동 수용소와 강제 거주지 게토가 있던 지방 정부는 그들의 통제 아래에 있던 유대인과 다른 종족들에 대해 사형 선고를 집행함으로서 희생자 수를 증가시키는데 가담했다.[70] 중앙 정부의 명령에 의한 것이냐 아니면 지역 정부의 주도에 의한 것이냐의 문제는 다른 것들에 비교할 때 중요한 것은 아니었다.[71] 크리스토퍼 브라우닝Christopher Briwning에 따르면 지역 정부는 "유대인 문제"를 어떻게 해결할 것인가에 대한 정권의 생각을 정립하는 데 있어 중심적 역할을 했다.[72] 러시아의 비아우이스토크Bialystok에서 1941년에 대량 학살이 있었는데 당시는 무장 친위대(Waffen-ss, 히틀러의 엘리트 경호부대)의 하인리히 히믈러로부터 명령을 받기 전이었다.[73] 브라우닝은 몇몇 지방 정부가 법률이 규정하고 있는 것보다 나치 상층부의 의도를 더 정확히 이해하는 것 같았다고 지적하였다.[74] 나치의 최고 지도자는 명확히 한정된 계획을 가지고 있었던 반면 몇몇 지방 정부는 나치의 정책을 과도하게 그리고 극단적으로 집행했다.[75] 일단 이런 주도가 성공한 것처럼 보이자 제3제국의 다른 지역으로 확대 실행되었다.[76]

　1927년과 1933년 사이에 독일의 경제는 나선형으로 몰락했고 범죄는 놀랄만한 수준으로 증가했다. 시민들로서는 어떠한 해결책도 보이지 않는 절망적인 상황이었다.[77] 나치 정권은 극단적인 대답을 원하는 사람들에게 범죄에 대한 전쟁 선포로 응답했다.[78] 체포된 모든 범죄자들을 통제하겠다던 히틀러의 최초 약속 후 즉시 강제 수용소가 증설되었다.[79] 대중들은 이 수용소가 정직한 중노동을 통해 죄수를 재교육시키고 질서를 회복할 것이라고 들었다.[80] 그러나 1933년 범죄와 전쟁이 권력남용의 시작이었다는 것은 분명했고 곧 이것의 진짜 의도가 드러났다.[81] 나치는 "처벌을 피할 수 있는 범죄는 없다"는 새로운 표어를 만들어 법원의 판결 없이도 매우 사소한 범죄자를 집단 수용소로 보내는 극단적 처벌을 저지르기 시작했다.[82] 경찰은 백여 명의 SA돌격대성원과 그 단체의 지도자 에른스트 룀Ernst Rohm을 학살함으로서 자신들의 새로운 힘을 과시하였다.[83] 이런 종류의 뉴스를 검열해왔던 정부와 달리 나치는 돌격대SA(Sturmabteilung, 이들은 나치가 정권을 장악하기 위해 공산주의를 공격하는데 이용했던 전위 부대원들이었다)의 죽음이 실패한 쿠데타의 결과라고 언론에 흘렸다.[84] 이 사건은 히틀러에게 이익이 되었는데 그 이유는 "많은 시민들에게 새로운 '정상 상태'와 독재의 강압적인 측면을 받아들일 기회를 제공했기" 때문이었다.[85] 사회적 규범은 다시 극단을 향해 변화했다. 어떻게 사람들이 그동안 자신들이 지지했던, 범죄를 제거하는 데 궁극적으로 효과적이었던 정책을 갑자기 반대할 수 있었을까? 규범적 변화의 점진적 속성은 나타난 "새로운 실재"를 받아들이는 데 있어서 일정한 역할을 했다. 이와 똑같은 원리는 스탠리 밀그램Stanley Milgram의 악명 높은 '권위에 대한 복종' 실험에서 얻어진 결과와 일치한다는 것으로 설명되곤 한다. 이 실험은 평범한 일상 생활 속의 피실험자가 자신과 똑같은 동료에게 점차 가하는 전기 충격을 늘리라는 명령을 받는 상황에

서 이루어진 것이었다.[86]

살인 무기로서 법

다시 1933년 초로 돌아가자. 히틀러는 순수한 "인민 공동체"를 만들기 위해 본격적인 행보를 시작했다.[87] 그것은 "반유대주의, 반마르크스주의, 반볼셰비즘, 반카톨릭, 반자유주의, 반민주주의, 반프리메이슨, 그리고 그 무엇보다도 반베르사이유 협정"이었다.[88] 모든 것에 반대하는 히틀러의 안티주의는 어마어마한 대중적 지지를 받았다.[89] 언론 매체는 나치당이 지지를 얻는데 있어 초기 단계부터 중요한 역할을 했다. 원래 단속은 단지 형사 범죄에 반대하는 데 쓰였다.[90] 그러나 나중에는 심지어 길거리 구걸과 같은 사소한 행위에도 사용되었다.[91] 이때 다시 언론 매체는 범죄 문제 해결을 위한 최선책으로 경찰의 역할을 홍보함으로서 지대한 역할을 하였고 따라서 경찰은 더욱 확고한 지지를 받게 되었다.[92]

게다가 언론은 유대인과 공산주의자, 그리고 카톨릭 성직자들을 "적으로 낙인 찍기" 위한 도구로 사용되었다.[93] 나치는 언론을 통해 유대인을 공산주의뿐 아니라 범죄성과 연결시킴으로서 공격의 목표로 만들어 갔다.[94] 나치는 범죄성에 인종적 생물학적 성향이 있다고 확고하게 믿고 있었다.[95] 독일 언론은 "유대인에게 있어서, (다른 사람들에게 있는 것과 마찬가지로) 유대인의 모든 것에 단지 약간의 범죄 성향이 아니라 뿌리로부터 올라오는 범죄 성향이 있다. 유대인은 그 천성이 범죄적이다."라고 말했다.[96] 끝없는 반유대주의 선전은 한때 유대인과 평화롭게 살았던 독일 국민들의 마음을 일정 부분 변화시키는 역할을 했고, 이는 분명하게 독일 사람들에게 먹혀 들어갔다.[97] 이러한 태도와 신념은 유대인을 물리적으로 완전히 절멸시키는 데 기여했다. 반면, 다른 종족들은 "독일화"될 수 있는 것으로 여겨졌고 따라서 "구제 가능"하게 되었다.[98]

나치는 유대인의 사업에 대한 보이코트가 시작되고 일주일도 채 지나지 않아 주도권을 장악했다.[99] [100] 하지만 첫 해부터 이 작업이 성공적인 것은 아니었다. 독일의 위태로운 경제가 혼란으로 결국 붕괴할 것이라는 두려움이 너무 강했기 때문이었다.[101] 그러나 염려에도 불구하고 효과는 곧 나타났다.[102] 1934년 초부터 유대인 후원자들이 환영받지 못한다는 것을 보여주거나 이들을 비난하는 간판들이 마을에서 급격하게 증가했다.[103] 이것은 원래 내켜하지 않았던 업체 소유자들로 하여금 유대인을 환영하지 않는다는 간판을 세우도록 강제한 결과였다. 이들은 이렇게 해야 할 공식적인 정부 정책이 없었지만 진정한 개인적 신념과 무관하게 유대인과 사귀는 것에 대한 비난으로부터 스스로를 방어하려던 것이었다.[104] 한편 많은 사람들이 이런 행동에 가담하는 데 있어서 아무런 불안이나 머뭇거림이 없었다.[105] 이런 행동들의 대부분은 지방 정부의 주도 아래 저질러진 것이지 중앙 정부의 공식적 정책에 의한 것이 아니었다.[106] 더군다나 정권은 그들이 받아들일 수 있었던 특정 집단의 운동과 봉사를 제한하기 시작했는데, 이 운동과 봉사는 이미 독일 시민들이 좋아하지 않는 것이었다.[107] 반유대주의의 근원적인 흐름들이 정권의 이념으로서는 분명해졌지만 초기부터 전면에 선명하게 드러나지는 않았다.[108] 반유대주의는 "유대인의 해방에 대한 반발이 시작되는 반(半)합법적 단계"를 거쳐 진화하였다.[109] 단 한 번 법적 권리를 잃어버린 유대인들은 2등 국민으로 전락했다. 그런데 만약 처음부터 어떤 형태의 반발이나 저항이 있었더라면 정권은 적어도 일시적으로나마 약간은 물러셨을 것이다.[110] 골드하겐에 따르면 인종 차별 선전의 또 다른 의도는 유대인에게 테러를 가하는 것이었고 궁극적으로 학살의 책임을 사회에 떠넘기는 것이었다.[111] 이민, 격리, 죽음의 수용소와 같은 극단적인 수단을 강제하기 위해서는 유대인들을 사회적·경제적·문화적·정치적으로 살해하는 것이 가장 먼저 해야 할 일이었다.[112] 만약 나치가 사회의 모든 측면에서 유대인을 제거하지 못했다면 유대인들의 삶이 아직도 사회 곳곳에 얽혀 있을 것이므로 독일인들은 히틀러의 유대인 처리에 대하여 더 많이 저항했을 것이다.

비록 사소한 범죄자일지라도 경찰이 이들을 살해한 행위는 언제나 피할 수 없는 결과였다는 식으로 언론에 발표되었다.[113] 미디어에 의해 주의 깊게 조작되었으므로 어떤 독일인들은 이러한 학살을 정당한 것으로 여겼다.[114] [115] 1933년 범죄자들의 도시를 없애고 범죄율을 줄인다는 명분으로 전국에 걸쳐 10만 명에 이르는 사람들이 경찰에 의해 체포되었다.[116] 이 기간 동안 아주 사소한 범죄에 대해서도 극단적인 처벌이 내려졌다.[117] 1934년 히믈러는 "독일 경찰의 날" 행사를 통해 일반 대중의 마음을 사로잡으려 했다. 경찰은 이 행사에서 성금을 모으고, 인간적인 모습을 보여주며, 대중의 요구에 봉사하는 모습을 보여줬다.[118] 막대한 권력을 갖고 이를 남용해 왔던 경찰이 마치 그 동안 유익한 기관이었던 것처럼 보이려는 것이 이 행사의 근본적인 취지였다. 반면 대중들은 비록 겉보기에 그칠지라도 경찰의 행동이 순전히 사회의 미덕을 위한 것이었음을 다시 보증받을 필요가 있었다.

처음에 처벌의 근거를 형법에서 찾았던 나치는 점차로 경찰이 법을 만들고 강제할 수 있는 "경찰 심판 police justice"을 원했다.[119] 이것은 궁극적으로 재판에 필요한 기간, 피고인의 권리, 그리고 법 아래의 평등권을 침해하는 것이었다.[120] 어떤 죄인이 범죄를 반복했다고 판단한다면 비록 최근에 범죄를 저지르지 않았더라도 그를 집단 수용소로 보낼 수 있는 것이 한 사례이다.[121] 이외에 인종의 순결을 더럽히는 자들을 살해하는 것외에 임신을 못하게 만드는 방법도 널리 사용되었다. 정신 질환 또는 신체의 불구 여부에 상관없이 거의 40만 명에 달하는 남성과 여성이 강제로 불임 시술을 당했다. 심지어는 습관적으로 범죄를 저지를 것으로 여겨진 사생아까지도 거세당했다.[122]

1933년 초 독일경찰은 "보호"한다는 명분으로 공산주의자들을 체포할 수 있는 권한을 부여받았다.[123] [124] 게슈타포는 재판을 받지 않은 상태로 명확한 혐의 없이 어떤 "공산주의자"도 합법적으로 체포하고 집단 수용소에 가둘 수 있었다.[125] 한 번 표적이 된 공산주의자들은 유대인, 동성애자, 그리고 반정부 성향의 인사들을 지칭하는 단어인 "인종 오염자, 강간범, 성도착자 그리고 습관적 범죄자"가 되어 수용소를 가득 메웠다.[126] [127] 이 "전형적인" 죄수들은 당시에 알코올 중독자, 범죄자, 그리고 유대인으로 묘사되었다.

1933년 4월 7일 발효된 『전문적인 시민봉사 회복에 관한 법Law for the Restoration of the Professional Civil Service』으로 유대인이 특정한 서비스로부터 배제당하기 시작했다. 그리고 수많은 공무원과 판사들이 정치적 상황에 따라 전혀 엉뚱한 업무를 새로 부여 받게 되었다.[128] 더 나아가 이 법의 인종 차별 조항은 프러시아에서만 백 명이 넘는 판사와 검사가 해임되는 결과를 낳았다.[129] 조부모 중 어느 한 쪽이 유대인이라면 비록 그들이 퇴역 군인이었거나 퇴역 군인의 후손일지라도 공직에서 물러나야 했다.[130]

1933년 4월과 5월 나치는 여호아의 증인Jehovah's Witnesses 교도들을 표적으로 추가했다.[131] 각 주마다 이들의 활동을 금지한다는 선포가 있었으며 1935년 4월 1일에는 이들이 군 입대와 나치 경례를 거절한다는 이유로 독일 전역에서 활동이 금지되었다.[132] 히틀러는 제1차 세계대전의 패배가 내부의 완벽한 동의가 부족해서 생긴 결과라고 생각했고, 나치에게는 전쟁을 지지하지 않는 이들이 "독일답지 않은 존재"임을 보여 줬던 것이다.[133] 게다가 표적이 된 또 다른 이유는 이들이 유대인이 통치하는 왕국을 만드는 데 종교, 더 나아가 정치적 열망을 이용한다는 비난 때문이었다.[134] 나치의 견해에서는 여호아의 증인이 유대교와 연관되어 있으므로 감시와 박해를 받는 것은 당연한 것이었다. 2만 5천 명에서 3만 명이 이르는 교인들 중 1만 명이 체포되었고 2천 명이 수용소로 보내져 1천 2백 명이 살해당했다.[135]

동성애자 공격

"반사회적"으로 여겨진 또 다른 집단은 동성애자들이었다. 당시 동성애에 반대하여 이들을 차별한 나라로 독일이 유일한 것도 아니었고[136] 또 동성애 혐오증homophobia은 나치 정권 이전에도 있었다. 그런데 권력을 잡은 나치는 동성애 혐오 증세를 더욱 악화시켰다.[137] 이전의 동성애는 인정받지 못하는 정도였지만 나치는 이를 범죄로 만들었다.[138] 나치식 표현에 따르면 아시아에서 기원한 동성애는 카톨릭 교회를 거쳐 아리안에게 확산되었다.[139] 부분적이지만 이는 나치가 카톨릭 교회를 모욕했다는 것을 설명한다.[140] 그동안 경멸당해왔던 동성애는 바이마르공화국 시대에 와서 공공연한 것이 되었는데 이는 나치 정서에서 볼 때 마치 타락을 축복하는 것처럼 보였다. 나치는 바이마르 시대가 남긴 그 어떤 유산도 지우려고 했다.[141] 동성애자는 물론 성적 소외자나 매춘부 같은 "일탈자" 역시 표적이 되어 불임 시술을 당하든가 집단 수용소로 보내지는 야만적 취급을 당했다.[142] 남성 동성애자들은 아리안 족의 출생률을 떨어뜨려 인구 증가를 어렵게 만든다는 이유로 나치의 표적이 되었다.[143] 1934년부터 1938년까지 게이라고 판단된 사람들이 948명에서 8,562명으로 급격하게 증가하였다.[144] 제2차 세계대전이 발발하자 동성애자라고 판단된 사람들의 수가 더욱 증가하였다. 이는 승리에 장애가 되는 국내의 잠재적 위험을 없애야 한다는 히틀러의 편집증을 더욱 악화시켰기 때문이었다.[145] 일반인들은 게이로 의심되는 사람들을 경찰에게 밀고해야 했으니 다시 한번 서로를 불신하게 되었다.[146] 게이 문화가 번성했던 뒤셀도르프와 같은 몇몇 도시에서는 이미 잘 알려진 동성애자들이 일제히 경찰에게 검거당했다.[147] 1936년 크리포Kripo, Kriminalpolizeior는 단지 8개월 동안 동성애 행위로 6,260명을 체포했다.[148] 그런데 미친듯이 추적한 결과 1년 뒤 같은 8개월 동안 체포한 사람의 수는 1만 2,356명으로 급증했다.[149] 독일에서 경찰에 의한 재판의 시대가 시작된 이래 동성애자로 조사를 받는 사실 자체가 무시무시한 결과를 낳았다. 만약 어떤 사람이 동성애자나 유대인으로 보이게 된다면 보통 집단 수용소에서 죽을 때까지 경찰로부터 무자비한 괴롭힘을 당했다.[150] 1939년 5월 20일 히틀러는 크리포에게 "보호 감호protective custody" 상태로부터 풀려날 수 있는 수단으로서 거세 수술이 제공될 수 있다고 말하기도 했다.[151] 그러나 5천 명에서 1만 5천 명의 동성애자들이 집단 수용소에서 죽어갔다.[152] 나치는 집단 수용소가 동성애자를 포함한 모든 범죄자들을 재교육시키는 것이 목표인 것처럼 묘사했다. 반면 유대인들에 대해서는 모두 완전히 절멸하려고 했다. 그 이유는 유대인들이 유전적으

로 범죄 경향이 있고 열등하여 재교육이 불가능하다고 보았기 때문이었다.[153) 154)]

1934년 히틀러는 갇혔던 몇 사람들에게 사면을 허락했다.[155)] 많은 집단 수용소가 일시적으로 폐쇄되었다.[156)] 그러나 여전히 정부에 반대하는 "공공연한" 비판은 범죄가 되었고 종종 새로 설치된 특별 법원의 명령에 의해 사형 선고가 내려졌다.[157)] 심지어 전쟁이 발발한 뒤에도 특별 법원에 의한 이런 따위의 "판결"은 줄어들지 않았다.[158)] 실제 전쟁은 반정부적으로 보이는 사소한 위반 행동에다가 사형을 언도하는 결과를 낳았다.[159)] 여기에는 동성애나 사소한 범죄와 같이 단지 "규범"에서 벗어난 경우들이 포함되었다.[160)] 일 년이 채 지나지 않아 히틀러는 1935년 9월 뉘른베르크 전당 대회에서 유대인과 "국가의 적들"에 반대하는 더 많은 법들이 선포된 후 집단 수용소를 세우겠다는 히믈러의 요청을 다시 허락했다.[161)] 당시 히틀러는 "내부에 있는 국가의 적"에 대해 모종의 조치를 취할 것이라고 연설했다.[162) 163)]

뉘른베르크 법이 통과된 1935년, 의회는 유대인을 "외부 집단"으로서 분명한 표적으로 만드는 활동을 시작했다. 뉘른베르크 법은 두 개의 구분되는 법, 즉 『올바른 시민법Reich Citizenship Law』과 『독일의 혈통과 명예를 보호하기 위한 법Law for the Protection of German Blood and Honour』으로 구성되어 있었다.[164) 165)] 이 법률들은 두 가지 목적을 가지고 있었는데 그것은 유대인의 사회적 지위를 떨어뜨리는 것과 유대인을 다른 시민들의 가해 행위로부터 '보호'한다는 것이었다.[166)] 이 법들은 어떤 종교를 믿는지와 무관하게 단지 혈통만을 통해 유대인들을 정의함으로서 많은 사람들의 운명을 봉인했다.[167)] 게다가 이 법들은 유대인의 시민권을 박탈하였고 한 걸음 더 나아가 "인종적 순결을 더럽힌다"라는 이유로 유대인과 "순수한" 독일인의 결혼은 물론 성관계도 금지함으로써 독일에서 더이상의 유대인이 나타날 가능성을 근절하였다.[168] "순수"한 혈통을 보장하기 위하여 유대인은 독일 여성을 가정부로 둘 수 없었다. 이는 유대인 남성으로 하여금 유혹에 넘어가기 쉬운 여성을 이용하거나 유혹하지 못하도록 하기 위한 것이었다.[169] 사실 이들은 국기 게양까지 금지당하는 등 독일의 국민이었음을 근본적으로 부정당했다.[170] 일단 뉘른베르크 법이 통과하자 유대인과 오랫동안 관계를 맺어왔던 비유대인들이 즉시 그들과의 관계를 끊었고 이 사실조차 발각당하지 않기 위해 등을 돌려야 했다.[171] 뉘른베르크 법이 유대인과 "독일인" 사이의 어떤 관계도 금지했으므로 이들을 동정하는 어떤 몸짓조차도 성적인 것으로 내몰려 결국 조사를 받았다.[172] 『인종순결법』은 1935년 9월까지 공식적으로 통과되지 않았으나 1933년 초부터 "유대인과 비유대인과의 관계는 이미 통제"당했다.[173] 이러한 법들은 유대인에 대하여 개인적 보복의 차원으로까지 광범위하게 공개적으로 남용되었다.[174] 고발은 종종 입증되지 못했고 게슈타포의 조사 후에도 증거는 보강되지 않았다.[175] 실제 잘못된 고발의 횟수는 게슈타포에 의해 이따금 축소되었다.[176] 이것은 게슈타포가 완전히 바로잡을 수 없던 문제의 하나였는데 그 이유는 나치 정권이 독일에 널리 퍼뜨렸던 테러의 핵심 요소가 바로 고발이었기 때문이었을 것이다.[177] 많은 사람들에게 이웃들을 더 조사해 달라고 게슈타포에게 고자질하는 책임이 지워졌다.[178] 히틀러의 지령에 따라 즉시 고발이 시작되었고 게슈타포와 함께 다른 '단속' 기관들에게도 중대한 임무가 계속 주어졌다.[179]

뉘른베르크 법의 가혹함에도 불구하고 이어지는 법들은 점점 더 억압하고 분리하려는 것들이었다. 1935년 게슈타포의 적 목록과 범죄 목록이 증가했다.[180] 1933년 중반 이래로 "보호 감호" 상태에 있는 집단 수용소 수감자들의 수가 줄었음에도 히틀러의 포고는 급증하였다.[181] 1935년 히틀러는 집단 수용소의 합법적인 대표를 인정하지 않았다.[182] 이것은 나치가 이미 통과시켰던 각각의 법률이 어떻게 더욱 극단적으로 나아가는 지 보여주는 사례이다. 결국 게슈타포는 천하를 지배했고 어떠한 법도 그들의 행동을 감독할 수 없었다.[183] 독일은 비상계엄 아래에서 모든 의도와 목적을 이루었다.[184] 공식적으로 체포된 사람들은 게슈타포가 계속 잡아둘지 여부를 갱신할 때가 되어서야 비로소 자신이 체포된 이유와 3개월 동안 구금된 이유에 대한 설명을 들을 수 있었다.[185] 그러나 공식적인 과정인 이 조차도 실제 상황에선 전혀 달랐다.[186] 게슈타포 스스로 이런 결정에 대한 책임을 져야 했으므로 "피고인"에게는 어떠한 항의도 허용되지 않았다.[187] 심지어 그들에게는 자신의 입장을 변명하는 것조차 받아들여지지 않았다.[188] 게슈타포는 판결이 내려진 후에도 "탐탁지 않은 자들"이 무죄를 받았다면 다시 체포했고 그들 마음대로 사형 결정을 내리고 집행했다. 그리고 통상 "체포에 저항하던 난폭한 범죄자가 사살된 것"이라고 언론에 발표했다.[189] 모든 것은 언론을 통해 공공연히 저질러졌다.

　게슈타포는 투쟁의 대상을 공산주의로부터 나치 정권에 반대하는 모든 사람들로 바꿔나갔다.[190] 크리포가 사회 속의 "반사회적 요소"와 싸웠다면 게슈타포는 "국가의 적"과 싸웠다.[191] 이 두 조직은 과거에 벌어진 일로서 범죄를 다루는 것이 아니라 예방의 대상으로 여겼고, 이는 범죄를 저지를 기회를 가지지 못하게 한다는 명분으로 무고한 사람들을 감금하거나 살해하는 결과를 초래했다.[192] 경찰은 "범죄자들은 유전 받은 소질로부터 빈번히 나타난다"라는 선언으로 자신들의 인종 차별 정책들을 정당화시켰다. 이들이 볼 때 이 유전적 소질은 범죄자가 될 사람이 누구인지 알려주는 것이었다.[193] 더군다나 1939년 나치는 오후 8시 이후 유대인들의 거리 통행을 금지시켰다. 그 이유는 유대인들이 어둠을 가면으로 삼아 아리안 여성을 성폭행할 것이기 때문이라고 주장했다.[194] 나치는 이런 방법을 통해서 유대인이 범죄와 연관성이 있는 것처럼 보여주는 짓을 계속할 수 있었다.[195] 한편 나치의 표적이 되었던 집단으로 유대인이 유일한 것은 아니었다. 1941년 유대인이 다비드의 노란별 옷을 입어야 했던데 비해 폴란드인들은 그 전인 1940년 "P"자가 쓰여 있는 옷을 입어야 했다.[196] 유대인이라는 것이 되돌릴 수 없는 결함이 되어버린 이래로 노란별이 달린 옷을 입는 것은 유대인을 비유대인으로부터 격리시키는 것이었고, 이로 인해 유대인에 대한 언어적 물리적 공격이 거의 동시에 그리고 갑작스럽게 증가하였다.[197] 유대인과 달리 폴란드인들은 범죄자가 되려는 유전적 소양을 타고나지 않았고 재교육을 통해 유익한 존재가 될 수 있을 것으로 여겨졌으므로 유대인처럼 경멸을 당하지는 않았다.[198] 1941년에 와서 비유대인이 유대인과 "가깝게" 지낼 경우에도 공식적으로 범죄자 취급을 받았다. 이는 대중적인 회합에 유대인이 있다는 사실을 알면서도 단순히 참석한 비유대인들에게도 모두 적용되었다.[199] 이 법을 어겼을 경우 모임에 초대된 유대인은 집단수용소에서 무기한 감금되었고 비유대인은 나치 정책에 대해 교육을 받는다는 명목으로 3개월간 보호 감호를 받아야 했다.[200]

또 다른 세계대전의 조짐이 나타나자 나치는 조사와 박해를 강화했다. 영국이 독일에 대해 공식적으로 전쟁을 선포했고 독일내 정치적 분위기가 변화했다. 히틀러와 나치는 국내 전선home front의 안전을 도모하며. 전쟁의 승리을 위해 독일 내부와 독일 점령지로부터 단결된 지지를 끌어

내려 했다.[201] 이제 평범한 시민들은 서로를 감시하며 이웃의 모든 것을 게슈타포에게 고자질했다.[202] 결국 "독일의 승리를 의심하거나 전쟁의 정당성에 의문을 제기하는 그 누구나" 체포되어 가혹 행위를 당했다.[203] 1938년 다시 한번 전쟁이 시민들의 행동을 급변하게 만들었다. 시민들은 정권의 범죄에 반대하여 "비방하는" 말을 하기 시작했다.[204] 물론 이것은 "비정치적인 것"으로서 "평범한" 시민들로서는 친구와 이웃, 심지어 가족까지 비난할 의도가 있는 것은 아니었다. 비록 그것이 필요할 경우라도 말이다.[205] 비난을 이유로 연행된 이 사람들은 공식적으로 보호 감호 상태에서 전쟁이 계속되는 동안 풀려나지 못했다. 전쟁에 집중하는 정부가 주의 깊게 감시하지 못할 것이므로 이들이 독일에 큰 위험이 될 것이라고 보았기 때문이었다.[206]

독일의 집시 또는 씬티 앤 로마Sinti and Roma 역시 유대인의 경우처럼 범죄자로 보았기 때문에 나치 정권 초기부터 표적이 되었다.[207] 나치는 혼혈을 범죄와 동등하게 취급했다. 그래서 대부분 혼혈이었던 집시를 열등한 인종으로 보아 표적으로 삼았던 것이다.[208] 게다가 나치의 눈에는 유목 생활을 하는 집시가 어떠한 정부에 대해서도 충성심을 보여주지 않으니 결국 독일 사회의 안전을 위협하는 존재로 보였다. 그런데 나치가 유대인을 타고난 범죄 혈통을 가지고 있다고 보았던 것과 달리 히틀러는 순수한 집시 인종의 유목 생활이 보존할 가치가 있는 것으로 보았다.[209] 초기에 집시는 추방되어 결국 먹을 것이 없어 굶주리다 대량으로 죽어갔다.[210] 1940년 초 집시는 폴란드의 집단 수용소로 추방되었다.[211] 그곳에서 집시와 유대인은 비슷하게 취급되었고 그들에게 닥쳤던 피해의 규모 면에서도 같았다는 것은 분명했다.[212]

전쟁이 지속되면서 더욱 많은 집단들이 나치의 계획에 걸려들었다.

1941년 6월 22일은 히틀러가 구소비에트연방공화국에 대해 선전포고를 한 날이었다.[213] 이 전쟁 발발 초기부터 유전적 경향에서 생기는 범죄와 정치적 범죄 사이의 구분은 모두 사라지기 시작했고 연행된 사람들은 대부분 총살당했다.[214] 게슈타포는 비록 법원의 바람을 어기더라도 자신들의 필요에 따라 어떤 행동이라도 저질렀다.[215]

1942년에 이르러 일손이 부족하다는 히믈러의 지적으로 강제 수용소 책임자들은 수감자 학살 전에 이 사정을 고려해야 했다.[216] 1943년 히믈러는 "정신적 질병이 있거나 일할 수 없는 수감자들에 대하여 더이상 기존 방식의 살해를 제한"했다.[217] 안락사라는 딱지를 붙인 이 지시에 대해 안락사당한 사람들의 많은 친인척조차 저항하지 않았다.[218] 이들의 저항이 작음에 따라 "제노사이드 정책에 대한 심리적 조건"이 만들어졌던 것으로 보이는데 이는 자신의 가족에 대한 박해조차 반대하지 못하는 상황에서 러시아인, 폴란드인, 집시, 유대인에 대한 박해에 그 누구도 반대하지 못할 것이기 때문이었다.[219] 법의 형식을 가장한 이런 수법들이 나치에게 제노사이드로 이르는 길을 터준 증거이다.

견디기 힘들고 점점 더 악화되는 독일내 분위기로 인해 유대인들은 강제로 이민을 떠나야 했다. 1933년부터 제2차 세계대전이 끝난 1945년까지 27만 8천 명의 유대인이 독일을 떠났다.[220] 1933년과 1938년 사이에 46.8퍼센트, 1938년과 1939년 사이에 42.4퍼센트가 떠났다. 그러다가 1939년 9월 전쟁이 시작되자 단지 10.8퍼센트만이 이민을 떠났다.[221] 이것은 전쟁의 발발이 독일 내부 상황을 어떻게 변화시켰는지 보여주는 분명한 사례이다. 히틀러는 1939년 1월 연설에서 자신이 유대인들에 대한 대량 살해를 시작할 것이므로 세계대전 역시 주로 유대인들을 파괴하게 될 것이라고 연설했다.[222]

집단 수용소

1933년부터 2만 6,789명이 보호 감호 상태에 있었음에도 집단 수용소 초기에 관한 문서 자료는 거의 없다.[223] 1933년 한 해 동안 10만 명의 사람들이 집단 수용소에 있었으나 단지 5백~6백 명만이 학살당했다.[224] 집단 수용의 초기 단계에서부터 많은 유대인들이 "보호" 감호 상태에 있었던 것은 아니었던 것 같다. 감금된 유대인들도 다른 수용자들과 분리되었던 것은 아니었다.[225] 1934년 히믈러는 "집단 수용소와 SS친위대의 검열관"으로 테오도어 아이케Theodor Eicke를 임명했다.[226] 아이케는 수용소와 그 운용 방안 몇 가지를 바꿨다. 변화 중 하나는 1937년 8월 기존의 수용소들을 네 개의 큰 수용소로 병합하는 것이었다.[227] 경비대원들의 행동 신호도 개발했는데 여기에는 명령 불복종이나 다른 "규율 위반"을 다루는 엄격한 육체적 처벌이 포함되었다.[228]

평범한 시민들 또한 유대인에 대한 증오심을 분명하게 드러내며 폭력과 파괴를 선동했다. 1938년 폴란드의 유대인 대학살 포그롬인 '수정의 밤Kristallnacht'은 "파리 독일 대사관의 제3비서"를 살해한 폴란드 유대인 청년에 대한 보복의 결과였다.[229] 유대인에게 독일인 비서가 살해당했다는 소식이 독일에 도착하자마자 유대인을 반대하는 폭력이 폭발했다.[230] 독일 전역에 걸쳐 "평범한" 시민, SS친위대, SA돌격대 성원들이 유대인의 재산과 토라 율법서나 기도서같은 신성한 종교 물품을 파괴했다.[231] 1938년 부유한 유대인의 재산과 시나고그(유대인회)의 재산은 몰수당했고 2만 명에서 3만 명에 이르는 부유한 유대인들이 체포되어 "보호 감호"의 명목으로 집단 수용소로 보내졌다.[232] SA돌격대는 유대인회 건물을 도끼로 뚫고 들어가 파괴했으며 더이상 인근 건물이 오염되지 않도록 한다는 명분으로 불을 질렀다.[233] SA돌격대와 SS친위대만이 파괴에 가담한 부대는 아니었다. 시민들도 폭발 직전의 분위기에 편승하여 유대인들을 위협했다.[234] 이러한 행위는 소규모의 많은 유대인 공동체를 파괴했는데 특히 시골에 정착한 유대인 공동체들이 큰 피해를 입었다.[235] 이 포그롬은 이웃한 도시로부터 또 다른 도시로 퍼져나갔다.[236] 유대인이 거주하던 어떤 도시도 반유대주의의 공포 사태를 피해 무사히 지나간 경우는 없었다.[237] 야만적 파괴 행위가 끝난 1938년 11월 10일 유대인들은 히틀러의『나의 투쟁』을 읽어야 한다며 간신히 남아 있던 유대인 공회당으로 내몰려 감금당했다.[238] 그 "행사"에 이어 공회당은 불태워졌다.[239] 이번 포그롬으로 독일 전체에서 91명이 피살되었고 3만 명이 집단 수용소로 보내졌으며 267개의 유대인 공회당이 파괴되었다. 그리고 7천 5백 개의 사업체와 공동 묘지가 파괴되었다.[240] 게다가 이 피해에 모욕이 더해졌다. 모든 유대인들은 '수정의 밤'의 피해에 대한 벌금으로 그들 재산의 20퍼센트를 몰수당했다.[241] 비록 많은 독일인들이 이번 사건을 빌미로 유대인의 삶과 재산을 물리적으로 파괴했지만 또 다른 한편으로 어떤 독일인들은 심술궂게도 여기서 더 나아가 영리만을 추구하면서 나치에게 몰수당했던 유대인의 사업을 사들이려고 했다.[242] '수정의 밤'에 대해 약간의 저항이 있었지만 이는 윤리적이거나 도덕적인 것이 아니라 약탈과 파괴로부터 생긴 절대적인 황폐화에 반대하는 실용적인 이유 때문이었다.[243] '수정의 밤'은 유대인들에게 가해질 미래의 폭력과 구분되는 전환점으로 이제부터 전개 될 모든 단계는 유대인들을 독일 "제국"으로부터 떠나도록 강제하는 것이었다.[244] 독일 정부는 전쟁이 선포되기 이전인 1939년 9월 폴란드에서 이미 "수만 명"이 살해되었다고 보고하고 있었다.[245]

나치 정권은 제2차 세계대전의 발발을 기회로 자신들의 인종 차별적 과제를 수행하는 방법의 강도를 높였다.[246] 1939년 초반 유대인들을 동쪽으로 다시 배치하여 고립시키려는 계획이 세워졌다.[247] 하지만 이 계획을 실행하는 것은 단순한 문제가 아니었다.[248] 1939년 하이드리히 Hydrich는 자신의 지휘 아래 사단장에게 독일이 폴란드를 분할하고 그 일부를 점령할 것이므로 영토가 더 커질 것이라고 알려주었다.[249] 역사가들 사이에는 1941년 이후에야 비로소 유대인을 부분적으로 이주시키려던 원래 계획, 즉 그렇게 많은 사람들을 어떻게 옮길 것인지, 그리고 어디로 이주시킬 것인지 등 풀어야 할 복잡한 과제가 남아 있는 계획을 대신하여 유대인들을 물리적으로 절멸시키려는 계획이 만들어졌다는 데 일정한 합의가 있다. 전 유럽의 유대인들을 재배치한다는 것이 실제 가능한 것인지는 나치에게 실질적인 고민거리였다. 따라서 물리적 살해가 더욱 그럴듯한 해결책이었을 것이다. 이제 미국이 전쟁에 가담했으므로 나치로서는 표면상 제노사이드가 진행되지 않는 것처럼 보일 이유가 없어졌다. 그동안 나치는 미국의 참전을 원치 않았으므로 여태까지 제노사이드 행위를 숨기려고 했었다.[250]

1939년 초여름 히틀러는 살아남기 "적절하지 않은" 정신적 장애나 육체적 불구 등 불치병을 가진 성인들을 안락사시키기 시작했다.[251] 초기에 환자들은 SS친위대에 끌려가 총살당했다.[252] 이 프로그램은 거리 주소를 따서 T-4 작전이라고 알려지게 되었다.[253] 개인을 총살하는 데 막대한 시간이 걸리는 반면 이렇게 죽일 대상은 대략 6만 5천 명에서 7만 명에 달했다. 얼마 지나지 않아 시간과 예산을 효율적으로 사용하기 위한다며 독가스를 더 선호하게 되었다.[254] 1941년 중반 독가스로 7만 273명이 희생당했는데[255] 희생자 가족들의 공공연한 비판으로 부분적이나마 임시 중단되기도 했다.[256] 독가스 학살은 T-4 프로그램이 공식적으로 끝난 뒤에도 다시 자행되었는데 대중들의 분노와 반대 때문에 비밀리에 저질러졌다.[257] 전쟁이 끝날 무렵 약 20만 명에 달하는 사람들이 이렇게 사라졌다.[258] 히믈러는 보호 감금된 사람들이 너무 많아 총살의 방법으로 더이상 감당할 수 없다며 집단 수용소에 있는 수많은 반사회인사, 범죄인, 그리고 유대인을 줄이기 위해 T-4 시설을 사용하려 했으니 이는 1941년에 이 프로그램이 그리 널리 자행될 수 있었던 이유를 잘 알려준다.[259]

T-4 프로그램이 진행되던 중이던 1939년 9월 21일 하이드리히는 폴란드 유대인들을 게토에 가두라는 명령을 내렸다.[260] 게토 강제 수용은 이후 단순하게 추방이라는 다음 단계로 나아갔다. 아돌프 아이히만은 하이드리히와 달리 이 과정에서 유대인을 집합시켜 추방하는 것을 더 바랬다. 1939년 그는 게슈타포의 우두머리에게 7만 명에서 8만 명에 이르는 유대인들을 실레지아 동부 위쪽 지역으로 추방하라는 명령을 내렸다.[261] 아이히만은 이 프로그램을 확대했고 1939년 히틀러는 30만 명의 독일 유대인들을 추방하라고 명령했다. 비엔나의 모든 유대인들도 이어지는 9개월 동안 같은 운명으로 고통을 받아야 했다.[262] 1939년 9월 중순부터 10월 중순에 이르는 한 달 동안 내내 유대인과 집시에 대한 제노사이드가 진행되었다.[263]

1941년 초 구소련이 나치의 이념에 대해 분노한 첫 번째 지역이었다.[264] 소비에트 정부는 독일에 반대하는 정책을 세우고 독일과의 경계에 병력을 배치하지 않겠다는 협정을 파기함으로써 독일을 방해하였다. 이 때문에 히틀러는 전쟁을 선포했다.[265][266] 공산주의는 정치적 위협이었으며 (히틀러가 보기에) 러시아는 "열등"했으므로 러시아를 완전히 파괴할 수 있어 보였다.[267)][268)] 소비에트를 상대하면서 두 개의 명령이 연설을 통해 각 부대 지휘관들에게 전달되었다. 하나는 독일에 반대하는 것으로 보이는 그 누구도 전쟁 포로 상태로 있을 수 없다는 것이었다.[269)] 이 명령은 소비에트연방공화국 내의 독일 전투 부대에게 누구든 즉각 처형할 수 있는 권한을 부여한 것이었다.(오늘날 이를 "살인 허가 지역kill zone"으로 부른다)[270)] 두 번째는 소련에 있는 동안 독일 병사의 어떤 잘못도 사면되며 어떠한 행동도 법정에 기소되는 것을 막아주는 "바르바로사 법령"이었다.[271)] (바르바로사는 1941년 독일군의 소련 침공 작전의 암호명이다_옮긴이) 이 두 가지 명령은 남녀노소의 구별 없이 모든 유대인들이 학살될 수 있다는 것을 의미했다.[272)] 소련의 유대인들을 학살하려던 계획은 폴란드에서 처음으로 실행되었던 나치의 계획을 무색하게 만들었다.[273)] 바르바로사 작전Operation Barbarossa은 독일의 유대인 처리 방법이 변화했음을 보여주었다.[274)] 소련을 침공하기 전에는 점령지역 유대인 공동체의 2퍼센트에서 3퍼센트만이 살해당했다.[275)] 그런데 이런 방식은 바르바로사 작전 후 변화되었다. 이 작전은 첫날부터 전체 유대인 공동체를 절멸시켰는데 이것이 "최종 해결책Final Solution"의 기초가 되었다.[276)] 이 작전을 실행하기 위해 히믈러는 아인자츠그루펜Einsatzgruppen(특별 임무 부대)이라는 네 개의 이동 처형 부대를 만들었다. 이 부대는 이제 막 "점령한" 지역의 치안을 위해 군대를 따라 들어왔다.[277)] 이들은 공산주의자들이 재조직되어 역습하는 것을 막는다는 명분으로 모든 공산주의 지도자들을 학살했다.[278)]

소련으로 보내진 독일 부대는 제101예비경찰대대Reserve Police Battalion 101로 이들은 나이 때문에 최전방 전투에 적합하지 않아 보이는 500여 명의 토벌 경찰Order Police(Ordnungpolizei) 집단이었다.[279)] 이 부대의 만행이 제9장에 서술되어 있는데 살인 훈련을 받지 않은 평범한 사람들이 살해를 강요받는 상황에서 어떻게 반응하는지 보여주는 사례들로 구성되어 있다. 많은 사람들이 군대 강제 징집을 피해 토벌 경찰에 합류하기도 했다.[280] 1941년 러시아의 비알리스톡에서 바르바로사 작전은 포그롬처럼 시작되었다. "때리기, 굴욕 주기, 턱수염 태우기, 그리고 마지막에 임의로 총살하기"가 자행되었다.[281] 그러면서 점차 체계적 학살로 변화했다.[282] 유대인들은 담벼락에 줄지어 세워져 총살당했으며[283] 유대인 교회당에 갇힌 채 함께 불태워지기도 했다.[284] 이 불을 끄려고 다가간 사람들도 모두 사살당했다.[285] 모두 2천 명에서 2천 2백 명에 이르는 유대인들이 그날 밤에 목숨을 잃었다.[286] 이어 "SS친위대의 최고위급" 명령에 의해 대량학살이 체계적으로 실행되었다.[287] 러시아에 살고 있는 17살에서 45살에 이르는 모든 유대인 남성들을 살해하라는 명령이 내려졌다.[288] 가해자들은 학살 후 아무런 증거도, 사진도, 집단 무덤의 어떤 흔적도 남기지 않으려 했다.[289] 모든 유대인들은 경기장으로 내몰려 들어갔고[290] 경기장이 가득 들어차자 바로 총살이 시작되었다.[291] 죽음에 대한 유일한 기록은 당시 약 3천 명의 유대인들이 죽었다고 말한 독일 법원으로부터 나왔다. 모든 가능성을 열어놓고 볼 때 이 조차도 지나치게 축소된 것이었다.[292] 1941년 중반 3만 7,253명의 유대인들이 또 다른 부대에 의해 사살되었다는 보고가 있었는데 이 보고 스스로 완전한 조사가 아니어서 실제 그 숫자는 훨씬 많을 것이라고 지적하고 있었다.[293]

우크라이나에서 벌어진 작전은 이틀 동안 키에프 인근 바비 야르 계곡에서만 3만 3천 명에 이르는 대규모 학살을 일으킬 정도로 파괴적이었다.[294] [295] 이후에도 독일 부대가 지나는 소련의 곳곳에서 수백 명부터 수천 명에 이르는 다양한 "조금 더 작은 규모"의 총살이 저질러졌다.[296]

1941년 10월 리투아니아 출신의 나치 부역 의용경찰대auxiliary police를 따라 독일 경찰 부대가 민스크로 향했다.[297] 연합한 그들은 도중에 민스크 동쪽의 작은 도시 소몰레비치에 사는 유대인 전부를 학살했다.[298] 이 학살은 다른 시민들이 빨치산의 저항을 돕거나 조직적으로 반격하는 것을 막기 위한 억제 또는 경고라며 정당화되었다.[299] 이어 이들은 슬루츠크로 이동하여 마찬가지 방식으로 그곳에 있는 유대인들을 학살하라는 명령을 받았다.[300]

이런 학살은 결코 "인도적으로" 저질러지지 않았다. 학살하기 전에 갖은 모욕과 멸시뿐 아니라 구타와 같은 야만적 행위가 있었고 그 뒤 트럭에 실려 도시 밖에서 총살당했다.[301] 오토 올렌도르프라는 한 장교는 부대원들이 심리적 상처를 받아 그런 비도덕적 행동을 하기 어려울 것이라고 내다봤다.[302] 그래서 그는 독일 경찰을 대신하여 리투아니아나 우크라이나와 같은 비독일인 출신으로 의용경찰대를 구성했다.[303] 그 지역 출신의 의용경찰대로 학살하게 만드는 것은 또 다른 이익이 있었다. 이렇게 저질러진 사건은 테러리스트인 공산주의자들에 대항한 지역의 보복이라고 소문났다. 이제 독일 병사들에겐 학살이 정당한 것으로 보이게 되어 저렇게 난폭하고 비인간적인 행동에서 생기는 심리적 트라우마가 감소했다.[304] 코브노Kovno와 리보프Lvov에서 리투아니아인과 우크라이나인들은 독일군의 "감독guidance" 아래 수십만 명의 유대인들을 학살했다.[305] 이것은 결코 독일 군대가 제노사이드에 가담했다는 책임에서 벗어날 수 있다는 것을 의미하지 않는다.[306] 실제 그들은 학살의 수준을 "한 단계씩 올려가면서" 유대인들을 학살하려 했다.[307] 러시아에서 대략 2천 5백만 명이 기아 또는 직접적인 살해 수단으로 죽어갔다.[308]

소련에서 있었던 또 다른 유대인 대량 학살이 브레스트Brest에서 발생했는데 이 학살은 세 국면으로 구분된다. 첫 번째는 바르바로사 작전이 시작된 지 2개월 만에 인구의 15퍼센트가 학살당한 시기이다.[309] 이런 혼란에 이어 거의 14개월 동안 상대적 "안정"이 뒤따랐다.[310] 그러나 이런 안정은 아마 1942년 10월 15일과 16일 지역의 모든 유대인이 학살당하고 갑자기 끝이 났던 것을 고려해본다면 무척 위태로운 것이었다.[311] 유대인들은 브레스트시 외곽에서 아무 것도 모른 채 자신들의 집단 무덤이 될 구덩이를 파고 그곳에서 총살당했다.[312] 2만 명이 학살당했는데 그중에는 그들에게 고용되었던 9천 명과 숙련되어 누구도 대신할 수 없이 뛰어난 2천 명의 노동자들이 포함되었다.[313] 브라우닝은 "모든 역사가들은 집단 학살인 '최종 해결책'의 기원이 빅뱅 이론처럼 역사 속 한 순간에 나타나는 일은 존재하지 않는다는 견해에 동의한다."라고 하였다.[314] 최종 해결책의 청사진이 반제 회의Wannsee Conference에 기원한다는 것은 이제 공식적으로 그리고 일반적으로 알려졌다.[315] 최근의 역사가들일수록 전쟁이 끝나기 직전의 해를 나치가 학살의 수준을 더욱 급격하게 높이던 시기로 보고 있는데 이는 마침내 나치 정권이 "최종 해결책"의 단계에 이르렀음을 의미했다.[316] 나치는 통치에 순응하게 할 뿐 아니라 시민은 물론 "경찰"까지도 모두 견딜만한 만큼의 폭력을 가하기 위하여 정책들을 중간 단계로 끌어 올렸다. 대부분 역사가들은 소련에서 있었던 절멸 정책이 이미 침략이 시작되고 나서 학살이 가능해 보였을 때까지도 결정되지 않았다고 믿는다.[317] 소련에서 벌어진 학살은 독일이 점령했던 다른 지역의 학살을 촉진시켰다. 아마 부분적으로는 전투의 승리에서 비롯된 자신감과 흥분에 기인했을 것이다.[318] 이제 권력은 스스로를 먹어치우면서 잔학 행위를 증가시켰다.

1941년 가을 드디어 대량 학살이 줄어들기 시작했다.[319] 이제부터 유대인을 사살하는 대신 동쪽으로 이주시켰다.[320] 브라우닝은 이것이 "지방과 지역 정부"가 유대인 강제 거주 지구 게토화 때문에 생긴 주택 부족의 위기를 해결하려는 시도의 결과라고 말했다.[321] 하지만 골드하겐은 이때에도 1만 9천 명부터 3만 3천 명에 이르는 유대인이 희생된 대량 학살 사건들의 목록을 제시했다.[322]

죽음의 수용소

브라우닝에 따르면 1941년은 중요한 전환점으로 나치가 오늘날 "최종 해결책"과 홀로코스트로 알려진 그 경계를 넘어선 해였다.[323] 1941년 최종 해결책에는 총살 부대와 독가스 모두 사용되어야 했다. 히틀러는 1941년 동부 전선 승리에 이어 유대인들을 "킬링 센터"로 추방할 것을 승인했다.[324] 독가스 살해는 효율적이었을 뿐 아니라 총살 부대가 사살하는 경우보다 덜 직접적이었으므로 살해자가 받는 심리적 트라우마가 덜어졌다.[325] 마틴 길버트Martin Gilbert에 따르면 아우슈비츠는 1940년 6월부터 가동되었다.[326] [327] [328] 그러나 독가스가 사용되던 중에도 총살은 여전히 저질러졌다. 실제 1941년 말 게토 밖에서 발견되는 유대인들은 모두 그 자리에서 사살되었다.[329] 이는 게토 초기부터 만연되어 있었던 발진티푸스가 밖으로 확산되는 것에 대한 두려움 때문에 시작된 것이었다.[330] 수색조가 만들어졌고 숲 속 땅굴에서 유대인들이 발견되었다.[331] 발견되면 즉시 살해하라는 지침에 따라 이들은 그 자리에서 목뒤를 칼로 찔려 살해당했다. 그 자리에서 살해한 것은 시체를 한 곳에 쌓아 두지 않기 위해서였다.[332] 이 외에도 1941년 나치의 정책은 강제 이민으로부터 체계적인 파괴로 변화되었음을 보여준다.[333] 1941년 가스

실 가동이 더욱 빈번해졌는데[334] 최초의 가스실 실험 대상은 소비에트의 전쟁 포로였다.[335]

수용소로 가기 전에 유대인들은 게토에 수용되었다. 이곳에서는 위생 시설과 의료 인력의 부족에서 생긴 전염병과 기아 때문에 떼죽음을 당해야 했다.[336] 이 때문에 유대인들을 게토에 가두는 것 자체가 나치에게는 또 다른 유혹이었다. 결국 나치는 유대인 격리를 결정했다.[337] 바르샤바 게토는 1945년 봄 44만 5천 명을 수용하고 있었다.[338] 이곳의 상황은 그래도 조금이나마 참을 만했다는 뜻은 아니지만 유대인들은 적어도 일시적이나마 노동의 가치가 있어 보였고 그래서 잠시라도 살아있을 수 있었다. 1942년 여름 노동의 가치가 있었음에도 불구하고 일하는 유대인이나 일하지 않는 유대인 모두 죽음의 수용소로 추방하는 것이 전염병처럼 만연되었다.[339] 이러한 결정은 게토가 가지고 있던 경제와 생산 활동을 파괴했고, 독일의 몇몇 지방 정부에게는 유대인의 능력을 충분히 활용하지 않는 것에 대한 걱정이 늘어났다.[340] 이 문제에 대한 "토론"이 반제 회의에서 있을 예정이었다.

반제 회의는 1942년 1월 20일 열렸다.[341] 냉혹한 안건을 다루었음에도 회의는 한두 시간 동안만 열리는데 그쳤다.[342] 히틀러가 모든 유대인을 살해하겠다는 결정을 내렸을 때 이 회의의 내용은 공개될 수 없었지만 이를 알고 있던 히틀러의 고위 공직자들에겐 잊을 수 없는 시간이었다.[343] 이 회의의 주요 목적은 미리 짐작했던 것으로서 "최종 해결책"이 완전하게 실행되는 동안 발생할지 모르는 각 기관 사이의 충돌을 없애려는 것이었다.[344] "최종 해결책"에 의해 제거될 것으로 추정된 유대인의 수는 놀랍게도 1천 1백만 명이었다.[345] 하이드리히는 유대인이 공짜 노동의 근원이었음을 무시했으며 유대인 "문제"는 가스실 사용을 통해 집행해야 한다는 것을 분명히 했다.[346] 이 회의는 독가스를 사용하는 죽음의 수용소로 대규모 추방한다는 것을 다시 확인했다.[347] 이에 관심 있는 독자는 실제 회의록을 토대로 만들어진 영화 『음모Conspiracy』를 보시라.

1941년부터 1945년까지 불과 4년 사이에 710개가 넘는 추방 열차가 유대인을 게토와 죽음의 수용소로 날랐다.[348] 이 숫자는 폴란드 내부 이송을 포함하지 않은 것이다.[349] 기나긴 열차 여행에도 불구하고 더러운 공기는 환기되지 않았고 음식도 물도 제공되지 않았다.[350] 이송 차량은 원래 가축을 수송하기 위해 만들어진 것이었다. 탈출하려는 사람들은 그 자리에서 사살되거나 목적지에 도착하는 날 사살되었다.[351] 이송되는 동안에도 늙고 병들거나 허약해서 이송할 가치가 없어 보이는 유대인들이 사살당했다.[352] 탈주를 막으려던 경비병들은 총알이 다 떨어질 경우 돌과 칼을 사용했다.[353] 탈출을 시도하다 사살된 경우를 제외하더라도 이송되던 사람들 중 25퍼센트가 사망했다.[354]

이송되던 사람들 상당수가 이미 사망했음에도 1942년 3월과 1943년 2월 사이에 가장 많은 사람들이 가스실에서 죽어갔다.[355] 1942년 3월 중순까지도 홀로코스트의 희생자 75퍼센트에서 80퍼센트가 아직도 살아있었지만[356] 이어지는 11개월 동안에는 단지 20퍼센트만 살아남았다.[357]

1942년 3월 나치 제국은 유대인 추방을 시작하면서 제노사이드가 진행되지 않는 것처럼 "외부에 보이기 위해" 즉시 독가스실로 보내지 않고 먼저 노동 수용소로 보냈다.[358] 그러나 이런 속임수도 오래가지 못했다.

1942년 여름이 시작되자 대량 살해가 급격하게 증가했는데 이는 정권의 식량 부족 현상과도 일치했다.[359] 독일이 전쟁에 돌입하면서 수백만 명을 강제 수용했으므로 정부에게는 그들 모두를 "먹여 살릴" 책임이 있었다. 전쟁이 계속되는 동안 독일과 독일이 점령한 지역 어느 곳이나 식량의 가격이 6배에서 70배나 올랐다.[360] 이것은 나치에게 이제부터는 강제 수용된 사람들의 식량이 줄어드는 한이 있더라도 독일 군대와 "독일 시민"을 위한 식량을 확보해야 한다는 것을 의미했다. 1942년 5월 히틀러의 결정에 의해 유대인 전반에 대한 체계적 제노사이드가 1년이나 앞당겨졌다.[361]

유대인을 더 큰 게토로 재정착시킨 후 경찰 부대는 탈주자를 찾기 위해 인근 도시나 숲을 수색했다.[362] 이들은 발각된 유대인들을 사살하기 전에 발가벗기고 값이 나갈 만한 물건이 있는지 뒤졌다.[363]

1942년 10월 추방이 일시적으로 줄어들었다. 겨울에 탈출하는 것은 남겨진 흔적 때문에 불가능했고 잠시 탈출했던 많은 유대인들도 잡히기 전에 게토로 되돌아 와야 했다. 물론 잡혔을 경우 사살당했다.[364] 그런데 추방의 중단에도 불구하고 게토에서 안전은 보장받지 못했다.[365] 게토에서는 여전히 정기적으로 5백에서 6백 명에 이르는 사람들이 집단 사살당하고 있었다.[366] 1942년 가을과 1943년 봄 사이에 트레블링카Treblinka 수용소 소장이었던 빌리 알토프Willi Althoff는 매일 밤마다 상당수의 유대인들을 살해했고 이런 학살의 많은 경우가 그와 손님들의 오락거리로 마치 연극처럼 실행되었다.[367] 랄프 파인즈의 극중 역인 『쉰들러 리스트』의 새디스트 경비병 아몬 괴테는 알토프와 꼭 닮았다.

1943년 유대인들이 체포에 "저항"하기 시작했다. 게토에서 폭동이 확산될 것이라는 두려움은 '추수감사절 대학살Erntefest'을 야기했다.[368] 나치는 캠프를 청산하기 전 공중 폭격을 피하기 위한 것이라고 속이며 유대인들로 하여금 지그재그 형태로 참호를 파게 했다.[369] 유대인들은 아무것도 모른 채 자신들의 무덤을 팠다. 1943년 1만 6천 5백 명에서 1만

8천 명에 이르는 남녀 유대인들이 루불린 외곽 근처 작은 노동 수용소로부터 마이다네크Majdanek까지 걸어갔다.[370] 캠프 안으로 들어선 이들은 모두 옷을 벗어야 했고 머리 뒤로 깍지를 낀 채 걸어야 했다. 그리고 엎어진 채 목에 총을 쏘는 악랄한 수법으로 살해당했다.[371]

전쟁이 늘어짐에 따라 "최종 해결책"은 증가하였고 게토는 경고의 수위에 따라 정리되었다. 대부분의 게토는 의도적으로 정리되었지만 몇몇 경우는 그렇지 않았다. 수백 명의 사람들이 더이상 이송될 수 없게 되자 기차역으로 가는 도중에도 사살되었다.[372] 게토 정리의 전형적인 과정은 수용자들을 몰아서 장터나 또 다른 중심 지역으로 끌어오는 것이었다. 그곳은 너무 어리거나 늙고 병들었다는 이유로 사람들이 이미 학살당한 장소였다.[373] [374] [375] 거대한 무덤을 파는 일을 위해 노동 유대인들이 선택되었다.[376] 무덤이 다 파지면 장터에 소집되었던 유대인들이 집단을 이루어 숲으로 내몰렸다. 여성과 아이들에 이어 남성들이 들어가 옷을 벗긴 후 배를 깔고 엎어지게 했다. 그리고 뒤에 있던 경비병이 총에 장착한 대검으로 뒷머리를 겨냥한 뒤 방아쇠를 당겼다.[377]

게토에서 학살이 진행되는 동안 몇몇 유대인들은 도망칠 수 있었다. 유대인이 없는Jew-free 지역을 원했으므로 나치는 이들을 다시 체포하기 위한 "유대인 사냥"을 시작했고 도망쳤던 사람들이 잡혀 살해당했다. 1942년 가을 제101예비경찰대대는 어떠한 장애에도 부딪치지 않았다. (이는 제9장에서 다룬다)[378] 그러다가 1943년 봄이 되자 러시아 전쟁 포로들과 유대인들이 통합되었고 수용소는 합쳐졌다.[379] "유대인 사냥"의 전형적인 유형은 이들의 은신처가 있는 숲의 땅굴을 수색하는 것이었는데 경찰은 이미 그 위치에 대한 정보를 갖고 있었다.[380] 경찰 부대는 오직 은신처 찾기를 목적으로 폴란드 정보원과 추적자를 고용하고 있었다.[381]

경찰 부대는 때로 수색하지 않고 은신처에 수류탄을 던져 넣어 폭사시키기도 했다. 여기서 살아남은 생존자들은 밖으로 끌려나와 나치의 전형적인 살해 수법, 즉 엎어놓고 뒤에서 목을 쏘는 총살을 당했다.[382] 1943년 5월에서 10월까지 루불린 거리에서 1,695명의 유대인들이 사냥당해 처형되었다.[383] 유대인이 전혀 없는 지역을 만들기 위해 피살자의 수를 끝없이 늘려가는 이 "사냥" 수법은 "최종 해결책"과 제노사이드 과정에서 근본적인 역할을 하였다.[384]

천문학적인 피살자 수에 불구하고 모든 게토가 사라진 것은 아니었다.[385] 남아 있던 수용소는 곧 패전이 닥칠 것이라는 전망과 함께 거대한 노동력 부족이라는 실용적 경제적 이유로 비교적 안정되었으며 약간은 덜 고통스러웠다.[386] 실제 바이에른 북동쪽에 있는 프로셴베르크에는 폴란드인, 러시아인, 독일인으로 이루어진 4천 명에 달하는 수감자가 있었다.[387] 1945년 독일 패망 당시 5만 2천 명이 그곳에 감금되어 있었다.[388] 여기 프로셴베르크에는 악명 높은 독가스실도, "조립 라인처럼 기계화된 학살assembly line killing"도 없었다.[389] 그러나 적어도 10만 명이 수용되어 있었고 3만 명이 희생당했다.[390] 이 사망자 수에는 직접 사살당한 경우뿐 아니라 비참한 수용 생활 조건에서 생긴 질병과 기아로 인한 간접 사망자 수도 포함되어 있다.[391]

나치는 마지막으로 헝가리 유대인을 공격했다.[392] 1944년 5월 중순부터 7월 초까지 43만 7천 명의 헝가리 유대인들이 배에 태워져 아우슈비츠로 이송되었다.[393] 이들 대부분은 도착하자마자 독가스실로 향했다.[394] 즉각적인 살해를 피한 사람들은 이어 죽음의 행진 동안 또는 수용소에 도착하자마자 살해당했다.[395] 이를 눈치 채고 탈출하려던 사람들도 모두 그 자리에서 총살당했다.[396] 아우슈비츠에 도착하기 전에도

수백 명의 유대인들이 고난의 여행 기간 동안 환기, 음식, 물의 부족으로 죽어갔다.[397]

패배를 피할 수 없게 된 나치는 "최종 해결책"의 목표를 이루기 위해 쇠약해진 수감자들에게 죽음의 행진을 계속하도록 했다. 연합군과 소비에트군이 점점 다가옴에 따라 전쟁 끝 무렵 죽음의 행진이 시작되었다.[398] 나치 독일은 한 걸음 더 나아가 25만 명 내지 37만 5천 명을 이 죽음의 행진 과정에서 살해했다.[399] 수용소에는 여러 집단이 감금되어 있었으므로 이 행진에서 유대인만이 희생된 것은 아니었다.[400] 그러나 유대인들의 조건은 비유대인들보다 더 열악했다. 다소 의문스럽긴 하지만 그래도 "더 나아 보이는" 조건의 수용소에 있던 사람들보다 유대인들이 더욱 빠른 비율로 죽어갔을 것이다.[401] 행진 중에도 걸을 수 없었던 사람들이 행진을 재촉하던 군인들에 의해 사살당했다.[402] 생존자의 증언에 따르면 이 행진에서 살아남은 사람들은 약 30퍼센트에 불과했다.[403] 지쳐서 죽거나 아니면 지치기 전에 총살당하거나 생명을 빼앗기기는 모두 마찬가지였다.[404] 경비병들은 걸음이 늦다며 몽둥이로 때렸는데 이는 어차피 살해당할 사람들을 더욱 느리게 만들었을 뿐이었다.[405] 더군다나 경비병들은 상부의 명령도 없었고 수감자들이 미리 알 수 없는 상태에서 함부로 그리고 마음대로 수감자들을 사살했다.[406]

나치 손에 살해된 집시들이 얼마나 되는지에 대해 일치된 견해는 없다.[407] 학자들 견해에 따르면 희생자 수는 10만 명에서 50만 명에 이른다.[408] 사망자의 실제 수와 상관없이 나치의 정책과 행위, 의도는 제노사이드의 것이었다. 골드하겐에 따르면 1945년 전후를 경계로 홀로코스트 기간 동안 살해된 유대인 희생자 수의 추정치는 폴란드 3백만 명을 포함하여 6백만 명에 이른다.[409] [410]

독일 나치 일당의 권력 장악은 대중의 지지와 추동력을 얻는 데에 있어서 결정적 역할을 하였다. 나치는 권력 초기부터 자신들에게 반대하거나 "순수한" 아리안 인종만으로 만들어진 공동체에 적합하지 않다고 여긴 어떤 집단에게도 야만적인 탄압을 가했다. 독일인과 비독일인을 명백히 차별하도록 설계된 법률이 제정되는 것으로부터 고통은 시작되었다. 이러한 차별 정책은 궁극적으로 평범한 시민들로 하여금 나치 반대자들을 감정적으로, 심리적으로, 경제적으로, 그리고 물리적으로 공격하게 만들었다. 시간이 흐름에 따라 이 인종 차별 정책은 "외부 집단"의 생존 조건을 제한하고 악화시키는 것으로 변했고 최종적으로는 제노사이드처럼 완전히 물리적으로 제거하는 것을 궁극적 목표로 삼게 되었다. 비록 1941년이 물리적 절멸 정책으로 이동한 해이긴 하지만 대량 학살을 체계적으로 미리 준비한 것은 이미 그 전부터였다. 비록 독일의 전쟁 준비를 어렵게 할지라도 나치에게는 이런 물리적 파괴와 소멸이 우선 해결해야 할 조건이었다. 어차피 수감의 최종 결과는 죽음이었는데도 제노사이드 가해자들은 처형 직전 또는 죽음을 향해 이송되던 과정에 있던 무기력한 희생자들을 감정적, 심리적으로 고문했다. 집단 살해의 효율성뿐 아니라 독일인들의 사기가 꺾이지 않도록 하기 위해 독가스실이 만들어졌고 여기에는 거대한 살인자 집단이 운용되었다.[411] 더군다나 가스실 전체가 가동되는 상황에서도 집단적, 개인적 사살은 계속되었다. 패배의 전망이 어렴풋하게 보이고 전쟁의 끝이 다가옴에 따라 가까스로 살아남았던 수감자들에게도 행진이 강요되었다. 이는 살아있는 사람들에겐 상상하기조차 힘든 고문이었다. 나치의 집권 초기와 말기의 공통점이 하나 있다면 그것은 그들의 "규범"에서 벗어난 것처럼 보이는 어떤 그리고 모든 사람들을 체계적으로, 심리적으로, 감정적으로 그리고 육체적으로 고문했다는 것이다. 홀로코스트가 다른 제노사이드와 구별되는 한 가지 특징은 대량 학살에 "효율적인" 기술을 적용했다는 것이다. 이 놀라 자빠질 역사에서 배워야 할 교훈은 이런 초기 경고 신호, 즉 경찰 국가에 있어서 법의 사용은 이어 규범의 변화를 가져오는 "쐐기의 날카로운 끝thin edge of the wedge"이 된다는 점이다.

나치 정권의 "말년"은 앤토니 비버Antony Beevor의 뛰어난 저작에 잘 열거되어 있다.[412] 이 저서는 그때부터 나치의 극단적 폭력이 내부를 향해 터졌다고 묘사하고 있다. (죽을 때까지 싸우라는 히틀러의 명령을 받은) SS친위대는 독일인을 추적하여 살해했다. 심지어 러시아의 붉은 군대가 베를린 동쪽에서 다가오고 연합군은 서쪽에서 다가옴에 따라 절망적인 상황을 알게 된 독일 국방군Wehrmacht도 살해했다. 당시 자살이 일상적으로 벌어졌는데 특히 러시아 붉은 군대에 의해 잔인하게 성폭행당할 것이라는 소문을 들은 독일 여성들이 그러했다. 전투를 계속하게 하기 위해[413] SS친위대는 배반하려는 자들이 거세당하든가 아니면 죽을 것이라고 위협했다.(러시아도 전쟁 후 독일군에게 부상당했거나 체포되었던 군인들을 시베리아 강제 수용소인 굴락으로 보낼 때에 똑같은 짓을 했다) 독일군은 무기도 빈약한 데다 아무런 훈련도 받지 않은 15세 소년들까지 전장으로 보내 붉은 군대와 싸우게 하는 지나친 짓을 했다. 길가에서 히틀러 유겐트들이 처형당하는 일이 일상적으로 벌어졌다. 더 열심히 충분하게 싸우지 않았다는 입증되지 않는 이유로 소년들이 나무에 목매달려 죽어야 했다.[414] 단지 지쳤을 뿐인 이 소년들은 러시아인이 아니라 SS친위대에 의해 살해당한 것이었다. 효수형이 포함된 정치범 살해도 증가했다.[415] 가치 있는 것이라면 모두 파괴하는 "초토화 정책"도 실행되었다. 진정한 신뢰 관계에 있는 사람들에게 집단 동반 자살을 의미하는 폭력은 최근까지 인간이 세운 모든 업

적을 파괴하면서 스스로를 먹어 치웠다.

제5장 군대에 의한 대량학살 Military Massacres

질문 : 그 법은 무엇인가요?
답변 : 죽이지 않는다는 겁니다. 우리는 사람이 아니잖아요?

_『마지막 영혼들의 섬』(영화, 1933, 허버트 조지 웰스 원작 소설)

르완다나 나치 독일의 제노사이드는 부분적으로 정부의 지휘를 받는 군대나 집단에 의해 자행된 일련의 학살이나 대량학살이었다. 이런 대량학살들은 미리 계획되어 저질러진 것으로 민간 환경에서 저질러지는 사전 모의된 살해와 비슷하다. 우리가 여기서 살펴보려는 대량 학살은 의도성에 있어서 매우 모호하다. 사전에 이를 계획했는지 여부는 분명하게 밝혀지지 않는데 이는 마치 가해자가 희생자 집단을 경멸하기로 특별히 마음먹는 것을 입증하기 어려운 것과 마찬가지이다. 더욱이 이런 "임의적인" 대량 학살은 "무계획한" 살인 또는 살해, 민간 환경에서 해당하는 제2급 살인과 비슷하다. 군대에 의한 집단 학살 사건은 징기스칸 시대로부터 미 기병대에 이르기까지 상세한 기록이 남아있다.*

* 1864년 봄, 남북전쟁이 미 동부를 휩쓸 동안, 기병대장 치빙턴 대령은 콜로라도에서 샤이엔(Cheyenne)족과 그 동맹 부족을 잔인하게 공격하였다. 그의 군대는 모든 인디언을 공격하고 마을에 불을 질렀다. 콜로라도와 캔자스에 이웃해 살던 아라파호(Arapahos)족, 수우(Sioux)족, 코만치(Comanche)족, 그리고 카이오와(Kiowa)족과 연합한 샤이엔족은 영역을 지키기 위한 방어 전투를 계속 벌였다. 분산된 소규모 공격과 충돌이 있었던 여름이 지나고 9월 28일 덴버 외곽의 캠프에서 백인과 인디언 대표가 회담을 가졌다. 합의에 이른 협상안은 없었지만 인디언들은 군 주둔지 근처에 야영한다는 것을 백인들에게 통보함으로서 평화 선언이 발표되고 이에 따라 전투 금지 구역이 서로에게 받아들여진 것으로 믿었다.

평화를 추구하던 부족장 블랙 케틀은 콜로라도와 캔자스에 걸쳐 있는 아칸소 강을 따라 버팔로를 사냥하며 살아가는 남부 샤이엔족과 아라파호족 600여 명을 이끌었다. 이들은 리온 요새에 알리고 샌드 크리크 북쪽으로 40마일 떨어진 곳에서 야영했다.

잠시 뒤 치빙턴은 800여 명의 군대를 이끌고 리온 요새로 잠입했다. 그리고 지역 방위군에게 인디언 야영지를 습격할 것이라는 계획을 전달했다. 치빙턴은 블랙 케틀이 이미 항복했다는 것을 알고 있었지만 인디언을 절멸시킬 수 있는 완벽한 기회로 여기고 공격을 계속했다. 11월 29일 아침, 그는 숨이 덜 깬 군대를 이끌고 샌드 크리크에 도착하여 네 대의 곡사포를 배치하고 인디언 마을을 포위했다.

약속을 굳게 믿고 있었던 블랙 케틀은 그의 숙소 천막에 미국 국기와 휴전을 뜻하는 백기를 세웠다. 이에 대한 치빙턴의 대응은 손을 들어 공격의 신호를 보내는 것이었다. 치빙턴은 포로 없는 승리를 원했고 이에 따라 남성, 여성, 그리고 어린이들이 사냥당하듯 내몰려 사살당했다.

포격과 총격이 퍼부어지자 인디언들은 공포 상태에 빠져 흩어졌다. 그러자 기병대 병사들이 움직이는 모든 것들을 미친 듯이 잡아 죽였다. 블랙 케틀을 비롯한 극소수의 인디언 전사들은 남은 부족들이 강을 건너 탈출하는 것을 돕기 위해 응전하였다.

대령은 학살이 진행되는 내내 냉혈한이었다. 마을에 살던 한 통역인은 "인디언의 머리 가죽을 벗겨 죽였으며 뇌가 터져 나왔습니다. 여자들은 칼로 찢겨져 죽어갔고, 작은 아이들은 곤봉에 맞아 죽었습니다. 소총 개머리판으로 머리를 때려 뇌가 흘러나왔고 온 몸을 갈기갈기 찢어서 죽였습니다. 모든 게 제가 한 말 그대로 였습니다."라고 증언하였다. 일방적이었던 전투가 끝나자 절반 이상이 여성과 어린이들이었던 200명이나 되는 인디언들이 사지가 찢기고 머리가 죽이 벗겨져 죽임을 당했다.

샌드 크리크 학살이 동부 지방 사람들을 분노시킨 반면 콜로라도 구역의 많은 사람들에겐 즐거운 일이었던 것처럼 보였다. 얼마 후 치빙턴이 덴버의 한 무대에 나타나 자신의 전쟁 이야기로 들뜬 청중들의 환호를 받았으며, 여성의 음모와 함께 100개의 인디언 머리가죽을 전시했다.(www.pbs.org와 디 브라운Dee Brown을 보라. Brown. D. (1970), *Bury my heart at Wounded Knee* (pp. 88-102), New York: Holt.)

왈러는 사회화의 몇 가지 단계가 이런 집단적 폭력에 기여할 것이라는 관점을 정립했다. (Waller, J. (2002), *Becoming evil: How ordinary people commit genocide and mass killing* (p. 29), New York: Oxford University Press.) 그는 "대체 어떤 사람들이 샌드 크리크 학살을 저질렀는가? 능동적, 자발적인 잔학 행위 참여를 가장 잘 설명해 주는 것이 콜로라도 제3기병연대에 대한 소속감이었을까? 또는 인디언에 반대하는 특별한 이념적 증오에 깊이 젖어있던, 또는 특별한 악을 저지르려는 미국 문화같은 더 큰 단위에 대한 소속감이었나?"라고 물었다.

이미 살펴본 집단 살해 사례들은 테러의 무기로서 전략적으로 사용된 것들이다. 제1장에서 서술한 십자군 전쟁과 같이 다른 요새화된 도시들도 집단 학살을 당하기 전에 항복하라는 말을 듣게 된다.[1] 이 장에서는 서로 독립된 문헌에 근거해 주목할 만한 20세기의 대량 학살을 집중적으로 고찰할 것이다.

난징 대학살

장Chang은 1937년 중일전쟁 동안 저질러졌던 민간인과 중국군*에 대한 강간과 학살을 마치 보는 것처럼 생생하게 서술했다.[2] 장은 난징 대학살을 역사적으로 가장 짧은 기간 동안 저질러진 가장 큰 집단 학살로 보

그리고 "문화나 이념을 받아들이는 것은 그냥 지배나 파괴를 바라는 일반적 욕구가 강해질수록 불편함도 더욱 커진다는 것을 합리화하는 구실인 것 같다."라고 결론지었다.(앞의 책 p. 49)
전쟁 수행에 관한 공동 위원회(Joint Committee on the Conduct of the War)에서 조사한 내용은 다음과 같다. "치빙턴 대령에 관해 위원회는 그의 행동을 기술할 적절한 용어를 거의 찾을 수 없다. 그는 정의와 인류의 상징이어야 할 미국의 군복을 입은 군사 작전 지역의 주요 지휘관으로서 자신의 지위에 부여된 정부의 명예를 가진 채 고의로 계획하여 반칙과 비열한 대량 학살을 저질렀다. 이 학살은 희생자들로 보아 참으로(verist) 야만적인 불명예였다. 희생자들의 친절성에 대해 충분히 알고 있었던, 그리고 스스로 울타리를 친 안전 지역에 희생자들을 자리잡도록 도와준 그가 인류를 모욕하는 가장 더러운 욕구를 충족하기 위해 방어력도 없었으며 의도도 이해하지 못한 희생자들을 이용했다."(위키피디아) 그러나 치빙턴은 물론 그의 부대원 누구도 처벌받지 않았다.

* 기술적으로 말해서 난징의 군인과 민간인들은 전쟁 포로이다. 당시 중국군은 항복했다. 비록 제네바 협약에 의해 금지되어 있긴 하지만 전쟁 포로를 살해하는 것이 유별난 것은 아니다. 퍼거슨은 제1차 세계대전 당시 독일군 전쟁 포로가 영국군에 의해 살해당한 사실을 적고 있다.(Ferguson, N. (2006), *The war of the world* (p. 124), New York: Penguin.) 그리고 보즈웰은 캐나다인들에게 살해당한 독일군에 대해 서술하였다. 이들은 이미 항복한 포로였는데, 캐나다군인이 포로의 큰 외투에 수류탄을 떨어뜨려 폭사시켰다.(Boswell, R. (2006), *A dark chapter in Canada's, Vancouver Sun*, pp. A10.) 퍼거슨은 전투 중 우호적인 조치를 유도하기 위해 적대 행위가 급작스럽게 중단될 경우 더욱 급격하게 적대감이 발달한다고 주장한다. 장은 제2차 세계대전 동안 나치 수용소(4%)보다도 일본군에 의해 더 높은 비율(33%)로 전쟁 포로가 죽었다고 주장했다.(Chang, *The rape of Nanking*, p. 173.) 결국 전투 동기가 인간적인 처우를 위한 것이었다면 군대는 죽음을 피할 수 있을 때 항복을 권유받게 되는 것이다.

았다.(로마는 카르타고를 약탈하는 동안 15만 명을 살해했고, 르완다 사건은 8개월 동안 80만 명이 살해당해 난징 사건의 희생자 수를 뛰어넘었다) 추정은 다양하지만 당시 난징에서 25만 명이 희생당했다는 주장이 대체로 인정된다. 이 사건은 잔인한 방법에 의한 학살로 악명이 높다. 대부분의 희생자들은 불과 6주 동안 학살당했거나 강간당한 후 학살당했다. 중국인들은 총검술의 표적으로 쓰였고, 여성들은 윤간을 당하거나 수간을 당했으며 자궁에 이물질을 넣어진 채 학살당했다. 남성이나 여성 모두 배를 갈라 살해당했고 개에게 물려 찢겨 살해당했다. 묶인 죄수들을 줄지어 놓고 마치 경쟁하듯이 칼로 머리를 자르는 학살도 자행되었다. 아기들을 공중에 던져 놓고 총검으로 찔렀으며 그 몸을 반 토막이나 네 토막으로 잘랐다.(이런 짓은 밑에서 볼 수 있듯이 엘살바도르 내전에서도 자행되었음을 대너Danner[3])가 보고했다) 나는 이 사실을 처음 들었을 때 내게 나타났던 반응을 지금도 기억한다. 나는 너무나 큰 충격을 받았고 불쾌해서 한동안 아무것도 할 수 없었다.* 일본 정부는 토쿄와 난징에서 있었던 전쟁 범죄 재판에서 일본군 장교들이 유죄 판결을 받아 교수형 처벌을 받았음에도 공식적으로 이 사건의 발생 사실을 부인하고 있다.** 하지만 당시 난징에서 살아남았던(정확하게

---

* 아이리스 장은 2004년 11월 9일 캘리포니아 로스가토스 남부 시골 도로 위 자신의 차 안에서 죽은 채 발견되었다. 조사관들은 장이 리볼버 권총을 자신의 입 안으로 쏴 자살한 것이라고 결론지었다. 사망 당시 그는 조병(躁病, mania)과 수면 박탈로 병원 치료를 받고 있었다. 게다가 또 다른 책인 『바탄 죽음의 행진(Bataan Death March)』을 쓰고 있었다. 이 주제가 글쓴이에게 큰 충격을 주었을 것이라는 추측이 있다. 자살의 흔적을 남긴 그의 수첩에서 점차 심해지고 있는 망상성 정신분열병(paranoid schizophrenia)을 엿볼 수 있다.

** 당시 난징의 일본군들은 지휘관 마쓰이 장군이 병에 걸림에 따라 지휘 계통 일부가 붕괴되었다.(Chang, 앞의 책, p. 38) 군대의 대량학살(미라이, 엘 모소테)은 이를 반대하는 사회적 질서에도 불구하고 발생한다는 것을 보여준다. 미라이 사건은 1968년 3월 미국이 정치적 반대를 인정하던 민주주의 시대에 발생했다. 켈맨과 해밀턴은 미국 시민 400명을 대상으로 미라이 상황, 즉 비무장 민간인을 사살하라는 지휘관의 명령을 받는 상황에 대한 반응을 조사했다. 조사 결과 자신이 그 명령에 따르겠다고 응답한 사람은 34%였고, 다른 사람이 그 명령에 따를 것 같다고 응답한 사람은 62%에 이르렀다.(Kelman & Hamilton, *Crimes of*

말해 '살려준' 것이리라) 유럽인들은 집단 학살 사실을 분명하게 확인했다.(우즈를 보라)[4] 모순되게도 그 대학살을 기록한 유럽인 중 하나는 나치 당원이었던 욘 라베John Rabe였다. 그는 히틀러에게 어느 정도 솔직하게 보고하여 일본과 맺은 정치적 동맹에 반대한다는 의사를 전달하려 했다.[5] 라베의 일기는 일본 대사관이 난징에서 자신들이 저지른 사건을 충분히 알고 있었음을 분명히 보여준다. 내 생각에, 완벽하게 입증된 이 사건에 대한 일본의 부인은 부끄러운 일이다. 그리고 어떤 집단이 스스로 그렇게 혐오스러운 짓을 저지를 능력이 있다는 것이 믿기지 않는다.* 입증 가능한 잔학 행위의 실체를 부인하는 문제는 이 책의 구성 목적 그 자체로서 홀로코스트를 부인하는 현상을 포함한다.[6]

1937년 12월 난징 중국군의 항복이 이 사건을 촉발시켰다. 장은 일본군에게 내려진 "포로는 모두 죽여라"라는 명령[7]이 한 일본군 정보 장교로부터 나왔다는 몇 가지 증거를 제시했다. 적군을 경멸한 이자는 어마어마한 포로 집단을 먹여 살려야 한다는 병참의 악몽을 해결함과 동시에 반항의 가능성을 제거하는 수단으로서 이를 제안했던 것이었다. 난징에서 약 50만 명의 민간인들과 9만 명의 중국군이 5만 명의 일본군

---

obedience.) 이 실험에는 교육 정도, 성별, 그리고 지리적 위치에 따른 몇 가지 변수가 있었다.(교육을 덜 받은 사람들이 순종적인 경향이 있다) 군대에는 해야만 한다면 민간인일지라도 사살해야 한다고 믿는 사람들의 집단이 있다. 이런 사람들은 캘리에게 책임이 없다고 보는 경향이 있다. 이 집단은 미국인 장교보다 다른 외국 장교들이 더 전쟁 범죄를 저지르려 한다는데 쉽게 동의하였고 권위주의, 내부 집단 규율에 대한 복종 점수가 높았다. 다른 집단은 불법적인 명령에 따라 사살해서는 안 된다고 믿고 있었다. 이들은 캘리에게 책임이 있다고 보았으며, 자신의 집단이나 외국이 저지르는 전쟁 범죄에 동의하는 정도가 앞 집단의 절반에 그쳤다.(Kelman & Hamilton, 앞의 책, p. 223)

* 내부 집단의 "선(goodness)"에 대한 이런 근본적인 믿음은 내부 집단의 행동에 대한 인식으로 변형되는 반면 동시에 외부 집단에 대해서는 최악의 잔학 행위로 투사된다. 전형적인 사례로는 스페인 사람들이 소나 말에 대한 끔찍한 학대 행위를 국가적 스포츠에 참가한 투우사의 남성다움으로 보는 것을 들 수 있다.

에게 잡히거나 항복했다. 난징 대학살은 중국군 포로를 살해하면서부터 시작되었다. 당시 일본군은 중국군을 몹시 경멸하였는데, 일본 군인들은 항복을 못하도록 훈련을 받았으므로 "항복한" 중국 군인들을 더욱 경멸하였다. 일본 무사도는 죽음을 피하고자 군주를 모욕해서는 안 되었다. 일본 무사는 항복보다는 자결을 가치 있는 것으로 보았고 그중 자폭을 임무로 했던 가미가제 특공대를 가장 높게 평가했다. 항복한 중국 군인들은 한 번에 50명 씩 집단으로 총살당했으며 시신은 소각되거나 양자강에 버려졌다.

난징의 일본군은 집집마다 수색하면서 마주친 민간인들을 모두 사살했다. 사건이 계속되었다는 증거는 일본 군인들과 일본 언론인들이 보관했던 일기에서 나왔다.[8] 당시 이들은 죽음의 현장을 보고 공포에 떨어야 했다. 이때부터 집단 성폭행이 시작되었다. 나이와 상관없이 가능한 모든 여성들이 강간당했다. 장에 따르면 군대의 공식 정책은 강간을 금지하는 것이었지만 이는 여러 세기 전 일본군 군사 행동 때부터 극복되지 못했던 것이었다.(적 진영 여성을 강간하는 것은 분명히 일본군에게서만 배타적으로 나타나는 것은 아니다. 그것은 르완다, 엘살바도르, 보스니아, 러시아, 그리고 독일에서도 나타난다) 장은 일본 군대의 문화가 처녀를 강간하면 전투에서 강해진다고 가르쳤다고 주장한다.(비슷한 믿음이 콩고에도 있으며 식인 풍습도 비슷한 경우다) 일본군인 시로 아주마는 장에게 이렇게 말했다. "우리가 그 여자를 강간했을 때 여성으로 보았어요. 그러나 살해할 때에는 마치 돼지처럼 생각했던 거예요."[9] 성폭행 후 살해했으며 다시 신체를 조각내거나 자궁에 이물질을 집어넣었고 배를 가르고 사지를 잘랐다. 남성들도 비역질을 당했고 자신의 가족에게 성행위를 하도록 강요당했다.[10] 전체 가족을 모욕하는 짓은 성고문의 일반적인 것이었다. 어떤 가족들은 그런 짓을 하느니 죽음을 선택했다. 성적으로 미친 일본 군인들이 강간 후 즉시 살해할 것이라고 믿었으므로 이들의 선택이 어려운 일만은 아니었을 것이다. 르완다의 언론 보도에 따르면 부모가 보는 앞에서 아이들이 살해당했다. 장의 책 제4장에는 그 어느 곳에서도 기록된 바 없는 소름끼치는 장면들이 서술되어 있다.

강간과 집단 학살이 6주일 동안 계속되었다. 그 기간 동안 일본은 미군과 유럽인들이 살고 있는 국제 안전 지대를 감시하였다. 몇몇 중국인들은 중국인이 아닌 사람들이 살해당하거나 다치는 일이 없는 그곳에서 은신처를 찾았다. 독일 사업가이자 나치의 당원이었던 욘 라베는 수많은 중국인들을 살려주었으며, 히틀러에게 일본과 동맹에 대해 다시 생각해 보라는 통신을 보냈고,[11] 때때로 중국인을 구하기 위해 스스로 위험한 상황에 뛰어들기도 했다.[12] 일본군은 광란의 학살이 자행된 6주 동안 중국인이 아닌 사람들을 살해하지 않는다는 자기 통제력을 과시하였다. 누구를 죽이고 누구를 살릴까를 결정하는 사회적 통제 형태는 인종에 따른 것이었는데 이런 기준은 집단 학살이 최고조에 이르렀을 때조차도 작동했다. 집단 학살 중에도 어떤 경계 영역이 존중되는 학살의 이런 측면은 매우 곤혹스러운 것이다. 안전 지대 밖에서는 학살을 포함하여 중국인에 반대하는 모든 것이 허용된다. 그러나 안전 지대 안에서는 유럽인과 중국인에 대해서 정상적인 기준이 적용된다. 학살자들의 마음에 이를 구별하는 어떤 기준이 있었다.

비록 일본 군인들이 민간인을 죽이라고 훈련을 받았다지만[13] 새로 도착한 군인들은 고통의 현장을 목격하고 충격을 받았다. 그러나 얼마 간 시간이 흐른 뒤에 혐오감에 변화가 온다. 이런 변화를 받아들이고 심지어 격려하기 위해 보상하는 것은 유대인을 학살한 독일 제101예비경찰

부대에 대한 브라우닝의 서술을 입증하는 또 다른 증거이다.[14] 이에 대해선 이 책의 제9장에서 자세히 살펴 볼 것이다. 장은 저항할 수 없는 민간인에게 고통을 준 것에 대해 참회가 부족했다고 말하는 한 일본 참전 군인을 면담했다.[15] 몇 명은 뒤늦게 후회하는 모습을 보이기도 했다. 사건 이후 일본에서 의사가 된 나가토미 하쿠도는 자신의 범죄에 대해 인정하고 병원 환자 대기실에 참회의 사원을 짓고 전쟁 범죄 재판을 받는 자신의 모습을 환자들이 볼 수 있게 했다.(전쟁 범죄 재판은 도쿄와 난징에서 열렸다) 그는 이렇게 말했다.

> 군인들이 아기를 칼로 찔렀고 그 아기가 아직 살아 있음에도 끓는 물에 던져 넣었습니다. 이 사실을 아는 사람들은 거의 없습니다. 군인들은 열두 살에서 여든 살에 이르는 여성들을 집단 성폭행했으며 그들이 더이상 성적으로 쓸모가 없어지자 모두 살해했습니다. 나는 사람들의 목을 베었고 굶겨 죽였습니다. 태워 죽이기도 했고 산 채로 매장하기도 했습니다. 모두 2백 명이 넘는 사람들을 살해했습니다. 내가 짐승처럼 이런 짓을 저지른 것이 너무 끔찍합니다. 내가 했던 짓에 대해 참으로 그 어떤 말로도 설명할 수 없습니다. 나는 진짜 악마였던 것입니다.(글쓴이 강조)[16]

장은 전쟁 후 면담한 일본 군인들로부터 '천황을 위한 것이 아니라면 모든 개인의 생명은 가치 없는 것이라고 배워왔으므로 사람을 죽이는 데 별 고민이 없었다.'라고 들었다. 일본군은 천황을 위해 죽는 것이 가장 위대한 영광이었으며 산 채로 적에게 잡히는 것은 가장 큰 수치였다. 한 전직 군인은 장에게 "나의 생명이 하찮았으므로 적의 생명 역시 중요하지 않았던 것은 어쩔 수 없었다."라고 적어 보냈다.[17] 군인들은 개인 생명의 중요성을 폄하시키도록 사회화되었고 이렇게 형성된 사회적 특성은 학살의 실행을 쉽게 만들었을 것이다. 전쟁과 분쟁은 불가피하게 대의가 개인보다 더 중요하다는 메시지를 전달한다. 사후 세계 대한 관념(또는 인식)을 포함한 어떠한 신념 체계도 현존하는 것, 개인, 특히 "적"을 폄하하는 것에 있어서 비슷하다. 사후에 보상을 받는다고 믿는 자살 폭탄 공격자들이 이런 견해를 가지고 있다.[18]

1936년 미국 정부가 일본의 암호를 해독하여 난징에서 무슨 일이 벌어졌는지 알게 되었다.[19] 그러나 이를 미국 대중에게는 알리지 않았다. 이때는 일본의 진주만 침공(1941년)이 있기 전으로 미국 정부는 대중이 전쟁에 참여하는 것을 원하지 않는다고 믿고 있었다.

장은 일본인의 잔인성이 일본의 특수성, 즉 일본 군인의 야만성에 연결된 일본 사회의 위계적 본성에 있다고 보았다.[20] 일본 군인들은 "공격하지 않는 사람을 살해하는 것이 인간의 본성에 반한다는 것을 반대하는"[21] 무감각한 남자가 되는 연습이 포함된 군사 훈련을 받았다. 이런 문화는 인본주의의 개념을 받아들이지 않았던 부족 시대로부터 유래했다. 다른 집단주의 문화 체계[22]처럼 일본 사회에서 도덕적 의무가 보편적인 것은 아니었지만 지역별로는 특성화되어 있었다. 그래서 이국 땅에서 외부 집단의 성원과 만났을 때 이 도덕은 쉽게 붕괴되었다.[23]

탈감각화는 일본군 군사 훈련 과정의 일부였다. 군인들은 살아있는 포로들의 머리를 자르거나 총검으로 찌르는 방법을 배웠다. 징집된 병사들은 초기 이런 훈련에 구역질을 했으나[24] 점점 둔해졌으며 결국 잔학 행위가 일상적인 것이 되어버렸다. 참수와 "학살 대회"에 이르게 된 과정을 이렇게 설명할 수 있다. 그러나 이는 일본 내 또는 다른 어떤 지역에 있는 군사훈련소에서 훈련을 받은 것이 아닌 그런 고문이나 강간 행위는 설명하지 못한다.

역사학자 시어도어 쿡Theodore Cook[25]에 따르면 일본의 역사에 있어서 난징 대학살과 비슷한 사건은 없었다. 그런 잔학 행위는 일본 막부시대 내전 동안에도 일어나지 않았다. 그것은 아마 일본이 주도하는 대동아공영체Greater East Asia Co-prosperity Sphere의 전망에 의해 촉진된 일본의 자기민족중심주의가 극단적으로 되었기 때문일 것이다.[26] 일본군에게 중국인들은 이 사회적 질서에 저항하는 존재로서 아마 인간 이하로 보였을 것이다. 일본 군인들의 일기에는 중국인들이 인간 이하의 족속이라는 믿음이 회고되어 있다. 그러나 인간 이하가 된다는 것으로 일본 군인들이 드러냈던, 분노에 가득한 새디즘이 설명되지 않는다. 일본인들이 인간 이하인 동물에게 특별히 잔인했다는 증거는 없다. 장의 분석은 일본 군인에 의해 증언된 새디즘적 폭력을 설명하려 한다. 그러나 이는 일본의 경우에만 배타적으로 집중된 것이 아닌가하는 의문이 있다. 만약 그가 다른 집단 학살에 대한 연구에서 다른 문화를 가진 다른 군인들을 조사했다면 이 경우에도 새디즘적 폭력이라고 했을까? 이것이 인류의 보편적인 경향으로서 사회적 힘으로 조절할 수 있는 것이라고 주장할 수 있을까?

고통을 느낄 수 있는 인간의 능력처럼 인간의 태도에 관한 지식이 새디즘에 대한 또 다른 탐구 영역을 제공한다는 것에 대해 논쟁이 있다. 부모 앞에서 그들의 자녀를 학살하는 짓은 지켜보는 인간에게 가장 큰 고통을 주는 것이 무엇인지 알고 있어야 저지를 수 있는 행위이다. 이 행위에는 가족 사이의 애착과 부모가 가진 보호 본능에 대한 지식이 필요하다. 이 행위는 보편적 규범을 뒤집으며 육체적 고통뿐 아니라 정신적 고통도 극대화시킨다. 따라서 난징과 르완다 군인들의 행동을 보면 이들의 야만스런 행동의 원인을 "탈인간화"로 설명하는 주장에 의문이 제기된다. 만약 희생 대상이 느끼게 될 심리적 고통에 대한 어떤 지식을 가진 채 인간인 적대 집단의 성원을 선택했다면 그들은 "너무나 인간적인" 특성에 따라 행동한 것이 된다. 인간으로서 직면해야 할 가장 힘든 진실은 우리가 다른 어떤 인간 이하의 집단이나 동물보다도 더 심한 새디즘적 폭력을 보여준다는 것이다. 우리 자신은 (구분된_옮긴이) 인종과 문화, 민족(즉 우리와 같은 인간)의 성원들에게 이런 폭력을 저지를 수 있다. 따라서 우리는 "비인간적인 폭력"이나 "인간적인 처우" 같은 용어의 사용에 대해 다시 한번 생각해야 한다.

미라이 My Lai

허버트 켈맨Herbert Kelman과 리 해밀턴Lee Hamilton[27] 그리고 시무어 허쉬Seymour Hersh[28]의 서술을 비롯하여 나중에 캘리 중위에 대한 재판에서 보강된 증거[29]에 의하면, 미 육군 아메리칼 사단 제11경보병여단 C중대 2소대가 베트남의 한 마을을 공격하여 128명에서 500명에 이르는 비무장 민간인을 살해하고 여성을 강간하였으며 아이들을 총검으로 살해했다.[30] 이 학살의 상당 부분은 "소탕mop up"작전 동안 의도적으로 실행되었으며 어떤 경우는 임의로 저질러졌다. 이 대량학살은 공식적으로는 베트콩에 대한 군사적 승리로 보고되었다.

로버트 리프턴Robert Lifton[31]은 목격자의 보고에 근거하여 미라이 사건을 일상화된 분노에 의해 발생한 학살 사건으로서 희생자들을 향한 보복과 분노 표현에 이어 발생한 것이라고 주장했다. 이와 달리 켈맨과 해밀턴은 이 행동을 합리적으로 설명하기 위해서는 분노가 학살의 과정에서 발생한 것으로 보아야 한다고 주장했다. 학살 후 미군들은 생존한 베트남 아이들과 함께 점심을 나누어 먹었는데 이들은 몇 시간 전까지만 해도 이 아이들의 가족과 이웃을 학살했던 자들이었다.[32] 그런데 위 글쓴이들은 왜 이 아이들이 그 미군들 옆에 있어야 했는지를 설명하지 않았다.

미라이 작전은 베트콩 부대의 뿌리를 뽑는다며 한 마을을 "수색하고 파괴하는" 임무를 띠고 계획된 것이었다. C중대 군인들은 꼭꼭 숨어서 찾기 힘든 적들로 인해 좌절한 상황이었으며 결국은 이들과 전투를 치르게 될 것이라고 느끼고 있었다.[33] 게다가 숨겨진 부비 트랩에 동료들을 잃은 것에 더해 적을 찾을 수 없다는 사실이 미군의 복수심에 불을 질러 주위 민간인들에 대한 증오의 분위기를 만들었다. 당시 모든 병사들 사이에 분노의 수준이 증가하고 있었다는 증거가 있다. 사건 전에 있었던 이런 상태는 난징이나 엘 모소테의 군인들 상태와는 다르다.

C중대의 군인들은 18세에서 22세 사이였고 자발적으로 징병에 응한 자들이었다.(이는 이라크 전쟁에 가담한 미군의 경력과 비슷하다)[34] 항전이 있을 것으로 예상한 중대장 어니스트 메디나 대위는 중대원들에게 마을을 불태우고 가축을 죽이라고 명령했다. 그러나 그 명령이 주민들에 대해서도 내려진 것이었는지는 분명하지 않았지만 메디나 중대의 제2소대장 윌리암 캘리 중위는 그렇게 들었다고 주장했고 메디나는 이를 부인했다.

허쉬는 소대가 "(전투의) 결의를 불태우며 기세등등with guns blazing"하게 마을에 진입했다고 진술했다.[35] 하지만 마을에 남은 주민들은 모두 여성, 아이, 노인들뿐이었다. 그럼에도 소대는 마을을 공격했고 모든 사람들을 죽이기 시작했다. 누가 안에 있는지도 모르면서 초가집에 총을 쏴댔다. 성폭행과 고문, 학살 등의 잔학 행위가 자발적으로 저질러졌다.(브라운밀러를 보라)[36] 그 중 한명이었던 베르나도 심슨은 대략 25명을 죽였던 것으로 회상했다. "나는 그들의 목을 잘랐고 손목도 잘라냈다. 그들의 혀를 뽑아 잘랐고 머리카락도 잘랐다. 그리고 얼굴 가죽을 벗겼다."37)

전체 부대원의 3분의 1 정도가 전쟁 범죄로 기소되었고 10~20퍼센트가 잔학 행위에 가담하지 않았다. 어떤 병사들은 민간인에게 기관총을 쏘라는 캘리의 명령을 거부했다. 헬리콥터 조종사 휴 톰슨은 공중에서 그 잔학 행위를 목격했으며 자신이 본 것이 대량학살임을 깨달았다. 그는 피난해 있던 베트남 여성과 아이들, 노인들 집단과 이를 추격하던 군인 집단 사이에 착륙했다. 그는 헬리콥터의 병사들에게 M60 기관총을 밖의 군인들에게 겨누고 만약 민간인들이 사격을 받을 경우 발포하라고 말했다. 카드리kadri에 따르면 톰슨의 이런 행동은 "미군 역사에서 전례가 없는" 것이었다.39) 톰슨은 헬리콥터로 생존자들을 안전하게 옮겼다. 민간인을 구했다고 주장하는 톰슨과 그들을 살해한 사실을 인정하는 캘리의 충돌은 잠시 격분된 교착 상태를 낳았다.(이는 영화 『플래툰Platoon』에서 재현되었다) 결국 캘리가 굴복했고 톰슨은 즉시 집단 학살을 보고했다. 그러나 이 사건은 바로 은폐되었고 희생자들은 "베트콩 근거지"에서 잡힌 128명의 적군이라고 보고되었다.40)

나중에 캘리 중위의 재판에 제출된 증언에 따르면 내몰린 주민들이 한 곳으로 집결되어 처형되었다. 재판을 받았던 유일한 병사였던 캘리는 처형 명령을 내렸으므로 유죄 판결을 받았다. 그는 또한 스스로 몇 명의 주민들을 직접 살해했고 다른 많은 병사들도 마찬가지의 행위를 저질렀다. 그러나 몇몇 병사들은 민간인을 처형하라는 캘리의 명령을 거부했다. 이런 거부는 그 명령이 이성적인 것이 아니었음을 의미하므로 재판에서 중요했다.41) 군 지휘관은 무언가 잘못된 것을 알았으면서도 그 사건을 베트콩과의 전투에서 승리한 작전으로 보고하여 사건을 은폐하였다. 그 사건을 알고 있는 병사 로널드 리든아워는 조사를 계속하라고 주장하는 편지를 쓰기 시작했다.[42] 1971년 켈맨과 해밀턴의 조사는 미군의 3분의 2가 캘리 재판이 잘못되었다고 생각했음을 보여주었는데 그 이유는 그의 상관들이 재판을 받아야 한다고 믿었기 때문이었다.[43] 미라이 사건에 있어서 그의 직속 상관은 2명이었다. 하나는 전사했고 다른 하나인 메디나는 재판을 받지 않았다.

캘리에 대한 군사 재판은 초보 검사 오브리 다니엘 대위가 담당했는데 능숙한 변호로 인해 재판은 캘리에게 유리하게 진행되었다. 변호인 중 한 명인 폴 메들로는 반대 심문을 통해 희생자 중 많은 수가 어린 아이들이었지만 그래도 여전히 위험했다는 주장을 끌어냈다. 그는 "비록 이들이 아기들이었어도 캘리를 공격할 수 있었다. …… 아기들이 부비트랩일 수 있었고, 어떤 순간에 도랑에서 학살당하던 아기 엄마가 마치 인간 수류탄처럼 군인들을 공격할 수 있다며 두려워했다."라고 설명했다.[44] 그런데 실제 이런 일이 벌어질 수 있다고 믿는 근거가 도대체 어디에 있는가? 변호인은 캘리에 대한 반대 심문을 통해 미라이 학살 사건이 아니라 "미라이 전투"에 대한 것을 이끌어내고 있었다. 그러나 그 또는 그의 중대가 총격을 받았는지에 대해 반복된 질문을 받자 마침내 그런 사실이 없다고 인정했다. 그러다가도 그는 죽었거나, 공격을 당해 죽어가는 베트남 사람들을 못 봤다고도 했다. 캘리 증언의 대부분은 모순되거나 둘러대기의 연속이었다. 왜 휴 톰슨에게 수류탄을 써서 참호에 있던 여성과 아이들을 없애려 했다고 말했는가라는 질문을 받았을 때 캘리는 멍하니 공중을 처다 본 후 "그에 대해 아는 바 없습니다."라고 대답했다.[45]

전쟁에 극단적인 위험 요소가 있다는 것은 분명하다. 그리고 위험에 노출되는 것은 그 사람에게 내재되어 있던 어떤 형태의 편집증적인 정신병을 불러일으키는 것 같다. 불행하게도 베트남처럼 익숙하지 않은 장소에서, 적군을 발견하기 어려운 상황에 놓인 미군으로서는 위험 때문에 쉽게 지원자들 중 이상 증세를 보이는 자를 추려내지 못했다. 이는 다른 군대도 마찬가지일 것이다.

캘리는 대인 관계에 몇 가지 문제가 있었다. 학교를 중퇴했으며 키는 5피트 3인치에 불과했다. 그리고 그의 동료 대부분으로부터 증오의 대상이었다. 동료들은 세열수류탄으로 그를 폭사시킬 계획까지 가지고 있었다. 그의 동료들은 그를 "적대적이었다"거나 "신경질적이었다"라고 진술했다. 그에게 전쟁 전이나 전쟁 후 전과 기록은 없었다. 캘리는 3년 동안 가택 연금되었다. 민간 기록으로 보아 그는 좌절의 경험과 신체적 결함을 보상받겠다는 욕구가 있어서 권력을 가질 경우 문제가 될 소지가 있는 사람이었다. 문제는 캘리 중위에게 정말 그런 기회가 주어졌다는 것이었다.

미라이 사건을 일시적인 비정상 탈선 사태로만 보려는 시도가 있었다. 그러나 카드리는 이것이 거짓임을 밝혀냈다. 베트남에서 야만과 사지 절단이 너무나 일반적으로 저질러졌으므로 1967년 총책임자였던 웨스트모어랜드 장군은 병사들이 사람의 손가락과 팔을 자르는 행위를 막으라고 모든 지휘관들에게 포괄적인 명령blanket order을 내렸을 정도였다. 미라이 사건과 같은 시기에 두 번째 대량학살이 미케My Khe에서 자행되었다. 이 사건 역시 조사되었지만 모든 피의자들이 기억나지 않는다거나 "묵비권"을 주장했다.[46] 카드리는 "몇몇의 사건에 대한 조사가 이른바 사법의 이익interest of justice을 위한다며 몇 달을 넘기지 못하고 중단되었다."라고 적었다.[47] 이례적인 잔학 행위가 어떻게 벌어졌는지를 보여주기 위한, 그리고 전쟁의 근본적인 숭고함을 지키기 위한 본질적인 토론은 극소수의 사람들에게조차 가능하지 않았다.

엘 모소테

1980년 엘살바도르에서 인민혁명군 게릴라와 알프레도 크리스티아니 정부군 사이에 내전이 있었다.[48] 베트콩의 경우와 마찬가지로 살바도르 게릴라 역시 꼭꼭 숨어 찾아내기 어려웠다. 게릴라들은 엘살바도르 남동부에 있는 모라산Morazan 지역 대부분에서 꽤나 높은 지지를 받고 있었다. 엘 모소테El Mozote라고 불린 작은 도시의 주민들은 본래 기독교로 개종했으나 그 도시 내부 자체는 그렇지 않았다. 게릴라 군대가 좌익 정치 집단이었던데 반해 그곳의 주민들은 확고한 반공주의자들이었다. 그때까지만 해도 소규모의 "더러운 전쟁dirty war"이 있었고 이 과정에서 살인 부대들이 희생자들을 학살하고 사지 절단하고 성폭행을 자행했다. 이 살인 부대들은 희생자의 시신에 칼로 흔적을 남겼는데 이는 자신들이 우익이었던 마티네즈 여단Martinez Brigade과 연관되어 있다는 표시였다. 도밍고 몬테로사 바리오스 대령의 지휘 아래에 있던 엘살바도르 군대가 모라산을 공격하기로 결정했다. 이들은 엘 모소테의 유지들에게 식량을 비축하고 도시 안에 머물라고 경고했다. 이어 정부군이 모라산의 언덕을 통해 게릴라를 추격했다. 도망하던 몇몇의 게릴라들이 엘 모소테의 주민들에게 달아나라는 경고를 했다. 하지만 정부군을 믿은 시민들은 두려워 할 것이 없다고 믿었고 결국 머물러 있기로 결정했다. 마침내 군대는 "구역 살해zone killing" 과정을 시작했다. 이는 일정한 지리적 영역에 거주하는 모든 주민들을 학살함으로서 게릴라들을 공포로 몰아넣기 위한 시도였다. 게릴라로 의심되는 사람들을 모두 죽이라는 포괄적인 명령이 내려졌다. 이 과정에서 군인들의 편집증이 너무 심해져 정부군의 장교들조차도 서로 게릴라와 연관되었다는 의심을 갖기에 이르렀다.⁴⁹⁾ 강경한 입장의 장교들은 항상 게릴라를 바이러스, 오염원, 또는 암 덩어리라고 언급하였고, 이런 입장은 결국 게릴라로 의심되는 사람의 가족까지도 모두 학살하는 것을 정당화했다.

1991년 12월 엘 모소테에 도착한 살바도르 군대의 아틀라카틀 대대는 고함을 지르며 여성, 아이, 노인 등 모든 주민들을 도시의 중심으로 몰아갔다. 군인들은 주민들이 가지고 있던 보석류를 갈취한 다음 집으로 돌아가라고 명령했다. 이는 주민들이 게릴라에게 물자 등을 지원했는지 조사하려던 최초 계획에 따른 것이었다. 군인들은 남자들을 모두 집 밖으로 나오게 한 후 사살 장소로 쓸 교회에 가두었다. 이를 눈치 챈 몇 사람이 도망하다가 사살되어 머리를 잘렸다. 군인들은 얼마 뒤 사격을 멈춘 후 남아 있던 남자들의 머리를 모두 잘랐다. 이어 여성과 어린이들을 가까운 건물로 들어가라고 명령했다. 남자들이 모두 죽은 후였고 군인들은 여성들을 성폭행한 후 살해하기 시작했다. 이들은 다시 울고 있는 남은 어린이들에게 다가와 총을 쏘고 총검으로 찌르고 마체테 칼로 난도질했다.

아르메니아 제노사이드를 합리화했던 딸랏의 회고처럼 한 대위가 아이를 살해하는데 항의한 병사들에게 이렇게 말했다고 적고 있다.

> 우리가 이 애들을 죽이지 않는다면 이들이 자라서 게릴라가 될 것이다. 우리는 지금 이 일을 해야만 한다.(글쓴이 강조)⁵⁰⁾

말을 마친 대위는 아이를 공중으로 던진 후 총검으로 찔렀다. 그러자 군인들이 모든 아이들을 총검으로 찌르고 목을 매달았다. 이 사건에서 극소수의 아이들과 여성들만이 군인들의 시선에서 벗어나 구사일생으로 살아남았다. 수색하던 군인들을 피해 정글로 달아나 숨었기 때문이었다. 루피나 아마야Rufina Amaya라는 이름의 여성이 살아남아 당시 벌어진 일에 대해 증언했다.

이 이야기는 미국 언론에 연재되었고 엘살바도르를 취재한 『뉴욕 타임즈』와 『워싱턴 포스트』에 의해서도 기사화되었다. 엘살바도르 정부는 어떠한 잔학 행위도 저질러진 바가 없다며 이를 부인하였다. 1992년부터 1993년까지 유엔의 후원으로 부에노스아이레스 대학의 법의인류학 팀이 엘 모소테 현장에서 여성과 어린이의 유골을 발굴했다. 이곳은 현대 중앙아메리카 역사에 있어서 가장 큰 규모의 집단 학살 현장이었다. 미군 정보부에 의해 조사를 받은 몬테로사 대령은 처음에 학살 사실을 부인했고[51] 이어 살바도르 군대가 엘 모소테 마을에서 공격을 받았다고 주장했다. 물론 이어진 유엔의 조사를 통해 이런 이야기가 거짓이라는 것이 입증되었다. 발굴된 시신 143구 중 132구가 어린이였고 하나는 태아였다. 또 다른 사건에서 몬테로사는 "림피에차limpieza(청소)"가 있었음을 인정했다.[52] (이자는 집단 학살을 뜻하는 스페인어인 마딴차Matanza로 부르지 않았다) 이어진 조사에서 794명의 희생자 이름이 열거되었다. 1992년 맺어진 평화 협정에서 엘살바도르 군대는 "인권 침해에 가담한 것으로 알려진" 군인들을 축출하는 것에 동의했다.[53] 이어 시행된 진실위원회Truth Commission의 조사는 매장된 뼈 조각을 찾아내는 등 법의인류학적 기술을 사용하여 적어도 500명이 24종의 총기류에 의해 살해되었음을 규명했다. 하지만 이 조차도 처음 발굴하려던 계획을 완전히 실행한 것이 아니었다.[54] 이들이 내린 최종적인 판단은 하루 동안 모두 733명에서 926명에 이르는 사람들이 살해당했다는 것이었다.[55]

전쟁의 참화를 극복하기는 무척이나 어려운 일이다. 이 사건은 어떤 잔학 행위가 발생한 사실을 인정하는 전형이다. 즉 잔학 행위를 자백하지 않는다거나 또는 희생자 중에는 아이들이 있었다는 사실을 인정하지 않는다는 뜻에서 말이다. 우리는 잔학 행위의 핑계를 적에게 돌리는 자들이 그런 행위를 했을 것이라는 생각에서 벗어나기 어렵다. 교황 어반은 이미 1088년에 이렇게 했다. 조지 부시는 이라크 침략을 합리화하는 데 "대량 살상 무기"를 빌미로 삼았다. 대량 살상 무기는 발견되지 않았지만 이글을 쓰던 가장 최근인 2006년 8월 CNN 여론조사 결과 미국인의 51퍼센트가 아직도 부시의 말을 믿고 있었다.

제6장 린치 Lynchings

이상한 열매를 맺은 남쪽의 나무들
잎사귀와 뿌리에는 피가 흥건하고
남부의 산들바람에 검은 몸이 흔들린다
포플러 나무에 매달려 있는 이상한 열매

화려한 남부의 전원 풍경 속
불룩하게 튀어나온 눈과 비틀린 입
목련꽃의 달콤하고 신선한 향기 속
갑작스레 불어오는 살타는 냄새

여기 까마귀에게 뜯어 먹히는 열매
비를 모으고 바람을 빨아들이는
햇살에 썩어가 나무에서 떨어질
여기 이상하고 슬픈 한 열매

_빌리 할리데이, 『이상한 열매(Strange Fruit)』, 1939

제노사이드와 군사적 대량학살을 다루고 있는 이 책에서 린치라는 주제를 다루는 것이 얼핏 이상해 보일지 모르겠다. 여기에는 두 가지 이유가 있다. 하나는 린치가 극단적인 형태의 집단 폭력을 보여준다는 점이고, 또 다른 하나는 린치가 정부에 의해 "공식적으로" 제재를 받지 않으면서 종종 정부의 목표와 일치하는, 테러를 통한 사회적 통제의 한 형태를 보여주는 데 있다. 전형적인 린치는 전쟁 중이 아니라 민간 환경에서 발생한다. 그러나 다음에 볼 수 있듯이 군대에서나 저질러질만한 잔인한 폭력이 민간 환경의 린치에서도 저질러진다. 클라크Clarke가 보여주듯이 국가 처형이 공식적인 정부 정책이 되었을 때 린치의 발생 빈도가 줄어든다.[1] 미국 남부 지방에서 린치는 내전에서 패한 16년 동안 최고조에 달했으나 20세기 초반에 접어들면서 줄어들었다. 그 이유는 국가가 승인한 사형집행자들이 백인 다수의 의지를 실행하는데 있어서 린치 폭도를 대신했기 때문이었다. 있는 그대로의 린치는 우리가 대량학살을 설명하는 데 필요한 사회적 통제 조건을 보여준다. 린치는 시민 폭도에 의해 한 사람 또는 약간의 사람들에게 저지르는 대량학살이다. 이들은 전쟁 맥락의 무질서로 인한 불안 속에 있는 사람들은 아니다. 그렇다면 이런 의문이 생긴다. 린치는 어떻게 저질러질까? 군중의 폭력은 군대에 의한 대량학살에서 나타나는 폭력과 무엇이 다를까?

미국에서 1889년부터 1930년 사이에 3,724명에 달하는 사람들이 린치를 당했다.[2] 증거 여부와 상관없이 피의자들은 살인, 성폭력, 폭행, 도둑, 강도 혐의로 린치를 당했다. 그런데 린치를 당했던 기록 중 많은 경우는 백인을 모욕했거나 학생을 놀라게 했거나 식당에서 일자리를 찾거나 린치를 당한 희생자들을 동정했거나 공격적인 언어 표현을 했다던가 하는 아주 하찮은 것이었다.[3] 많은 린치 희생자들은 무장하고 조직된 인간사냥꾼들에게 잡혀 고문을 당하고 신체를 훼손당한 채 끌려 다녔으며 불에 그슬림을 당했다. 결국 수천 명의 구경꾼들이 보는 앞에서 괴롭힘을 당한 후 나무에 목매달려 죽임을 당했다. 사람들은 대부분 목을 매어 죽이는 행동 이전에 저질러지는 고문과 린치의 상황에 대해서는 생각하지 않는다.

비록 가해지는 고문의 강도뿐 아니라 저질러지는 범죄의 수준도 다양하지만 모든 린치에는 한 가지 공통점이 있다. 그것은 폭도들이 불법을 저질렀다는 것이다. 이들은 공식적인 형사 법정에서 지켜져야 할 개인의 권리를 무시했으며 피의자가 죽을 짓을 했다고 느끼며 사형을 대신 집행했다. 폭도의 수는 5명에서부터 1만 5,000명에 이를 정도로 다양하다. 이들은 남성, 여성, 어린이처럼 같은 지역 사회의 시민들로 구성되었다. 실제 모든 린치는 중요한 공통 요소를 가지고 있다. 폭도는 범법 또는 지역 규범을 위반한 것으로 알려진 자를 처벌한다는 빌미로 범죄의 증거를 고려하지 않고 임의로 희생자들을 처형하였다. 실제 어떤 가해자도 지방 법정에 의해 처벌받은 바가 없다는 사실은 군중의 폭력을 어느 정도 허락했다는 것을 짐작하게 한다.[4] 그러나 무엇이 군중들로 하여금 그런 끔찍한 범죄를 저지르게 충동질했는가에 대한 의문은 여전히 남는다.

샘 호스

1898년 아프리카계 미국인이었던 샘 호스Same Hose는 백인 알프레드 크랜포드에게 고용되었다. 1899년 4월 12일 호스는 고용주에게 아픈 어머니를 만나기 위해 고향에 다녀올 것을 허락해 줄 것과 약간의 돈을 부탁했다. 크랜포드는 돈을 줄 수 없다며 거절했고 두 사람은 다투었다. 다음 날 오후 호스가 크랜포드의 집에서 장작을 패는 동안 크랜포드는 불현듯 전날의 싸움을 상기했다. 일어 오르는 화를 참지 못한 그는 총을 꺼내들고 호스는 죽이겠다며 위협했다. 호스는 자기 방어를 위해 도끼를 던졌고 크랜포드는 이것을 머리에 맞고 즉사했다. 사건 직후 호스는 그곳에서 달아났다.[5]

다음 날 호스의 범죄에 대한 이야기가 실린 호외 신문이 온 나라에 퍼졌다. 그 내용은 호스가 크랜포드의 처를 성폭행하려 했을 뿐 아니라 아기까지 죽이려고 했다는 거짓까지 덧붙여 엄청나게 윤색되었다. 『아틀랜타 컨스티튜션The Atlanta Consistution』 신문은 "호스가 잡히면 린치를 당할 것이고 육체는 총탄으로 벌집이 되거나 말뚝에 묶여 화형을 당할 것이다."[6]라고 보도했다. 그리고 여기에서 더 나아가 "그 천한 놈을 산 채로 고문하고 화형시키자는 여론이 일어나고 있다. 주민들은 너무 크게 흥분되어 있고 너무 분노해 있어서 이런 일이 벌어질 수 있다."라며 고문까지 제안했다.[7]

4월 16일 그 신문은 호스가 잡힐 경우 일어날 수 있는 사건들을 계속 만들어갔다. 적절한 법적 절차에 대한 언급은 없었고 오히려 화형을 조장하는데 급급했다. 신문의 헤드라인은 이렇다. "흥분이 더 커지다. 화형을 위해 샘 호스는 산 채로 잡아야 한다고 공공연히 선언되다." 그리고 호외에 이렇게 쓰여 있다.

> 팔메토 나무 숲 인근 주민들은 추적을 포기하지 않고 있다. 그들의 흥분은 전혀 식지 않았다. 샘 호스가 여기로 잡혀 온다면 말뚝에 박힌 채 공개적으로 화형당할 것이고 이는 얼마 전부터 주민들 사이에서 심각하게 문제가 되고 있던 이 인종에 대한 본보기가 될 것이다.[8]

이 신문은 4월 19일 기사에서 샘에 대한 추적이 포기되어선 안 된다고 썼다. 편집자는 도망자를 체포할 경우 5백 달러를 상금으로 주겠다고 게재했다. 언론인 웰스 바닛Wells-Barnett은 호스가 잡힐 경우 산 채로 태우겠다는 일관된 논조와 이에 이어진 이런 보상에 대한 제안은 호스를 화형시키겠다는 생각이 조지아의 지도층에 의해 이미 형성되었음을 보여주는 것이라고 주장했다.

웰스 바닛은 1899년 4월 23일 밤에 샘 호스가 잡혔으며 그를 화형 시키기 위해 조지아의 또 다른 도시로 데리고 올 것이 결정되었다고 보도했다. 주지사가 호스를 주 수도인 아틀랜타로 데려오라고 명령했지만 체포 경찰들이 이 명령을 듣지 않았다. 이들은 아틀랜타 이송을 거부하고 화형을 위해 폭도들이 모여있다고 알려진 뉴먼이라는 한 도시로 향했다. 일요일 아침에 뉴먼으로 가는 기차가 없었으므로 이 사냥꾼들은 호스를 화형 장소까지 별 탈 없이 이송할 수 있는 특별 열차가 필요했다.

호스가 잡혔다는 소식이 조지아 전역에 알려졌고, 화형을 위해 호스를 아틀랜타로 보내지 않고 뉴먼으로 데리고 간다는 소식이 이른 아침 아틀랜타에 알려졌다. 그러자 구경꾼들을 화형장으로 나르기 위해 특별 열차를 준비하라는 지시가 누군가로부터 내려졌다. 조지아의 주지사는 이 린치를 막기 위한 어떠한 조치도 취하지 않았다.

린치 가해 집단이 4월 그날 오후 교회를 떠난 후 발생했던 이 사건에 대해 언론은 이렇게 보도했다.

1899년 4월 23일 일요일 오후 조지아주 뉴먼 근처에서 2천여 명의 남녀가 이 린치 사건을 목격했다. 이들은 먼저 호스의 옷을 벗긴 후 나무에 묶었으며 처형자로 자청한 자들이 등유에 적신 장작을 그 둘레에 쌓았다. 호스에게 기름을 뿌리기 전에 고문이 가해졌다. 그들은 귀, 손가락, 성기를 잘랐다. 그리고 얼굴 가족을 벗겼다. 어떤 자들은 직접 칼로 몸을 찔렀다. 나머지는 얼굴이 일그러지고, 눈알이 빠지고, 혈관이 터지는, 화염에 비틀리는 육체를 (한 목격자가 말한 그대로) "만족감을 숨기지 않으며" 지켜보았다. 이들은 육체가 식기도 전에 그의 심장과 간을 꺼내 여러 조각으로 잘라냈으며, 뼈 역시 작은 조각들로 부쉈다. 군중들은 이것들을 기념품으로 갖기 위해 싸웠다.[9]

웰스 바닛은 여기에 덧붙여 일찍 왔던 자들이 호스의 뼈와 신체 조각을 가져갔고 늦게 온 자들은 재를 긁어모아 주워갔다고 보도했다. 심지어 호스가 묶였던 말뚝도 이 화형의 가장 큰 전리품으로 잘려나갔다. 린치 희생자의 절멸은 법의심리학이 말하는 "전리품 수집"으로서,[10] 연쇄성 폭행살인범에 대한 전형적인 법의학적 분석과 관련되어 있다. 가장 악명 높은 성폭행살인범 질 드 레Gilles de Rais는 잘라낸 희생자들의 머리를 보관하고 있었다.[11] 이 사건의 경우에서도 린치에 가담한 폭도들은 교회에 나가는 평범한 시민들로 구성되어 있었다.

연방 조사관이 조지아로 파견되었다. 그는 백인 시민들의 진술을 확보하는 데 있어서 어려움이 전혀 없었다고 보고했다. 이들은 린치에 가담한 사실을 숨길 이유가 없었을 뿐 아니라 오히려 "즐겁게 참여했던 어느 날 오후의 광고 행사"에 관해 말하는 것처럼 자유로운 분위기에서 시시콜콜하게 이야기했다.[12]

린치 사건의 발생 빈도와 목화 농업의 관련성

대부분의 린치 사건은 남부적 현상으로서 발생했다. 그리고 많은 연구자들은 남부에서에서 벌어졌던 린치 사건들이 남부 외 지역과 달리 특정한 지역에 집중되어 있음에 주목했다.[13] 아프리카계 미국인 희생자 린치 사건의 대부분은 주요 목화 재배지에서 발생했고 이는 목화 농업과 인종 폭력의 관련 가능성이 높다는 것을 보여준다.

벡과 톨네이Beck and Tolnay는 1882년부터 1930년 사이 목화 가격과 린치 사건 희생자 수의 관련성에 대해 조사했다.[14] 1890년대 초반과 1910년대 중반까지 목화의 시장 가격 증가에 비례해 아프리카계 미국인 린치 사건 희생자의 수가 감소했다. 목화 가격이 오르면 희생자의 수는 감소했다. 이는 잉여 상태의 흑백 노동자 경쟁이 증가할 경우 린치 사건도 증가하는 것이라고 볼 수 있다.[15] 목화 작물 수익의 감소에서 생기는 경제적 어려움은 백인들로 하여금 취업한 흑인 노동자들을 실업 상태의 백인 노동자들로 교체하도록 만든다. 군중 폭력은 협박의 한 형태로 이런 노동 대체를 쉽게 하는데 쓰였다.[16]

원인이 경쟁에 있었던지 아니면 경제적 좌절에 있었던지 간에 흑인을 향한 폭력은 경제 상황이 악화됨에 따라 증가했다. 낮은 목화 가격은 백인 경제의 안전을 위협했고 백인들은 한 수 아래 저임금을 받던 흑인 대중들을 비난했다. 이에 따라 흑인들에 대한 폭력은 정당화되었다.

주어진 일정한 기간 동안 발생한 린치 사건의 분석은 사건이 발생한 지역 사회의 빈약한 경제를 보여준다는 점에서 흥미롭다. 1931년 린치 사건이 발생한 주에 있는 서로 다른 21개의 카운티를 같은 주 안의 다른 카운티와 비교했을 때 이 카운티들의 경제상황이 평균에 훨씬 미치지 못했다는 것이 확인되었다.[17] 캔트릴Cantril이 인용한 린치 사건 연구 남부위원회the Southern Commission on the Study of Lynching가 이 사실을 잘 보여준다.[18]

이들 카운티의 10분의 9정도가 1인당 세금에 있어서 주 평균 이하였다. 1인당 은행 저축액은 20분의 19가 주 평균 이하였다. 농장과 공장에서의 1인당 수입은 4분의 3이 주 평균 이하였고 이들 중 많은 카운티가 주 평균의 절반에 미치지 못했다. 카운티 중 10분의 9가 소득세를 환수 받는 사람 1천 명에 한 명 꼴인데 이는 주 전체를 보아 훨씬 적었다. 소작인에 의해 경작되는 농장의 비율은 카운티의 3분의 2가 주 전체 평균 비율을 넘었다. 전체 주에 비교할 때 카운티들의 거의 4분의 3지역에서 자동차가 평상시에 쓰이지 않고 있었다.[19]

비교적 최근에 정착된 지역이어서 일자리 경쟁이 치열한 곳과 인종 집단의 지위에 대한 평가가 아직 확실하게 정의되지 않은 곳에서 린치 사건이 더욱 빈번히 일어난다는 사실에서도 경제적 경쟁의 역할이 간접적으로 드러난다.[20] 결론적으로, 경제적 요소는 분명한 희생양이 있으며 폭력이 처벌받지 않을 때 발생하는 극단적인 린치 폭력의 배경이 된다는 것을 보여준다.

인구와 군중 폭력

남부 시골 카운티 중에서도 드문드문 정착한 곳에 살고 있는 주민들이 린치 폭도의 희생자가 될 수 있다는 것은 더욱 그럴듯하다. 린치 사건의 발생 빈도와 카운티의 인구 사이에는 반비례 관계가 있는데 거주하는 사람의 수가 가장 적은 카운티에 살고 있는 주민이 린치당할 위험이 가장 높았던 반면 인구가 가장 많은 카운티가 가장 안전했다.[21] 인구 1만 명 미만의 시골 사회에서 린치 사건이 발생한 비율은 30년 동안 인구 10만 명당 3.2명이었다. 인구 30만 명 이상인 도시지역에서는 10만 명당 0.05명이었다. 인구 밀도가 낮은 지역에서 나타나는 이런 엄청난 사건 발생 비율은 남부의 시골이 미국 전체에 있어서 가장 경찰관 수가 적은 곳이라는 사실에서 설명될 수 있다.[22]

또한 아프리카계 미국인의 비율이 4분의 1에 미치지 못하는 카운터에 살고 있는 아프리카계 미국인이 군중 폭력의 희생자가 될 위험성이 가장 높았다. 만약 이들의 구성이 인구의 반을 넘는다면 그 위험성은 현저하게 떨어진다. 이런 설명에 있어 분명한 것은 아프리카계 미국인이 다수가 될수록 백인이 적어질 것이고 따라서 갈등의 발생도 줄고 백인들이 폭도에 가담할 기회도 낮아진다는 것이다.[23]

정치와 억제

시골 지역에 있어서 경찰의 보호가 적절하지 못했다는 것에 대해서 이미 말한 바 있는데 이런 상황은 증가하는 군중 폭력을 용인했을 것이다. 클라크는 이런 관점을 확장해서 1877년 연방 군대가 철수하고 주의 통제권이 회복된 후 폭력이 더욱 공공연하게 저질러졌다고 지적했다.[24] 이제는 더이상 가면을 쓴다든가 밤의 어둠을 이용하여 범죄를 저지를 필요가 없어졌다. 이제 린치 사건은 백인 사회의 통제와 권력을 강화시키는 수단으로서 공공연히 저질러졌다.

물론 1868년 승인된 제14차 미국 헌법 수정안은 해방된 흑인에게도 전체 시민권을 확대 적용했으며 여기에는 적절한 법 절차에 따른다는 것이 포함되어 있었다. 흑인들의 투표권은 남부 지역 정치의 건설에 영향을 줄 수 있는 힘을 주었다. 이들은 모든 등급의 정부 공무원으로 선출될 수 있었고 백인을 심판할 수 있는 판사로 근무할 수 있었다.[25] 당시 이들은 자신들의 주장을 표현할 수 있었고 사회를 변화시킬 수 있었다.

공화당을 압도해 왔던 민주당의 전통적인 우세는 흑인들의 투표로 힘을 잃어버렸고, 이는 "흑인 통치"의 전망에 겁을 먹은 많은 사람들 사이에서 히스테리적인 걱정을 불러일으켰다.[26] 백인들은 열차, 감옥, 병원, 학교에서 흑인과 백인을 분리하도록 강제하는 법을 제정하여 흑인 개개인의 자유와 권리가 증가하는 것을 막으려고 했다.[27] 이 법률들이 연방 시민권 제정 입법부에 의해 저지되자 백인들이 흑인의 자유를 억제하고 제한하기 위해 폭력으로 돌아선 것이라는 주장이 있었다.

정치가 군중 폭력에 기여했다는 확장된 주장은 논란 거리가 되었다. 클라크는 비록 선거가 치러진 1892년은 161건의 린치 사건이 발행한 1861년 이래로 최악이었으나 선거와 관련된 린치 사건은 없었으며 린치 희생자의 비율도 각 주마다 다르게 나타났다고 주장했다.[28] 이로 보아 린치 사건의 정치적 영향력은 아프리카계 미국인들에게 주어진 실제 투표권보다는 린치 사건에 부합하는 인종적 히스테리에 의한 것일 수 있었다.

클로드 닐

1934년 10월 26일 샘 호스처럼 아프리카계 미국인이었던 클로드 닐 Claude Neal도 플로리다 그린우드에서 린치를 당했다. 닐은 로라 캐니디라고 하는 여성의 집 길 건너에 살고 있었는데 로라는 1934년 10월 18일 우물 근처에 갔다가 집에 돌아오지 않았다. 밤샘 수색 끝에 로라의 시신이 발견되었으며 지방 보안관에 의해 닐의 것이라고 주장하는 찢어진 셔츠의 천 조각이 발견되고 몇 시간 뒤 닐이 체포되었다. 닐이 범인이라며 또 다른 증거들이 제시되었는데 그것은 대화하는 두 사람을 목격했다는 증언, 피 묻은 찢어진 셔츠, 피 묻은 망치, 닐의 손에 난 자상, 시신의 옆에서 발견된 시계 용두의 고리였다. 그런데 망치는 누구의 것인지 밝혀지지 않았다. 손에 난 상처에 대해 닐은 펜스에서 일하다가 다친 것이라고 해명했고 이는 닐 고용인의 증언으로 확인되었다. 시계 용두 고리는 닐이 감금되었던 사이에 잃어버린 시계에서 나온 것으로 닐의 유죄를 조작하기 위한 것이었다.[29]

검시관의 판단에 대한 청문이 끝나기도 전에 대부분의 백인들은 닐이 캐니디를 죽였다는 결론을 내렸다. 닐은 플로리다 북서쪽에 있는 다른 감옥으로 이송되었는데 이는 폭도들 앞에 내 던져진 꼴이었다. 폭도들은 시 감옥으로 가서 자신들에게 닐을 넘겨달라고 했다. 요구가 거절되자 보안관 집으로 가서 닐이 어디에 잡혀 있는지 알려달라고 했다. 보안관으로부터 아무런 정보도 얻지 못한 폭도들은 근처의 다른 감옥으로 가서 닐의 친척인 스미스라는 이름의 두 여성을 넘겨달라고 책임자에게 요구했다. 이 두 여성 스미스는 캐니디 살인과 아무런 관련이 없었음에도 닐과 가까운 친척이었다는 이유만으로 린치를 원하는 폭도들의 위협을 받았다. 주 정부는 보호를 목적으로 이 잠재적 희생자들을 구금했다.

10월 22일 보안관은 닐이 범죄를 완전히 실토했다고 주장했다. 그러나 닐이 자백한 구체적인 정황은 공개하지 않았다. 이때 닐은 플로리다 브루턴 감옥에 감금되어 있었다. 그날 한밤중에 4~5명씩 탄 3대의 순찰차 행렬이 브루턴으로 내려왔다. 이들은 혼자 감옥을 지키고 있는 간수에게 총을 보이며 닐을 자신들에게 넘겨주지 않으면 감옥을 "폭파"시키겠다고 협박했다. 이 간수에 따르면 열쇠를 넘겨받아 감옥 문을 열고 닐을 잡아간 이들은 얼굴이나 자동차 번호판을 숨기려는 시도도 전혀 하지 않았다.[30]

폭도들은 10월 26일 아침 잭슨 카운티로 돌아왔으며 그날 밤 닐을 린치할 것이라고 밝혔다. 알라바마 도선의 신문『도선 이글Dothan Eagle』의 저녁 판 헤드라인은 "플로리다, 니그로 화형. 브루턴 감옥에서 끌려나온 성범죄자가 초법적 행위로서 사지 절단되고 불태워질 것"이라고 적었다.[31] 폭도들은 보안관을 불러 린치를 계획하고 있는 시간을 알려주었으며 장소는 캐니디의 집 마당이 될 것이라고 널리 알렸다.

수천 명의 군중들이 "기분 좋게 그리고 질서 있게" 캐니디가 살해당한 장소 근처에서 기다렸다. 그때 백인들에게 잡혀있던 닐은 여러 시간 동안 고문을 당하고 있었다. 일주일이 지난 후 린치 사건의 조사관은 "벌어진 진짜 린치 사건"에 대해 사건 제보자의 증언을 다음처럼 옮겼다.

> 그 깜둥이nigger를 그린우드로부터 4마일 떨어져 있는 숲으로 데려간 후 성기를 잘랐어요. 그리고 자른 성기를 그에게 먹였어요. 그 다음에는 고환을 잘라 먹이면서 "나는 고환을 좋아 한다."라고 말하게 시켰어요. 그리고는 칼로 옆구리와 배를 찔렀고 때때로 누군가가 손가락과 발가락을 자르려고 했어요. 머리부터 발끝까지 불에 달군 쇠꼬챙이로 지졌습니다. 고문을 하는 동안 이따금 닐의 목에 밧줄을 묶어 질식사할 지경까지 무릎 위로 잡아당겼어요. 밧줄이 내려지면 고문은 처음부터 다시 시작되었어요.[32]

닐이 죽자 폭도들은 시신을 밧줄에 묶어 차에 매단 채 캐니디 집 마당까지 질질 끌고 갔다. 목격자들은 나중에 "늙은 캐니디의 남편이 나와 닐의 머리에 총을 쐈다."라고 그 장면을 회상했다.[33] 남아 있던 군중들이 다가와 이미 목숨이 끊어진 닐의 몸을 발로 찼다. 다시 시신은 시내로 끌려 와 법원 마당에 발가벗긴 채 매달렸다. 사진사들은 남은 시신의 사진을 찍었으며 이 사진은 이미 조각난 닐의 시신조차 구경할 수 없어 실망한 자들에게 팔렸다. 이런 자들에게는 이 사진이 전리품이었다.

흑인을 향한 군중의 흥분은 클로드 닐이 사망한 후에도 가시지 않았다. 폭도들은 법원 근처에서 싸움을 벌인 어떤 흑인을 고발했고 그의 집을 공격하기 시작했으며 경찰이 개입해서 안전한 장소로 이송할 때에도 린치를 계속하려 했다. 이들에게 압도당한 경찰과 시장은 주지사에게 주방위군을 보내달라고 요청하였다. 흥분한 백인 패거리들이 흑인들을 색출한 거리에서 행진을 벌였으며 여러 시간 동안 이 흑인들에게 매질을 가했다. 도시의 흑인들은 백인들과 접촉을 피해 숨거나 떠나야 했다.

주방위군은 다음 날 오후에 도착했다. 한 병사는 당시를 이렇게 회상했다. "부대가 도시의 한 쪽 구석에 진입했고 이어 군중들을 위협하기 위해 시내를 관통해 행진했습니다. 1천여 명의 군중들을 해산시키는 데에는 어려움이 있었습니다." 그는 계속해서 "그들은 '군인들은 돌아가라! 너희들이 여기에서 할 일이 뭐 있냐? 여기 일은 우리가 알아서 한다!'라고 외쳤습니다. 우리는 법원 건물의 모퉁이마다 기관총을 설치한 채 건물 주위로 10피트에서 20피트 간격으로 보초를 섰습니다." 그는 "흑인들은 그때까지도 매를 맞고 있었습니다. 많은 흑인들이 보호받기 위해 법원 건물로 모여들었습니다. 우리는 그렇게 험악한 상황에서 하루를 보냈습니다."라고 했다.[34] 월요일 저녁에 질서가 회복되었으며 군대는 3일 간의 주둔을 끝냈다.

질서 회복을 위해 주방위군까지 필요했던 이틀 간의 폭동 사태에 대해 이 도시의 백인 시민들과 공무원들은 전혀 반성하거나 후회하는 모습을 보여주지 않았다. 이들의 반응은 양심에 의한 비난조차도 흑인들을 반대하는 백인의 폭력을 막을 수 없다는 것을 암묵적으로 시위하는 것이었다. 폭동이 끝나고 하루 지난 뒤 한 기자는 "플로리다 마리안나는 온 나라의 주의를 끌었던 그 사태가 언제 있었는지 모르겠다는 듯이 평정을 되찾고 있다."고 하였다.[35] 그는 지난 이틀 동안의 흥분에 대해 어떻게 생각하냐고 한 식당 종업원에게 질문했다. 종업원은 "밥을 먹기 위해 온 이방인들로 북적댔다는 것은 분명했어요."라고 대답했다.[36]

하워드Howard는 잭슨 카운티 범죄 판결 시스템에 있어서 개개인들에 의해 저질러진 닐 린치 사건에 대한 반응은 당시 남부 시골 카운티의 전형적인 것이라고 말했다.[37] 닐의 죽음을 조사했던 잭슨 카운티의 기소 배심은 보안관을 칭찬했으며 캐니디가 "클로드 닐에 의해 야만적으로 강간당하고 살해당했다."라고 사실상 선언했다.[38] 그러나 닐을 린치한 것에 대해서는 "우리는 이 문제에 관해 참조할 직접적이거나 긍정적인 증거를 얻을 수 없었다."라며 간단히 언급하는 데 그쳤다. 그리고 그들이 확보하고 있는 모든 정보를 "풍문과 소문"이라며 증거로 채택하지 않았다.[39] 잭슨 카운티에 주방위군을 급파하지 않아 닐에 대한 린치를 막기 못한 것에 대해 온 나라로부터 비난을 받은 주지사는 "그런 환경에서 군대를 부르는 것은 쓸데없는 일일 수 있었다."라며 변명했다.[40]

수만 명의 개인들에 의해 저질러지고 목격된 이 혐오스런 행동은 단지 경제적 또는 정치적 원인으로만 설명되거나 정당화되기 힘들다. 비록 상위의 요소가 이런 폭력 행동 표출을 촉진시킨 것이라 하더라도 폭도에 가담한 자들의 실제 마음 상태는 대량학살에 가담한 군인들이나 제노사이드 가해자들과 무시무시할 정도로 닮았다.

표적 집단 선택

개인이나 집단이 희생자 또는 표적 집단을 선택하게 되는 상황에는 어떤 전제가 있다는 주장을 어빈 스타우브Ervin Staub에게서 살펴볼 수 있다.(제8장에서 길게 소개될 것이다) 그는 인간이 가진 파괴성이 인간의 기본적 욕구가 실현되지 못한 결과로서, 욕구를 충족시키는 방식이 파괴되면서 발달한다고 주장한다.[41] 안전이나 생필품 확보, 그리고 세계에 대한 이해 등 인간의 근본적 욕구가 좌절될 경우 이 책임을 묻기 위해 희생양을 찾게 만든다. 당시 린치로 3,724명이 살해당했으며 이들 희생자 대부분은 아프리카계 미국인이었다. 이중 94%가 백인 린치 폭도들에 의해 죽었다. 1882년부터 1930년 사이에 평균 거의 매주 1명씩 흑인 남성, 여성, 어린이가 증오감에 충동된 백인 폭도들에 의해 살해당했다.[42] 스타우브의 이론은 폭도들이 흑인 범죄 혐의자를 찾아내지 못한 곳에서 저질러진 린치 사건에 적용할 수 있다. 이때 폭도들은 그 혐의자 대신 지역사회 안에 살고 있는 또 다른 어떤 만만한 흑인을 린치하려 했다. 브런디지Brundage가 적은 것에 따르면 흑인 사회 전체가 책임이 있다고 여겨졌으니 린치 폭도가 흑인 희생자 한 명에게 두었던 혐의는 또 다른 흑인에게도 해당되게 되었다.[43] 이것은 4백만 명에 이르는 남부 아프리카계 미국인들이 개인 재산을 넘어 정치력과 권력을 가진 경쟁자로 빠르게 성장하는 모습을 백인들이 지켜보았다는 사실로부터 비롯된 듯했다. 흑인들의 성장은 백인들에게 있어서 이미 자신들에게 형성된 세계관과 생활방식에 중대한 위협이 발생된 것이었다. 미국의 사회 구조는 사실상 백인 중심 사회에서 벗어났지만 백인이 중심이라는 믿음은 그제서야 사라지는 중이었다. 폭력은 (베커가 적고 있듯이) 한 사람의 우주를 복구하고 세계관을 다시 확인하게 만드는 기능을 가지고 있었다.[44]

　미 전역에 걸쳐 많은 언론은 아프리카계 미국인들을 비인간화시키는 내용을 기사로 다루었다. 아프리카계 미국인 용의자를 가리켜 "검은 마귀fiend", "유인원 같은", "다윈의 잃어버린 고리", 그리고 "짐승"이라는 단어를 썼다.[45] 이들 언론은 우월성과 안전에 위협을 받은 백인들이 자신들의 권력을 되찾기 위한 방법으로 인정할 수 없는 행동(그것이 실제 범죄이든 아니면 백인을 모욕하는 것과 같은 하찮은 그 무슨 행동이든)은 용납하지 않겠다는 메시지를 아프리카계 미국인 사회에 전달했다. 폭도들은 호스와 닐의 경우처럼 희생자들에게 끔찍한 사지 절단과 고문을 가함으로서 이런 메시지를 더 강하게 강조하기도 했다.

한번 린치 사건이 일어난 곳에서는 또 다른 린치 사건이 일어나지 않았다는 것이 발견되었는데 예외였던 곳은 새로운 세대가 성장했거나 새로운 집단이 그 사회에 유입된 경우였다.[46] 호스와 닐을 야만적으로 린치한 폭도들은 또 다른 린치 사건에 거의 개입하지 않았다. 이는 그 폭도들이 거의 항상 그 지역 사회 주민으로 구성되어 있었기 때문이었다.[47]

분명한 것은 호스와 닐에 대한 혐오스러운 고문과 살해에 참여했던 폭도의 성원들은 아이리스 장이 일본군에게서 발생했던 것으로 주장하는 어떤 종류의 탈감각화를 겪지 않았다. 이들은 브라우닝의 "평범한 사람들Ordinary Men"[48]처럼 린치 사건에 가담한 후 자신들의 일상 생활로 되돌아간 평범한 도시민들이었다. 이 폭도들은 전혀 모집된 사람들이 아니었다. 그리스 군사경찰은 5단계를 거쳐 평범한 사람들을 고문 가해자로 바꾸려고 했는데 이중 3분의 1은 고문에 가담하지 않아 실패했다.[49] 이에 비교한다면 어떤 면에서 린치 사건의 폭도들은 "정상적인" 사람들이 사악하게 행동하는 순수한 사례를 보여준다.

수천 명의 사람들이 어떠한 탈감각화나 훈련 없이 자발적으로 호스와 닐의 린치에 가담했다. 호스를 인간 사냥하는 동안 한 폭도는 "호스가 지구상에 살아있는 한, 그가 잡혀 산 채로 불태워질 때까지 발 뻗고 잘 수 없을 것이다. 이것이 우리 모두가 갖고 있는 느낌이다."라고 했다.[50] 그의 말이 맞았다. 거의 2천 명에 이르는 사람들이 호스가 고문당하고 살해당하는 모습을 보기 위해 여행길을 떠났다. 시장을 포함해 그 누구도 린치를 막으려고 하지 않았다. 한편, 신문들은 사건이 나기 며칠 전부터 호스가 고문당하고 화형당할 것이라는 기사를 내 보냈다. 사건의 주모자들은 가면을 쓰지 않았음에도 기소되지 않았다. 평범한 사람들이 훈련받은 일본군이나 그리스군이 저지른 것 같은 극악한 범죄를 저질렀을 뿐 아니라 여성과 아이들을 포함한 수천 명의 사람들이 린치에 가담하고 심지어는 죽은 희생자의 신체 조각이나 타고 남은 유해를 가지기 위해 싸웠다. 우리가 알고 있는 한, 미국 남부 지역 린치 폭도의 이런 극단적 폭력은 유일한 것이다. 그리고 이는 남북전쟁에서 패배한 것에 대한 분노와 당시 아프리카계 미국인들을 둘러싼 비난을 이에 연결시킨 탓으로 원인을 돌릴 수 있다. 아프리카계 미국인을 인간 이하로 취급했거나 패전의 상징으로 봤던 역사와 관련해서 보아도 이들이 보여준 분노는 극단적이었으며 이는 우리가 조사하는 현재의 기준에서 보아도 극단적이다.

군대가 저지른 대량학살에 있어서 군인들은 살해를 저지를 정도의 분노 상태로 급격히 전환하게 되는데 이는 (암시적 또는 명시적) 살해 명령을 받은 후에야 일어나는 일이다. 사실 린치 폭도들은 암시적인 살해 명령을 받았던 것이다. 이미 언급했듯이 호스를 사냥하는 동안 『아틀랜타 컨스티튜션』 신문은 만약 호스가 발견된다면 고문 받고 태워질 것이라는 기사를 여러 차례 헤드라인으로 내보냈다. 이런 경우는 닐 사건에서도 나타났는데, 『도선 이글』 신문은 닐이 잡히면 사지 절단되어 살해될 것이라는 기사를 냈다. 두 사건에 있어서 모두 주 전체에 걸쳐 무슨 일이 벌어질 것인지 잘 알려져 있었다. 그러나 그 누구도 곧 저질러질 린치 사건을 막으려 하지 않았다. 이는 린치 행동이 애초부터 난징과 엘 모소테의 집단 학살과 똑같은 단계를 거친다는 것을 보여준다.

대량학살에 가담하는 많은 군인들은 학살이 시작될 때 분노하고 좌절한다. 이런 모습은 특히 미라이 사건에서 잘 볼 수 있다. 학살 당시 군인들의 마음 상태는 살해 명령에 단순히 따랐을 때보다 더 심각했다. 그것은 살해 명령과 살해 행위 그 자체의 결합이었다. 살해 행위 그 자체는 이미 준비되었던 각성과 분노의 수준을 높이는 결과를 낳았다. 다른 한편, 호스와 닐의 살해는 준비된 각성에 의해 발생한 것이 아니었다. 호스 사건에 있어서 폭도에 가담한 군중들은 그날 아침 교회에 갔다가 이어 야만적인 살인이 저질러지던 린치 현장으로 왔다. 희생자를 절멸시키겠다는 분명한 바람이 있었다고 해서 모든 사람들이 린치에 가담할 수 있었던 것은 아니었다. 단 한 사람을 살해하기 위해 모여든 수많은 군중들이 목을 부러트릴 밧줄을 걸든가, 화형시키려고 불을 붙이든가, 총을 쏘는 것에 모두 가담하는 것은 불가능했다. 그러나 그렇게 많은 사람들이 린치에 가담하기 위해 왔고 실제로 어떤 역할이라도 하길 원했다. 이에 따라 의도적으로 고문 시간이 지연되었다.[51] 이러한 공동 학살은 전승 기념물로서 호스의 신체 일부를 잘라가는 것과 같은 "살해 후$_{post\text{-}mortem}$ 폭력" 현상을 설명한다. 이런 야만성이 확장되어 군대에 의한 대량학살 같은 소수 개인들의 행동보다는 대규모 군중의 가담을 허용한다.

조지아 폭도 중 한 명이 이렇게 말했다.

> 북부 사람들은 우리가 흑인들을 심하게 다룬다고 생각할 것 같아요. 하지만 누가 주인인지 보여주지 않을 경우 흑인들이 야생처럼 사나워지게 되고 그렇게 되면 백인들에게 무슨 일이 벌어질지에 대해 그들은 몰라

요. …… 보안관이 발견하기 전에 흑인들이 그 숲에서 나가준다면 해가 지기 전에 모든 것이 정리되어 끝나는 것이지요. 그리고 모두가 만족하겠지요.[52]

폭도였던 자들은 죄책감으로 고통받지 않았으며 오히려 저지를 만한 범죄로 인해 비난받고 있다는 사실을 축하하는 것처럼 보였다. 규범이 폭력을 억제하는 것이 아니라 오히려 폭력을 지시하는 사회에서만이 이런 반응이 일어난다. 제8장에서 사회적 규범을 변화시키는 이런 "장기간 이행"에 대해 살펴 볼 것이다.

자신들이 저지르지 않았던 많은 범죄 혐의로 수천 명의 사람들이 심의나 재판 없이 살해당했다. 적어도 40년 동안 "평범한" 시민들이 야만적이고 혐오스런 방법으로 분쟁을 해결했다. 때때로 살인과 같은 심각한 위반을 저질렀다는 의심을 받은 고문·린치 희생자도 있었지만 대부분은 공격적인 언어를 썼거나 백인을 모욕하는 것 같은 사소한 범죄로 고발된 희생자들이었다. 어떻게 수십 만 명에 이르는 사람들이 이런 소름 끼치는 사건에 가담하게 되었을까? 몇몇 연구가들은 경제적 측면에 대해 고려할 것을 제안했다. 그러나 목화 가격의 등락, 인구, 정책은 수많은 사람들이 이런 끔찍한 잔학 행위에 가담하는 원인을 충분히 설명하지 못하고 있다. 린치에 가담한 폭도들은 자신들이 처벌받지 않는다는 것을 알고 있었다거나 자신들을 공동체의 파괴자가 아닌 수호자로 믿었다는 주장 역시 그것만으로는 널리 받아들여지지 않는다. 대신에 그들은 모두 큰 퍼즐 중 한 조각이었다는 주장이 받아들여지고 있다.

린치 현상을 바라보는 데에 있어서 여러 시각이 존재하며 많은 연구자들이 서로 다른 이론을 제안한다. 레이퍼Raper는 군중 폭력을 가난한 백인들이 공유하는 퇴행 문화와 박탈감의 산물이며 또한 영향력 있는 지역 유지들이 개입을 꺼려하여 생기는 것으로 바라본다.[53] 또 다른 연구자들은 남부 지역의 근본주의적 인종 차별주의가 들고 일어난 것으로서 남부 지역에서는 아프리카계 미국인에 대한 태도가 근본적으로 변화되었다고 보며, 이런 심리적 변화가 온 나라에 군중 폭력이 퍼지게 한다고 비난한다.[54] 린치에 대한 설명, 특히 폭도 성원들이 어떻게 이런 폭력적 행위에 가담하는가에 대한 설명은 단순하지 않다. 하지만 분명한 것은 폭도 성원들이 남성, 여성, 아이들이었으며, 또한 이웃, 교사, 농부, 그리고 보안관들이었다는 것이다. 이들은 비극의 하루 동안 살인자들이었다.

제7장 감옥 폭동

아! 차가운 3월의 바람은 당신의 잔인한 노래
양심수들의 심장을 얼린다. _아일랜드 공화군 의용대, 보비 샌즈(단식 투쟁으로 옥사하다)

감옥 폭동은 극단적인 집단 폭력의 특별한 형태를 보여준다. 자기 선택으로 감옥에 온 폭동 참가자들은 폭력적인 사람들이다. 경비병, 다른 종족 폭력단, 밀고자(감옥 책임자에게 정보를 제공해 주는 수감자) 등 감옥 폭동의 표적 집단들은 감금된 조건 아래에 놓인다. 우리는 여기서 미국 역사상 가장 유명했던 감옥 폭동들에 대해 설명할 것이다. 감옥 폭동은 수감자들 사이에 퍼지는, 일종의 전염병이 물결치듯 몰려왔다. 최초의 물결은 1929년 뉴욕 주에서 일어났다.[1] 수감자들의 탈주와 폭동을 막기 위해 주에서 건설한 최고의 감옥, 아티카에서 말이다.

아티카

1931년 세계에서 가장 비싼 감옥이 뉴욕에서 북쪽으로 275마일 떨어져 있는 도시, 아티카Attica에 개장되었다. 1971년 9월 아티카 수용소는 당시 미국 사회의 경향(특히 블랙 팬더당과 블랙 무슬림의 등장)이 부분적으로 이 폭동과 관련되었다는 것, 뉴욕과 근접해 있었다는 것 때문에 세계에서 가장 유명한 감옥 폭동의 모습을 보여줬다. 이 폭동에 관해 몇 개의 보고서가 작성되었는데 이 중에는 주 위원회가 조사하고 작성했던 5백 쪽짜리 『맥케이 보고서McKay Report』가 있었다.[2] 변호사와 학자들에 의해 작성된 이 보고서는 1천 6백 명의 수감자, 4백 명의 경비병, 270명의 경찰 면담에 기초한 것이었다.

아티카는 A부터 D까지 네 개의 긴 셀 블록으로 둥글게 지어졌고 각 블록은 중앙에 있는 운동장을 향하고 있었다. 셀 블록과 운동장을 나눈 터널은 견고했으며 좁은 통로 위에 희미한 전등이 달려있었다. 그 위로는 경비대가 순찰했다. 하지만 수감자들은 식당에서 회합할 수 있었.

1930년대 아티카 경비대는 훈련이 잘되어 있었다. 하지만 1950년대에 접어들어 훈련 경비가 삭감되었고 대부분 시골 출신이었던 백인 경비병들은 전혀 훈련이 되어 있지 않았다. 경비대의 인적 구성에 비해 수감자들은 점점 도시 출신과 유색인들로 바뀌었다. 1971년 9월 수감자의 절반이 뉴욕시 출신이었고 54퍼센트가 흑인, 9퍼센트가 히스패닉 계열이었다. 1969년 수감자의 80퍼센트가 백인이었던 데 비해 1971년 흑인과 히스패닉이 63퍼센트가 되었다. 이러한 변화는 급격한 것이었다. 흑인과 히스패닉 수감자들의 급진화는 흑인들이 권력을 잡았던 뉴욕과 캘리포니아에서 가장 크게 나타났고 이곳 출신인 블랙 팬더당과 블랙 무슬림은 감옥에서도 동조자들을 만들어 나갔다. 반면, 경비대는 수감자들과의 접촉을 피하려고 했으므로 고참 경비대원들이 이들을 피하기 위해 야간 교대를 담당했다. 결국 가장 경험이 없던 경비대원들이 낮 시간 동안 죄수들과 가장 많이 접촉하게 되었다.

맥케이 보고서는 당시 상황에 대해 감옥은 비좁고 음식은 먹을 수 없고 의료 지원은 열악하다며 "최악"이라고 적고 있었다. 그러면서도 다른 한편으로는 이런 환경이 아티카만의 특별한 것은 아니었다고 지적하였다. 1971년 수감자 자신들에 의한 합법적 자조selfhelp 활동이 시작되었는데 이는 교도 행정의 권위에 도전하는 것으로 비춰졌다. 신념을 지키고 수감 환경을 개선하려는 수감자들의 합법적 자조 활동이 아티카에서는 강박증에 가까운 반응을 불러일으켰다. 어떤 수감자가 감옥 내 흑인과 히스패닉 권력 집단에게 공공연히 연대감을 보인다면 경비대가 문제가 있다며 즉시 읽고 있던 모든 독서물과 편지를 빼앗아 검열했다. 편지를 빼앗긴 수감자가 이를 되찾을 수 있는 유일한 방법은 소송뿐이었다. 인종과 종족 구성의 빠른 변화 그리고 수감자들 자신에 의한 합법적 도전의 증가는 교도 행정 당국과 충돌하는 힘을 결집시켜 "최악의 상황"을 만들어냈다.

이 외에도 갈등을 초래한 당시 상황에 몇 가지 특징들이 더 있었다. 일종의 전투가 감옥 교정 시스템 자체에서 벌어지고 있었는데 그것은 죄수들의 생활 환경을 개선하려는 자유주의적 개혁 세력과 경비대 및 고참 감옥 관료가 지원하는 보수 세력 사이에서 있었다. 쟁점 중의 하나는 감옥 시스템이 규정했던 처벌의 권리와 수감자 권리의 제한 조항에 있었다. 1970년 미연방 지방법원은 이 조항에 대해 정당한 법 절차에 따르지 않아 수감자의 권리를 침해한다며 위헌이라고 선언하였다. 하지만 이러한 자유주의적 교도 행정의 개혁 노력은 경비대의 수동적 저항에 의해 엉망이 되었다. 수감자들이 정기 간행물을 받을 수 있도록 승인하라는 명령을 받자 이들은 수감자들이 읽어서는 안 된다며 기사를 오려내기 시작했다. 경비대는 여러 가지 방법으로 개혁 수단에 대해 태업을 벌였다. 1971년 6월 수감자들은 감옥의 위원회 위원들에게 개혁 요구 목록을 제출했다. 이 목록에는 가석방 심의위원회에서 변론을 합법화할 것, 의료 지원을 개선할 것, 시설을 보완할 것, 그리고 정치적 신념을 이유로 독방에 보내는 일을 중단할 것 등이 담겨 있었다. 맥케이 위원회는 이 요구들이 "대단히 합리적이고 시민사회다운 접근 방법"이라고 설명했다.[3] 하지만 이런 접근 방법이 아무런 가시적 성과를 내지 못하자 수감자들은 내부 단결력을 높이고 각 파벌들 사이의 견해 차이를 극복하기 위해 토론을 시작했다. 이러한 집단들에는 블랙 무슬림, 블랙 팬더당 그리고 히스페닉 수감자를 대표하는 영 로드Young Lords가 있었다.

다가올 대혼란을 예고하듯 예비적 성격의 소규모 충돌이 벌어졌다. 9월 8일과 9일 수감자와 경비대 사이의 대립이 물리적 충돌로 나타났다. 한번은 어떤 수감자가 경비대 간부를 때리는 일이 발생했다. 이때 동료 수감자들이 떼로 몰려와 편을 들었고 이 간부는 물러날 수밖에 없었다. 결국 공격했던 수감자는 처벌을 받지 않게 되었다. 그러나 이 결정은 상급 관리자에 의해 번복되었고, 이 사실이 수감자들 사이에 알려지자 수감자들이 경비대에게 쓰레기를 던지며 욕을 하는 등 큰 소동이 일어났다. 감옥에서의 모든 행동은 유언비어와 오해의 재료가 되었다. 독방에 처해졌다는 등의 처벌이 구타를 당했다는 소문이 되어 퍼져 나갔다. 감옥 마당에 있었던 충돌의 경우 (목격자 등_옮긴이) 근거가 있었음에도 수감자와 교도관이 서로 다르게 보았다는 것이 맥케이 위원회 면담 과정에서 보고되었다. 이 사건은 물론, 같은 시기에 일어났던 다른 비슷한 사건들의 처리 결과는 수감자들에게 (이 방법이_옮긴이) 주 정부군과 갈등을 해결하는 데에 있어서 어떤 고무적인 효과가 있다는 느낌을 주었다. 감옥 안 통제에 대한 사소한 개혁 시도에서도 정치적 이데올로기의 저항성이 작동했다.

폭동은 사소한 문제로부터 시작된 사건들이 연속적으로 증가하면서 생긴 것이 분명했다. 주장에 따르면 라틴 계열의 수감자 윌리엄 오티즈가 스프 깡통을 던졌고 이에 머리를 맞은 경비대 간부가 피를 흘렸다. 오티즈는 징벌 독방에 가는 처벌이 결정되었고 경비대는 그를 방에서 끌어내기 위해 오티즈를 제외한 모든 수감자들을 운동장으로 내보내려 했다. 반면 징벌 결정을 막으려다 실패한 동료 수감자들은 아침 식사 시간에 방문을 열어 그를 밖으로 내보내려고 했다. 대치한 결과 결국 경비대의 시도는 실패했고 이 내용이 경비대 간부에게 전해졌다. 수감자들은 이 간부가 이전부터 수감자 징계에 관해 거짓말을 했다고 믿고 있었다.

일부 수감자들이 다른 수감자들로부터 오티즈를 분리하여 보호하는 동안 다른 수감자들은 야구방망이로 경비대를 공격하며 난투극을 벌였다. 경비대는 도망쳤고 이제 수감자들이 그 감옥의 일부를 통제했다. 의사 소통 시스템이 실패하였으므로 감옥 곳곳에서 비상 사태가 천천히 다가왔다. 게다가 잠금 막대도 제구실을 하지 못했다. 수감자들이 잠금 막대를 흔들자 곧 무너져 내렸다. 감옥 운동장으로 쏟아져 나온 수감자들이 야구방망이로 한 경비대원을 때렸다. 이 경비대원은 이틀 후 사망했다. 이론적으로는 네 구역을 분리시켰어야 할 문들이 수감자들에 의해 열렸다. 모든 문들은 망가져 쉽게 열렸다. 이제 반란 세력은 수에서도 늘어났다. 하지만 수감자들 모두가 폭동에 가담한 것은 아니었으며 많은 집단들이 경비대와 함께 숨거나 재빨리 피했다. 어떤 수감자는 이 폭동에 저항하기도 했다. 일흔두 살의 흑인 수감자가 철봉으로 무장하고 폭도들로부터 감옥 가솔린 공급 창고를 지켰다. 수감자 사회에서 신분의 위계는 맡은 업무에 따라 있었다. 폭동은 가장 원하지 않는 업무를 맡았거나 전혀 맡은 업무가 없는 수감자들로부터 시작되었다. 이 시점에서 비번이었던 경비대가 폭동에 가담한 수감자들에게 자동화기를 발사하기 시작했다.(자동화기 사용은 규정을 어기는 것이었다) 그리고 경비대는 총에 묻은 지문이 누구의 것인지 알 수 없도록 서로 돌려가며 사용했다.

 최초의 혼란 상태가 발발한 후 D운동장에 1천 3백 명의 수감자들이 45명의 경비병과 민간인을 인질로 잡고 있었다. 수감자 내부 최초의 분위기는 승리감이었고 수감자 사이에 폭력은 거의 발생하지 않았다. 얼마 뒤 인질들을 어떻게 처리할 것인지를 두고 논란이 벌어졌다. 인질을 보호하려는 것처럼 보이는 블랙 무슬림은 이들을 자기들이 관할하고 있는 구역으로 보내려 했다. 하지만 다른 집단들은 정부의 공격을 막기 위해 노출되는 위치에 인질들을 두기 원했다. 결국 운동장 복판에 인질을 두되 무슬림이 이를 감시하는 것으로 타협이 이루어졌다. 이어 수감자들이 돌아가며 이번 폭동에 대한 의견을 발표하는 "열린 마이크" 회의가 열렸다. 회의의 주요 안건은 결속을 다지자는 것과 이번 폭동이 "인종 폭동"이 아니라 모든 수감자의 공통된 불만을 바로잡기 위한 것이었음을 선언하자는 요구였다. 무정부 상태를 극복하기 위해 수감자 집단은 즉시 약물 금지, 싸움 금지, 성행위 금지 등 몇 가지 규율을 선포했다. 싸움을 말리고 내부 방침을 집행하기 위해 "보안대"가 조직되었다. 여기에는 각각의 인종 집단들이 자신들을 대표하는 인원들을 파견하려 했다. 부상당한 감옥 경비대원들이 주 정부에 인계되었다. 이곳에서 발전된 정치 질서는 근본적으로 민주적이었다. 주 정부와의 접촉은 진전되었다. 수감자들의 첫 번째 요구는 음식물 반입이었다. 나머지는 사면, 안전한 이동, 수감자에 의한 아티카 재건 등이었다. 수감자들은 아티카 감옥의 상태를 보고자 원하는 모든 사람들에게 안전한 통과를 약속했다. 선출된 지도자는 반대자들을 보호하고 격려하는 등 관용의 방법으로 수감자 집단을 이끌었다. 그러나 밖에서는 인질들이 고문과 비역질을 당한 뒤 살해당했다는 거짓 소문이 주 방위군, 보안관, 인근 카운티에서 파견된 자 등 1천 1백 명의 무장 병력 사이에 퍼지고 있었다. 이 집단은 분명한 지휘 구조를 가지고 있지 못했으며 집단 내부의 토론은 천박한 인종 차별주의자의 것이었다.[4] 쏟아져 나오는 말에서 느껴지는 분위기는 폭동을 일으킨 수감자들에 대한 변함없는 적대감이었다. 이 조직의 최고 우두머리는 아티카 폭동을 "불길한 세계적 경향"으로 보았던 뉴욕주지사 넬슨 록펠러였다. 그는 이 상황을 자본주의적 또는 민주주의적 세계 질서를 모욕하는 것으로 보았으므로 수감자와 협상하는 것에 반대했다.[5] 두말할 필요도 없는 것이겠지만 주지사의 히스테리는 감옥 밖에 모여 있던 소규모 무장 집단을 진정시키는 데 아무런 역할도 하지 못했다.

그럼에도 불구하고 이런 갈등 상황에 있던 세력들 사이에 몇 가지 직접적인 협상이 시도되었다. 미 지방행정관 자신이 협상을 위해 D운동장에 나타났다. 독자들이 이후 보게 될 행정관 측의 주장에 따르면 이 협상안은 감옥 환경 또는 사면 요구와 안전한 이송에 초점이 맞추어졌었다. 이 내용을 검토한 교도 행정관으로서는 사면 등 뒤의 것을 받아들일 수 없었는데 그 이유는 폭동이 다른 감옥의 죄수들에게도 허용되게 될 것이라고 보았기 때문이었다. 협상이 시도되고 있는 동안 두 집단 모두 서로에 대한 입장이 극단적으로 양극화되고 있었으며 양쪽 집단 내부 역시 양극화되고 있었다. 협상은 실패했고 수감자들은 협상의 진전을 위하여 참관인을 두자고 요구했다. 참관인들은 수감자와 주 정부가 함께 지명한 사람들이었다. 이후 협상에서 수감 조건은 물론 수감자 사면 문제에서도 몇 가지 합의가 있었다. 그런데 이때 최초의 폭동에서 공격을 받고 치료를 위해 주 정부로 인도되었던 경비대 장교가 사망했다는 소식이 전해졌다. 뉴욕주에 있어서 교도관 살해는 가장 중대한 범죄였다. 따라서 사면에 대한 동의가 없다면 항복했던 수감자 중 몇 명은 전기 의자에서 사형을 당해야 했다. 이 시점에서 사전 동의도 없이 회담은 결렬되었다. 협상을 파괴한 것은 폭력이 수감 조건에서 비롯되었다는 수감자의 견해와 수감자에게 책임이 있다는 주 정부 견해가 접점을 찾지 못하기 때문인 것처럼 보였다. 위원장은 수감자들에게 자신이 동의하는 28개 양보 항목을 받아들일 것, 인질을 석방하고 항복하라며 최후통첩을 보냈다. 불행히도 그는 거절할 경우 수감자들이 압도적인 물리력 공격을 받는 결과가 될 것이라는 점을 분명히 밝히지 않았다. 이어진 면담에서 수감자들은 주 정부가 그렇게까지 공격할 것이라고 믿지 않고 있었다는 것이 드러났다. 몇몇 수감자들은 인질이 공격에 대항할 수 있는 방어물이라고 믿고 있었다. 결과적으로 보아 이 최후 통첩은 수감자들에게 그리 심각하게 받아들여지지 않았다.

폭동 발생 후 인질이 생기고 협상이 결렬되어 경찰이 공격하기에 이르기까지 이 사건 전체 과정은 단지 4일밖에 걸리지 않았다. 경찰이 공격하기 전날인 네 번째 날 수감자들은 심리적 혼란의 증세를 보이기 시작했다. 이들을 치료하기 위해 투입된 의사들은 발작 장애, 경련 등 "병리적 심리 또는 히스테리 반응"이 있다고 보고했다. 그리고 수감자 사이에서 싸움이 증가하여 베이고 찔리는 상처를 입는 경우가 늘어났다.

세 명의 수감자들이 감금되었는데(말 그대로 감옥 속의 감옥이었다) 위험하다는 평가를 받았거나 언론 인터뷰에서 사람의 이름을 말했던 것으로 보이는 경우였다. 이들은 경찰의 공격 후 시체로 발견되었는데 몸 여러 곳을 칼에 찔린 상태로 사회심리학자 마빈 볼프강Marvin Wolfgang[6]이 말하는 "과잉 살해overkill"에 의한 것이었다. 이는 말 그대로 살해의 필요를 넘어선 것으로 분노에 기초했음을 보여주는 것이었다. 이러한 살해가 수감자들로 하여금 자신만 사면받으려는 이기적 목적의 행동을 못하게 하려고 했던 것이었는지 알 수 없었으며 누가 살해했는지도 분명히 밝혀지지 않았다. 마지막 날에도 인질의 운명을 놓고 두 집단이 대립하는 모습이 목격되었다. 이는 인질을 넘겨받기 위해 왔다는 한 집단(20명의 흑인 수감자들)과 인질을 넘겨 줄 수 없다는 블랙 무슬림사이에 벌어진 것이었다. 절박한 운명의 긴장 속에서도 서로 다른 다양한 반응이 수감자들 사이에서 나타났다.

아티카에서 나온 급진적인 주장들이 언론을 통해 세계 곳곳에 보도되었다. 최후의 공격에 대한 분석에서 사회과학자 유심과 킴볼Useem and Kimball은 주 정부가 공격한 원인은 근본적으로 정치적이었다고 결론지었다. 록펠러 주지사는 수감자로부터 나온 혁명적 주장이 언론을 통해 다른 혁명 운동을 지원하려 했다고 보았다.[7] 공격에 대한 책임은 군사 훈련을 받은 적이 없었던 뉴욕 주 경찰에게 넘겨졌다. 진압 부대는 자유 계약 선수들처럼 행동했으며 이런 공격이 인질들에게 미칠 수 있는 충격에 대한 고려가 거의 없었다. 부대원들은 격렬한 저항과 강력한 물리적 반격이 있을 것, 그리고 무기를 잃어버릴 수 있기 때문에 백병전을 피하라는 지시를 받았다. 이들은 엄청난 물리력을 동원하는 것이 그들이 쓸 수 있는 유일한 전략이라는 결론을 내렸다. 지나치게 행동할 것이 우려된 교정 간부들은 공격에 참여하지 않기로 했지만 11명의 교정 간부들이 무기를 얻어 경찰의 진압에 합류했다. 오전 9시 46분 최루탄이 발사되고 몇 초 뒤 소총 부대가 수감자를 향해 총을 쏘기 시작했다. 얼마 후 칼을 가진 수감자들과 눈을 가린 8명의 인질이 복도에 나타나자 경찰은 모든 수감자를 향해 50초 동안 집중 사격을 가해 모두 살해했다. 피살된 수감자들 중에는 인질을 잡고 있던 수감자들만 있었던 것이 아니었다. 경찰은 사람을 죽일 수도 있는 사슴 사냥용 산탄총알 "OO(제품명 zero zero-옮긴이)"를 장전하여 쐈다. 나중에 시신으로 발견된 몇 명의 인질이 이 산탄총이나 라이플 소총을 맞고 사망했다. 경찰은 근본적으로 경찰관 복장을 하지 않은 모든 사람을 쐈던 것이었다. 이 공격으로 38명이 사망했고 90명이 부상당했다.

감옥의 치안은 확보되었으나 폭력은 멈추지 않았다. 수감자들이 인질을 야만적으로 다루었다는 거짓 소문에 의해 흥분한 경찰이 부상당한 수감자까지도 무자비하게 때렸다. 그날 밤 검시 결과 10명의 인질이 칼이 아니라 총으로 죽은 사실이 밝혀졌다.(수감자들은 비무장이었다) 유심과 킴볼에 따르면, 수감자들이 총으로 무장한 적이 없었음에도 여전히 아티카 사건에서 좌익 의사가 인질들의 시신을 검시했으며 총이 아니라 칼에 찔려 죽은 것이 진실이라고 믿는 사람들이 있었다.[8] 우리가 이미 난징 학살에 대한 일본 정부의 부인이나 아르메니아인 학살에 대한 튀르키예 정부의 부인에서 보았듯이 잔학 행위에 대한 부인은 보편적인 것이다.

결국 경찰의 공격이 있기 전에 목숨을 잃은 3명을 살해한 혐의로 두 명의 수감자가 기소되었다. 그리고 세 명의 수감자 지도자가 34회의 납치 행위로 기소되었고 62명의 수감자가 1,289회의 범죄 행위로 고발되었다. 그러나 경찰의 행동에 대한 증거는 인멸되었으며 이 조차도 1975

년이 되어서야 특별 검사에 의해 공개될 정도로 쉬쉬하고 있었다. 결국 일반 사면이 선언되었다. 평범한 몇 가지 감옥 환경이 개선되었으며 이어진 감옥 인질 사태 끝에 양측은 "또 다른 아티카를 원치 않는다"라는 선언이 있었다.

산타페 교도소

두 개의 전설적인 감옥 폭동이 아티카와 뉴멕시코에서 있었다. 뉴멕시코의 폭동은 1980년 2월 2일과 3일에 일어났다. 이번에는 아티카와 달랐다. 급진적인 정치적 집단도 없었고 투쟁적인 수감인 웅변가도 없었으며 반제국주의적 요구도 없었다. 아티카에서는 제멋대로 행동하는 세 명의 수감자가 살해된 경우를 제외하면 폭력적이지 않았다. 반면 뉴멕시코 폭동은 미국 역사상 가장 폭력적인 사건으로 여겨진다. 뉴멕시코의 감옥 환경은 지난 10년 동안 악화되었다. 감옥의 인구는 1972년 682명에서 1978년 1,569명으로 증가했다. 폭동이 일어났을 때 죄수의 53퍼센트는 히스페닉, 37퍼센트는 백인, 9퍼센트는 흑인, 1퍼센트는 아메리카 원주민이었다. 그럼에도 이 집단들 사이에서 인종 문제로 고통을 겪는 분위기가 없었음이 폭동 사건 후 인터뷰를 통해 알 수 있었다. 이 교도소가 갖고 있었던 심각한 문제는 과밀집과 무질서였다.(이 때문에 보안에 문제가 생기고 탈옥은 흔한 것이 되었다) 사건 발생 전 이루어진 부패 조사는 수감자 수가 증가함에 따라 수감자 프로그램을 개혁하도록 만들었다. 그 결과는 수감자들을 게으르고 지루하게 만들었고 비관적 태도를 낳았다. 감옥 관리의 무능함은 이번 폭동이 2월 1일 저녁의 "후츠(hootch, 직접 만든 맥주)" 파티에서 시작되었다는 사실에서 증명된다. 수감자들이 금지된 알코올을 공개된 숙소에서 대량으로 생산하고 소비할 수 있었다는 사실은 교도소 보안이 얼마나 허술했는지를 보여준다. 반쯤 취한 수감자들이 그날 밤 감옥을 점령하기로 결정했다. 네 명의 경비대원이 잡혀 발가벗기고 구타를 당했다. 이제 폭동이 건물과 건물, 블록과 블록을 통해 퍼져나갔다. 빈약한 보안 상태 때문이었다. 전체 감옥은 주 정부의 저항 없이 다섯 시간만에 수감자의 손에 떨어졌다. 여기에는 통제실과 폭동 진압 장비(최루탄과 발사기, 아세틸렌 용접기)가 포함되어 있었다. 수감자들의 최초 계획은 단순했던 것으로 보인다. 즉 인질을 잡아 요구 사항에 대한 협상을 강제하고 언론사를 불러 교도소 환경을 폭로한다는 것이었다. 믿을 수 없는 일이었지만 지도자도 없이 반쯤 취한 수감자들이 겨우 다섯 시간만에 아무런 저항 없이 주 정부의 교도소를 점령했던 것이다.

아티카에서는 집단 소속감이 살해를 막았던 것으로 보이는 반면, 뉴멕시코에서는 소속감 또는 지도력의 부족이 혼란을 일으켰고 개인적인 원한을 풀어보려는 시도를 허용했다. 밀고자들이 감방에서 끌려나와 쇠파이프로 타살당했고 시신은 능지처참당했다. 어떤 "밀고자"는 교수형을 당한 후 감옥 높은 곳으로 끌려 가 칼로 조각났다. 다른 희생자는 눈이 뽑히고 머리에 스크루 드라이버가 박혔으며 뽑힌 성기가 입에 물려졌다. 또 다른 희생자는 아세틸렌 용접기로 천천히 고통스럽게 살해당했다. 몇몇 시체에는 "rata(쥐, 변절자)"라는 단어가 새겨져 있었다. 소문은 보통 사건을 과장한다. 수감자들은 어떤 친구가 살해당해 복수가 시작된 것이라고 들었다. 폭력은 성장한다. 최초의 살해는 밀정 혐의나 개인적 불만에서 시작되었으나 (이것이 사실이든 아니든) 곧 이에 대한 보복이 증폭되어 나타났다. 유심과 킴볼이 적고 있듯이 밀고자는 배신자로 비치고 따라서 실제의 적보다 더 심한 증오심을 불러일으킨다. 밀고자 살해는 내부에 있는 배신적 요소를 몰아내는 것으로 배신자에게 갖게 되는 공감대 또는 동료 의식을 극소화시키기 위해 의도적으로 잔인하게 저질러진다.

경비대에 대한 증오감은 상대적으로 덜했다. 경비대원은 비록 구타를 당하고 드문 경우로 성폭행을 당하긴 했으나 아무도 살해당하지 않았다. 제10장에서 우리는 군대에 의한 성폭행의 심리적 동기에 대해 다룬다. 브라운밀러Brownmiller는 전쟁과 대량학살에서 나타나는 성폭행의 보편성에 대해 "강간은 남성이 여성을 정복했다는 것을 보여주는 전형적인 행위"라고 설명했다.[9] 교도소 폭동에 있어서 여성이 없음에도 감옥 밖에서 여성을 좋아했던 수감자들 사이에서 성행위가 있듯이 여전히 성폭행도 저질러진다. 어떤 경비대원들은 전혀 해를 입지 않았으며 또 다른 경비대원들은 탈출하도록 도움을 받기도 했다. 경비대에 대한 서로 다른 대접은 폭동의 과정에서 경비대원들이 얼마나 늦게 또는 일찍 인질로 잡혔는지(초기 인질들은 풀려났다), 어떻게 수감자들을 상대했는지에 대한 평판에 근거해 있는 것으로 보인다. 교도소 시설은 선택적으로 파괴되었다. 심리상담소가 가장 심하게 파괴되었는데 이는 상담소 담당자가 치료실에서 얻은 정보를 교도소 당국에 전해 주었다고 믿었기 때문이었다. 도서관, 취미실, 카톨릭 예배당은 파괴를 피했다. 수감자들은 (교도소 약국에서 얻은) 많은 알약, 주사용 몰핀, 삼킬 수 있는 신경안정제인 발륨을 가지고 있었음이 나중에 발견되었다.

이후에도 억제되었던 폭력성이 나타났다. 항복한 멕시코계 미국인 Chicano 수감자 집단은 감옥 운동장에서 흑인 수감자를 공격하겠다고 위협했으나 주 방위군이 총을 겨누자 물러났다.

협상에는 언론 접촉의 대가로 인질 석방이 포함되었다. 협상은 아티카보다 더 잘됐다. 교도소 간부들은 폭동에 가담한 자들에 대한 보복이 없다는 것과 협상에 참여한 폭동 수감자들을 즉시 주 밖으로 이송한다는 것에 동의했다. 답례로 남아 있던 인질들이 풀려났다. 경찰은 아무런 사고 없이 교도소에 들어갔다. 폭동의 결과로 교도소의 생활 조건은 개선되었다. 인질로 잡혔던 경비대원들은 트라우마로 인해 폭동 사건 후 이 일을 계속할 수 없었다.

20세기 교도소 폭동으로 브라질의 경우가 주목할 만하고 다른 나라에서도 역시 있는 일이지만 더 많은 교도소 폭동이 20세기 미국에서 일어났다. 사회심리학적 견해로 볼 때 감옥은 목적이 충돌하는 두 집단, 즉 질서를 유지하고 탈옥을 막으려는 경비대와 이에 저항하려는 수감자로 구성되어 있다. 사회심리학자 필립 짐바르도Philip Zimbardo는 모의 감옥을 통해 이런 역할 효과를 보여주는 유명한 실험을 하였는데 이 실험은 감옥 생활에서 나타나는 "역할 수행"을 관찰하기 위해 진짜같은 모조 감옥에서 진행되었다.[10] 짐바르도는 이전에 계획되지 않았던 가장 실감나는 모조 실험을 창안했다. 심지어 진짜 지역 경찰들이 그 수감자를 "체포"하도록 할 정도였다. 수감자 또는 경비대 역할을 맡을 자발적 피험자는 동전을 던져 결정했다. 짐바르도는 실험이 진행되는 동안 "경비대"가 "수감자"를 학대하는 것, 수감자가 심리적 스트레스를 받는다는 것을 발견했다. 결국 그의 모의 감옥 체계는 4일 만에 붕괴되었고 6일째 되는 날 연구를 중단해야만 했다. 이 연구에 경비대와 수감자로 참여한 피험자들은 모두 대학에 다닐 나이의 남자들로 범죄 경력이나 심리적 장애는 전혀 없었다. 짐바르도는 실험에서 나타난 이런 반응들이 두 집단 사이에 목표가 충돌하도록 설정된 상황에서 비롯된 압력, 그들 사이에 있는 권력의 차이, 그리고 지시를 받은 역할에 대한 급격한 몰입 때문이라고 설명했다. 이는 실험에 참가했던 24 대 7(수감자 대 경비대의 비율_옮긴이)

로 진행된 실험의 성격과 피험자 사이의 권력 투쟁 그 자체에서 생겼다. 수감자들이 경비대의 명령을 따르지 않자 경비대는 자신의 권위를 세우는 방법으로서 한밤중에 수감자들을 깨워 팔굽혀펴기를 시켰다. 권위에 대한 도전은 권위가 자신의 것이라고 믿은 피험자에게 분노의 감정을 낳았다. 경비대가 권력을 남용하는 정도와 수감자가 스트레스를 참아내는 능력에 있어서 약간의 개인차가 있었다. 경비대의 약 3분의 1은 자신들에게 주어진 역할의 한도를 넘어섰으며 극단적인 언어 폭력을 퍼부었다. 다른 3분의 1은 이들에게 거슬리지 않고 수동적으로 따라가는 듯했으며, 나머지 3분의 1은 하찮은 방법이나마 호의를 가지고 수감자를 도우려 했다. 비록 훈련을 받지 않았음에도 경비대는 수감자 사이의 연대에 대해 공격적으로 반응했다. 자신들이 가지고 있던 담요를 주는 등의 작은 보상을 주거나 말을 듣지 않는 수감자를 독방에 가두는 등의 심각한 처벌로 수감자 사이의 연대를 방해했다.

영국 영화 『언덕The Hill』(1965)은 이런 현상을 탁월하게 묘사하였다.(이 영화는 실제 감옥 생활과 일치하지 않는다) 이 영화에서 언덕은 감옥 규칙을 어기는 수감자에게 지칠 때까지 반복해 달리게 하는 처벌의 장소로 쓰였다. 이 감옥은 북아프리카에 있었으므로 처벌 받던 수감자들은 무더위에 급격하게 지쳤다. "시스템과 싸우는" 수감자의 역할을 맡은 배우 숀 코너리Sean Connery는 심각한 새디스트 증세를 가진 경비대원들에게 거칠게 학대당했다. 이들이 보인 새디즘 행동을 가능하게 한 것이 맡게 된 경비대 역할에서 비롯된 것일까 아니면 경비대 역할을 맡기 이전부터 있었던 것일까? 권위 뒤에 숨어 있는 분노에 대한 사례로 이 영화보다 더 나은 것은 없다. 필립 브릭만Philip Brickman은 일상 생활 속의 사람들이 어떻게 현실의 권위에 압도당하는지에 대해 사려 깊은 논문을 썼다.[11] 브력만에 따르면 삶이 실재하는 것으로 느끼게 하는 것은 두 가지 "일치 correspondence"였다. 첫 번째는 주어진 사회적 역할이 우리가 느끼는 정서와 "일치"하는 감정에 따라 행동할 수 있게 한다는 느낌을 갖는 것이다. 우울함을 느끼는 은행원은 은행에 고용된 직원으로서 이런 감정을 행동으로 드러낼 수 없다. 고객을 대할 때 웃어야 하며 즐거운 분위기로 대해야만 한다. 이렇게 안의 감정과 밖의 행동 사이에 "내적 일치"가 부족한 경우 실재한다는 느낌을 갖지 못하게 되는데 이런 날에는 이 상황이 현실이 아닐 것이라는 느낌을 가지게 된다. 일치의 두 번째 유형은 자신의 행동과 이에 대한 다른 사람의 반응 사이에 있다. 누군가 자신이 예수라고 떠들며 거리를 활보해도 아무도 인사를 하지 않거나 경의를 표시하지 않는다면 자신이 예수일 것이라는 근본적인 믿음은 흔들린다. 이렇게 주변의 반응은 자신의 믿음과 표현이 적합하지 않다는 것을 보여주는데 이럴 경우 "외적 일치"는 없다.

짐바르도 실험과 같은 역할극에 있어 피험자는 이중 부정에서 출발했다. 즉 아직 내부에도 외부에도 실재하는 것은 없었다. 그러나 상황이 진전됨에 따라 우연히 참여한 것으로 여긴 실험이 두 가지 차원에서 실재가 될 수 있었다. 첫 번째는 권력의 구조에 의해 "외적 일치"가 생성된다. 실험 초기에 경비대는 수감자들이 제대로 있는지 확인하기 위해 수감자들에게 "번호"를 대라고 요구했다.(감옥 실험은 숨겨진 카메라로 빈틈없이 촬영되었다) 수감자들이 번호를 부르기 시작했고 경비대는 권위를 세우기 위해 수감자들이 똑바로 하지 못하면 밤을 새울 것이라며 소리를 질렀다. 그러자 수감자들은 경비대의 요구대로 줄을 맞추기 시작했다. 이제 수감자들의 행동은 경비대의 명령에 일치하게 되었다. 이로서 외적 일치가 생성되었고 경비대로서는 놓쳐서는 안 될 진정한 권위자가 된 느낌을 갖게 되었다. 이제 외적 일치에 이어 수감자에게도 내적 일치에 대한 감정이 나타났다. 명령은 권력과 권위에 대한 감정을 낳는 복종으로 이어졌고 이 순환이 반복되어 진짜 권력을 가졌다는 감정까지 나선형으로 발전했다.(심지어 역할을 결정했던 실험자의 권위에까지 대항할 수 있는 것으로 여기기도 했다)

두 번째 경로는 먼저 내적 일치의 생성을 포함한다. 경비대로 선택된 몇 명의 청소년들이 새디스트의 행동과 타인을 억압할 권력 추구의 충동을 숨기고 있었다고 가정해 보자. 일상 생활에서는 이런 감정을 실행할 방법은 현실적으로 없었으므로 쉽게 숨겨질 수 있었을 것이다. 그런데 경비대의 역할은 수감자들을 향해 그런 감정을 표출할 수 있는 기회를 제공한다. 따라서 내적 일치가 생성된다. 경비대의 역할은 새디스트가 가지는 욕구를 행동으로 드러내도록 허용한다. 경비대가 그렇게 행동하고 수감자들에게는 순응 현상이 발생한다. 이제 내적 일치와 외적 일치 모두 존재하게 된다. 상황은 마치 진짜인 것처럼 느껴진다. 짐바르도의 비디오에서 수감자들로부터 순응 반응을 겪은 경비대원이 더욱 공격적으로 되었다는 것은 분명하다. 실험 이전에 이런 경비대원들에게 심리적 장애가 있었다는 기록은 없었다. 그런데 새디즘은 숨겨질 수 있다.

나치는 주요한 특정 지위에 있는 새디스트들을 특별히 검열하는 동안 요셉 멩겔레Joseph Mengele가 여기에 걸리지 않았다는 것은 분명했다.[12] 비록 그의 배경에 어떤 새디즘의 흔적은 없었지만 멩겔레는 근무 시간을 넘겨가면서까지 학습된 초연함으로 유대인들의 생사를 결정했고 때로는 분노가 폭발하여 이 결정 과정을 중단하기도 했다.[13] 그는 직접 살인을 저지르기도 했다. 페놀을 희생자에게 주사하기도 했고 종종 직접 사살하기도 했다.[14] 한번은 한 여성을 짓밟아 살해했다. 그는 아기들이 소각장에 던져 넣어졌다는 보고를 받기도 했다. 멩겔레는 민간 환경에서 숨겨졌다가 조건이 갖추어졌을 때 분명하게 드러나는 새디스트였을까? 물론 멩겔레가 유대인에게 자행했던 악명 높은 생체 실험들은 의학계의 어두운 치욕이다. 멩겔레의 삶에 대한 로버트 리프턴Robert Lifton의 조사는 그에게 있던 새디즘의 증거를 명백하게 보여주었다. 그런데 그가 전쟁 중 권력자의 지위에 있었던 동안 그 증거는 분명하게 드러날 수 없었다. 브릭만의 용어를 빌리자면 멩겔레는 자신의 지위에 의해 내적 일치감을 부여 받았으며 그것을 즐겼다. 마찬가지 현상이 짐바르도 실험에 참여한 몇몇 경비대에게도 발생했을 것이다.

짐바르도는 감옥 폭력에서 발생하는 개인적 요소들(폭력적인 사람들이 감옥에 거주한다는 것 등)을 상황적 요소(권력 투쟁과 서로 상반되는 두 집단의 목표)로부터 분리하고자 시도했다. 그는 비폭력적인 사람들일지라도 상황적 요소들만으로도 학대 행위가 급격히 발달한다는 것을 보여주었다. 수감자들은 합법적 또는 불법적인 감옥 패거리로 스스로를 조직하여 경비대의 조직화된 권력에 대응한다. 때때로 패거리들은 인종이나 종족 노선에 따라 형성된다. 역사적으로 힘없는 자들이 권력을 모으는 전통적 방법은 단결 즉 무리를 이루는 것이다. 결국 극단적 폭력의 당면 과제는 이런 연대를 (강화 또는 약화시키기 위해_옮긴이) 위협하는 것이었다. 감옥 내 밀고자들이 폭동의 첫 번째 표적이 되는데 이들은 인질이 된 경비대보다도 더욱 심하게 취급된다. 몇 년 전 나는 연방 교도소에서 짐바르도의 감옥 연구에서 다루는 진짜 수감자 집단을 보았다. 나는 그들에게 이 연구에 대해 어떻게 생각하는지, 실제 어떤 차이가 있는지 물어보았다. 이들은 하나를 제외하고는 감옥 생활에 대해 잘 묘사한다고 생각했다. 그 하나는 연구의 수감자들은 조직되지 않았다는 점이었다. 연구 속 수감자들 사이에는 어떤 연대감도 없었는데 실제 수감자들에게는 이것이 근본적인 과제였던 것이다.

　권위에 대한 연구는 사회적 폭력 전반에 걸친 주제 중 하나이다. 우리는 이것을 이미 린치 폭도의 정신 상태에서 보았다. 미국 남부의 백인들은 남북전쟁에서 패한 후 흑인들을 지배할 수 있는 권위를 잃어버렸다. 이들은 이런 모욕감에 대한 화풀이를 새로 만들어지는 사회 질서에 해댔다. 그 희생양들은 쿠클럭스클랜Ku Klux Klan같은 폭도들에 의해 린치와 테러를 당하던 흑인들이었다. 힘 없는 자들은 밀고자들에 의해 자신들의 사회 권력 구조를 위협당했으며, 힘 있는 자들은 현재 권력 구조 상태의 변화에서 위협을 받았다. 미국 남부 연방은 백인을 선호했다. 흑인은 기존 권력의 상실과 새로운 권력 재건 시도의 상징이었다. 짐바르도의 연구에서 경비대 역할을 맡은 대학생 정도 나이의 남성들은 수감자 집단의 단결을 방해할 수단을 자발적으로 고안했다. 권위를 위협하는 희생양 집단이 없을 경우에는 희생자 집단이 날조되어야 했다. 이런 경우로 캄보디아의 폴 포트를 들 수 있다. 폴 포트는 안경을 썼다든가 7년 이상의 교육을 받은 사람을 특권을 누린 적으로 임의 규정하였다.

　얼핏 보기에 감옥 폭동은 군사적 대량학살이나 제노사이드와 무관해 보인다. 그러나 이것은 두 가지 관점에서 중요하다. 첫 번째는 권위와 권력 남용이 어떻게 사회 폭력의 중요한 주제가 되는지 보여준다는 것이다. 권위에 대한 위협은 격렬한 분노를 낳는다. 그럼 이런 현상이 모든 사람들에게 나타나는가? 또는 권위를 강조하는 위계 중시의 군사 조직에서도 나타날까? 두 번째는 비슷한 사회 환경 속에서도 감옥 폭동이 어떻게 서로 다르게 나타나는지를 보여준다. 아티카 수감자들은 뉴멕시코 수감자들에 비해 폭력을 억제했다. 양쪽 감옥의 수감자들은 인종별 파벌이 형성될 가능성이 있었으나 수감자 사이의 폭력은 인종별 노선에 따르지 않았다. 결론적으로 뉴멕시코 폭동은 그 잔인성에도 불구하고 교회에 다니는 남부 백인에 의한 린치 사건이나 군인들에 의해 민간인들에게 저질러진 성폭행과 집단 살해보다 더하지는 않았다. 이는 수감자들과 관련되었을 폭력의 개인적 특성이 집단 폭력이 가지는 사회적 특성에 압도당한다는 것을 보여준다.

제8장 사회적 이행: 제노사이드에서 규범의 변화

> 서로를 향한 인류의 원초적 적대감은 문명 사회를 끊임없이 붕괴의 위험으로 몰아넣는다. _프로이트

이제 우리의 관심을 제노사이드와 폭력의 사례로부터 한 지역 전체 사람들을 점진적인 기아 상태로 몰고 갔던 대가뭄의 영향에 대한 연구(자주 인용되면서도 논쟁적인 연구 주제였다)로 잠시 돌려보려 한다. 이는 사회 규범의 변화가 어떻게 개인의 생각과 행동에 총체적으로 충격을 가하는지 이해하기 위한 것이다. 인류학자 콜린 턴불Colin Turnbull은 이크Ik라고 부른 우간다의 아프리카 원주민 부족과 함께 여러 해를 살았다. 이 부족은 정부에 의해 자신들의 생활 터전인 사냥터에서 쫓겨나 다른 지역에서 사냥하라는 말을 들었다. 그런데 정부가 지정한 곳은 반복되었던 가뭄으로 인해 사냥이 불가능한 지역이었다. 이 부족은 기아로 인해 세 세대를 견디지 못하고 서서히 멸종되었다.[1] 이 과정을 거치면서 이웃을 아끼고

보호해야 한다는 규범은 극단적인 이기주의에게 밀려나게 되었다. 어린 이들은 어려서 부모로부터 버림을 받았으며 음식을 약탈하기 위해 또래 패거리에 가담해야 했다. 양식을 얻기 위한 싸움이 매일 벌어졌으니 누군가의 죽음은 곧 자신의 몫이 늘어난다는 것을 의미했고 이제 타인의 죽음에 대한 반응은 슬픔보다는 기쁨으로 나타났다. 턴불의 서구적 감수성은 이런 모습에 충격을 받았다. 그는 자신의 식량을 이들에게 나누기 시작했지만 곧 쓸데없는 짓이라는 것을 깨달았다. 그는 이 부족 모두를 먹여 살릴 수 없었다. 어떻게 신처럼 누구를 살릴 것인지 선택할 수 있었겠는가? 결국 그는 지역의 규범과 관습에 맡기기로 했다. 턴불은 이 부족에게 있었던 태도의 변화를 이렇게 서술했다.

…… 노인이든 어린이든 공통된 위대한 믿음, 세대가 이어질 것이라는 믿음, 미래 세대에게 희망이 있는 것처럼 과거 세대에게도 있기를 바라는 희망을 공유한다. 다른 누군가의 죽음에서 느껴지는 일상적인 모독감에 의해 이 믿음은 무참히 무너진다. …… 갓난아기를 바라보는 이크족의 노인들이 그들 삶의 터전이 텅 비어있는 모습을 볼 때 무참히 깨지는 것 역시 분명히 그 믿음이다. …… 그것이 막 태어난 아이를 바라보는 유일한 이유이고 이것만이 어떤 믿음과 희망을 유지할 수 있게 한다. 비록 희망이 삶을 더욱 참을 만하게 만들어줄 것이라지만 도대체 여기에 희망이 있기나 한 것인지, 또 이런 환경에 있어 살아보겠다는 충동이 그 자체로서 어떤 종류의 연속성이나 미래에 대한 믿음을 가리키는지 나는 모르겠다. 이제 모든 노인들이 죽을 것이고 그러면 도대체 무엇이 남을까? 새로 등장한 노인들은 …… 사람들이 한 때 다정하게 자신의 아이들을 돌보았고, 또 아이들이 자기의 부모를 돌보았던 때가 있었다는 것을 더이상 기억하지 못한다. 오늘날의 이크족 노인들은 겨우 세 살 때 버림받았고 …… 그 결과 자신의 아이들을 버렸으며, 이 아이들이 자라나 나이 든

자신들이 부모를 도왔던 것 이상의 도움을 아이들로부터 받지 못할 것이라는 사실을 충분히 알고 있다.[2]

이 부족은 가족 간 서로 도와야 한다는 규범을 완전히 상실했다. (독일의 6년이나 르완다의 1년 반의 경우처럼) 훨씬 짧은 기간에도 특별한 집단에 대한 지각과 받아들일 수 있는 행동에 대한 규범이 완전히 변할 수 있었다. 이런 사례에서 규범의 기능은 분명해진다. 규범은 우리가 받아들일 수 있는 것과 받아들일 수 없는 것을 규정하므로 사회에 실재하는 규칙을 정의하는 데 도움을 준다.

포위당하던 1945년 이후 독일의 규범이 어떻게 변화했는지에 대한 비버Beevor의 서술은 매우 주목할 만하다.[3] 러시아의 폭격이 끝났을 때 죽어가는 한 여인의 시신이 식량 배급 줄에 있었고 (죽은 뒤에도_옮긴이) 생존자들은 아무렇지 않게 그 여인의 시신 위로 줄을 서고 있었다. 아무도 자신의 자리를 잃고 싶어 하지 않았고 거기에는 죽은 자나 죽음에 대해 아무런 관심도 없어 보였다. 한편 폭격을 피한 아파트 단지 내 지하실에는 먹을 것을 발견한 운 좋은 사람들이 남들의 시선을 피해 그 곳에서 주린 배를 채웠다. 하지만 얼마 후 가까운 진지가 방어를 포기했다는 소식이 전해지자 서로에 대한 모든 배려심은 사라졌고 식량과 긴급 생존에 필요한 물품 약탈에 이어 무자비한 공격이 서로에게 나타났다.

슈펠드Suedfeld는 비교 연구가 모든 제노사이드에 있는 공통된 요소에 초점을 맞추는 반면, 사례 연구는 개별적 제노사이드에 담겨 있는 중대한 역사적 정보를 제공한다고 지적한다.[4] 여기에서는 비교 연구 방법에 주목하였다. 르완다에서 후투족이라는 한 부족 또는 집단이 투치족이라는 다른 집단을 공격한 것은 표적 집단이었던 투치족이 역사적으로 부당하게 특혜를 받았다고 보았던 것에 기초해 있다. 두 부족 사이에 결혼이 있었으므로 실제 누가 어떤 부족의 성원이었는지 항상 분명히 구분되는 것은 아니었다. 그리고 개인적 악감정에 의한 입증되지 않은 고발에 의해 살해당한 사람들도 있었는데 이는 어느 제노사이드에서든지 볼 수 있는 전형적인 것이었다. 비록 공격을 당한 다른 종족들이 있긴 했지만 캄보디아 학살 대부분은 캄보디아인들이 캄보디아인들에게 저질렀고 이는 개인들이 소속된 사회 계급에 대한 공산주의자들의 독특한 관념에 기초한 것이었다. 대부분의 경우에서 역사적으로 형성된 적대감과 관련되어 표적 집단이 선택된다. 이것은 유대인과 투치족의 경우에 사실이다. 여러 가지 측면에서 보아 투치족은 유대인들이 독일인들에게 동화되었던 것보다 더 후투족에게 동화되었다. 르완다에서 부족간의 통혼은 더욱 일반적인 것이었다. 유대인이 공격당했던 독일 지역 중 바바리아Bavaria처럼 유대인들이 상대적으로 고립되었던 곳의 피해가 컸다.

제노사이드 과정에서 나타나는 다양한 살인 행동에 대해 조사하려는 한 양적 연구가 있었다.[5] 이 연구는 독일 제3제국 점령 아래의 어떤 나라(루마니아나 불가리아 등)에서는 상대적으로 적게 유대인이 학살당한 반면, 다른 나라(폴란드나 슬로바키아 등)에서 대량 살해가 발생했던 이유를 조사했다. 많은 정보가 담긴 1차 자료를 활용하면서 헬렌 페인Helen Fein은 유대인 희생 사실의 차이를 설명하는 어떤 요소들을 설명하기 위해 교차표와 회귀 분석 방법을 채택했다. 페인은 이 분석을 통해 희생의 규모를 증가시킨 것은 ① 전쟁 전에 있던 반유대주의, ② 독일의 통제, ③ 독일과 괴뢰 정권의 공모, ④ 사회로부터 유대인의 고립이라고 결론지었다. 반면 희생자의 수를 감소시킨 것은 유대인 박해에 대한 엘리트 등 다수 대중의 저항, 그리고 독일의 학살 활동이 임박하자 보여준 이들의 발빠른 경고였다.

메릴랜드 대학은 제노다이나믹 과제로서 르완다에서 발생한 제노사이드에 대하여 합리주의의 정치적 행동 모델에 기초한 정치 이론을 적용시키려 시도했다.[6] 이를테면 여기에는 제노사이드 사건을 일으키는 사회 구조적 요소들이 있다고 보는 것이다. 르완다애국전선RPF과 곧 전면 충돌하게 될 르완다 후투족 정부는 르완다애국전선이 권력을 잡을 경우 후투족이 닥치는 대로 살해당할 것이라고 선전했다. 이 선전은 투치족에 대한 두려움과 분노의 감정을 증폭시켰다. 이런 자극적인 선전은 세대를 이어 왔던 투치족의 지배와 폭력이 앞으로도 어떤 형태로든 계속될 것이라는 주장이 후투족에게 스며들어 '사회화'되는 것을 가능하게 했다.[7] 르완다 내 폭력이 지역마다 다양하게 나타났지만 결국 종족적 폭력의 경향과 직접적으로 관련이 있었고 이는 페인이 독일에서 발견한 것과 비슷했다. 이를테면 1973년부터 1994년까지 제2공화국이 통치하는 동안 북부 지역에서는 후투족의 정치 권력이 강력했다. 투치족으로부터 수많은 군사적 공격을 받았던 이 지역 안에는 투치족을 반대하고 탄압하는 긴 역사가 있었다. 모순되게도 나라의 중심에서는 대부분 투치족이 후투족 온건파와 연합하고 있었다. "후투의 힘Hutu Power"은 가장 극단적인 반 투치 집단이었다. 이 조직은 집권한 후투 정당과 가장 밀접하게 연합하고 있었으므로 투치 반란군이 권력을 다시 회복할 경우 정치적으로 가장 많은 것을 잃어버릴 처지에 놓여 있었다. 이런 조직들이 제노사이드를 추동했다.[8] 맘다니Mamdani는 "후투의 힘" 일원과 무장 대원들이 어떻게 세포 안에서 반대자를 적발했는지, 폭력적인 후투족을 어떤 방식으로 일정 지역에 끌고 들어왔는지, 그리고 그들에게 누가 죽어야 할지에 대한 정보를 어떻게 주었는지, 어떻게 반대자를 살해하여 군중들의 저항을 억압하였는지, 표적이 된 집단 성원을 어떻게 모두 제거했는지에 대해 서술했다.[9] 한 지역의 학살이 끝나자 이를 처음부터 기획했던 정치 집단은 이어 다음 지역으로 이동하여 다시 새로운 지역 학살을 시작하려 했다. 이는 표적 집단의 공포와 통합 정도에 초점을 두고, 지정학적 구조 안에서 제노사이드 행위를 저지르려던 이들의 사회정치적 견해를 보여준다.

다벤포트와 스탬Davenport and Stam은 경제가 몰락한 한 시골의 농부에게 있어 생존이 가장 중요한 동기가 된다고 주장했다.[10] 이런 절망적 상황은 제노사이드 명령에 주민들을 복종하게 만드는 지도자의 능력을 강화시킨다. 르완다에 있어 학살 명령에 복종한다는 것은 공동의 의무 노동이라는 용어로 쓰인다. 살인을 "일 하기doing the work"로, 무기는 "연장"으로 완곡하게 표현된다.[11] 심리학 용어를 빌려 말하자면, 투치족에 대한 주관적 지각과 이들에 반대하는 행동은 사회적 호소와 언어적 해리解離에 의해 왜곡된다.

합리주의 정치 모델은 적대감에 이어 지리적으로 확산되는 살인 행위가 권력이 초기부터 갖고 있던 계획에 의한 것이었음을 보여준다. 그러나 이 모델도 제노사이드 공격이 갖고 있는 다양한 측면을 설명하지 못한다. 공격이 "과잉 살해"에 이르는 이유(제노사이드 목표를 달성하거나 외부 집단을 정복하는 데 필요한 것 이상을 저지른다), 성폭행이 제노사이드에 일반적으로 나타나는 이유(르완다나 보스니아, 엘 모소테, 미라이의 경우처럼) 등을 설명하지 못한다. 이런 모델들은 어떤 집단이 절멸의 대상이 되는 이유를 설명하려는 것이지만 드러나는 잔인성의 원인을 명료하게 밝혀내지 못한다. 그들은 학살의 전체 경위를 규범적으로 규명하고, 사건 발생 전 사회 통합의 기능이나 지배 집단에 의한 수용의 관점에서 특정 지역의 공격이 더 격렬했던 이유를 설명했다.

제노사이드의 전제 조건과 표적 집단의 선택

스타우브[12]는 사회적 "악evil"의 진화를 "인간의 기본적 욕구의 좌절과 욕구 성취를 위한 파괴 양식의 발달"의 시작이라고 보았다.[13] 이 악은 주어진 살해 충동 환경에 적절하지 않는 '과도한 극단적 인간 파괴성'을 말한다. 인간의 기본 욕구에는 안전, 긍정적 정체감, 생존에 필수적인 것들에 대한 통제와 효과, 타인 관계와 자율성, 그리고 세계와 그 속에서 차지하는 지위에 대한 이해를 포함한다. 이런 욕구에 대한 좌절은 남들의 욕구 충족을 가로막음과 동시에 불만족의 원인을 돌리기 위한 표적 집단, 즉 희생양 찾기를 시작한다. 제1차 세계대전 후의 독일은 배상금 지불 채무를 지고 있었고 이것은 독일인들의 눈에 매우 불공평한 것으로 비쳤다. 나치가 만들어지던 1920년대 독일 마르크화는 저평가되었고 실업률은 급등하는 등 독일 경제는 황폐화되었다. 르완다는 다른 많은 아프리카 나라들과 마찬가지로 식민주의 역사의 피해를 받고 있었다. 식민주의 이전의 증오감은 억제되었지만 실제 더욱 농축되었고, 경제는 아프리카의 다른 나라들처럼 비틀거렸다. 많은 나라들에서 이디 아민 같은 사이코패스가 권력의 공백기를 노려 정치에 진출하였다. 지난 20년 동안 시에라리온, 콩고, 우간다, 그리고 소말리아는 내전의 공포를 겪었고 수많은 사람들이 학살당했다. 내가 여기서 쓴, 르완다에서 발생했던 인류의 비극이 수단의 다르푸르 지역에서 재현되었다. 아프리카 연합의 평화 활동가들이 물러나고 어떤 국제연합군도 이들을 대신하려 하지 않았다. 국제연합은 셀 수 없이 많은 해결책을 통과시켰지만 직접적인 행동을 낳은 결정은 없었다. 학살이 발생했고 분명히 더 많은 학살이 이어질 것이 분명했지만 아무도 희생자들을 도우려 개입하지 않았다. 뉴욕의 유대인 집단을 비롯하여 비슷한 역동적 제노사이드를 겪어 본 모든 사람들은 수단의 비극에 대해 세계의 관심을 일으키려고 노력하고 있다.

왈러Waller의 "조상의 그림자ancestral shadow"는 본질적으로 사회생물학이 주장하는 부족주의로서 인간이 되는 조건의 일부분이다.[14] 실제로 가해자들은 낙인찍힌 "외부 집단"이 표적 집단임을 분명히 하기 위해 상징으로 구별하여 규정한다. 종족, 정치, 또는 종교적 차이로 인해 표적이 된 소수자는 분명하게 구분되거나 공공연하게 신분이 확인되게 만들어진다. (독일 유대인이 달아야 했던 다비드의 노란별처럼 배지나 문신, 신분증 등이 그 방법으로 이용되었다) 공공연하게 집단 사이의 차별성을 강조하는 문화를 가진 사회(즉, 독일보다 기독교를 유대교와 대비시킨다거나 이스라엘보다 유대인을 아랍과 대비시키는 사회)에서는 이런 과정이 보다 쉽게 진행된다. 상대적이긴 하지만 비록 일시적이고 하찮아 보이는 특성들일지라도 이방인 혐오증xenophobia을 증폭시키는 것만으로도 사람들에게 당시의 과제를 옹호하고 자신과 동일시하게 할 수 있다. 이 혐오증은 인간이 어렸을 때부터 경험해 왔던 사회생물학적 기본 반응의 하나이다.[15] 캄보디아 사건의 표적 집단은 부르조아 계급으로 있으면서 "이익"을 얻은 "교육받은 사람들"로 불렸다.(이들은 7학년 이상의 교육을 받았거나 안경을 쓴 사람들로 규정되었다) 우크라이나에서는 "비옥한" 농장을 소유하고 있는 농부들이 표적 집단이 되었다. 실제 이들이 덜 비옥한 농장 소유자나 가축 소유자와 별로 다를 것이 없었음에도 처음부터 혁명의 적으로 간주되었다. 결국 수백 만 명에 이르는 주민들이 기아에 허덕이다 죽어갔다. 어떤 저술가들은 우크라이나 사람들을 비난했던 러시아 독재 집단의 자기종족중심주의가 이 제노사이드에서 일정한 역할을 했다고 주장한다.16) 캄보디아에서는 종족 구별의 기준이 분명하게 적용될 수 없는 상황에서 제노사이드가 발생했다. 외부 집단의 창조는 여전히 일어나지 않은 것에 대한 더 많은 상상력을 요구한다.

"집단 사고groupthink"에 대한 재니스의 개념은 이런 분석으로부터 떠오른 것이다.17) 재니스는 이를 "만장일치로 결정을 내려야 하는 상황에 놓인 응집력 있는 내부 집단의 성원들이 현실적인 대안이 되는 행동 방침을 제시하려는 의욕을 스스로 포기하게 만드는 사고 방식"으로 정의했다.18) 재니스는 해외 정책에 대한 결정 과정을 연구하던 중 집단 사고를 발견했다. 이는 위험에 대한 지각이나 독립적인 판단, 그리고 난관을 해결할 수 있는 능동적인 지도자와 격리되어 있는 상황에 놓인, 굳게 단결해야 하는 어떤 집단 속에서 발생했다. 이 집단이나 지도자는 사회적 차원에서 권력을 장악하려는 소규모 이념 집단인 "전위"나 지지자 집단을 만들어낸다.

르완다에서 1975년부터 권력을 장악했던 후투족 출신의 하비아리마나Habyarimana 대통령과 그의 측근들은 1994년 곧 정치 권력을 잃을 것으로 판단하고 투치족의 "자유의 투사freedom fighters"나 르완다애국전선RPF이 주는 위험을 과장하기 시작했다. 르완다애국전선은 투치족으로 구성된 민병대로 1994년 르완다 내전에서 최초로 승리했다. 처음에 후투족 엘리트는 자기 편에 있는 사람들을 "르완다인들"로, 다른 나머지를 "적과 한패"라는 뜻의 "이비쵸ibyitso"라고 불렀다. 투치족은 후투족과 함께 섞여 살았으며 비록 몇몇의 경우 통혼이 있긴 했지만 대체로 투치족은 키가 크고 피부색이 밝았다. 르완다의 법은 부족 사이에 정체성을 요구했고 부족 신분 카드 제도가 1931년 이래 시행되었으므로 대개 어떤 사람이 어떤 부족에 속해 있는지 알고 있었다. 후투족은 마을에서 납치한 어린 소년들을 이용하여 자신의 마을을 공격하게 했다. 이 소년들은 자신의 마을 사람들을 강제로 살해해야 했고 결국 고향 마을에서 추방당해 돌아가지 못했다. 후투족은 범죄에 해당하는 이런 강제 징집과 함께 방송국 밀레 콜라인RTLM, Radio Television Libre Des Mille Collines을 통해 투치족이 벨기에 강점 하에서 부당하게 이익을 얻은 침략자이며 사악한 존재라는 악선전을 끊임없이 해댔다. 이들은 "인테라하므웨Interahamwe (함께 공격하는 자들이라는 뜻)"라고 부른 살인 부대를 조직하여 학살의 선봉으로 내세웠다.

학살의 새로운 청사진

살인 부대의 집단 학살 행위가 처벌을 받지 않게 되면서 폭력은 "규범화normalized"되었다. 대량 학살이 저질러지기 전에 있었던 이번 규범의 변화는 대략 3년 동안 계속되었다. 이 기간 동안 투치족 살해의 규범은 다른 후투족들을 강압적으로 가담시키기 위해 변하기 시작했다. 극단적인 사회적 억압과 테러를 통해 후투족에게 '순응'이 발달했다. 다른 후투족들이 폭력에 가담하기 시작하면서 살해의 사회적 규범은 더 심각하게 변해갔다. 다음은 제노사이드 초기 살해에 가담했던 후투족의 증언이다.

> 어떤 사람들이 특별한 한 사람을 살해하려고 했습니다. 찾아다니던 초기에는 이런 살해가 그들을 괴롭혔다고 말할 수 있을 겁니다. 그들은 마치 킁킁거리듯이 그 주변을 찾았고 이에 실패하자 곧 화가 났습니다. 아마 이전의 실패 때문일 수도 있었고 그냥 단순한 재미였을 수도 있습니다. 그날 저녁 대부분은 오랫동안 갈망해왔던 비옥한 토지를 얻기 위해 그렇게 했을 것입니다. 잘라 온 중요한 증거, 이를테면 유력 인사의 것을 가장 빠르게 가져 온 누군가는 가장 먼저 그 희생자의 땅을 보상받을 수 있

었습니다. 그러나 우리는 보통 그런 생각 없이 인간을 사냥했습니다.[19]

이 인용문의 출처는 진 하츠펠드Jean Hatzfeld의 명저『마체테의 계절: 르완다의 살인자들이 말하다』이다.[20] 프랑스 리포터 하츠펠드는 1994년 봄 르완다에서 겪었던 생활과 관련해 감옥에 있는 10명의 제노사이드 가해자를 인터뷰했다. 이 인용문으로부터 의식에 가해지는, 변화된 사회적 규범의 충격을 분명하게 볼 수 있다. 살인은 약간의 대가나 땅을 얻을 기회로서 무감각하게 저질러졌다. 반면, 공동체에 대한 애착의 흔적이 약간이나마 남아 있었다. 가해자들은 학살 현장에서 마주친 면식이 있는 희생자들을 죽이지 않고 지나쳤다. 그들을 도와주려고 해봐야 별다른 방법도 없었지만 아마 노력한다고 해도 소용이 없었을 것이라고 믿었기 때문에 택한 방법이었다. 이때 학살 규칙은 모든 사람이 죽어야 한다는 것을 인정하는 것이었다.

르완다 제노사이드에 있어서 사회 규범의 변화가 개인의 지각에 미치는 충격적 사례는 "학살의 규범"에 대한 또 다른 진술에서 볼 수 있다.[21]

> (개인적으로) 동정심, 감사, 또는 면식에 호소하는 사람을 죽이지 않는 일은 가능합니다. 그러나 그 사람을 살리는 것은 불가능합니다. 당신들은 함께 꾀를 내어 그런 종류의 속임수를 쓸 수 있습니다. 그러나 이미 죽은 것이나 다름없는 사람에게는 소용없는 일입니다. 예를 들어 많은 프리머스 맥주를 내놓겠다는 사람을 한 편으로 빼 놓을 수 있습니다. 그러나 곧이어 또 다른 사람이 와서 이 사람을 처리해 버릴 것입니다.[22]

당신이 오랫동안 카울 옷 등 호의를 받았던 사람을 살려줄 수는 있습니다. 그러나 언제나 그 뒤에는 죽이려고 따라오는 누군가가 있습니다. 습지에서 단 한 명의 투치족도 살아남는 행운을 얻지 못했습니다. 해야만 했던 일은 어떤 환경에서도 실행되었습니다. 당신도 알다시피 결국에는

당신도 이 진실을 부인할 수 없습니다.[23]

우리는 하나의 팀으로 전진하면서 파피루스와 퇴비 더미에 숨어있는 도망자들의 무리로 뛰어들었고, 이 상황에서 그들이 이웃임을 알아보는 것은 쉬운 일이 아니었습니다. 그러나 불행하게도 축구를 함께 했던 동무처럼 면식이 있는 사람을 잡게 된다면 고통이 심장을 쥐어 짤 것입니다. 나는 그를 그대로 두고 동료들 곁으로 갑니다. 이런 행동은 조용히 해야 하며 들켜서는 안 됩니다. …… 슬픔의 감정 때문에 살해를 주저하는 사람은 누구든지 절대 말조심해야 합니다. 공범자라는 비난을 받을 것이므로 두려움과 침묵의 이유에 대해 말하면 안됩니다. …… 어떤 경우에는 이런 느낌이 오래 지속되지 않아 곧 잊어버리게 됩니다.[24]

우리는 파피루스 숲을 따라 내려가면서 모든 것을 죽였습니다. 특별히 누구를 만날게 될까 두려워하거나 생각하지 않았으며 선택의 여지도 없었습니다. 우리는 단지 평원의 절단기처럼 지인이나 이웃의 목을 잘라내는 사람들이었습니다. …… 오늘 이름을 알고 있던 어떤 사람들이 그들을 부정하는 사람들이 더이상 없었기 때문에 살아남았을 것입니다. 나중에 이들은 고통받은 가족들의 호의를 받기 위해 자신들이 고향에 쉽게 되돌아가려고 살려준 것일 뿐이라고 지어냅니다. 우리는 이런 속임수에 대해 농담을 주고받곤 합니다.[25]

우리에게는 남자와 여자, 아이와 노인을 구분하는 것이 금지되어 있습니다. 모든 사람들은 결국 학살당합니다. …… 협박은 계속됩니다. 누군가를 알고 있다는 이유로 칼을 내려놓는 그 누구도 동료들의 의욕을 망가트리는 것이라고. 어쨌든 잘 알고 있다는 이유로 살해 행위를 회피한 사람은 자신뿐 아니라 그 지인에게도 친절한 것이 아닙니다. 왜냐하면 그도 다른 사람에 대해서는 전혀 자비롭지 않을 것이고 살려준 그 지인도 결국 어떻게든 죽게 되기 때문입니다.[26]

마체테 칼로 살해하는 것이 "자르기"인데 어떤 희생자들은 잘 잘라지지 않는 구식 넥타이를 매고 있었기 때문에 살기도 했다. 어떤 희생자들은 죽음을 통해 얻게 될 것으로 예상되는 대가 때문에 존중받기도 했다. 우리 모두는 민간 환경에서 어떤 위계 질서, 즉 우리가 좋아하거나 싫어하는 이웃이나 지인과의 사회 관계를 측정하는 양식이 서로 다르다. 르완다에서는 이런 것이 학살의 사회적 기준을 결정하는 청사진이 되었다.

1994년 4월 하비아리마나 대통령의 비행기가 추락한 후(아마 지대공 미사일에 의한 것으로 추정된다) 르완다애국전선은 수도 키갈리로 향해 나아가기 시작했다. 이 시점에서 투치족에 대한 제노사이드가 전면적으로 확대되었다. 누가 미사일을 쏘았는지는 아직도 규명되지 않았다.

가해 집단의 구조

집단 사고에 가담한 살해 집단은 극단적인 위험도 감수할 수 있는, 도덕적으로 정의롭다거나 다치지 않을 것이라는 환상을 가지고 있다.[27] 그리고 자세를 누그러뜨려야 한다는 경고에 대한 집단적 합리화, 자기 집단이 도덕적으로 우월하다는 것에 대한 흔들림 없는 믿음, 외부 집단에 대한 비타협적이고 부정적인 고정 관념, 집단의 이념에 반대하는 사람에 대한 직접적 억압, 명백한 합의로부터 벗어나는 것에 대한 자기 검열, 만장일치에 대한 환상의 공유, 상반되는 정보로부터 집단을 보호하려는 독단적인 "심리의 보호막mind guards"을 가지고 있다. 어빙 재니스의 집단 사고는 작은 집단의 역동성에서 창안했던 것이었지만, 독일과 르완다에서 벌어졌던 사례들은 표적 집단과 집단 목표를 향한 인식의 총체적 변화가 일어나는 국가 차원의 집단 사고를 보여주는 것이었다. 이러한 집단 사고는 도전받지 않는 "세계관" 또는 현실을 규정하는 견해와 함께 국가적 교리가 되어 확산되었다. 이런 견해가 도전받게 될 때 마침내 내부로부터 폭발이 일어난다. 히틀러가 벙커에서 자살하자 국가적 세계관이었던 나치즘도 함께 종말을 알렸다. 작은 규모의 광신 집단에 있어서 교주의 노출은 그 집단 안에서 만들어진 사회적 실체의 종말을 부르기도 한다. 이런 견해에서 봤을 때 제노사이드는 치명적인 사회적 히스테리의 방식과 극단적인 공격의 대상이 되는 불운한 표적 집단을 만들어낸다. 집권한 가해 집단은 제노사이드 환경에서 희생자들이 부당하게 이익을 얻은 악한 존재로서 기생충이나 바이러스와 같으니 이들이 배로 늘어나기 전에 근절시켜야 한다고 규정한다. 나치의 선전 기관은 우글우글하는 기생충 덩어리와 쥐떼의 무리를 보여주는 영상을 만들어 유대인들을 이런 전염병의 이미지와 시각적, 언어적으로 연결시켜 묘사했다. 여기에 흥미가 있는 독자들은 피터 코헨Peter Cohen의 탁월한 다큐멘터리 『운명의 건축The Architecture of Doom』을 참조할 수 있다. 이 작품을 통해 이렇게 조작된 현실을 바라보는 냉철한 견해를 엿볼 수 있다.[28] 르완다에서는 정부의 라디오 방송국이 매일마다 나치와 같은 방식으로 선전을 계속했다. 냉소적이지만 정곡을 찌른 소설인 오웰의 『1984』에 이런 상황이 잘 묘사되어 있다. 정부가 운영하는 텔레비전 화면은 전쟁의 진행 과정을 계속해서 방영했다. 사람들은 그것이 진짜인지 아니면 허구인지 알 수 있는 방법이 없었다. 오웰이 지적한 것이 바로 이것이다. 정보는 통제되고 현실은 조작된다.

스타우브가 서술한 기본적 욕구의 좌절과 무관하게[29] 각 사회들이 만든 많은 사회적 규제가 서로 다르다는 것은 분명하다. 사람들은 나치 독일, 크메르 루즈의 캄보디아, 스탈린의 러시아, 마오의 중국 등 전체주의 사회의 목록을 한 번에 줄줄이 생각할 수 있다. 그리고 르완다처럼 상대적으로 "혼란"에 처했거나 조직화되지 않은 나라도 있다. 사건 당시 민주주의를 유지하며 합법적인 제도를 갖추고 있던 민주 국가들도 이 목록 안에 들어있다. 나치는 민주주의 국가에서 소수파였으나 단계적으로 저질러진 암살 시도와 "국회의사당 방화 사건" 같은 일련의 음모를 통해 권력을 장악했다. 이 방화는 십중팔구 나치, 특히 괴링에 의해 저질러진 것인데 "실토"했다는 고문당한 운 없는 공산주의자 벽돌공에게 그 혐의가 덮어 씌워졌다. 그는 유죄 판결을 받고 사형당했다. 이 사건은 당시 집권 가능성이 높았던 공산당을 혼란에 빠트린 반면, 나치의 득표율을 높임으로서 나치의 집권을 도왔다.(http://www.wikipedia.org/wiki/Reichstag_fire 참조)

국가의 통제를 직접 받는 정부군 또는 준군사적 민병대가 저지르는 것은 대량 학살의 전형이다. 독일, 아르메니아, 그리고 우크라이나에서 표적 집단에 대한 민간인들의 공격이 있었으나 이들 폭력 대부분은 정부에서 조종한 것이었다. 이 나라들에서 벌어진 제노사이드는 "무감각하고", 체계적이고, 효과적이고, 그리고 지휘를 받고 있었다. 제노사이드는 정치적으로 선택된 표적 집단에 대해 직접적으로 저질러진 것이 분명했다. 나치의 유대인 학살은 이런 사례의 하나를 보여준다. 비록 집단 사살로 시작되었지만 점차 열차와 가스실, 소각장, 그리고 거대한 억압 통제 장치를 사용하는, "최종 해결책"이라고 부른 거대한 집단 학살로 발전했다. 르완다에서는 인테라하므웨라고 부른 극단주의 민병대가 피의 향연을 시작했다. 이후 제노사이드가 절정에 달했을 때는 다른 후투족들도 똑같은 살인자들이 되어 있었다. 르완다 학살 현장을 몰래 촬영한 영상에 따르면 학살자들은 옥수수나 긴 풀을 자르는 데 많이 쓰던 방법으로 무감각하게 사람들을 베고 있었다. 가해자들은 이런 행위를 "자르기cutting"로 불렀다.

　캄보디아 학살도 이와 비슷하게 "기계적"인 것으로 묘사되었다. 많은 희생자들이 총알을 아낀다는 명목으로 괭이나 곡괭이로 뒷머리를 맞아 살해당했다. 나치나 크메르 루즈 모두 대규모 사람들을 체계적으로 절멸하는 과정을 완곡한 단어로 불렀다. 크메르 루즈는 "쓸어내다, 처분하다"라는 단어를 사용하였으며 나치는 "특별 행동, 재정착"이라는 단어를 사용했다. 나치의 절멸 캠프에는 아우슈비츠가 포함되어 있었고 크메르 루즈에게는 악명 높은 "심문 캠프" 뚜얼 슬랭Tuol Sleng이 있었다. 뚜얼 슬랭의 악명은 수감자 교정 세트에서 비롯되었다. 이곳에서는 "발바닥을 맞는 고문이나 전기 고문을 당하는 동안 시끄럽게 울어서는 안 된다"는 것과 같은 규칙이 있었다.[30] 전체주의 정권의 학살 형태 대부분은 무감각하게 저질러졌다. 비록 캄보디아에서 있었던 소수의 학살이 고문으로, 우크라이나에서는 고문과 처형으로 저질러졌다고 하지만 최종 해결책에 의한 나치의 집단 학살에 이르면 대규모 집단 총살도 부족하여 집단 살해에 더욱 효과적이었던 독가스로 대체되었다.

　휴먼라이츠워치에 따르면 르완다 학살은 폭력을 위해 모집된 극단적 민병대에 의해 시작되었고 참여하지 않으면 적으로 여겨지는 사회적 압력이 증가함에 따라 다른 후투족에게로 확산되었다.[31] 이런 살인 집단들은 자신들이 속한 사회의 적을 공격하기 위해 독일의 SS와 마찬가지로 퇴역 군인들에 의해 훈련되었다. 보상 약속에 준비되었다는 듯 많은 가난한 청년들이 반응했다. 20세 이하 르완다 청년의 60퍼센트인 수만 명이 가족들을 먹여 살릴 직장과 집을 지을 땅을 얻을 가능성이 거의 없었다. 전쟁을 피해 수도 가까운 수용소에서 살던 이런 청년들이 대규모로 인테라하므웨 활동 초기에 징집되었다. 이들은 여러 달 동안 훈련을 받았으며 제노사이드가 발생하자 즉시 이에 동원되기 시작하였다. 많은 민병대원들이 어린이였으며 아홉 살밖에 안 된 경우도 있었다.* 이들은 마을에서 잡혀왔으며 일부는 시키는 대로 따르지 않는다고 하여 사살되었고 나머지는 살인의 동조자가 되었다. 징병된 이들은 자신의 마을로 돌아가 주민들을 살해하라는 명령을 받았다. 이들은 결국 자신의 마을로부터 추방당해 군대로 편입되었다.

이후 어떤 간부는 감옥에 갇혔다가 처형되었으며 또 다른 간부는 자신의 가족에 의해 살해당하기도 했다. 4월 중순 또는 그 직후에 살해를 막으려 했던 세 명의 시장과 많은 다른 간부들 역시 살해당했다. 제노사이드의 주범들은 학살을 주저하는 지방 정부를 압박하기 위해 나라의 중부와 남부 지역에서 회의를 열었으며 동시에 학살을 잔혹하게 진행했던 공격자들을 이 지역 각 마을로 보냈다. 당시 이 지역의 정부와 주민들은 학살을 거부하고 있었다. 이들은 라디오를 통해 중앙 정부에 호응하지 말라고 설교하고 다니는 지방 행정부와 정치 지도자들을 조롱하고 협박하였다.

1994년 4월 하비아리마나의 비행기가 피격된 후 후투족 대령 테오네스테 바가소라Theoneste Bagasora가 이끄는 새 집단이 권력의 공백상태를 채웠다. 새 지도자는 군 지휘관들을 통합하여 정리했는데 이들은 국제 사회가 보여 준 비겁한 초기 대응으로부터 많은 것을 얻었다. 평화 협정의 이름으로 르완다에 주둔하던 유엔군은 불과 몇 시간 동안의 평화를 유지하다 말고 뉴욕에 있던 상관들의 명령에 따라 공격자들의 자비에 주민들을 맡겨둔 채 주둔지로 돌아갔다. 바가소라를 반대하던 장교들은 외국인이 계속 남아 있는 것이 학살을 억제하는 근본 방안임을 알아채

---

* 무기 기술의 "진보"는 어린이가 다룰 수 있을 정도로 가벼운 자동화기를 만들어냈다.

고 프랑스, 벨기에, 미국의 각 대표부에게 르완다를 떠나지 말도록 호소했다. 그러나 다가오는 공포를 예감한 외국인들은 이미 짐을 다 꾸린 상태였다. 경험이 있고 잘 무장된 프랑스, 벨기에, 그리고 이탈리아 군대는 급히 외국인들을 소개하여 떠났다. 이 지역에 파견된 미 해병대는 이웃한 부룬디에 머물면서 자신들의 도움 없이도 미국 시민들이 떠나는 것을 확인했다. 비행기가 격추되고 2주일이 지난 4월 20일 제노사이드의 조직자들은 아직 완벽한 것은 아니었지만 권력이 집중된 국가 기구의 상당 부분을 통제해 나갔다. 행정부는 전쟁으로 야기된 통신과 운송의 곤란에도 불구하고 제 기능을 잘 수행하고 있었다.

르완다 중앙 정부 수상으로부터 내려 온 살해 명령은 장관, 시장, 지방 의회를 통해 대중들에게 알려졌다. 그 내용은 누구를 어떻게 죽일 것인지 등에 대한 지침이었다. "공범자들"에 반대하여 "정당 방위"하라는 주장이 북에서 남으로, 동에서 서로 메아리쳤다. 학살은 "일", 마체테 칼과 소총은 "연장"이라고 묘사되었다.(다른 제노사이드에서는 "종족 청소"나 "재배치" 등의 용어가 쓰였다) 각 지방의 상황이 보고되는 몇 분 간의 회의가 열렸으며 이 내용이 행정 채널을 통해 각 지역에 전달되었다. 이런 방법으로 학살의 규범적 본성은 인테라하므웨에 가담하지 않았던 후투족에게도 확산되었다.

키갈리 학살 첫날, 공격자들은 이미 표적으로 삼았던 개별 인사들을 색출해 살해했다. 또한 특별히 지정한 지역에서 집집마다 체계적으로 뒤져 하비아리마나를 반대했던 투치족과 후투족을 학살했다. 정부 관료들은 지방 주민들에게 투치족이 도망치는 것을 막기 위해 장벽을 세울 것과 숨은 자들을 찾아내기 위해 수색대를 조직하라고 명령했다. 제노사이드가 자행되던 첫 주 동안 가해자들은 또 다른 전략을 구사하기 시작했다. 이들은 투치족 주민들을 집에서 끌고 나와 관공서, 교회, 학교와 같은 공공 시설로 내몰았고, 결국 이곳에서 대규모 학살을 저지르려고 했다. 한 교회에 갇혔던 소녀들은 투치족을 죽이기 위해서 후투족과 투치족을 구분한다는 말을 들었다. 소녀들이 분리를 거부하자 모두 살해당했다.

  4월 말이 되자 정부는 "화해"를 선언했다. 그런데 이는 학살을 끝내겠다는 것이 아니라 학살을 더욱 장악하겠다는 의미였다. 해외의 비난에 예민하게 반응했던 정부는 비난이 없었음에도 가장 규모가 컸던 학살을 중단했다. 또한 살인 면허를 남용한 공격자들을 제어할 방법을 찾았다. 그 대상은 개인적인 갈등 때문에 후투족을 살해했거나 돈 또는 성 상납의 대가로 투치족을 도망가게 한 자들이었다. 정부는 체포한 곳에서 용의자들을 살해하지 말고 "조사"를 위해 공무원에게 데리고 오라고 민병대와 시민들에게 지시했다. 정부는 학살을 피해 숨어있던 투치족을 유인하는 전술로 이 "화해"의 기회를 이용했다.

  5월 중순 정부는 그때까지 생존해 있던 투치족을 훑어내는 마지막 단계를 실행하라고 명령했다. 이들은 피신에 성공한 사람들, 여성과 어린이라서 살려 준 사람들, 성직자나 의료계 종사자 등 지역 공동체 사회에서 높은 신분을 가진 인사들에 의해 보호를 받은 사람들을 절멸하려고 했다. 르완다애국전선이 다가옴에 따라 학살자들은 이 학살에 대해 증언할 것이 틀림없는 생존자들을 죽이기 위해 더욱 서둘렀다. 제노사이드가 자행되는 동안 투치족 여성 대부분은 학살당하기 전에 성폭행, 고문, 그리고 사지 절단을 당했다.

  정부는 라디오와 대중 집회를 통해 르완다애국전선의 침공이 구체적이고 긴박하다며 오랫동안 매도해왔다. 이들은 투치족이 총을 숨겨두었다거나 빼앗을 후투족의 땅이 표시된 지도를 가지고 있다거나 또는 지방 행정 공무원들을 학살했다는 등의 구체적인 거짓 정보를 나라 전체에 퍼트렸다. 정부는 이런 소식을 이용하여 후투족에게 이웃의 투치족이 위험한 르완다애국전선의 첩자로 확신하게 만들었다. 지역 사회의 지도자들과 심지어는 성직자들까지 투치족을 공격하는 것은 "정당 방위"라고 합리화시키면서 후투족을 설득했다.

하츠펠드의 인터뷰 중 한 사람은 이렇게 말했다.

> 아무런 잘못이 없었음에도 우리는 투치족 이웃들이 언제나 사회 갈등의 근원이라고 생각했습니다. 우리는 더이상 그들을 한 사람씩 한 사람씩 바라보지 않았습니다. 우리는 더이상 그들 예전의 모습 그대로 인식하지 않았습니다. 심지어 동료였던 경우도 그랬습니다. 이들은 우리가 함께 경험했던 그 무엇보다도 큰 위협이 되었고, 우리 사회에서 사물을 보는 방식보다도 더욱 중요했습니다. 우리가 당시 그렇게 판단했으니 그런 살인까지 저지르게 되었던 것입니다.[32]

정부는 학살 가담자들에게 현실적인 보상을 제공했다. 배고프고 실직한 청년들에게 식량과 음료, 마약, 군복, 그리고 약간의 현금을 지급했다. 이들은 농민들에게 가축, 농작물은 물론 문, 창문, 지붕과 같은 건축 자재를 약탈하도록 충동질했다. 경작지가 부족한 이런 사회에서 정부는 희생당해 주인이 없는 투치족 소유의 토지를 농민들에게 주겠다고 약속했다. 기업가나 지역 엘리트들에게는 희생자들의 집과 자동차, 자영업권, 텔레비젼이나 컴퓨터같은 희귀한 물건들을 나누어 주었다. 이런 사정으로 몇몇 지역에서는 후투족에게 투치족을 공격하라는 신호 이상의 것을 할 필요가 없었다. 중앙이나 남부 르완다 지역에서는 투치족이 잘 통합된 다수였고 반면 집권 정당의 지지 기반이 별로 없었으므로 후투족 대부분이 투치족 공격을 거부하고 투치족과 함께 중앙 정부의 공격자들에 대항해서 싸웠다. 이 지역의 후투족들은 군부와 민간 정부의 공공연한 비난, 괴롭힘, 벌금, 재산 파괴, 테러, 죽음의 위협을 당한 후에야 제노사이드를 공공연하게 반대하던 입장을 철회했다. 어떤 곳에서 정부는 학살을 주저하는 후투족에게 폭력의 강도를 점차적으로 높여가도록 강요했다. 처음에는 약탈을 했고 이어 집을 파괴했다. 그 다음은 집에 거주하던 주민들을 살해하도록 유도했다. 가끔 어떤 후투족은 약탈에만 가담하고 살해에는 가담하지 않자 군인과 경찰은 이들에게 처벌하겠다며 협박했다. 이전부터 투치족에 동화되어 있던 지역에서는 정부와의 관계가 친밀하지 못했다. 지리적 위치 차이에 따라 끝까지 정부를 반대하기도 했는데 이는 역장力場, field of force이론에 비교할 수 있다.

어떤 지역 사회가 다른 지역 사회보다 학살을 저지를 준비가 더 잘되어 있는 경우가 있는 것처럼, 후투족 개개인들은 어떤 한 사람에 대한 공격에는 동의하지만 그 외의 다른 사람에 대한 공격에서는 그렇지 않을 수 있었다. 같은 논리를 더 확장하자면 이 사람은 어떤 사람을 공격하면서도 다른 사람을 구할 수 있다. 이런 경우는 이미 앞의 진 하츠펠드 저서의 인용문에서 본 바 있다. 투치족을 보호한 후투족은 보통 가족이나 친구 또는 과거에 받은 도움에 대해 보답을 해야 하는 관계가 있었다. 하지만 때때로 생면부지의 사람들을 구하기도 했다. 많은 경우 정부가 명령했기 때문에 죽인 것이라고 말했다. 이런 진술들을 종합할 때, 국가의 "도덕적 권위"가 범죄를 저지르도록 지휘했다는 인식 때문이라는, 즉 국가가 명령한 것으로 인식했으므로 상상도 할 수 없었던 극단적 행위를 저지르게 되었다는 주장이, 때때로 듣게 되는 "명령에 복종하는 민족적 성향이 있다"는 주장보다 더 그럴 듯하다는 것을 보여준다. 이런 의미에서 스타우브가 주장한 일련의 과정에 따라 규범의 변화가 일어난다. 새로운 규칙이 현실을 압도하면 이 규칙은 시민들을 폭력으로 이끈다. 이렇게 규범이 점진적으로 변화한다는 것은 나치 독일에서 입증되었다. 이에 대해서는 앞의 제4장에서 다룬 유대인에 대한 괴롭힘과 살해 목록의 증가를 참고할 수 있다.

제노사이드 조직자들이 국가 통제력을 얻었던 초기에는 반대자를 억압하긴 했지만 절멸시키는 데까지 나아가지는 않았다. 5월과 6월 르완다 임시 정부의 군사적 패배와 국제 사회가 임시 정부를 승인할 수 없다는 최초 신호에 의해 그 권위가 약화되었을 때 한 지역의 후투족들은 더 이상의 색출이나 경계 불침번으로 참가하는 것을 거부하기 시작했고 이는 곧 다른 지역의 후투족에게 확산되었다. 그러나 곧 가담자 대다수가 후퇴하기 시작하자 공격에 열중했던 소수 집단의 손에 제노사이드 실행이 남게 되었다. 이들은 이익에 대한 희망 또는 마지막 남은 투치족을 끝장내겠다는 광기 때문에 사냥과 학살을 계속했다.

스타우브의 모델에 있어서 물질적 궁핍, 정치적 혼란, 실존적 갈등 등 기본적 욕구의 좌절과 희생양 발견은 파괴 과정을 선동하는 환경을 구성한다. 르완다에서 있었던 오랜 궁핍, 정치적 혼란, 그리고 투치족이 위험한 침략자라는 오래된 견고한 믿음이 최악의 폭력 상황과 결합하였다. 궁핍은 내부 집단의 정체성, 특히 강력한 지도자를 원하는 권위주의적인 사람들 사이의 일체감을 높여주었고 외부 집단이 위험하다는 인식과 파괴적 이념을 낳았다. 이것은 배타적인 세계관, 즉 "말세적인 적개심의 이데올로기 in extremis, an ideology of antagonism"를 낳았다. 피지배 집단이 더 많은 것을 요구하자 지배 집단은 이를 자신들의 생존 근거와 "정당한 이데올로기"가 위협을 받았다고 여기고 거칠게 억압하고 공격하는 행동으로 반응했다. 르완다애국전선의 압박과 대통령의 죽음은 이런 위기 의식을 촉발시켰다. 비록 제노사이드는 아니지만 미국 남부 지역에서 있었던 흑인 린치 사건을 이런 관점에서 바라볼 수 있다. 남북전쟁에서 당한 패배와 "자유로운 흑인"의 계속된 등장은 그 동안 남부 지역에서 정당화되었던 이데올로기를 위협했다.

스타우브는 외부 집단을 둘러싼 고정 관념에 두 가지 유형이 있다고 주장한다.[33] 외부 집단을 저평가하면서 무시하는 형태가 있는 반면, 외부 집단이 지난 시기 부정을 통해 특혜를 얻었다며 더 격렬하게 대응하는 형태가 있었다. 히틀러가 유대인을 이런 식으로 보았고, 후투족 극단주의자들도 투치족을 이런 식으로 묘사했다.

일단 공격이 시작되자 가해자들의 폭력은 진화했다. 가해자들 개인의 성격, 사회 규범, 기구, 그리고 문화에 이르기까지 모든 것이 쉽게 더 큰 폭력을 저지를 수 있도록 성장했다.[34] 폭력을 금지하고 사람을 보호해야 한다는 보편적인 도덕 원칙은 이들이 말하는 "더 높은" 가치, 즉 인종적 순수성과 선, 내부 집단의 특혜를 지키고 희생자들을 없애 더 나은 사회를 창조하자는 것으로 대체되었다. 이들의 유토피아에서는 누군가 배제되어야 하며 이 유토피아를 빌미로 그 배제는 정당화된다. 집단 규범의 점진적인 재구성은 이런 이념적 노선의 변화에 따라 발생한다. 앨버트 밴두러Albert Bandura는 이를 "도덕적 이탈moral disengagement"의 과정으로 서술했다. 이는 발생 또는 재발한 "비난받을 만한 행동"이 용납되는 것을 말했다.[35]

인지 과정을 이용하여 이렇게 완곡하게 표현된 전문 용어는 르완다 학살에서 사용된 용어인 "일"처럼 폭력의 행동을 다르게 보이게 한다. 이런 완곡어법은 그 행위자 자신이 무슨 짓을 하고 있는지 완전히 깨닫는 것을 가로막는다. 이때 규범의 변화가 이 과정을 돕는다. 어떤 행동을 규범으로 만듦으로서 도덕적으로 더 쉽게 받아들일 수 있는 것으로 여기고 전혀 엉뚱한 판단을 내리게 된다. 이 행동에 대한 개인적 책임은 규범의 변화에 따라 분산되며, 모든 사람이 함께 하는 어떤 행동에 대해 개인적 책임감을 거의 갖지 않게 된다. 동정어린 인식이 없을 경우 그 행동의 결과가 희생자에게 미치는 영향 전체에 대해 전혀 다르게 보게 된다. 희생자의 감정이 이입된 인식은 살인자들의 살인 행동을 불가능하게 하며 강간범들에게 강간을 못하게 한다. 인지의 변화는 사회 규범의 변화에서 생긴다. 밴두러는 "사회화된 시민들이 죽음도 불사하는 전사로 바뀌는 것은 성격 구조, 공격 충동, 또는 도덕 기준의 변화에 의해 오는 것이 아니다. 오히려 이것은 살인의 도덕적 가치를 인지적으로 재구성하는 것에 의해 달성된다. 이는 스스로를 검열하거나 억제하는 것으로부터 자유로울 수 있게 하기 위한 것이다."라고 하였다.[36] 오소프스키Osofsky 등은 처형을 집행하는 교도관들로부터 이런 과정을 관찰했다.[37] 교도소 내 다른 근무자들과 비교할 때, 처형 팀은 밴두러가 묘사한 방식의 "도덕적 이탈" 현상을 보여줬다. 이들은 자신들의 행동을 도덕적 용어(성경은 "눈에는 눈, 생명에는 생명"이라고 가르친다. 이에 따르면 살인자들은 완전한 인간으로서 취급받아야 할 권리를 몰수당하는 것이다), **사회적 용어**(오늘날 사형은 고통을 최소화시키는 방법으로 실행된다. 따라서 처형은 살인에 비해 자비로운 것이다), **경제적 용어**(살인자들을 살려두는 것보다 사형시키는 것이 사회를 위해 비용이 덜 들어간다)로 합리화시킨다. 이전에는 상상조차 할 수 없었던 가해 행동이 이제 "정상"으로 받아들여질 수 있게 되었다. 이제 희생자들을 살해하는 것은 해야 할 "올바른" 것이 된다. 하츠펠드의 인터뷰는 비록 이웃을 살해하는 것이 힘든 일이었지만 투치족에 대한 살해는 당연하게 여겨지게 되었다는 것을 보여줬다. 이런 과정은 느리게 진행되거나(튀르키예에서는 아르메니아인들이 제노사이드 발생 전부터 오랫동안 박해를 받고 있었다) 또는 상대적으로 빠르게 진행될 수 있었다.(르완다에서는 비록 오랜 부족 간 증오의 역사가 있었음에도 살육이 있기 불과 몇 달 전까지 온건한 후투족과 투치족 사이에 우호적인 교류가 있었다)

신념을 집중시키다

피터 코헨의 영화는 괴벨스의 나치 선전 도구들이 제노사이드를 전염병의 퇴치 또는 바이러스의 제거로 묘사했다는 것을 보여줬다. 이런 집중화된 은유는 다른 사람들의 생각을 변화시킬만큼 강력했다. 연극『오델로』에서 데스데모나의 아버지는 "그것(딸이 흑인과 관계를 가졌다는 것)을 믿어야 한다는 것이 이미 나를 억압한다."(오델로 1.1.154)라고 말했다. 이를 달리 말하자면 어떤 믿음에 집중한다는 것은 관련된 믿음을 왜곡하거나 모두 없애버리게 의식을 억압하거나 점령한다. 유대인을 기생충으로 이미지화시키는 것이 그런 경우이다. 나치의 선전 영화는 거대한 집단의 쥐 떼나 꿈틀거리는 기생충 무더기를 보여주었다. 이런 집중으로 인해 변화가 진행되면서 가해자의 수는 늘어나고 선택된 표적 집단도 확대된다. 결국 이렇게 스타우브가 말한 "도덕성의 역전reversal of morality"에까지 이른다. 그래서 한 때 폭력적인 살해처럼 비난받을 것으로 생각된 행동이 이제는 칭찬받을 만한 것이 된다. 인간의 의식 속에서 살인은 전염병 퇴치로 변형되는 것이다. 인간이 가진 본성의 하나인 상징 추론 능력은 의식 속에서 이런 변형이 일어나는 것을 가능하게 한다. 새디스트적인 폭력은 침팬지나 인간같이 뇌가 진화한 생명체에게서만 발생하는 것이지만 인간은 스스로 이를 넘어 더 나아간다. 다음에서 볼 수 있듯이 의식에 색칠을 할 수 있다는 믿음의 또 다른 중심적 사례는 "성전을 위한 살인은 천국으로 가는 보상을 받게 될 것"이라는 믿음이다.

표적 집단의 선택

마이클 길리에리Michael Ghiglieri는 사회생물학적 관점에서 제노사이드를 연구하였다.[38] 이 관점은 표적 집단의 선택 과정은 물론 부족주의의 근원도 설명한다. 이에 따르면, 사회 집단이 너무 커서 서로의 존재를 인식하지 못할 때, 그 성원들은 소속감을 느낄 수 있으며 타인을 개인적인 동맹으로 인식할 수 있는 소규모 집단에 참여해야 한다는 강박감을 느낀다. 이것이 사회생물학 용어인 자기민족중심주의와 이방인 혐오증의 근원이다. 하긴 본질적으로 외부 집단은 원래부터 인식할 수 없는 자들을 의미한다. 사람들은 어떤 큰 집단을 없애지 않고도 작은 집단에 결합할 수 있다. 그리고 다양성이 존중받는 사회에서는 내부 집단이 외부 집단과 평화적으로 공존한다. 르완다의 살인자들은 제노사이드 희생자들의 이웃으로 서로 알고 있는 사이였다.

다시 하츠펠드의 인터뷰를 보자

> 그 지도자는 반복했습니다. "후투족 남편이 적절하게 소유하고 있는 투치족 여성들을 제외하고 모두 죽여라" …… 이것이 투치족 여성들이 살아남은 이유를 설명해줍니다. 그러나 반대로 후투족 여성이 아내였던 투치족 남편은 우선 순위로 살해당했습니다. …… 당신이 투치족 부인을 구하려고 한다면 당신은 그 지도자에게 소 한 마리를 주든가 아니면 조직책에게 라디오 같은 것을 주어야 합니다.[39]

사회생물학적 관점에서 볼 때 투치족 부인은 이미 후투족 남편의 소유였다. 반면 투치족 남편은 외부 집단의 유전자를 이어나갈 수 있었다.

표적 집단을 선택하게 만드는 힘은 정치적 그리고 심리적으로 나타난다. 세르비아에서는 세르비아, 크로아티아, 무슬림 사람들이 종교와 종족으로 구분되었다. 이미 존재했던 이런 구분은 유고슬라비아가 붕괴하자 곧 악화되었다. 르완다에서는 후투족과 투치족 사이에 여러 세기에 걸친 증오가 있었는데 이는 식민지가 되기 이전에 있었던 부족 간 전쟁이 다음 세대의 기억에 지속되고 있었고 여기에 다시 벨기에 식민지 당시 부족 간 불평등이 덧붙여져 강화되었다. 후투족은 투치족을 점령자 벨기에로부터 부당하게 특혜를 받은 침략자로 보았다. 벨기에가 떠나는 즉시 그동안 사무쳤던 원한이 드러나기 시작했다. 당시 세계 곳곳에 있었던 종족적 종교적 차별은 그래도 참을 만한 것이었다. 표적 집단에 대한 종족적 종교적 구별이 있었지만 상위의 정의('우리 모두는 식민주의 권력의 지배를 받고 있다' 또는 '우리는 모두 카톨릭, 무슬림, 공산주의자, 유고슬라비아인이다'라는 등)로 인해 차별을 뛰어넘는 보편적인 소속감을 느낄 수 있었다. 하지만 때때로 이런 사회적 낙인을 이용하여 정권을 잡은 세력은 곧바로 증오의 정책을 실행했다.

캄보디아의 경우 종족적 구분이 있었으나 이것이 표적을 결정하는 근본적인 것은 아니었다. 폴 포트와 크메르 루즈는 "교육받은 사람"을 "서구를 편드는 위험한 인물"로 정의하기에 이르렀다. 이 단서는 종족 노선을 넘어선 것으로 부르조아 근절을 옹호하던 프랑스 대혁명이나 스탈린과 모택동으로부터 얻은 것이었다. 폴 포트 자신은 소르본 대학에서 철학박사 학위를 받았다. "교육받은"이라는 정의는 지나치게 포괄적이었지만 폴 포트의 정치적 목적에 크게 기여했다.

아르메니아, 르완다, 보스니아의 경우 역사적 갈등은 실재했던 외부 집단의 위협에서 비롯되었지만 캄보디아처럼 이 위협이 순전히 이념적 배경에서 가공된 경우도 있었다. 외부 집단이 분명하게 존재하지 않을 때 이를 날조하는 것은 가능하다. 외부 집단은 좌절감과 분노를 집중시키는 일종의 피뢰침처럼 보일 수 있다. 사회적 차원에서 만들어지는 이 좌절감과 분노는 누적된 좌절감에 의해 충동당하며 온갖 은유적 표현에 의해 표출의 방향을 지시받는다.

공포 주입

위험이 확인될 때 이방인 혐오증은 특히 강력해진다. 쉐리프Sherif와 그의 동료들[40]은 다른 연구자들[41]보다도 첫 단계로서 구별, 모욕, 차별, 그리고 적대감을 낳는 것이 얼마나 쉬운 일인지를 잘 보여준다. 이는 이방인 혐오의 첫 단계에서 요구되는 것이다. 사회학자 게오르그 짐멜George Simmel[42] 역시 많은 학자들[43] 중에서도 내부 집단이 다른 사람들과 차별성을 유지하고 강화하는 과정에서 자기 동일성과 일치의 과정을 위해 어떻게 자기 검열의 위험을 감수하는지 잘 보여줬다. 내부 집단의 성원으로 남기 위하여 개인들이 보여주는 최초 반응은 외부 집단으로 규정된 어떤 집단으로부터 물리적으로 또는 사고 방식에서 거리를 두는 것이다. 진짜든 아니면 가공된 것이든 지각된 위험은 반드시 사회에 양극화를 불러일으키고, 최초에 회피 그리고 점차적으로 적대감을 높인다. 이것이 오웰의 고전적 소설 『1984』가 집필된 주요 동기였다. 이 책에는 모든 공공 장소에서 가공된 적과 전투를 벌이는 거짓 장면이 24시간 내내 텔레비젼으로 방영된다는 내용이 있다. 마찬가지로, 투치족의 역습에 대한 공포는 후투족 극단주의자로 하여금 투치족을 절멸시키자는 주장을 촉발시켰으며, 이른바 '질병과 사회 악'에 대한 공포는 반유대인 폭력을 낳았다.

인종 갈등이나 종족 갈등이 포그롬이나 제노사이드에 있어서 필요 또는 충분조건인가에 대한 의문이 있다. 캄보디아의 크메르 루즈는 인종적, 종족적, 또는 종교적으로 똑같은 수백만 명의 캄보디아인들을 살해했다. 왜 한 집단이 다른 집단을 차별하여 정의하는 것일까? 그리고 왜 외부 집단을 절멸시키는 것으로 끝을 내려고 할까? 이유야 어떻든 이 과정은 외부 집단 전체를 위험으로 지각하게 되면서 한 걸음 더 나아간다. 이는 전형적으로 아주 작은 외부 집단 성원의 행동을 마치 전체 집단의 행동처럼 일반화하여 벌어진다. 한 아르메니아인 집단이 튀르키예에 반대하여 러시아를 편들었다거나, 한 투치족 집단이 혁명 정당을 결성하였다거나, 제2차 세계대전 이전의 독일 유대인이 배타적인 시온주의자 음모의 하나로 지나치게 많은 금융 자원을 통제하려는 것으로 보였고 이는 나치가 내세운 "인종적 순수성"이라는 국가적 목표와 양립할 수 없는 것이었다거나, 이라크의 한 작은 쿠르드족 집단이 이라크에 반대하여 이란의 편을 들었다거나 한 것이 이런 사례이다. 위험에 대한 지각이 전체 집단에 퍼져나감에 따라 모든 구성원, 심지어 어린이까지도 곧 잠재적인 미래의 적으로 그리고 위험으로 보이기에 이른다. 난징 학살에 있어서 최초 "위험"은 순전히 사로잡힌 포로의 수였는데 이것이 대량 학살을 촉발시켰던 것으로 보인다.[44]

괴링은 뉘른베르크 재판에서 이렇게 주장했다.

> 사람들을 민주주의나 파쇼 독재, 의회주의, 공산주의 독재로 이끄는 것은 언제나 아주 단순한 문제이다. 목소리를 내든 아니든 사람들은 항상 지도자의 명령에 따르게 된다. 이것은 쉬운 일이다. 지금 우리가 공격을

받는 중이라고 말하는 것, 애국심이 부족하다며 평화주의자들을 비난하는 것, 나라가 위험에 빠졌다고 떠들고 다니는 것이 당신들이 해야 할 전부이다. 이런 방법은 모든 나라에서 통한다.[45]

바이러스 은유

제노사이드 가해자들은 일반적으로 표적 집단을 바이러스나 암적 존재로 인식한다는 것이 드러난다. (바이러스처럼) 위험이 확산된다는 관념이 보편화되면서 무고한 사람들까지 절멸시키는 것이 합리화된다. 르완다 인권재판소에서 투치족 어린이들을 살해했던 한 후투족 여성은 자신이 아이들을 살려주더라도 결국 부모 없이 살아남을 수 없었다고 말하면서 자신의 살해 행위를 인간적인 것이라며 합리화했다.

인간의 본질적 측면 중 하나는 자신과 자신의 부족이 영원히 존재하는 것을 꿈꿀 수 있다는 것이리라. 이것은 사랑하던 사람들과 사후 세계에서 다시 함께 살 수 있을 것이라는 믿음과 자신이 살았던 공동체가 계속 번성할 것이라는 느낌 모두를 필요로 한다. 이것의 긍정적인 측면은 미래에도 자신의 후손들이 계속 살아갈 것이라는 희망에 있다. 대개 이런 희망은 생존의 가치뿐 아니라 사회 철학으로 확장된다. 불행하게도 죽음의 실존적 딜레마에 대한 "생활 양식 해결책 lifestyle solution (베커가 이렇게 불렀다)"에는 내부 집단의 지배적 가치를 공유하지 않은 사람들에 대한 모종의 조치가 포함된다. 여기에는 내부 집단의 연대감을 높일 목적으로 악마처럼 취급되는 외부 집단이나 희생양 집단이 있어야만 한다. 이런 과정은 외부 집단을 내부 집단에 대한 위험으로 묘사하면서 진행된다. 르완다에서는 투치족이 후투족의 지배 구조를 위협하는 것으로 묘사되었으며, 독일에서는 유대인들이 모든 악의 뿌리로 그려졌다. 이때 언론 매체가 일정한 역할을 했다. 르완다에서는 밀레 콜라인 라디오 방송국이 쉼 없이 투치족 반대 선전을 했다. 독일에서는 선전부장관 괴벨스가 유대인을 바이러스, 해충이나 구더기로 묘사한 영화를 만들어 절멸시키지 않을 경우 위험이 확산될 것처럼 선전했다. 나치의 선전 영화를 이용한 피터 코헨의 뛰어난 다큐멘터리는 이를 잘 보여준다.[46] 이 동영상은 쥐떼나 기생충 덩어리의 시각적 이미지가 유대인이 독일 사회의 진보를 방해한다고 설명하는 목소리와 결합된다.(그러나 유대인이 쥐떼와 같다는 등의 노골적인 특정은 하지 않는다) 이 두 제노사이드는 표적 집단에 대해 과거에 부정하게 이익을 얻은 집단으로 묘사했다. 후투족은 투치족이 벨기에 식민지 지배의 혜택을 받은 것으로 묘사했다. 나치는 유대인들이 자신들의 이익을 목적으로 질병이나 사회 문제를 일으켰다고 묘사했다. 엘살바도르 군대의 한 장교는 아이들을 살해하라는 명령에 대해 주저하는 병사들에게 "이 아이들은 게릴라로 자랄 뿐이니 우리는 당장 이 일을 처리해야만 한다."라고 소리치며 압박했다.[47]

외부 집단을 제거하라는 결정이 내려지다

두려움은 맞서 싸우거나 아니면 피해 도망가게 하는 경향을 낳는다. 어떤 집단들이 표적 집단의 땅을 차지할 자격이 있다고 느끼거나 또는 표적 집단을 압도할 능력이 있다고 느낄 경우 공격 정책이 채택될 가능성은 더욱 높아진다. 이제 혐오스럽던 외부 집단은 통제되어야 마땅하다고 간주한다.[48] 이들이 존재하는 한 여전히 위협으로 남을 것이므로 이들을 통제할 수 있는 가장 확실한 방법은 절멸이라는 결론이 내려지고 이어 이 목표를 실행하기 위한 가장 높은 수위의 계획이 세워진다. 일단 표적이 된 집단이 심리적으로 고립되고 위협 또는 부정의 원인이 된 상황에서 어떻게 살해가 시작되어 계속되는가? 이런 만행을 공공연하게 인정하고 장려하는 분위기는 불평을 확대하고 공격 본능을 충동질하며 폭력을 선호하는 개인적 성향을 드러내게 한다. 몇몇의 경우 어떻게 개인적 차원에서 공격적이었다는 기록이 전혀 없거나 드물었던 사람들이 사회적 차원의 갈등이 시작되자 극단적인 공격성을 보이게 되었을까? 스타우브에 따르면 독일이나 르완다처럼 제노사이드가 벌어진 나라의 지도자들은 극단적 형태를 제외하고 그 사회의 문화에서 비롯된 태도를 갖고 있었다는 증거가 있다. 히틀러 역시 유대인들을 아리안족의 "순수성"에 대한 모욕적 존재로 보는 악의적인 반유대주의자였다. 하지만 파란 눈과 금발 머리와 같은 인종적 이상인 이 "순수성"은 히틀러 자신조차 닮지 않았다.

르 봉Le Bon은 군중 심리에 대한 그의 저서에서 이런 상황에서 선택되는 지도자는 그 집단의 나머지 사람들보다 어느 정도 더 극단적이기 때문이라는 가설을 세웠다.[49] 이때의 지도자는 추종자 집단이나 전위 집단의 확장으로 볼 수 있다. 이들은 집단의 나머지와 똑같은 가치를 갖고 있으나 더 극단적이다. 이들에게 더욱 많은 영향력이 생김에 따라 더욱 대중화되어버린 나머지 사람들은 외부 집단을 반대하는 태도를 자기의 것으로 여기기에 이른다. 이는 지배 집단에 소속되어 있다는 정체성을 가지기 위해, 그리고 이 집단 내부에서 어떤 지위를 확보하기 위한 것이었다. 일치감의 이런 측면은 권위적 추종자들에 의해 더욱 강하게 표명된다. 이들은 내부 집단에서 확고한 지위를 누리려 하며 강력한 지도자를 선호한다. 독일과 르완다 두 곳에서 양육된 어린이에 대한 실험은 이에 대한 몇 가지 증거를 보여준다.[50] 이와 함께 외부 집단에 대한 탈감각화가 증가하며 대량 학살이 발생할 가능성이 증가하는 상황이 만들어진다. 이제 희생자들을 인간으로 바라보는 관점이 사라지고, 희생자들에 반대하는 행동은 공격이 아니라 청소나 "일"로 보이게 된다.[51]

스타우브의 견해는 가해자들이 악한 행위를 저지름에 따라 진화하여 점점 더 악한 행위를 저지른다는 것이다. 스타우브는 악의 질적 정도를 "매우 해로운 행위의 반복 또는 지속"으로 정의했으며,[52] 악을 심리병리학적 설명이 요구되지 않는, 평범한 심리적 과정의 극단적 형태에서 일어나는 것으로 서술했다. 살인에 있어서 이런 진화는 독일, 난징, 그리고 르완다에서 입증되었다.

끝으로 사회 규범의 변화에서 생기는 학살의 유형은 우리가 이름을 붙인 "탈감각화된 학살"(르완다의 제노사이드 가해자의 진술을 상기해보라)이다. 여기에는 학살자들이 겪게 되는 분노와 혼란의 과정이 제거된다. 이는 다음 장에서 보게 될 것이다. 규범의 변화는 타인 살해에 대한 보편적인 혐오감으로부터 가해자들을 보호하는 데 기여한다. 우리는 아직도 독일 토벌 경찰처럼 학살의 최전선에 투입되었던 자들이 보여준, 너무나 빨리 변화했던 반응의 흔적들을 보게 된다.

제9장 극단적 폭력에 이르는 개인의 이행

> 인간의 본성에 있는 어떤 기질은 입이 담을 수 없을 정도의 사악한 행위일지라도 몇 분 안에 일상적인 일로 받아들이게 하는 것은 분명하다. 그 행위로 인해 개인적인 위협을 받지 않을 만큼 멀리 떨어진 곳에서 일어나면 그렇다. _아이리스 장, 『난징 대학살』, 221쪽.

역사학자 크리스토퍼 브라우닝은 그의 저서 『보통 사람들』에서 독일 토벌 경찰부대인 제101예비경찰대대가 이전의 일상적인 경찰 업무를 중단하고 폴란드에 살던 유대인들을 죽이라는 명령을 들었을 때 보여주었던 첫 반응에 대해 서술했다.[1] 이 부대의 성원들은 대부분 중년이었고 군 징집을 피해 이 부대에 지원했다. 이 부대는 미국의 주 방위군과 비슷했다. 브라우닝은 제2차 세계대전 후에 얻은 210건의 심문 기록에 기초하여 "최종 해결책(앞에 제4장에서 서술한 바 있다)"을 집중적으로 연구했다. 1942년 3월 중순까지 전체 홀로코스트 희생자의 75퍼센트에서 80

퍼센트가 살아 있었지만 1943년 3월에는 단지 25퍼센트만 살아남았다. (즉 전체 희생자의 절반 이상이 이 시기에 학살당했음을 알 수 있다._옮긴이) 이 학살은 주로 폴란드에서 저질러졌는데, 브라우닝은 이를 "진정한 전격전veritable blitzkrieg"이라고 불렀고 여기에는 대규모 군대가 동원되었다.

스탈린그라드를 포위하려던 나치가 바르바로사 작전이라고 부른 러시아 침공에서 실패하자 곧 학살의 광란에 빠졌다. 러시아에서 사용된 총살 집행 부대가 그리 효율적으로 보이지 않았으므로 폴란드에서는 가스 오븐 시설이 설치되었다. 설치된 곳은 비르케나우, 아우슈비츠, 그리고 베우제츠였다. 그런데 유대인을 사형장으로 나르던 열차나 철로가 고장 나면 독가스 사용 그 자체도 효율적인 것이 못 되었다. 이럴 때면 다시 총살 집행 부대에게 명령이 내려졌고 이것이 제101예비경찰대대가 1942년 6월 폴란드로 파견된 목적이었다. 이 명령은 매우 특별한 것이었다. 대장 빌헬름 트라프 대령은 경찰들에게 폴란드 요제포에 있는 모든 유대인들을 잡아오라고 명령했다. 이들은 몸을 움직일 수 있는 3백 명을 노동 수용소로 이송시킨 후 나머지 사람들을 모두 총살했다. 그 안에는 1천 5백 명의 여성, 아이, 그리고 노인이 포함되어 있었다. 제101예비경찰대대는 처음부터 자신들에게 주어진 특수 임무는 경비라고 믿었다.[2] 그러나 얼마 후 할 일이 분명해지자 트라프는 부하들을 소집하여 자신들의 임무가 유대인 살해임을 밝혔다. 이어 그는 이 일을 못 할 것 같은 사람들은 총을 넘기고 떠나라는 놀라운 제안을 했다.[3] 5백 명의 대대원 중 12명이 떠났다. 목격자들은 이런 명령을 내리던 트라프가 몹시 괴로워했다고 서술했다.[4] 남은 경찰의 임무는 유대인들을 집에서 끌어 내 총살하는 것이었다. 비록 아기까지 사살하는 데 있어 주저하기는 했지만 대대는 결국 자신들의 임무를 수행했다.[5] 한 경찰은 나중에 "거의 모든 사람들이 아기와 어린이들을 사살하는 일을 피하려 했다고 말하고 싶다."라고 적었다.[6] 아동 학살에 대한 또 다른 합리화는 이런 식이었다. "나는 돌볼 사람이 없는 아이들(엄마는 이미 총살당했다)도 결국 더이상 살 수 없는 것이 아니냐고 스스로 합리화했다."[7] 부하들이 머뭇거릴 때 지휘관들은 이들이 적이라는 것, 적들도 독일의 여성과 아이들을 살해하고 있다는 것을 잊어서는 안 된다고 말했다.[8] 이는 엘 모소테의 한 대위가 한 말과 똑같다.

제101예비경찰대대 제1중대 경찰들은 즉사시키는 총살 방법을 훈련받고 바로 유대인이 몰려 있던 시장으로 보내졌다. 이 순간에 더 많은 경찰들이 대열을 이탈하려 했다. 총살을 계속 할 수 없다고 말하거나 다른 임무를 달라고 요청했다.[9] 어떤 이들은 성직자의 정원에 숨기도 했고 다른 이들은 희생자들을 쏜살같이 지나치기도 했다.[10] 대부분의 경찰들이 총살에 가담하는 것을 직접 피하지는 못했지만 실제 이를 피하기 위해 소극적인 방법을 찾았다. 반면 제2중대의 경우는 총살 교육을 받지 않았으며 자신들의 부적절한 행동에 대한 심리적 충격을 줄이기 위해 오히려 정조준 사격을 하기도 했다. 그러나 "명령받은 정조준 사격으로 총알의 탄도는 희생자의 머리를 향하고 그러면 전체 두개골 또는 적어도 뒷부분이 떨어져 나갔다. 피와 뼈 조각, 그리고 뇌가 사방으로 흩어져 총살자의 온몸에도 튀었다."[11]

몇 명의 총살자들은 이런 상황을 받아들일 수 없었다. 느리게 대응 하거나 빗나가게 쏘거나 또는 휴식 시간을 늘려 현장을 피했다. 이들은 다른 동료들로부터 약해 빠진 놈이라고 불리며 멸시를 당했다.[12] 면담에 응했던 많은 경찰들은 처음 몇 명에게 총을 쏠 수 있었지만 곧 더이상 계속할 수 없는 지경에 이르렀다고 했다. 이들은 이미 자신들이 가담한 살인 행위에 대해 증언한 후였으므로 이에 저항했다고 말하는 것이 어떤 변명은 아니라고 볼 수 있다. 어떤 경찰들은 자신이 사살한 희생자들의 개인적 특성 때문에 혼란에 빠지기도 했는데 이는 이들이 아직도 인간으로서 자신들에게 희생당한 사람들에 대해 반응하고 있다는 것을 보여준다. 브라우닝은 부대원 중 약 20퍼센트가 총살을 피하려 했다고 추산했다. 총살을 그만 둔 사람들은 나중에 그 원인으로 어떤 윤리적 또는 정치적 원칙이 아니라 순전히 물리적인 혐오감을 생각해냈다. 한 경찰은 제1차 세계대전에 참전하여 훈장까지 받았던 유대인 퇴역 군인이 살려달라고 애걸하는데도 불구하고 살해했다는 기억으로 인해 매우 고통스러워 했다.[13] 또 다른 경찰은 역겹고 구토가 나와서 의도적으로 표적을 빗맞히기 시작했다고 증언했다.[14] 총살이 있었던 숲에서 온 몸에 희생자의 피와 뇌 파편을 묻힌 채 나온 한 경찰은 "(전투의) 사기는 흔들리고 신경은 무감각하다."라고 말했다.[15] 숙소로 돌아온 경찰들은 우울증에 빠졌다. 괴로워서 몸을 가누지 못했다. 음식을 먹을 수 없었고 술만 마셨다.[16] 그러나 술이나 지휘 장교들의 위무 모두 "숙소에 만연되어 있던 부끄러움과 공포감을 쓸어내지 못했다."[17] 브라우닝은 총살에 대한 처음의 거절 비율(500명 중 12명)은 실제보다 크게 축소된 것이라고 추산했는데 그 이유는 학살 명령이 갑작스럽게 내려온 데다 자신들이 어떤 일에 투입되는지 충분히 이해하지 못했기 때문이었다. 한 경찰관은 "나로서는 당시 상황을 완전히 이해했다고 생각했다. 그리고 나를 제외한 모든 유대인들이 (총살당할) 자신들의 운명을 회피하려 하지 않았다고 생각했다. 진심으로 하는 말인데 나는 당시 우리가 전혀 후회하지 않았다는 사실을 말해야 한다. 몇 년이 지난 후에야 당시 벌어진 일이 무엇이었는지 알게 되었다."라고 말했다.[18] 여기서 더 나아가 밑바닥에 깔려 있는 동료들에 대한 일체감, 소속 집단으로부터 고립되지 않으려는 강한 욕구가 총살 참여에 대한 거부감을 희석시켰다. 이들은 학살에 대한 스스로의 반응, 즉 살인에 대한 공포감을 이해하지 못했다. 이와 비슷한 반응은 살인범 개리 길모어의 사형을 집행했던 총살 지원자들에게서 보고되었다. 이 내용은 『사형 집행인의 노래The Executioner's Song』에 있는 사건에 대한 노만 메일러Norman Mailer의 보고서에서 볼 수 있다. 이와 비슷하게 데이비드 그로스만 중령은 미군 여단장 S. L. A. 원수Samuel Lyman Atwood Marshall가 지시했던 연구에서 제2차 세계대전에서 군인 중 15~20퍼센트만이 실제로 적을 향해 총을 쐈다는 지적을 보고했다.[19] 총을 쏘려 하지 않은 병사들은 뛰려고도 하지 않았고 숨어만 있었다. 이들은 적을 향해 총을 쏘려 하지 않았다. 그로스만은 "대부분의 병사들 사이에서 같은 처지의 상대방 병사들을 살해하는 것에 대해 강렬한 저항이 있었다. 여러 환경에 있어서 이런 저항이 너무 강해 전투 중인 군인들이 이를 극복하기도 전에 죽을 수 있었다."라고 적었다.[20] 그러면 어떻게 이런 거리낌이 미라이 또는 난징의 격분된 살해에까지 진행될 수 있었을까? 최초의 거리낌과 끔찍함이 이렇게 빨리 갈망과 분노로 대치되었다는 것인가?

로이 바우마이스터Roy Baumeister와 키이스 캠벨Keith Campbell은, 몇 개의 입증되지 않은 보고에 기초한 것이지만, 타인을 해치거나 살해한 것에 대한 최초의 반응은 회피인 것처럼 보이나 시간이 지나면서 타인을 괴롭히는 쾌락이 나타남에 따라 수그러든다고 주장했다.[21] 소수의 가해자들이 상해나 살해에서 쾌락을 추구한다는 사실이 드러난다. 이에 대한 한 가지 설명은 리차드 솔로몬Richard Solomon이 발전시킨 반대 과정 이론opponent-process theory이다.[22] 동물의 학습 모델 연구에 기초한 이 이론은 심리적 과정이 항상적homeostatic이라고 가정한다. 살해에 대한 최초 반응(A 또는 알파 과정으로 본능적 혐오 반응 등)이 발생했을 때 곧 회복(B 또는 베타 과정)이 잇따른다. 이 회복 과정은 비록 약하고 충분하지 않지만 (혐오감에서 회복하기 같이) 점차 즐거워진다. 솔로몬의 학습 연구에 따르면 시간이 지남에 따라 알파(A)과정의 강도는 줄어들고 베타(B)과정이 강화되면서 지배적인 것이 된다. 비록 최초의 이론은 동물의 학습 데이터에서 개발된 것이지만 그 과정은 낙하산 뛰어내리기에서 얻어지는 짜릿함이나 매맞는 여인에게서 나타나는 외상성 애착traumatic bonding 등 인간의 중독 현상에도 적용되었다.[23] 베타(B)과정에 대한 중독은 한때 혐오스러웠던 행동에 대한 이끌림 현상을 설명한다. 낙하산 뛰어내리기에서 베타(B)과정은 최초에는 공포로부터 안심이었지만 나중에는 경험 그 자체에서 습득된 일종의 쾌감이 "최고high" 수준으로 된다.[24] 바우마이스터와 캠벨은 "악"(새디즘)이 그것을 만족시킬 (위협이나 점령과 같은) 어떤 외부적 동기와 상관없이 이런 이중 과정 모델dual-process model을 통해 내부적으로 호소력을 갖게 된다고 주장한다.[25]

베타(B)과정은 쾌락의 감정을 담고 있다.(최초에는 혐오로부터 탈출하는 것이었으나 이제는 그 자체가 쾌락이 된다) 바우마이스터와 캠벨은 이런 사례로 해를 가하는 자들 중에서 웃는 자들이 있었다는 것을 들었다. 이상을 정리하자면 이렇다. 우리는 알파(A)과정(살해에 대한 학습된 혐오감) 때문에 보통의 환경에서 남에게 해를 가하는 행동을 억제한다. 그러나 알파(A)과정이 반복되면 혐오감이 줄어들며 베타(B)과정으로 대치된다.(베타 과정은 반복되면서 강화된다)

폴란드의 제101예비경찰대대원들은 최초의 혐오감이 형성되었던 요제포 학살 이후 다시 집단 수용소 제거의 임무를 부여받았으나 이 임무 안에 총살은 없었다.[26] 나치 친위대 SS는 이들을 대신하여 전쟁 포로 중에서 징집한 트로우니키스Trawnikis(이들은 독일인이 아니다)에게 총살을 집행하게 했다. 그러나 이런 일시적 중단은 속임수였음이 곧 드러났고 다시 학살의 시간을 겪었지만 경찰관들은 이전 같은 혐오감을 경험하지 않았다. 대신에 이들은 점점 효과적이고 냉정한 살인자들이 되어가고 있었다.[27] 아마 처음의 살해 요구는 혐오라고 하는 알파 과정을 낳았을 것이다. 그러나 이후 일시적인 학살의 중단과 더 많은 경험으로 혐오감은 사라졌다.

바우마이스터와 캠벨은 최초의 폭력이 지루함, 갈망, 또는 위협을 없애는데 기여할 수 있으나 이를 없애는 반대 과정을 통해 폭력의 습관이 얻어질 수 있다고 주장했다. 짐바르도처럼 이들도 규범적인 억제가 한번 감소하면서 나타나는, 공격에 어떤 잠재적인 쾌락이 있는지에 대해 조사했다. 군대에 의한 대량학살은 규범적인 억제가 줄어들었을 뿐 아니라 폭력을 권하는 새로운 규범이 빠르게 발달할 수 있는 상황에서 발생했음이 입증되었다. 어떤 경우(학살 명령이 내려졌을 때였다) 이 두 가지가 동시에 발생했다. 르완다, 엘 모소테, 미라이, 또는 난징에서 있었던 살해에는 탈개인화된 측면이 있었으며 상황에 의해 조종된 폭력의 요소가 있었다. 난징의 폭력은 총살에서부터 강간, 고문, 사지 절단, 그리고 "살인 게임"까지 확대되었다. 그러면서도 국제 사회에서 만들어 놓은 "중립지대"에서는 그 누구도 죽임을 당하지 않았다. 가해자들에게는 '중국인은 표적이지만 유럽인들은 아니다'라는 규칙에 대해 분명하게 정의된 개념을 갖고 있었고, 표적에게는 어떤 짓이라도 할 수 있었다.

앞 제5장에서 미라이 사건을 다루었다. 허쉬Hersh는 전투 소대가 "결의를 불태우며 기세등등하게" 마을에 진입했다고 썼다.[28] 하지만 그 마을에 남겨진 주민들은 모두 여성, 어린이, 그리고 노인이었다. 소대는 마을을 습격하여 모든 사람을 살해했고 누가 집안에 있는지 확인하지도 않고 총을 쐈다. 동시에 강간, 고문, 살해와 같은 갖은 잔학 행위가 저질러졌다.(브라운밀러가 소개한 증언을 보라)[29] 가해 군인 중의 한 명인 베르나도 심슨은 대략 25명을 학살했다고 회고했다. "나는 그들의 목을 잘랐습니다. 손과 혀, 머리 카락을 자르고 머리 가죽을 벗겼습니다."[30] 켈만과 해밀턴은 병사들이 비록 사건 직전까지 분노의 감정을 가지고 있었지만[31] 자신들이 받은 살해 명령을 실행한 후 울었다고 보고했다.[32] 이러한 사실, 즉 당시 마을 주민들은 저항하지 않았으며 적어도 75명이 도열되어 처형되었는데 희생자 중 상당수는 캘리 자신이 직접 학살했다는 사실에 주목하는 것 또한 중요하다.[33]

어떤 병사들은 학살에 가담할 수 없었다. 이병 제임스 더시는 울부짖는 또 다른 병사로부터 사살하라는 명령을 받았을 때, "나는 할 수 없다. 하고 싶지도 않다."라고 했다고 증언했다.[34] 특기병 론 그르제시크라는 또 다른 병사는 소대장 캘리로부터 "모두 끝장내 버려"라는 명령을 받았지만 거절했다고 말했다.[35] 바우마이스터와 캠벨은 그런 극단적인 환경에서 나타나는 반응의 개인 차이는 죄의식의 수준, 높거나 낮은 감각 추구 성향과 나르시시즘에 따르는 것 같다고 주장했다.

카드리,[36] 살라와 웨이스[37]는 미라이 학살 사건이 재판에서 보고되고 재현되었다는 의미에서만 이례적인 것이었다고 적었다. "타이거 부대"라고 부른 미 해병대는 베트남에서 일상적으로 민간인들을 집단학살했고 희생자들의 신체 일부로 목걸이를 만들어 차고 다녔다. 처음에 수색대로 만들어진 제101공수부대는 45명으로 이루어진 "특수 부대"였다. 이들은 살인 훈련을 받았으며 소규모로서 이동성이 뛰어났다. 18개월이 지나자 이 부대는 전쟁 협정을 잊어갔고 피, 죽음, 그리고 사지 절단의 종말론적 경로를 따라갔다. 영화감독 코폴라Francis Ford Coppola는 그의 영화 『지옥의 묵시록Apocalypse Now』에서 이들을 쿠르츠 대령의 모델로 사용했다. 이 부대원들 몇 명은 희생자들의 귀로 만들어진 목걸이를 걸고 있었다. 한 부대원이 나중에 "당신들은 당시를 회고하면서 '내가 그런 짓을 했다니 믿기지 않아'라고 말할 것이다. 하지만 이제 당신들은 자신이 저지른 잘못이 무엇인지 알고 있다. 살인은 이제 당신들을 괴롭힌다. 당신들이 피할 곳은 없다. …… 한밤 중에 악마가 찾아오고 당신들은 그 일을 기억한다."라고 적었다.38)*

살라와 웨이스는 "희생자의 귀를 자르는 타이거 부대의 행위는 전쟁에 참여한 병사들이 기념품을 갖기 위해 보통 저지르는 그런 단순한 것은 아니었다. 이제 그들은 분노로서 사지를 절단하고 있다. 그리고 많은 경우에는 아무 생각 없이 귀를 자르고 머리 가죽을 벗겼다. 이들은 광란 속에서 이미 생명을 잃은 시신을 반복해서 칼로 찌르며 코와 손가락을 잘랐다. '미쳐 날뛰기going berserk'라는 말은 오랜 기간 전투에서 오는 트라우마로 인해 믿을 수 없을 정도로 급하게 화를 내는 병사들을 묘사

---

* 전투 중 살해의 후유증은 신경 전달 물질의 분비에서 생기는 "페리트라우마(peri-traumatic stress disorder)"로 알려져 있다.[Gurvitz, T., et al. (1995). *Reduced hippocampal volume on magnetic resonance imaging in chronic post traumatic stress disorder*, Miami, FL: International Society for Stress Studies.] 여기에는 신경 전달 물질의 분비, (과다각성의) 정서적 억제, 신호로서의 감정 상실, 그리고 기억 상실 등 몇몇 뇌행동 체계의 활성화가 포함된다.(Dutton and Yamini, Cognitive deconstruction and projective-introjective cycling in cases of adolescent parricide, p. 46.) 오랜 기간 전투에 노출되면 감정을 지배하는 뇌 구조에 변화가 일어난다. Gurvitz, shenton, 그리고 Pitman은 가장 강렬했던 전투에 참여했고 가장 심한 트라우마를 겪고 있는 베트남 참전 군인 측두엽의 해마가 트라우마 증세를 보이지 않는 참전 군인에 비해 심하게 수축되어 있는 것을 발견했다. 평균적으로 좌측 해마는 26 퍼센트, 우측 해마는 22 퍼센트가 수축되어 있다.(Gurvitz et al. *Reduced hippocampal volume on magnetic resonance imaging in chronic post traumatic stress disorder*.) 해마는 뇌에서 "탐색하고 통합"하는 기능을 담당하는 부위로 여겨지는데, 적을 찾기 위해 수색대의 선두에서 활동하는 첨병의 시상하부는 최대로 작동한다.

하는데 쓰인다. 병사들은 자신들의 분노를 피바다 속의 비인간적인 방법으로 풀어냄으로서 더이상 "국gook"들이 자신과 동료들을 해치지 못하게 할 수 있다고 믿었다. 과잉 살해에 해당하는 이런 종류의 야만성은 참전 기념으로서 신체 일부를 수집하는 행위조차 넘어서는 짓이다.[39]

아래에서 볼 수 있듯이 살인을 취미로 삼기 위해 그리고 이런 분노를 낳기 위해서 얼마 간의 시간이 걸린다. 무엇이 "과잉 살해"[40], 즉 성폭행 또는 고문이 저질러지는 제노사이드와 대량학살, 또는 위에서 지적한 극단적인 야만(성폭행, 사지 절단, 부모 보는 앞에서 저지르는 아동 살해 등)을 일으키는가? 대량학살과 제노사이드에서는 단순한 절멸을 넘어서 새디즘이 집단적으로 발생한다. 그런데 이는 이전의 제노사이드 연구에서 설명되지 않는 것이다.[41] 반대 과정 이론이 잔학 행위를 저지르는 것에 대한 혐오감의 감소, 그리고 사람들이 어떻게 그 행위의 감정적 결과에 익숙해지는가를 설명한다. 그러나 이 이론은 왜 이런 야만적인 행동이 만연되는지 설명하지 못한다.(문명화되었다고 여겨지는 나라의 군대조차 이런 짓을 보편적으로 저지르는데도 우리는 왜 이를 "야만"이라고 부르는지 설명하지 못한다)

우리는 제2장에서 고상한 사람들조차 군중 속에서는 퇴보한다는 르봉의 서술을 살펴보았다. 그는 자연 상태의 사람들이 전쟁 상태에 처해질 경우에 대한 홉스적 견해를 소개했다.[42]

> 조직화된 집단의 일부가 되었다는 바로 그 사실로 인해 인간은 문명의 사다리에서 몇 계단 떨어진다. 비록 교양 있는 사람일지라도 군중 속에 고립되어 있을 때 본능의 충동에 의해 행동하는 야만인이 된다.[43]

르 봉이 말하는 본능에는 폭력의 성향이 포함된다. 물론 폭력은 자기 방어의 수단이기도 하고 새디즘의 형태를 띠지 않을 수도 있다. 새디즘은 가해자의 쾌락을 위해 저질러지는 폭력으로 설명되며 자기 방어나 어떤 목적 달성에 필요한 폭력의 수준을 넘어서는 것 같다. 에릭 프롬은 새디즘을 "무능함이 전능함의 경험으로 변환된 것"이라고 불렀다.[44] 이는 이번 장의 시작 부분 인용문 속에서도 정의되었다.

탈개인화된 폭력과 야만적 대량학살

제5장에서 보았듯이 대량학살에서는 한 집단이 적으로 여기는 어떤 집단을 압도하는 극단적 권력을 가진다. 사회심리학자 필립 짐바르도와 그의 동료들은 이를 평상시 얌전한 사람들로부터 학대 행동 abusive behavior 을 끌어낼 수 있는 상황적인 병리 현상으로 설명했다.[45]

대량학살에는 이런 권력의 불균형 외에 표적 집단에 반대하는 극단적 편견을 갖고 있는 지도자나 작은 규모의 지도 집단이라는 또 다른 요소가 있다. 이들은 위계를 이용하여 폭력을 집행하게 강제할 능력이 있다. 표적 집단을 절멸시키겠다는 결정은 헤게모니에서 나온다. 그리고 이 헤게모니는 강제, 권위에 대한 복종, 내부 단결용 공포감 확산, 이방인 혐오증, 지난 불평등에 대한 인식(이는 중국과 우크라이나의 토지 소유자에게 보여진다)을 통해 타인을 순종하게 만드는 것을 가능하게 한다. 엘 모소테에서 병사들이 어린이 학살을 주저한 일이 있었다.[46] 그러자 한 소령이 "모아 놓은 아이들 속으로 들어가 작은 아이를 붙잡아 공중으로 던진 후 칼로 찔렀다. 그러자 갈등은 끝이 났다."[47] 프로이트[48]와 레디[49]는 집단 폭력 주모자에 대해 '자기 자신 외에 아무런 감정적 유대감을 가지고 있지 않은 자'로 기술했다. 주모자는 "갈등 없는 행동"을 "전염시켜" 동료들을 따라하게 만들었다. 엘 모소테에서는 이런 최초 행동 후 다른 군인들도 아이들 학살에 가담했다. 짐바르도는 이런 방식으로 금기 행동을 저지르는 것에 대한 첫 거리낌이 사라지면서 점진적으로 빠르게 이 행동에 가담했다고 서술했다.[50] (다음 쪽을 참조)

군대에 의한 대량학살은 국가 주도의 통제된 살해와 구별되는 처리 수법을 가지고 있다. 여기에서는 살해하라는 군사적 명령에 대한 반응으로서 분노가 발달되었다. 이 반응은 이미 비인간화된 표적, 사전 흥분, 살해 행위 그 자체가 낳는 분노와 결합한 것이었다. 따라서 이런 살해 과정에 극단적 흥분과 새디즘이 만연될 수 있었다. 난징과 미라이 사건의 가해자 증언으로 보아 당시 무슨 짓을 하더라도 처벌받지 않을 것이라는 공감대가 있었던 것으로 보인다. 미라이에서 몇몇 소수자들이 학살을 거부했는데 이는 엘 모소테에서도 있었던 일이다. 르완다의 제노사이드 초기에는 일개 무장 집단이 연쇄적으로 집단 학살을 저질렀으나 나중에는 대규모 후투족 집단이 이에 가담하게 되었다.

군대에 의한 대량학살에 있어서 살해 명령을 받은 후 군인들은 살인까지 저지를 극단적인 분노 상태로 빠르게 변화했다. 난징 사건처럼 살해 명령이 분명했던 경우가 있었던 반면, 미라이 사건처럼 명확하지 않은 경우도 있었다. 목격자 보고에 근거하여 리프턴은 당시 민간인에 대한 학살은 만연된 분노와 복수심에 따른 것이라고 주장했다.[51] 이런 현상은 난징과 엘 모소테에서 분명히 입증된다. (하지만 르완다의 경우는 다르다. 르완다에서는 분노보다는 탈감각화되고 조직적인 방식으로 학살이 저질러졌으며 이는 도덕적 이탈에 근거한 것으로 보였다) 이때 한 가지 의문이 제기된다. 이 분노가 폭력 행위를 야기한 것일까? 아니면 살해 명령을 실행한 결과 나타난 반응이 분노일까? 역사적 사실에 근거해 볼 때 표적 집단에 대한 적대감은 탈인간화를 낳을 수 있지만 그 분노가 살해에까지 이르려면 더 많은 것이 필요하다. 엘 모소테와 난징에서는 지휘관으로부터 살해 명령이 있었다. 미라이에서는, 비록 논쟁 중이긴 하지만 논란 없이 모두 인정하고 있는 사실은 당시 미라이에 있었던 군인들의 심리 상태는 좌절과 분노였다는 것이다. 당시 군인들은 며칠 전 함정에 빠져 동료 병사들을 잃은 상태였다. 이런 분노는 단순한 복종뿐 아니라 살해 명령과 살해 행위 그 자체에 의해 더 높은 수준의 분노를 야기했을 것이다. 이런 극단적인 분노 수준은 집단 학살의 과잉 살해 행동을 추동했을 것이다.

짐바르도는 이것을 "탈개인화된 공격deindividuated aggression"이라고 불렀다. 여기에는 사건 이전에 있었던 흥분와 무질서에 더해 해방된 독毒성, 공격에 대한 자기보상 형태가 결합되어 있다.[52] 이 무질서는 아무도 개인적으로 책임을 지지 않아도 되는 "무엇을 저질러도 좋다"라는 느낌과 "전쟁의 안개fog of war"라는 전투의 익명성을 통해 발생할 수 있다. 동료 병사들은 살인을 계속 저질렀고 어떤 개인 행동도 추적이 불가능했다. 이들의 공격 행동은 더 빨라졌고 근육계로부터 나오는 자기 수용적 반응(말 그대로 스트레칭을 할 때 신체와 신체의 운동으로부터 나오는 내적 단서인 근육 조직으로부터 되돌아오는 반응)을 통한 보상에 의해 증폭되었다. 사람들은 일상 환경의 사회적 상호작용에서 타인의 행동을 보고 반응(질문을 받으면 답을 하거나 타인에 이어 다음 대답을 하는 등의 반응)할 때를 알게 된다. 이것을 '저속 반응의 차등 비율differential rate of low responding'이라고 부른다. 이 용어는 우리가 정상적인 상호 관계 아래에서 말 그대로 상호작용하면서 타인의 반응에 보조를 맞추는 방법을 무의식적으로 배운다는 것을 의미한다. 의식이 정상인 경우 우리는 타인들로부터 오는 외부 단서에 초점을 두게 되는데 이것들은 사회화된 형태로서 우리가 적절하게 행동하고 상호작용하게 한다.

탈개인화된 폭력에 있어서 가해자는 자신의 신체 반응에 더 집중하기 위해 외부 세계의 평범한 단서로부터 자신에게로 주의를 돌린다. 이제 '고속 반응의 차등 비율differential rate of high responding'이 보상의 근원이 된다. 짐바르도는 일단 정상 상태의 억제가 무너지면 공격성에서 발생된 행위는 타고난 쾌락이 된다는 도발적인 가정을 하였다. 이때 이 보상 구조는 느린 행동에 의한 보상(이는 타인의 행동으로부터 오는 반응에 기초한다)으로부터 빠른 행동에 의한 보상(이는 신체 내부에서 보상된다)으로 변화한다. 보상의 근원은 '자기 수용'이라고 부르는, 쾌락을 쫓는 육체적인 행위이다. 그 결과는 희생자로부터 나오는 단서에 반응하지 않는 "엄청나게 선동된 행동"이다. 희생자들은 가해자들에 의해 자신들이 처한 곤경에 대한 아무런 감정이입 없이 표적의 공간에 놓일 수 있다.

짐바르도는 분노가 분노를 낳으며, 무제한의 폭력은 그 발생 빈도와 강도를 증가시키며 스스로 증폭된다고 주장한다.[53] 특히 군대에 의한 대량학살은 폭력의 범위를 더욱 확대할 수 있다. "전쟁법"이 적용되지 않는다는 것이 명백해지면 광란에 의한 집단 학살이 발생한다. 그것이 명령에 의한 것이든 아니면 암묵적인 동의에 의한 것이든 집단학살은 민간인, 여성, 그리고 아동을 구별하지 않는다. 이 모델에 따르면 살해 명령은 분노를 낳고 이어 과잉 살해와 일련의 폭력 사태를 낳는다. 이러한 폭력 사태는 처벌받지 않는다는 느낌을 받는 상황에서 저질러지는데 그 형태는 각 부대에 따라 다양하다. 난징에서 포로가 된 중국 군인들에 대한 초기의 학살에는 기관총이 동원되어 효율적으로 저질러졌다. 그러나 이어 벌어진 민간인 학살은 칼에 의한 것이었다. 광분한 상태에서 오랜 시간이 걸렸고 점차 "스포츠식 학살sport killing"로 이어졌다. 비록 짐바르도가 (학살에 대한) 거리낌을 없애는 수단으로서 탈개인화에 대해 날카롭게 지적했지만, 전쟁 상황에서 가해자들의 의식이 자신들의 폭력성에 의해 너무 변형되었기 때문에 일단 학살 상황을 견딘 자들의 "살인 규범"이 극단적 형태로 변화되었을 가능성은 존재한다. 결국 학살자들은 보복 살해를 즐기게 되었다. 이는 중독이 새롭게 형성되었음을 보여준다.

모슨Mawson은 "일시적인 범죄성transient criminality"이라고 부른 이론을 발달시켰다.54) 그는 자연 재해나 전투와 같은 심각한 스트레스 환경 아래에서 다음과 같은 변화가 일어난다는 증거를 정밀하게 조사하였다.

    정체성의 부분적 손실(또는 자아 경계의 약화)과 비인간화된 느낌
    자존심의 감소
    기억과 지각의 개조
    문화나 도덕 또는 법률 등 추상적 기준의 부분적 손실
    집중력 손실 등 지적 기능의 전반적 감소, 문제 해결 능력의 감소 등55)

모슨의 모델에서 전투 스트레스는 만성적인 '동정적 각성sympathetic arousal'을 증가시키는데 이것은 이어 친근함을 찾아다니는 '자극 추구 행동'을 낳는다. 이는 친숙하지 않는 지역에 놓인 어린 아이가 "안전한 근거지secure base"인 엄마를 찾는 것과 같은 애착 활성화 체계가 반복되는 것이다.56) 그런데 전투 상황에서는 어떤 친숙함도 찾을 수 없으므로 동정적 각성SNS이 더욱 많이 발생한다. 이런 두 번째 단계의 각성이 시작되는 순간에 개인들의 "인지 지도cognitive map"가 붕괴되기 시작한다. 즉 복합적인 애착의 기억과 규범적 의무, 그리고 친숙했던 장소와 사람들 속에서 개인의 위치를 규정했던, 더욱 유형화되고 추상적이며 구별 짓던 과정이 산산이 흩어져 버린다. 바우마이스터는 이를 '위치 지워진 정체성situated identity' 또는 '개별화된 자기 해체individuated self dissolves'라

고 불렀다. 병사들은 높은 수준의 동정적 각성과 시상하부 각성이 동반된 상태에서 "붕괴"되어 현재의 행동에만 몰두하는 변형된 의식을 가지게 된다.[57] 병사들은 (스트레스를 완화시키기 위해) 친근감을 찾는 대신에, (자극에 대한 욕구를 채우기 위해) 긴장과 폭력을 향한 자극 추구 활동으로 돌아선다. 이것은 충동적으로 남을 해칠 가능성을 높인다. 내면화된 도덕 기준은 붕괴되고, 자극 추구 욕구는 나선형으로 발전하며 스스로 악순환을 낳는다.

더튼과 야미니는 자살을 설명하기 위해 바우마이스터[58]가 발달시킨 개념인 "붕괴된 사고deconstructed thinking"[59]에 대해 설명했다. 이 개념에는 구체적 행동에만 몰두하게 만드는 상황 속에서 사회적 의미에 대한 고차원의 느낌을 잃어버린다는 것이 있다. 이 구체적 행동은 파괴될 수 있는데 내부적으로는 자살로 드러나며 외부적으로는 살인으로 드러난다. 바우마이스터는 자살한 사람들의 유서를 분석한데 기초하여 자살 현상을 "단축된 미래foreshortened future"로 설명했다. 이것은 구체적인 행동과 고차원적인 사회 관계의 의미 상실에 단순하게 초점을 맞춘 것이었다. 더튼과 야미니는 이 개념을 모친 살해 연구와 같은, 전형적으로 극단적이며 해결 불가능한 감정적 갈등에서 충동된 행동에 적용하였다.[60] 이 연구에서 모친 살해라는 절대적인 금기를 어긴 살인자들은 범죄 전력이 없었으며 일시적인 의식의 변화를 겪었음을 알 수 있었다. 모슨의 모델과 바우마이스터의 모델 모두 충동적 공격에 대한 생각과 행동을 규제했던 규범으로부터 벗어난 심리적 변이가 있었다고 주장한다. 전투 스트레스, 폭력에 대한 두려움, 그리고 살해 명령 모두 상호작용하면서 이런 변이 행동 성향을 높인다. 다시 하는 말이지만 미라이 사건의 경우처럼 자극 추구나 인식에 대한 개인 차이는 살해 행위를 회피하는 경우로 나타나기도 한다. 하지만 대부분의 경우에 있어서 상황은 개인의 심리 기능을 압도하며 결국 개인은 극단적 폭력에 가담하게 된다. 제노사이드 과정에서 사회적 규범의 이행이 일어난다는 것은 이미 제8장에서 서술하였다. 마찬가지로 대량학살에 있어서 규범의 이행은 개인 차원에서도 일어난다.

이런 심리학적 특성의 관점에서 르완다의 가해 집단은 제노사이드를 일으킬 목적으로 학살자들의 감각을 무디게 만든 것으로 보인다. 가해자들은 도덕성으로부터 벗어난 상황에서 더 많은 학살을 저질렀다. 이들은 분노한 상태가 아니었는데 이것이 오히려 치명적이었다. 미국 남부에서 있었던 린치 폭도들과 마찬가지로 이들도 살인에 대한 규범이 변화했던 것으로 회고했다. 분노에 찬 대량학살은 사회 환경이 "최악의 상황"이 된 결과로서 나타난다. 이런 상황에는 지난 시기 언젠가 내부 집단의 군대를 패배시켰던 어떤 외부 집단에게 보복 공격할 기회와 수많은 가해자 중 한 사람으로서 탈개인화된 폭력에 이끌려 "허가된 살인" 명령이 포함된다. 이들은 마치 사건 직전까지 누적되었던 억눌린 감정을 분출하는 것처럼 격분하거나 우는 등의 고조된 감정 상태에서 학살을 저질렀다.

제10장 성폭행과 연쇄 살인, 그리고 전쟁의 법의심리학

> 성충동 살인범에게 회피보다 환상이 훨씬 중요한데 이것은 매우 근원적인 행동이다. 비록 살인자가 현실과 접촉을 유지할 수 있다고 하더라도 환상의 세계는 마약으로 회피하는 것처럼 중독이 된다. _에릭 히키[1]

성폭행과 학살을 저지르는 동안 가해 군인들의 이런 '환상으로 도피'는 어디로 했을까? 대량학살이 자행되는 동안 고위 대뇌 피질cortical 기능은 가해자의 높은 흥분과 왜곡된 지각에도 불구하고 사라지지 않는 것으로 보인다. 이러한 군대의 행동은 '환상'보다는 제9장에서 서술했던 변형된 의식의 결과로 보인다. 특히 난징과 미라이에서 벌어진 대량학살의 경우가 그렇다. 이들은 때때로 보편화된 금기를 의도적으로 어기는 것처럼 보인다. 가장 끔찍한 사례는 가족들이 보는 앞에서 학살하거나 가족들끼리 성행위를 하도록 강요한다거나 하는 것들이다. 스타우브는 이를 "도덕성의 역전"이라고 불렀다.[2] 만약 이런 가해자들에 대해 법의학적 조사가 이루어졌다면 아마 이들의 행동은 희생자들의 인간성이나 가족의 상태 그리고 이런 행동이 야기할 극단적인 굴욕감이 무엇인지 이미 알고 있었다는 것을 보여줬을 것이다. 희생자를 사람으로 여기지 않았다는 가해자들의 보고는 '행동하기 위해서는 알고 있어야 한다'라는 법의학적 해석과 반대된다. 이것이 (어느 하나의 주장에 기울지 않도록_옮긴이) 균형을 잡아야 하는 이유이다.

이런 상태에서 희생자들을 "인간이 아닌 것"으로 묘사하는 것은 흔한 일이다. 하지만 아직까지 어떤 가해자 집단도 인간이 아닌 것과 성행위를 하지 않았다. 한 가해자의 증언에서 약간 애매한 측면을 볼 수 있다. 장Chang은 조사에 응한 일본군 병사의 반응에 대해 자신의 저서에 적었다. 병사 시로 아주마는 "(중국 여성을) 강간할 때는 여성으로 봤지만 살해할 때는 마치 돼지 같은 것으로 생각했어요."라며 당시를 회상했다.[3] 근본적인 지각의 변화가 이렇게 빨리 진행되는 것이 어떻게 가능할까?

바우마이스터와 그의 동료들은 갈등을 겪는 가해자들이 그 갈등의 연속성을 무시하고 고립된 사건으로 치부해 버린다는 것을 발견했다.[4] 하지만 이런 연구는 전쟁 범죄 법정 이후 가해자들에게는 시행되지 않았다. 아주마의 경우처럼 적을 동물로 여겼다는 가해자의 변명은 악마에게 사로잡혔다는 식의 서술 이상으로 가해 행위를 설명하지 못한다. 가해자는 자신의 야만성을 이해하려 해보겠지만 결국 이해하지 못한다. 여기에는 두 가지 이유가 있다. 하나는 대부분의 가해자들이 동물을 야만적으로 다룬 적이 없었다는 점이며, 또 다른 하나는 이들이 희생자들에게 정서적 고통을 가할 목적으로 저지른 행동에는 인간의 사고에 대한 지식이 요구된다는 점이다. 이들의 행동에는 어떤 "마음에 관한 이론 theory of mind", 즉 희생자가 어떻게 생각하는가에 대한 지식이 필요하다.

군대에 의한 모든 대량학살에서 야만적인 성폭행, 고문, 그리고 살인 행위가 발생한다. 이는 성적 새디스트에 의해 저질러지는 연쇄 살인과 분명히 비슷하다.[5] 한 법의학 범죄심리분석관은 자신의 저서에서 "성도착 살인범의 궁극적인 의사 표시는 (살해 후) 희생자의 사지를 절단하는 것으로 나타남"[6]이라고 밝혔다. 그는 성도착 가해자들 중에는 살인과 사지 절단의 인과 관계 요소로서 살해 전 성폭행의 비율이 높았음을 확인했다. 수잔 브라운밀러Susan Brownmiller는 자신의 고적적 저서 『의지에 반하여Aginst Our Will』에서 베트남 여성을 성도착적으로 사지 절단한 사건에 관한 미군 병사의 증언과 "보스톤 학살"이라고 불렀던 알버트 드살보의 살인 행동을 비교했다. 결과 두 사건 사이에는 아무런 차이가 없었다.[7] 우리는 이번 장에서 민간 환경에서 있었던 가증스러운 행동에 대한 심리학 연구를 고찰하고 이를 군대 환경에서 발생한 유사한 행동과 비교할 것이다.

성폭행

사회심리학자 닐 말라무스Neil Malamuth는 1980년대 남자 대학생들을 대상으로 "강간 성향rape proclivity"에 대한 연구를 진행했다. 그는 학생들에게 이렇게 질문했다. "아무런 제한이 없어지게 된다면 당신은 성폭행을 저지를 수 있을 것 같은가?"[8] 이 질문에 대한 답은 5점 척도로서 1점은 "전혀 그렇지 않을 것"이었고 5점은 "매우 그럴 것"이었는데, 2점 이상에 답을 한 학생은 35퍼센트에 달했다. 강간 성향이 있을 것 같은 학생은 성에 대해 냉정한 태도를 갖고 있던 학생들과 비교할 때 진짜 강간범들의 태도에 가까웠다. 이들은 말라무스가 이름 붙였던 "강간 신화(여성들은 강간해주길 바란다는 등)"를 믿고 있었다. 약간 그런 성향을 갖고 있던 학생들 또한 실험에 참가한 여성 협력자들에 대해 낮은 수준의 비성적 공격성을 보여주는 것 같았다.[9] 물론 이 청년들이 실제 성폭행을 저지를 가능성에 대해 과소 또는 과대 평가된 것인지는 알 수 없다. 이 청년들이 강간 환상을 갖고 있을 수 있다. 한 페미니스트 작가는 여성의 36%에게서 강간 환상이 있었지만 이들이 실제 강간을 원하는 것은 아니었음을 보여준다.[10] 이 환상은 죄의식을 갖지 않으려는 강렬한 환상과 결합된 것으로 죄책감으로부터 해방된 안전한 수단으로 보인다. 난징의 경우처럼 강간 군인들은 자신들의 행동에 대해 거의 통찰하지 않았다는 것으로 보아 대학생들이 성폭행을 저지를지 아닐지에 대해 "예측"하려는 시도가 얼마나 유효할 지는 의문이다.

군사적 상황에서 성폭행을 이유로 체포되어 처벌받을 가능성은 0에 가깝다.* 전투의 혼란 속에서는 민간 사회 같았으면 목격자에 의해 확인되었을 모든 필수적 요구 조건은 사라진다. 여기에는 희생자가 (만약 살아있더라도) 범죄자의 신원을 확인할 기회가 없으며 그리고 확인한다고 해도 가해자를 고발할 수 있는 법적 기제는 전혀 없다. 이는 말라무스가 대학생들에게 상상해 보라고 요구했던 바로 그 면죄 상황이 현실이 된 것이었다.

군대에 의해 저질러진 성폭행 사건은 특별하게 다루어져야 할 문제이다. 병사들은 강간하도록 훈련받지 않으며 이는 군사적 목적에도 전혀 기여하지 않는다. 그런데 브라운밀러의 조사에 따르면 이는 아직도 일

---

* 이 책을 집필할 당시 한 미군 병사(Paul Cortez 병장)가 14살 이라크 소녀를 성폭행 살해한 범죄로 100년의 징역형을 선고 받았다. 그러나 양형 거래(plea bargain, 유죄를 인정하면 감형한다) 합의는 Cortez를 10년 내 가석방 대상으로 만들었다. 성폭행 살해는 미리 계획되었던 것이고 이 병사는 희생자 가족의 집을 태워 범죄를 은폐했다.

상적으로 벌어진다.[11] 일부에서는 테러리스트들이 협박 수단으로 성폭행을 이용한다고 주장한다. 그러나 전형적인 테러 사건에 있어서 성폭행이 테러 위협의 가치를 감소시키므로 테러리스트들은 이를 은폐한다. 이로 보아 위 주장은 인정받지 못한다. 르완다, 세르비아, 그리고 난징에서 발생한 성폭행 사건들은 문서로 기록되어 있으며 엘 모소테와 미라이에서도 같은 보고가 있었다. 비버는 독일을 침공한 러시아 '붉은 군대'에 의해 성폭행이 보편적으로 저질러졌다고 보고했다. 살라와 웨이스는 "타이거 부대(미 제101공수부대)"가 작전에서 일상적으로 성폭행 사건을 저질렀으며 성폭행 후 모두 살해했다고 기술했다. 당시 제101공수부대원이었던 제임스 바네트는 법정에서 마약(진정제 다폰)을 먹은 동료 병사가 아기를 안고 있던 젊은 베트남 여성을 성폭행 후 살해했던 과정에 대해 진술했다. 성폭행을 저지른 병사는 바네트에게 "기름을 발라라(사살하라는 뜻)"라고 명령했다. 바네트는 엠16 소총으로 이 여성의 턱을 쐈다.[12]

브라운밀러는 전쟁과 대량학살에 있어서 성폭행이 보편적으로 발생한다는 것에 대해 자세히 서술했다.[13] 그의 말 그대로 "강간은 남성이 여성을 정복했다는 것을 과시하려는 전형적인 행동이다."[14] 그는 영국에 점령당한 스코틀랜드 여성들, 1938년 '수정의 밤(또는 깨진 유리의 밤)' 공격에서 저질러진 유대인 여성들, 독일이 폴란드와 러시아를 침공했을 때 저지른 유대인 소녀들(그들의 부모가 보는 앞에서 저질러졌으며 이는 난징 사건에 대한 장의 서술과 비슷하다), 그리고 미군에 의한 베트남 여성들이 당했던 집단 성폭행에 대해 서술하였다. 미국, 일본, 그리고 독일의 군법은 강간을 금지하고 있었으나 그럼에도 여전히 일상적으로 발생했다. 특히 독일의 경우 강간은 아리안족의 혈통을 오염시키는 "인종 오염"에 해당하는 것이었다.[15] 브라운밀러에 따르면 1946년 뉘른베르크 전범 법정에

노획된 독일군 문서가 제출되었는데 이 문서는 성폭행이 테러의 무기로서 일상적으로 사용되었다는 것을 확증하고 있었다. 독일, 일본, 그리고 르완다의 강간범들은 희생자들을 성폭행한 후 팔다리를 절단하여 살해하였다.[16] 페미니스트들은 남성들로 하여금 저지를 수 있다는 판단이 들게 할 때 성폭행 범죄가 발생하는 것으로 본다. 전쟁의 혼란과 불투명이 익명성을 제공한다는 것은 분명하다. 이런 견해에서 볼 때 성폭행 범죄는 평상시에 억제되었던 충동이 전쟁 환경에서 풀려나 성적인 동기가 부여된 것이었다.

브라운밀러는 난징 사건 당시 미국 선교사였던 제임스 맥컬럼의 일기를 소개했다.

> 나는 그렇게 잔인한 행위에 대해 이전에는 들어본 적이 없었다. 적어도 하루 밤 사이에 1,000건은 되었던 것 같고, 대낮에도 많은 사건들이 저질러졌다. 여성이 저항할 경우 총검으로 찌르거나 사살했다. 이렇게 살해된 경우도 하루에 수백 건을 기록할 수 있을 정도였다.[17]

선교사들은 전쟁 피해에 대한 보고에서 이런 성폭행 피해를 제외했다. 비록 난징대학교의 여성 기숙사감이 목격 사실을 증언 했음에도 성폭행당했던 어떤 여성도 도쿄에서 열린 전쟁 범죄 법정에서 증언을 요청받은 적이 없었다. 몇 명의 목격자들은 한 밤중에 소녀들이 네 다섯 명의 일본군에게 강제로 끌려가 15명에서 40명에 이르는 군인들에게 성폭행당한 사실에 대해 일관된 증언을 하였다. 희생자 중 몇 명은 성폭행 후 살해당했고 사지를 절단당했다.[18] 같은 이야기가 욘 라베의 일기에도 적혀 있다.[19]

비버는 1945년 독일을 침공한 붉은 군대에 의한 성폭행 사건에 대해 서술했다.[20] 여성에 대한 야만적인 집단 성폭행은 동프러시아에서 시작되었다.[21] 극심했던 트라우마를 극복한 생존자들은 10명 또는 그 이상의 러시아 군인들에 의해 성폭행을 당했다고 진술했다.[22] 이런 사건에 대해 러시아 군은 "부도덕한 사건"이라고 완곡하게 표현했으며 가해 군인들은 처벌받지 않았다.[23] 러시아 붉은 군대가 독일 여성뿐 아니라 우크라이나, 러시아, 그리고 벨로루시 여성도 성폭행했다는 비버의 연구는 정복된 지역의 여성들을 임신시키기 위해 군대가 강간을 도구로 사용했다는 사회생물학 관점에서의 관심 주제이기도 하다.[24] (아래 길리에리의 주장을 보라) 그러나 우크라이나 등 앞의 세 희생자 집단은 "정복된 인민들"이 아니다. 비버가 지적했듯이 "소련에 의해 강압적으로 저질러진 광범위한 성폭행 행위는 독일이 소련에서 저지른 야만 행위에 대해 보복한다고 하는 붉은 군대의 합리화 의도를 완전히 훼손하는 것이었다."[25] 비버는 붉은 군대에 의해 저질러진 성폭행 범죄를 네 단계로 나누어 설명했다.[26] 첫 번째 단계는 처음 진입한 소련 병사들이 점령지 모든 여성에 대해 저지른 집단 성폭행으로 야만적 또는 "상황을 악화시키는" 것이었다. 이런 경우는 가장 먼저 침공 당했던 독일 동프러시아 지역에서 발생했다. 마주쳤던 모든 여성들이 성폭행당했다는 점에서 다른 사건들과 완전히 구분된다. 두 번째 단계는 베를린에서 "2진" 부대에 의해 발생했다.[27] 병사들은 후레쉬 불빛으로 잡힌 여성들을 비추면서 희생 대상을 "선별"했다. 이 단계에서 여성들이 저항하지 않을 경우 폭행당하지 않았다.

비버는 "처벌의 두려움이 없는 전쟁 상황에서 군율에 의해 훈련되지 않은 병사는 원시적인 남성성으로 빠르게 퇴보한다. 동프러시아의 무차별 성폭력과 베를린의 성적인 전리품이라는 관념 사이의 차이점은 포괄적인 범죄 규정이 있을 수 없었던 데에 있었다."라고 했다.[28] 붉은 군대는 처음에 승리의 희망이 없어 보였던 스탈린그라드에서 벌어진 사건들로 인해 알코올과 권력에 취해 있었다.[29] 세 번째 단계와 네 번째 단계는 이런 점이 강조된다. 이후 베를린에서 발생했던 세 번째 단계는 담배나 식량으로 성을 구입하는 것이다. 폭력은 없었으나 여전히 성적인 강제의 형태를 띠었다.[30] 네 번째 단계는 "점령지 처" 또는 "전투지 처"로서 동거하는 것인데 이 여성들은 수많은 성폭행범들을 피하기 위해 침략자들과 부부 관계라는 선택을 강제당한 사람들이었다.[31] 이런 관계에 놓인 사람들 중 일부 러시아 군인들은 점령지 처와 함께 머물기 위하여 의도적으로 귀순을 선택하기도 했다.[32] 이상의 내용으로 보아 군대에 의해 저질러지는 성폭행은 모두 동일한 형태를 띠고 나타나는 현상은 아니다. 첫 번째 단계의 성폭행은 (독일 여성이 아닌 경우도 마찬가지로 성폭행당한 것으로 보아) 승리의 대가에 대한 야만적 표현이었지 정복된 지역의 여성만을 대상으로 배타적으로 저질러진 것은 아니었다. 이로 보아 모든 형태의 강간은 권력을 이용했지만 야만성과 선택성에 있어서는 차이가 있었음을 알 수 있다.

사이몬Simon은 군대에 의한 성폭행의 문제를 성적 동기와 공격적 동기의 상호 작용에 초점을 두고 연구했다.[33] 그는 민간 강간범들에 대한 연구에서 최초의 동기가 성적이었던 자들과 공격적이었던 자들을 구분했다. 사이몬이 나중에 주장한 것인데, 성적 충동에 의한 강간범은 성폭행에 요구되는 것 이상의 폭력을 사용한 경우가 드물었던 반면, 공격성에 충동된 강간범은 "모독, 굴욕, 상해, 그리고 때때로 살인"하는 처리 수법을 갖고 있었다.[34] "모든 남성들이 마음 속으로는 강간범들인가?" 라는 질문에 대한 답으로, 사이몬은 정신의학적인 결론을 내렸다. 그는 대부분의 강간범들이 정신이상자가 아니었으며 정상적인 삶을 살고 있었다고 주장한다. 이는 강간 성향을 분리해 본다면 그들 역시 다른 사람들과 다르지 않음을 의미한다. 사이몬은 에로틱한 상상에 빠져있는 남성에 대한 연구에서 94명 중 33퍼센트가 강간 환상을 갖고 있다는 것을 보여준다고 주장한다. 그리고 그는 비록 여성들도 마찬가지의 강간 환상을 가지고 있으나 실제 행동과는 거리가 있다고 지적한다. 그는 정상적인 공격성이 종종 성 역할의 일부라고 지적한다.[35] 물론 연쇄 강간 살인범들에게 있어서 성적 충동과 공격적 충동은 뒤섞여 있다.[36] 아래에서 다룰 질 드 레는 성적 새디스트의 표본이었다. 희생자들의 고통은 이자의 성적 흥분을 증가시켰다. 연쇄 살인범들은 종종 민간 환경 아래에서 자신의 성적 충동을 만족시키기 위해 살인을 저지른다.[37] 성폭행 후 살인은 희생자에 의해 신원이 확인되는 것을 피할 목적으로 저질러지거나 또는 희생자에 대한 계속된 공격 행위로서 저질러질 수 있다. 뒤의 경우에는 공격적 강간이 포함된다.[38] 레슬러Ressler와 그의 동료들은 성폭행 후 희생자를 50~100회나 흉기로 찔렀던 민간 강간범에 대해 논문을 썼다.[39] 이런 과잉 살해는 잠정적 목격자를 살해하는 데 필요한 폭력의 수준을 넘어서는 것으로 엄청난 분노에 의한 것이다. 군사적 상황에서 발생한 성폭행 역시 이런 증가된 공격성의 측면과 일치해 보이는데 이는 충동과 표출된 공격적 행동으로서의 성폭행에 대한 페미니스트의 견해와 일치한다. 이들의 견해에 의하면 여기에는 어떤 특별한 정치 집단에 대한 편향을 필요로 하지 않는다.[40]

길리에리[41]는 성폭행에 대한 사회생리학적 동기 이론을 정립했다. 그는 강간이 적 진영의 여성들을 임신시킴으로서 적 집단의 종족 번식을 대체하려는 것이었다고 주장했다. 그러나 이런 견해는 군사적 환경에서 성폭행당한 여성들이 그후 살해당했다는 사실을 지나쳤다.[42] 살인과 강간의 희생자를 선택하는 데에 있어서 구체적인 차이가 없었다는 것은 강간을 통해 종족을 번식시킨다는 것과 모순된다. 만약 병사들이 정복한 집단에게 자신들의 유전자를 퍼트리려는 동기를 갖고 있었다면 자신들의 유전적 토양을 극대화하기 위해 성폭행당한 여성들을 보호해야 했다. 사회생리학은 어떤 명백한 기능을 하는 행동을 선별해 냈어야 했고 그 후 이러한 행동들의 유전적 이익을 주장했어야 했다. 그런데 아무런 유전적 이익이 없었던 가장 중대한 행동은 무시했다. 자신들의 행동 결과와 동떨어진 이런 "신중하게 고르기cherry pick" 행동(이것은 사회생물학 기능이 분명하다)은 이론 옹호라는 자기 이익만을 도모하는 것일 따름이지 정확하게 전체 행위 결과를 설명한 것은 아니다. 사회생물학은 동기로서 유전적 전파를 강조하는 반면 이 오르가즘이 쾌락이라는 단순한 사실을 무시한다. 만약 오르가즘이 즐거운 것이고 처벌 없이도 적 진영의 여성으로부터 얻을 수 있다면 기회주의적인 성적 이기심만으로 군사적 강간이 저질러지지 않을 이유가 어디 있겠는가? 페미니스트[43]와 사회생물학자들[44]은 이런 명백한 관점을 놓친다. 강간의 동기에 관한 한 추론에서 팔머Palmer는 강간이 동기화된 단 하나의 힘이라는 논쟁을 재검토했다. 그리고 필자와 똑같이 더이상 이런 논쟁은 결함이 있다는 결론에 이르렀다.[45] 부분적이지만 이 논쟁은 강간의 정의인 '동의 없는 성행위'라는 것과 권력 동기를 필요로 한다는 문제로 연구의 방향을 틀었지만 성적 만족의 동기라는 점도 놓치지는 않았다. 팔머는 강간범들을 단죄하는 법정의 진술을 조사하여 인용했다. 이는 범죄 사실이 확인된 후에 인터뷰한 것으로 강간범이 스스로에게 유리한 대답을 했으니 얻어진 것이 별로 없었다. 이 조사 건수의 84퍼센트가 "단 한 가지 또는 부분적"인 성적 충동에 의한 것이었다고 보고했다.[46] 비버의 저서에 따르면, 러시아 붉은 군대가 저지른 성폭행 사건의 희생자들에는 독일인만 있었던 것이 아니라 우크라이나인, 러시아인, 그리고 벨로루시아인들도 있었다. 이로 보아 "즐길 수 있는 특혜"라는 개념은 사회생물학보다 역사적 증거에 의해 더 설득력을 얻는 것 같다.[47]

제프리 다머, 에드 게인, 그리고 에드먼드 켐퍼와 같은 병적인 연쇄 살인범들이 아니더라도 난징과 크로아티아[48] 등에서 저질러진 여성 희생자에 대한 사지 절단 또는 시체 훼손 현상은 가해자들이 희생자를 인간으로 여긴 것으로는 여전히 설명하기 어렵다.[49] 반면, 강간의 성격 그 자체로 보아 이들 희생자를 인간으로 보지 않았다는 말도 이해될 수 없다. 여성 희생자의 인간성 즉 여성성은 강간을 유발시키는 성행위에 대한 허가 또는 위협으로 지배하려는 동기를 불러일으킨 것이다. 강간 행위나 잔학 행위 모두 민간 환경에서는 상대적으로 (그러나 동등하게) 일상적인 것이 아니다.* 하트위치Hartwich는 크라프트 에빙Krafft-Ebing의 "성 일탈"에 대한 고전적인 분류법인 『성적 심리 장애Psychopathia Sexualis』에 근거하여 어느 정도의 수간獸姦은 문화와 시대에 따라 더욱 용인되기도

---

* 여론 조사 연구에 따르면, 지역에 따라 다양했지만 대략 2~10퍼센트의 성인이 축간(畜姦)의 경험이 있는 것으로 나타났다.(Kinsey는 이 비율이 더 높다고 보았다) 많은 나라들이 이를 엄격히 금지하고 있었는데, 페루의 경우는 독신남이 알파카 가축과 함께 있는 것을 금지하기도 했다. 미 법무부 통계국은 성폭행 사건의 5~7퍼센트가 성인 여성에 의해 저질러진다고 밝혔다.[Gilbert, N. (1993). Advocacy research overstates the incidence of rape and acquaintance rape. In R. J. Gelles and D. R. Loseke (Eds.), *Current controversies on family violence* (p. 128), Newbury Park: Sage.] 소수의 강간범들만이 절제하지 못하고 폭력을 사용했다. 심지어 동물성애자(zoophile) 중에서도 극소수만이 절제하지 못하고 폭력을 사용했을 뿐이었다. 소아성애자(pedophile)와 마찬가지로 대부분의 동물성애자들이 사랑의 관계였다며 자신들의 "관계"를 정당화했다. 위키피디아는 "동물성애zoosexuality의 옹호자들은 인간과 동물의 관계가 성적인 것을 넘어 설 수 있으며, 동물들도 여러 해에 걸친 진정한 사랑을 만들어 갈 수 있고, 이는 다른 어떤 사랑이나 성적 관계와 기능적으로 다르지 않다고 주장한다."라고 소개하고 있다. 이렇게 보면, 누군가를 '돼지처럼' 보고 죽인다는 것은 정말 사실이 아니다. 그것은 "악마가 나를 그렇게 하도록 만들었다."라는 식의 지어낸 "합리화"이다. 일본과 르완다의 군인들 또한 자신들이 학살하는 동안 악마가 씌웠었다고 했음에 주목해야 한다.

했다고 주장했다.[50] 그는 "잘 알려진 일화"를 인용했는데, 그것은 한 기병대원이 자신의 말과 성행위를 했다는 보고를 받은 프리드리히 2세가 "그놈 참 호색한이로구나. 보병으로나 갈 놈이로군!"이라고 했다는 것이었다.[51] 지금까지 고찰하고 있는 군대에 의한 강간의 관점에서 보아 수간이 용인되기 이전에 어떤 가해자나 가해 문화가 있었는지에 대해 알려진 바가 없다. 가족이 보는 앞에서 그들의 가족을 성폭행하는 짓은 군대 강간범들이 근친상간에 반대하는 인간 사회의 금기에 대한 지식을 이미 어느 정도 인식하고 있다는 것을 보여 준다. 그리고 그 기능은 희생자와 그의 가족에게 수치심을 낳는 새디스트의 것이다. 군사적 상황에서 벌어지는 성폭행은 성충동적 권력의 극단적 표출이며, 이것의 정신병리적 확장으로서 새디즘을 충족하는 것처럼 보인다.

이런 맥락에서 "강간 성향 지수(실험자가 제공하는 실험실 환경 아래에서 강간을 저지를 가능성을 평가하는 척도)"를 하나의 측정 도구로 사용하는, 강간에 대한 사회심리학적 연구는 순진한 시도로 보일 수 있다.[52] 이 연구들은 대학생들이 실제로 그들이 무슨 일을 하려 하는지, 또 무슨 경향을 보여주려 하는지 알고 있다는 가정에 입각해 있었다. 이 가정들은 잘못된 것이었고 두 가정 모두 명백한 오류가 있었다. 말라무스가 신병훈련소의 병사들에게 군법을 어기면서 성폭행을 저지를 것 같은가에 대해 질문하는 것을 상상해 보라. 여러분들은 이런 연구 방법이 얼마나 조작되고 방향을 잘못 잡은 것인지 알게 될 것이다. 군대에 의한 성폭행 사건에는 성적 만족의 기회와 희생자 모욕, 살해에 대한 욕구들이 뒤섞인 채 작동하는 것으로 보인다. 이를 연구하기 위해 말라무스의 연구에 참여한 대학생들에게 이와 같은 어두운 동기들을 시도해 볼 수는 없는 일이다. 더 나아간 증거로서 뒤늦게 난징에 도착한 일본군 신참들이 동료 병사들이 저지른

짓에 몸서리쳤던 것을 생각해보라.[53]

성적 살해

성적 살인으로 가장 유명한 자는 로마황제 칼리굴라Caligula Caesar와 15세기 프랑스 귀족 질 드 레이다. 칼리굴라는 저녁 식사에 손님들을 초대해 놓고 사람들을 성폭행하고 살인했으며 처형하는 장면 관람을 즐겼다. 이는 일상적으로 저질러지는 일이었다.[54] 15세기 프랑스 귀족 질 드 레는 수 백 명의 소년들을 고문·강간하고 살해한 죄목으로 유죄 판결을 받고 처형되었다.[55] 둘 다 희생자들의 고통에서 성적 흥분을 얻은 성적 새디스트였다. 판사는 광범위한 목격자의 증언을 근거로 질 드 레의 죄를 입증했다. 법정은 10월 21일 그가 자신의 혐의를 인정하자 범죄 사실을 실토하게 만들기 위해 가하려 했던 고문을 취소했다. 당시 판사는 질 드 레 공범자들의 생생한 묘사뿐 아니라 실종된 아이들의 부모들로부터 나온 증언이 포함된 사본이 너무 끔찍하였으므로 최악의 부분을 기록에서 삭제하라고 명령할 정도였다.

생존자의 설명에 따르면 질 드 레는 (마치 자신이 어린아이였을 때 그랬던 것처럼) 주로 금발 머리에 푸른 눈을 가진 아이들을 유인하였다. 그리고 자신이 거주하는 곳에서 성폭행하고 고문하였으며 사지 절단하여 살해했다. 종종 죽어가는 희생자 위에서 자위 행위를 하기도 했고 시신에 비역질을 하기도 했다. 그와 공범자들은 잘린 아이들의 머리를 세워놓고 어떤 것이 가장 창백한지 따지기도 했다. 대부분의 시신은 태워졌거나 매장되었으므로 희생당한 아이들의 수는 정확히 알려지지 않았다. 희생자의 수는 보통 80명에서 200명까지 보고 있는데 어떤 이는 최고 600명에 이른다고 추정했다. 희생자들의 나이는 6살부터 18살까지 있었다. 희생 대상에 남녀구별은 없었다. 비록 질 드 레가 남자 아이들을 선호했으나 때에 따라 여자 아이들을 희생시키기도 했다. 법정에서 공범자들은 질 드 레가 성행위 그 자체보다는 사지 절단 구경을 더 즐겼다고 증언하였다.[56] 질 드 레는 눈물 가득히 자신의 범죄를 후회한다고 밝혔으며 이 고백이 받아들여져 교회의 처벌에서는 사면되었다. 그러나 속세의 형벌은 남아있었다. 질 드 레는 1440년 프랑스에서 교수형을 당했다. 슐레징어Schlesinger[57]는 질 드 레와 같이 유명한 여러 명의 "강박 관념에 사로잡힌 살인자들"에 대해 기술했다. "토막 살인자 잭"과 피터 스터브는 희생자들을 살해하는 과정에서 성적 희열을 얻는 것이 분명했다.(이후의 식인 행위도 마찬가지이다) 위스콘신의 강박 관념 살인자 에드 게인은 희생자의 가죽으로 전등갓을 만들었고 시신의 일부로 집안을 장식했다. 이자는 영화 『양들의 침묵』의 안토니 홉킨스가 맡은 역할인 "한니발 렉터"의 소재가 되었다. 강박 관념에 사로잡힌 살인자들 대부분이 희생자 신체의 일부를 "전리품"으로 삼았다. 전리품을 갖는 행위는 일반적으로 살인자들의 권력 동기에 기여하는 것, 즉 희생자들을 지배하는 절대 권력의 기념품을 수집하는 행위로 믿어진다. 이것이 사실이라면 조지아와 플로리다 린치 폭도들의 전리품은 어떻게 봐야 할까? 이것도 자신을 어기는 자들의 죽음에 대한 기념품을 통해 여전히 인종적 우월성이 입증된다는 기억을 남기려는 것인가? 실제 권력의 개념은 민간인 폭력을 설명하는 데 있어서 종종 순환하듯 반복하여 사용된다. 새디스트 살인자들은 살인의 지점까지 와서야 성적 만족을 얻을 수 있는, 막강한 권력 욕구를 갖고 있다고 가정된다.[58] 그러나 시애틀 그린 리버의 연쇄 살인범 게리 리지웨이는 살인 경향 외에 권력에 대한 어떤 강박 관념도 없었고 특별할 것이라고 없는 평범한 생활을 했다. 그에게 극단적 폭력을 저지를 때를 제외하고 무기력감을 갖고 있었다는 어떤 독립된 증거도 없었다. 따라서 그와 같은 순환성도 없었다. 이와 비슷했던 수천 명의 무기력한 사람들은 폭력적이지 않았다. 드물지만 어떤 경우에는 권력에 대한 감정이 성적 환상과 뒤섞일 수 있으며 이는 폭력에 대한 베타(B) 과정을 강화시킬 수 있다.

린치 폭도 시민들이 가진 전리품은 권력이 군중 살해에서 했을 역할을 또 다른 방법으로 보여준다. 이 경우에 있어서 권력의 역동성은 사회 역사적으로 결정되었다. 생활 양식의 붕괴 위험에 잇따른 남북전쟁의 패배는 남부 지역에 권력 상실의 느낌을 불러일으켰을 것으로 가정할 수 있다. 이와 동시에 전쟁에서 발생한 문제를 상징하는 자가 누구였는지 정의함으로서 권력자의 느낌을 다시 찾을 수 있는 방법이 나타났다. 그 상징은 아프리카계 미국인이었고 특히 사회 질서의 근본에 있어 자신들의 지위보다 위로 올라갈 것처럼 보이는 사람들이었다. 이리하여 권력 상실감의 원인이었던 표적 집단이 창조되었고 곧 모든 원인은 표적으로 집중되었다. 욕구 박탈 상황에 대한 스타우브의 설명처럼 이제 가해자의 마음 속에 표적 집단이 자리 잡게 되었다. 전리품은 권력 동기에 대한 맥클레랜드McClelland의 고전적 연구인 '권력 높이기power-enhancing'에 서술된 또 다른 많은 사회적 행동에 대해 알려 준다.[59] 맥클레랜드에 따르면 수집가들은 수집의 규모로 자신들의 권력 느낌을 높인다고 한다. 이들은 이에 덩달아 자기 존재감을 확장시킨다. 그런데 누군가 우표를 수집한다면 해가 없지만 신체의 일부를 수집한다면 그것은 병리적인 것이다.

"범죄 현장 분석crime scene analysis" 기법을 통하여 미연방수사국FBI 행동과학부는 성범죄 살인자들의 범주를 "조직화된 것"과 "조직화되지 않은 것"으로 구분하였다. 전자는 감정이 없는 사이코패스에 해당하는 것으로 성적 흥분을 얻기 위해 살인을 저지르는 성적 새디스트의 유형이다. 게리 리지웨이같은 연쇄 살인범들이 이런 부류의 범행 경력에 해당한다.[60] 리지웨이는 기록된 48명의 죽음에 책임이 있는데 이중 12명으로 추정되는 희생자들이 아직 발견되지 않았다. 이자는 20년 동안 잡히지 않고 살인을 저질러 왔고 이 기록은 북아메리카에서 끔찍하게 긴 것이었다. 법정에서 48회에 걸친 살인 혐의를 인정한 리지웨이는 자신의 범죄 행위를 토해내는 데 5개월이 걸렸다. 133쪽에 이르는 검사의 논고는 이자의 살인 방법을 조사하여 냉정하고 놀랍도록 구체적으로 설명했다. 공개된 논고에 따르면 가장 먼저 분명해진 것은 리지웨이가 연쇄 살인에 대한 많은 기본 규칙과 경험을 가지고 이에 착수했다는 것이었다. 이자는 희생자를 찾고 살해하고 시신을 처리하는 등 모든 세부 사항에 대해 고민했다. 비록 이자의 IQ 테스트 점수는 80이하였고(보통은 100이다) 간신히 고등학교를 졸업했지만 조사자들을 놀라게 할 정도로 세부적인 것을 정밀하게 기억해 낼 수 있었다.

리지웨이는 자백이 시작되기 전까지 침묵을 지키는 놀랄만한 능력을 갖고 있었다. 조사관들은 이자가 윤락녀들을 살해하기 시작한 1982년부터 사형 선고를 면해 주겠다는 협상이 이루어졌던 2003년까지 아무에게도 자신의 살인 행각에 대해 한마디도 하지 않았다고 말한다. 체포된 후 이에 깜짝 놀란 세 번째 부인(17년 동안 이자와 살았다)은 변호사에게 "남편은 늘 신혼인 것처럼 나를 대했어요."라고 말했다. 이자는 자신의 유죄 증거가 될 수 있는 전리품을 보관하고 있지 않았다. 자신의 집에서 수십 명의 여성을 목 졸라 죽였다는 진술에도 불구하고 경찰은 교외에 있는 이자의 집에서 아무런 증거도 발견하지 못했다.

한 윤락녀라도 이자를 할퀴거나 옷을 찢었다면 희생자의 시신을 처리하기 전 손톱을 잘랐을 것이다. 이자는 윤락녀 살해를 즐겼다고 자백했다. 그 이유는 유인하기가 쉬웠고, 실종 사실이 알려지는 데 시간이 오래 걸렸으며, 그리고 돈을 갖고 있어 살해에 대가를 지불하기도 했기 때문이라고 했다. 때때로 이자는 부패해가는 시체와 성행위를 하려 했는데 그 이유는 또 다른 여성을 살해하는 것보다 덜 위험했기 때문이었다. 이자는 만약 시신을 숲으로 옮기느라 자신의 근육이 결렸다면 아마 노동관련 재해를 신청했을 것이고 또 노동 보상을 징수했을 것이라고 말했다. 리지웨이를 잘 알고 있는 사람들 모두는 이자의 연쇄 살인 사실에 놀라움을 표시했다. 같은 침대에서 함께 자면서 자랐으며 체포되기 전까지 함께 가족 외출을 나갔던 한 형제는 리지웨이가 비정상적인 행동을 한 적이 없다고 경찰에게 말했다. 오랫동안 함께 일했던 동료와 이전 여자 친구들도 똑같이 평가했다. 이자는 외롭지도 않았고 자신의 분노를 조절했으며 심각한 청소년 범죄를 저지른 적도 없었다. 성인이 되었을 때 절친한 여자 친구도 있었고 결혼도 했다. 리지웨이의 타고난 재능은 실재하지 않았던 평범한 삶의 장식 속에 자신의 악을 깊숙이 숨겨놓는 것이었다. 갈고닦은 기술을 발휘할 수 있는 밤을 제외하곤 말이다. 산디에고 캘리포니아 대학에서 정신의학 준 임상교수로 있는 법의 심리학자 레이드 멜로이Reid Meloy는 "그의 억제력은 놀라웠다. 특히 자신이 저지른 일에 대한 자부심이 대단했다."라고 했다. 그리고 "연쇄 살인범의 범죄 경력에 대해 강한 자부심을 갖고 있다는 것과 21년 동안 자신의 범죄에 대해 그 누구와도 말하지 않았다는 것은 주목할 만한 기본 규칙이었다."라고 했다.[61] 멜로이는 리지웨이가 자기 보호 망상에 사로잡혀 있는 것처럼 보인다고 말했다. 멜로이는 "이자의 성충동화된 살해 공격성은 분출 통로가 아주 좁아서 다른 반사회적 행동으로 넘어가지 않는다."라고 말했다. 다행스럽게도 리지웨이와 같은 살인범들은 극히 드물다. 대부분의 연쇄 살인범들은 세심하지 못하므로 그렇게 정상처럼 보이지 않는다. 히키는 민간 환경에서 벌어지는 연쇄 살인은 어릴 적 트라우마, 인격 분열 경향, 낮은 자존심, 그리고 "예행 연습" 동안 점증하는 폭력적 환상 등 폭력 행동을 일으키는 모든 것들이 종합되어 발생했다고 설명하였다.[62] 히키의 지적처럼 이런 경향적 요소들은 남들의 눈으로부터 숨겨지며, "연쇄 살인범 대부분은 법적 기준으로 보아 제정신으로 판단될 뿐 아니라 우리 사회 안에서 활동하는, 범죄와 동떨어진 사람들과 별반 차이가 없다."[63] 법의학적 증거에 기초해 보면, 조직화되었거나 또는 비심리장애 연쇄 살인범들은 실체가 드러나기 전까지 평범한 것으로 나타난다. 연쇄 살인범으로 드러난 것에 대한 이웃의 전형적인 반응은 그가 아주 "좋은 아이였다"라든가 아니면 무척 놀라운 일이라는 것이었다. 정신의학은 이런 부류의 가해자들을 성적 새디스트, 새디스트적 성격 장애, 또는 반사회적 인격 장애라고 진단한다. 그렇게 본다면 보편적으로 나타나는 군대에 의한 강간과 살인에 대한 설명 중 하나는 이런 것이다. 즉, 새디스트적 경향이 환상에서는 가능할지 몰라도 민간 환경에서는 없었으며 또 대부분의 사람들에게는 이것이 억제되고 있었다. 그러나 군사적 환경에서 이런 충동에 대한 억제는 사라진다.

"조직화되지 않은" 연쇄 살인범들은 그다지 정상적이지 않으며 대개 정신질환자로 여겨진다. 이들은 희생자들의 시신을 진열하거나 자궁에 이물질을 삽입하는 경향이 있다. 이런 짓들에 대한 보고가 르완다와 난징의 학살 사건에서도 있었다. 군대의 경우 살인자들은 "적"을 제거하라는 명령에 따르던 중이었고 적 진영을 쓸어버려도 좋다는 살인 허가와 다름없는 명령을 받았다. 하지만 습관적으로 저질러왔던 이런 짓에 대하여 그렇게 하라는 명시적인 명령은 없었다. 또한 난징과 르완다 두 곳에 있어서 군대에 의한 성적 학살 과정의 가해자들은 살해 직전 살아 있는 여성과 성관계를 가졌다. 이는 "조직화된" 살인범들의 행각과 더 일치하는 것이었다.

앞의 설명에 따르면 희생자들의 시신을 절단한 살인자들에게 성적으로 더 학대하는 경향이 있음이 발견되었으며,[64] 이들은 (현실을 사로잡고 있는 새디스트적 환상 세계 속에서 살고 있다는 의미에서) 정신질환자로 여겨진다.[65] 물론 우리는 르완다나 난징 사건의 가해자들이 어떤 환경에서 성장했는지에 대해 아는 바가 없다. 그러나 (대부분이 참가하는_옮긴이) 높은 수준의 학살 가담과 학살의 공공연한 성격에서 몇 가지 설명이 가능하다. (1) (장기간 특성인) 성향적 요소보다는 상황적 요소가 이런 행동을 설명한다. (2) 군대에 징집된 병사에게 초기부터 트라우마가 만연되며 적당한 환경이 조성되었을 때 행동으로 나타난다. 또는 (3) "숨겨졌던" 성적 새디스트들이 군대로 징병된다. 그런데, 군대에 의한 성폭행의 높은 발생률로 볼 때 세 번째 설명은 설득력이 없다. 성적 살인범들은 종종 자신들의 범죄 대상이 되는 사람들에 대하여, 스타우브가 말한 외부 집단에 대한 강렬한 편견과 흡사한 형태의 믿음을 품고 있었다. 이들은 여성을 "윤락녀"로 보았고 또 윤락녀만을 표적으로 삼기도 했다.[66] 이로 보아 이들은 자신들의 성적 충동을 혐오스럽고 억압해야 할 것으로 보았다는 것이 드러나며 이런 관점이 희생자들에게 투사되었던 것이다.

희생자들의 시신을 훼손하는 대부분의 "성충동 살인범들"은 정신이상자로 보이는 반면,[67] 대규모 사회적 폭력이 진행되는 동안 이와 똑같은 행동을 저지른 자들은 정신병 징후가 없었던 사람들이거나 자신의 임무를 잘 수행해 오던 병사들이었다. 이들 대부분은 (일본, 미국, 엘살바도르의 경우처럼) 새디스트적인 폭발 이전에 군대에서 요구하는 개인 생활 규칙과 감시 아래 질서를 잘 지켰거나 또는 (르완다의 경우처럼) 우리가 알고 있는 한 평범한 삶을 살고 있었다. (의사가 된 일본군인 나가토미 하쿠도, 윌리암 캘리 중위처럼) 많은 살인범들이 폭력의 광란orgy of violence 또는 "하루의 일"이 지난 후 평범한 일상으로 되돌아갔다.[68] 비록 (존 웨인 게시, 테드 분디, 게리 리지웨이 등) 몇몇 연쇄 살인범들은 "정상"으로 보였지만 이들은 군인들의 경우와 같은 정밀한 조사를 참아내야 하는 삶을 살지는 않았다. 따라서 상황이 이런 가공할 과잉 행동을 불러일으켰던 것인지 아니면 단지 잠재된 폭력성이 허용되었던 것인지에 대한 의문은 여전히 남는다.

법의학은 연쇄 살인범 중에서도 특히 가공할 형태인 "성충동 살인범들"을 일종의 흥분과 반복된 환상을 실행에 옮긴 것이라는 모델에 적용시켰다. 히키는 살인 충동이 아래의 것에 의해 강화되었다고 주장한다.

> …… 범죄자에게 타인을 지배하는 힘을 대신 얻게 하는 것은 잘 발달된 환상이다. 성충동 살인범에게 회피보다 환상이 훨씬 중요한데 이것은 매우 근원적인 행동이다. 비록 살인자가 현실과 접촉을 유지할 수 있다고 하더라도 환상의 세계는 마약으로 회피하는 것처럼 중독이 된다.[69]

그가 설명한 "광란의 살인자들"은 짧은 시간 동안 집단 살인을 저질렀던 군대 살인자들과 닮았다. 그러나 그는 법의학적으로 보아 이 광란 살인자들의 처리 수법에는 성적 공격은 포함되어 있지 않았다고 보고했지만[70] 군대에 의한 집단학살에서는 성폭행이 일상이었다. 모든 법의학적 설명의 문제점은 대량학살을 저지른 군인들이 학살이 있기 전까지는 정상적으로 행동한다는 점에 있다. 성충동 살인범이나 광란의 살인자들에게 있어 이들이 개인적으로 환상을 품고 있었다거나 이에 의해 충동되었다는 증거는 없다. 물론 게리 리지웨이의 경우에서 이미 설명한 바 있지만 이것은 민간 환경에서는 잘 드러나지 않는다. 군대에 의한 성폭행 사건은 개인의 성장 특성으로 범죄를 연구하는 민간 환경의 법의학적 분석에 어긋나는 사례를 보여준다. 요즘 우리는 군대가 민간인에게 저지르는 성폭행 사건과 다른 야만적 사건에 대한 다음 두 가지 설명을 구분하지 못한다. 첫째는 군사적 환경에서 베커[71]가 말한 "인간의 조건" 또는 왈러[72]가 말한 "조상의 그림자"인 잠재된 야만성이 풀려난다는 것이고, 둘째는 전쟁 상황의 면죄부와 흥분이 어떤 자에게는 "숨겨진 성향"을 활성화시킨다는 것이다. 후자의 설명은 (그와 대조되는 것으로서_옮긴이) 일부 병사들이 성폭행과 살인을 거부했다는 사실을 상기시켜 준다.

제11장 폭력적 공격성의 개인 차이

> 사람들을 민주주의나 파쇼 독재, 의회주의, 공산주의 독재로 이끄는 것은 언제나 아주 단순한 문제이다. 목소리를 내든 아니든 사람들은 항상 지도자의 명령에 따르게 된다. 이것은 쉬운 일이다. 지금 우리가 공격을 받는 중이라고 말하는 것, 애국심이 부족하다며 평화주의자들을 비난하는 것, 나라가 위험에 빠졌다고 떠들고 다니는 것이 당신들이 해야 할 전부이다. 이런 방법은 모든 나라에서 통한다. _뉘른베르크 법정에서 독일 공군 총사령관 헤르만 괴링

어떤 부류의 사람들이 전투 중 살인자가 될 수 있을까? 이에 대한 여태까지의 대답은 "모두"였던 것 같다. 난징의 살인자들이나 성폭행범들로부터 르완다와 미군의 제노사이드 가해자들에 이르기까지 전투 중의 살인자들 모두는 전투 전이나 전투 후에 범죄 경력이 전혀 없는 정상적인 시민이었다. 제9장에서 이미 거론한 바 있지만 제101예비경찰대대에 대한 브라우닝의 고전적 연구 주제와 전제는 "평범한 사람들"이었

다.[1] 브라우닝, 바우마이스터와 캠벨의 연구는 이들에게 살인 행동에 대한 극단적인 회피 반응과 트라우마를 일으키는 기억의 증거가 있었다고 지적했다.[2]

콘로이Conroy 역시 혐오 행동의 유형 차이에 대한 연구에서 같은 결론에 다다랐다. 그의 저서『평범한 사람들의 말 못 할 행동』[3]을 보면, 콘로이는 영국의 IRA(아일랜드 공화군) 성원 의심자에 대한 고문, 시카고 경찰의 범죄혐의자 고문, 카톨릭 교회의 이교도 고문(이는 1252년 이래로 공식적인 정책이었다), 이스라엘 군대의 민간인 고문과 살해의 사례를 조사했다. 그는 고문범들이 병적인 상태는 아니었다는 결론을 내렸다. 그리스의 고문범들을 조사한 해리토스-패투어로스Haritos-Fatouros 역시 이들이 군에 입대하기 전에 새디스트적이었거나 학대 행동을 했다는 어떤 증거도 확인할 수 없었다. 이들은 개인사에 있어서 같은 나이 또래의 그리스 남성 표본과 다른 점을 찾을 수 없었다는 결론을 내렸다.[4] 덴마크 영화『이웃집 아들』에서 악명 높은 그리스의 고문범 미쉐리스 페트로우는 어떤 형태의 고문이라도 명령받은 대로 실행하려 했었다는 사실을 인정했다. 그중에는 부모가 보는 앞에서 아이를 고문하는 것도 포함되어 있었다. 인터뷰에서 페트로우는 복종한다는 것 외에는 아무것도 생각해 본 적이 없다고 말한다.[5] 전쟁 역사가들은 고문이 전쟁 기간을 줄이고 생명을 구한다고 주장한다.[6] 이에 따르면, 누구라도 적절한 훈련을 통해 고문하는 방법을 배울 수 있으며 고문이 해야만 하는 일종의 직업으로 여길 수 있을 것처럼 보인다.

미 육군 조사위원회는 미라이의 병사들이 "군 전체에 걸쳐 전투 부대에 배치된 일반적인 미국 젊은이의 대표적 모습"이라고 결론지었다.[7] 제9장에서 인용한 바 있는 사회심리학자 짐바르도는 이라크의 아브 그레이브수용소의 수감자 학대로 기소된 칩 프레더릭 병장을 변호하는 전문 증언자로 나섰다. 짐바르도는 프레더릭이 그레이브 수용소에 배치되기 이전에 미국 감옥 경비병 시절 임무 수행 기록을 조사했다. 당시 이 자는 9개의 상장과 메달을 받았다.[8] 군사재판 결과 프레더릭은 불명예 제대와 8년간 중노동 형벌에 처할 것을 선고받았다. 짐바르도는 이 재판이 보여주기 위한 것에 불과하다는 입장을 견지하면서 재판의 전체 체계는 프레더릭의 행동을 강화시킨다고 주장했다. 이 주장은 살인자, 고문자들이 전쟁 상황에서 "단지 명령에 따랐을 뿐"이라는 것이다.(나치 아이히만도 그렇게 적었다) 이들은 사회심리학자 스탠리 밀그램의 유명한 실험을 재연했다. 이 실험은 평범한 시민들이 실험에 참가했던 동료 피험자들에게 고통스러운 전기 충격을 점차 강도를 증가시키며 가하는 것이었다.(고통스러워하는 피험자들은 실제 전기충격을 받아서가 아니라 연기에 불과했지만 이들은 그렇게 믿고 있었다)[9] 충격 주기를 주저하는 사람들에게는 "당신이 계속해야 이 연구가 진행됩니다."라는 말이 더 높은 수준의 전기 충격을 가하게 만드는 복종의 명분으로 충분했다. 충격을 당하는 사람이 고통스러운 비명을 질렀을 때에도 실험 대상자의 63퍼센트가 최고 한도까지 전기 충격을 가했다. 또 다른 실험에서는 충격을 당하는 사람이 졸도하여 충격판에서 손을 떨어뜨릴 때까지 충격기를 잡고 있었다. 실험 대상자의 30퍼센트가 최고 한도까지 전기 충격을 가했다.

복종 척도에 대한 설명에서 밀그램 역시 복종 여부를 결정하는 데에 있어 실험 대상자의 개인적 측면보다는 상황의 힘을 도출하고 강조했다. 미라이에서 "단지 명령에 따랐을 뿐"이라는 변명이 널리 쓰였지만, 10~20퍼센트의 병사들은 범죄에 전혀 관여하지 않았던 것으로 보아 이 주장은 설득력을 잃는다.[10]

민간 환경에서 발생하는 극단적 폭력을 설명하는 데 있어서 심리적 특성 범위 안에서만 사고하려는 경향이 있다. 이런 특성 설명은 전쟁 폭력에서도 적용된다. 그렇지만 새디스트 또는 정신질환적 성격을 가진 자들은 민간 상황보다 전쟁 상황이라고 해서 더 빈번하게 나타나는 것처럼 보이지는 않는다. 악명 높은 나치 의사인 "아우슈비츠 박사" 요셉 멩겔레같은 새디스트들은 예외이다.[11] 멩겔레는 생사를 결정하는 자신의 업무를 처리하느라 규정된 근무 시간 외에도 일을 했다. 이자는 말채찍을 손에 든 채 희생자들을 "왼쪽"으로 보낼지 아니면 "오른쪽"으로 보낼지 단 몇 초 만에 결정했다. 업무와 무관하게 독약을 주사하고, 총살하고, 그리고 타살하는 등의 살인도 저질렀다.[12] 가스실로 보낼 희생자를 선택할 때 보여 준 그의 학습된 침착함은 "분노와 폭력의 폭발에 의해 중단되었다. 특히 자신이 정한 아우슈비츠 규칙에 대한 저항에 직면했다고 느낄 때 그랬다."[13] 한번은 아이와 떨어지는 것에 저항했던 여성이 있었다. 멩겔레는 어머니와 아이 모두를 사살했다. 멩겔레의 개인 경력 기록에는 수많은 개인적 자질과 성격을 열거하며 그의 승진을 권고하는 내용이 있었다.[14]

아이히만은 효율적인 나치 살인 도구의 전형이었다. "단지 명령에 따랐을 뿐"이라는 아이히만은 살인에 직접 가담한 적은 결코 없었지만 수백만 명의 유대인 학살 서류에 서명했으며 반제 회의 "최종 해결책" 계획의 도구가 되었다. 아이히만은 예루살렘의 재판을 받기 전에 먼저 유대인 정신과 의사의 감정을 받았다. 당시 재판부는 어떤 병리현상이 대량 살해에 서명할 수 있게 하는지 조사하려 했었다. 한나 아렌트의 "악의 평범성"에 대한 평론을 보면 이자는 멀쩡했었다는 사실이 확인된다.[15] 켈맨은 미라이 사건을 저지른 캘리가 "무죄"가 되길 원했던 미국인들이 아이히만에 대해 보여준 경향이 서로 다르다는 것을 발견했다.[16] 폭력에 대한 우리의 판단은 폭력 행위를 저지른 자들이 내부 집단인지 아니면 외부 집단인지에 따라 극단적으로 나누어진다. 이런 환경에서 권위와 책임에 관한 우리의 감정이 어떻게 판단을 왜곡하는지에 관심이 있는 독자들은 허브 켈맨Herb Kelman의 빈틈없는 연구를 참조하시라.[17] 캘리에게 책임이 있다고 생각하는 사람들은 '전투 중인 병사들일지라도 방어력이 없는 민간인들을 살해할 권리는 없다'는 것을 믿었다.[18] 반면 책임이 없다고 생각하는 사람들은 '싸우라고 베트남에 보내놓고 자신의 임무를 수행했다는 이유로 재판을 받는 것은 공평하지 못하다'라는 것을 믿었다.[19] 후자 집단은 그런 환경이라면 자신들 역시 민간인을 사살했을 것이고 대부분의 사람들이 그랬을 것이라고 믿었다. 이들 중 21퍼센트만이 일본군 장군 야마시타가 전쟁범죄자로 처벌받아야 한다고 믿었는데 이는 캘리에게 책임이 있다고 생각한 집단의 34퍼센트와 비교된다.

비록 아우슈비츠에서 멩겔레가 보여준 행동에도 불구하고 전쟁 전의 멩겔레 삶에서는 어떤 새디즘의 증거도 보이지 않았다.[20] 형질인류학과 유전학에 흥미를 갖고 있었으며 "특별한 것이 없는" 의학생이었던 이자의 경우는 민간 환경에서 억압되어 감추어져 있던 특성이 기회가 되자 표면으로 나타난 것처럼 보인다. 브릭만에 따르면 멩겔레에게 있는 새디즘의 깊은 특성과 그의 행동 사이에 내적 일치가 먼저 형성되었고 이어 희생자들이 처해진 처지와 그의 행동 사이에 외적 일치가 이루어졌다.[21] 아렌트는 나치가 "타고난 새디스트이거나 살인자는 아니었다. 오히려 자신들의 행위로부터 육체적 쾌락을 얻는 자들을 제거하려는 노력을 체계적으로 했다."라고 주장했다.[22] 멩겔레가 "육체적 쾌락"을 숨기는 데 능숙했으므로 나치가 이자를 알아채지 못했을 가능성은 있다.[23]

프란츠 칠라이스에 대한 왈러의 연구 사례 또한 '평범성으로부터 나오는 유연함에는 한계가 없다'는 생각을 옹호한다.[24] 칠라이스는 나치의 극단적 학살 수용소였던 마우트하우젠을 지휘했는데 홀로코스트 박물관의 사진에 있는 칠라이스의 평범한 모습은 우리를 아연실색하게 한다.[25] 왈러는 아이히만의 재판 법정에 출두한 자들에 대한 반응을 반복해서 지적했다. 어떤 사람은 아이히만이 법정에 나타나자 이자의 정체를 알아보지 못하고 지나쳤다. (아우슈비츠의 수감자들 역시 멩겔레가 키가 크고 금발머리에 아리안족이었다고 쓰고 있다. 그러나 이자는 사실 평균 키에 검은 머리를 갖고 있었다) 칠라이스는 원칙 없이 닥치는 대로 수감자들을 사살했고 개인 감정으로 죽을 때까지 구타했으며 자신의 아들로 하여금 사살하게 하는 경우도 있었다. 그리고 1945년 5월 5일 연합군이 마우트하우젠에 도착했을 때 폭탄으로 남은 수감자들을 몰살시킬 계획까지 짜고 있었다. 다시 한 번 강조하건대 칠라이스의 성장 배경에도 예외적인 것은 없었다. 왈러는 "이자를 알고 있는 사람들은 모범적인 남편이자 아버지였다고 말했다."라고 적고 있다.[26]

이들에게 개인별 차이가 있을까?

극단의 군사적 폭력 환경에서 벌어진 사건을 설명하는 데 있어 두 개의 이론이 있는 것 같다. 하나는 사회적 압력이 개인 차이를 제거하여 모든 사람들이 똑같은 방식으로 행동하게 한다는 것이고, 다른 하나는 비록 극단적인 상황일지라도 개인 차이는 계속 남아 있다는 것이다. 미라이 사건 당시 어떤 병사들은 민간인 살해 명령을 거부했다. 휴 톰슨은 캘리에 맞서며 그 명령에 공격적으로 저항했다.[27] 영화 『쉰들러 리스트』는 오스카 쉰들러가 독선적인 나치 정책을 우회하면서 숨길 수 있는 유대인들을 찾아 생명을 구해주는 행동을 영상으로 그렸다. 독일 토벌경찰 부대 중 일부는 유대인 학살 명령을 거부했다. 이는 그 동안 노출되었던 나치의 선전과 군 입대의 압력에도 불구하고 행해진 것이었다.[28] 게다가 살해를 경험한 자들은 최초 가담했던 학살로 인해 심한 악몽과 정서적 고통 등 극심한 반응을 경험했다. 리프턴은 민간인을 살해하라고 명령 받은 독일 병사 중 20퍼센트가 불안, 우울증, 그리고 불면증 등 정신병리적 문제로 고통을 겪었다고 평가했다.[29] 그리스의 고문범들 역시 우울증, 악몽, 그리고 과민증을 겪었다.[30]

이런 수수께끼에 대한 왈러의 탈출구는 "평범한 사람들이 저지르는 지나친 악행을 강조한다고 해서 특별한 유형의 개인들이 파괴적 복종에 가담함에 있어 다른 사람들보다 더 적극적일 가능성을 배제하지 않는다."라고 주장하는 것이었다.[31] 왈러는 다중 요인 모델을 발달시켰는데 학살 가담에 기여하는 요인을 네 단계로 구성하여 설명하였다. 첫째는 조상의 그림자 단계로서 자기민족중심주의, 이방인 혐오증, 그리고 사회적 지배 욕망을 갖는다. 둘째는 가해자의 정체성 단계로서 문화적 신념 체계, 도덕적 이탈, 그리고 합리적인 이기심을 갖는다. 첫째 단계와 둘째 단계는 "행동 주체(가해자)" 수준의 요인들이다. 이어 이것들은 셋째 단계인 잔인성의 문화로 접어든다. 여기에는 전문적 사회화, 집단에 대한 맹목적 요인, 그리고 역할과 사람의 병합이 이루어진다. 넷째 단계에서는 우리와 그들을 구분하는 사고, 탈인간화, 그리고 희생자 비난과 결합하게 된다. 왈러는 상호작용하면서 활동하는 이런 네 가지 수준의 요인들이 가해자에게 새로운 자아를 낳으며 비범한 악이 자아의 일부가 되게 만든다고 주장한다. 왈러의 이론은 이런 다양한 요인들을 훌륭하게 개념화시켰다. 즉 첫째 단계 수준의 요인들은 모든 사람들에게 있으므로 둘째 단계 수준의 요인들만이 셋째 단계 수준과 넷째 단계 수준의 결과로서 발생하는 극단적인 환경에 대한 반응에 있어서 차이점들을 낳을 수 있게 된다. 그래도 의문은 남는다. 일반적인 살해로 충분할 때에도 어떤 가해자들은 지나친 폭력을 저지른다. 우리는 그 이유를 적절히 설명할 수 있을까? 가해자들에게 가해지는 상황의 압박으로 극단적 폭력을 설명할 수 있는가? 또는 여전히 개인적 차이가 존재하는가? 등.

바우마이스터와 캠벨은 죄의식 정도의 차이에 따라 반응이 완화되기 때문에 모든 병사에게 제9장에서 서술한 베타(B)과정 행동으로의 이행이 일어난 것은 아니라고 주장했다.[32] 이들은 죄책감이 작동하지 않을 경우 반대 과정 이론에 따라 모든 사람이 새디스트로 변할 것이라고 주장한다. 결국 도덕성의 차이는 극단적 환경일지라도 여전히 작동했을 것이다. 미 범죄심리학자 토흐Toch는 민간 환경에서 선택된 폭력적인 사람의 표본 중 6퍼센트가 타인의 고통을 즐긴다는 것을 발견했다.[33] 그로스Groth는 성폭행범의 5퍼센트가 희생자의 고통으로부터 쾌락을 얻는다고 결론지었다.[34] 위에서 이야기한 대량학살과 군대 강간의 보편성에 대한 서술에서 판단하건데, 전쟁이라는 맥락은 사건의 발생 빈도를 증가시켰을 것이고 정상적인 환경에서 있었을 죄의식에 의한 억제력을 약화시켰을 것이다. 바우마이스터와 캠벨은 사냥꾼들에게서 이 주장에 대한 증거를 찾았다. 6퍼센트를 훨씬 넘는 사람들이 죄의식이 없으므로 사냥을 즐겼다. 이는 위 살인의 경우와 비교된다. 제8장에서 보았듯이 폭력에 대한 "도덕적 이탈"과 규범 재구조화가 일어난다면 죄의식이 생길 기회가 줄어들 것이다. 개인을 다양한 폭력으로 이끄는 세 번째 형태는 자기 중심주의가 위협받는 것이다. 일본군 또는 후투족의 입장에서 보아 당시 이들의 자부심을 건드리는 역사적 근거들이 충분히 있었다. 자부심은 일본군에 있어서 기초 훈련의 일부였다. 후투족의 자부심은 역사적으로 투치족에 비해 열등한 처지였다는 믿음에서 비롯된 것이었다. 극단적 폭력의 환경에서 병사들 대부분은 잔학 행위를 저지르도록 유도될 수 있고 그중 소수가 여기에서 쾌락을 얻는다고 결론짓는 것이 적당해 보인다. 또 다른 소수는 이를 거부하거나 극단의 심리적 고통을 겪는다. 이는 맥네어MacNair의 경우에서 보인다.[35] 명령에 응해 학살에 가담한 병사들은 대개 장기 스트레스 장애가 있다.[36] 전형적인 트라우마 장애는 원치 않는 회상 또는 "똑똑히 회상되는 과거flashback", 과다각성, 악몽, 우울증, 또는 "심리적 마비"로 구성된다. "페리트라우마 장애"[37]라고 부르는 심리적 마비 증상은 종종 살인 도중에도 경험한다. 솔로몬과 그의 동료들은 레바논 전쟁에 참여한 이스라엘 병사들의 임상기록을 통하여 이런 전투 스트레스 반응을 연구했다. 병사들 중 48퍼센트가 극심한 불안을 겪었고, 26퍼센트가 죽음의 공포를, 21퍼센트가 울음을, 그리고 18퍼센트가 정신적 마비 증상을 겪었다. 정신적 마비 증상은 위협과 불안을 무디게 하는 자동 방어 기제이다. 솔로몬은 다른 전쟁을 겪은 또 다른 병사들의 전투 반응 보고와 비교하여 이들 사이에 유사성이 있음을 발견했으며, 이 반응이 보편적이라는 결론을 내렸다. 일반적으로 전투가 진행되는 동안 공포 반응이 너무 강해서 사지가 마비되고 괄약근을 통제하지 못했다. 그리고 장기간에 걸쳐 대인 관계에 어려움을 겪었고 신체적 불만을 갖고 있었다. 이에 비해 사이코패스 범죄자들은 보통 사람들과 달리 사건 후 원상으로 회복되었으며 부적절한 불안 자극에 의해 괴롭힘을 당하지 않았다.[38] 문제가 있는 사이코패스 환자들이 병사로서 효율적일지 모르지만 충성심에는 문제가 있었다.

모슨은 전투 상황의 흥분, 인식의 변화, 그리고 높은 긴장감의 원천이 탈개인화된 행동의 특징인 공격성을 증가시킨다고 생각했다. 이 생각은 대량학살에서 나타나는 야만성의 형태에 대한 설명을 치밀하게 보완했다.[39] 그는 오랜 기간 높은 긴장 아래 벌어진 살인은 극단적 흥분이 수반되어 인사불성 상태에서 벌어지는 한 형태라고 주장한다. 짧은 과도기 상태에서 실행되는 행동은 변형된 의식 상태에서 저질러지는 경향이 강하다. 짐바르도는 이를 "확장된 현재expanded present"[40]라고 불렀고, 바우마이스터는 "단축된 미래"라고 불렀다.[41] 이들은 이런 인지 상태의 특징으로서 별개의 구체적 행동에 초점을 맞췄다. 솔로몬과 그의 동료들이 그랬듯이 모슨 또한 다음의 증거, 즉 인격의 분열(이는 경험의 방화용 구획 compartmentalization이다)과 "심리적 마비"는 트라우마[42]에서 일반적인 것이며, 어떤 가해자에게는 폭력의 실행이 트라우마를 불러올 수 있다[43]는 것을 인용했다. 페리트라우마 상태에 대해서는 알려진 것이 거의 없으나 트라우마에 기여하는 신경학적, 생리학적 과잉 행동이 페리트라우마 스트레스를 낳는다는 것은 알려져 있다. 바우마이스터와 캠벨은 전투에 참여한 병사들 중 20~30퍼센트가 자신들의 폭력 행동에서 생긴 트라우마로부터 고통을 받는다는 증거를 제시했다.[44] 폭력적으로 행동할 준비 정도가 병사들마다 다르며, 살인을 해야만 한다는 감정적 반응에 있어서도 여전히 또 다른 개인차는 존재한다.

대량학살이 발생되는 동안 드러나는 개인 차이를 설명하려는 이론은 어떤 군인들(미라이 사건 휴 톰슨의 프로파일처럼)에게서 볼 수 있는 상대적 억제와 다른 군인들에게서 볼 수 있는 "명령에 의한 기계적 살인", 그리고 또 다른 군인들이 저지른 과잉 살해(강간, 고문, 사지 절단)에 대해 어느 정도 짚고 넘어가야만 한다. 여기서 말하는 셋째 형태는 비효율적인데다가 (상대방을 위협하는 수단도 아니라면) 결코 군사적인 것도 아니다. 짐바르도와 그의 동료들에 의한 스탠포드 감옥 연구에서 경비병의 3분의 1이 학대 행위를 했고, 3분의 1은 연구의 지시에 따랐으며, 나머지 3분의 1은 수감자들에게 약간이나마 우호적 행동을 하려 했다.[45] 밴두러[46]와 왈러는 가해자들 사이에 있는 "도덕적 이탈"의 정도 차이는 이런 차이점들에 대한 설명이 될 것이라고 주장했다. 그런데 이것이 순환 논쟁이 되지 않기 위해서는 각각 독립적으로 평가될 필요가 있다. 도덕적 이탈은 분노에 가득 찬 극단적인 대량학살보다는 르완다에서 있었던 로봇 같은 살인을 더 잘 설명한다.

살인을 즐기게 되는 베타(B) 과정 발생에 이르는 정도에서도 차이가 있을 것이다. 퍼거슨은 피에 굶주린 것으로 묘사된 한 병사를 언급했다. 이 병사는 "애정 행위의 육체적 황홀함이 그런 것처럼 …… 전투의 황홀함은 마음의 고통을 덜어준다."라고 했다.[47] 퍼거슨은 "즐기기 위해, 그리고 맞장 떠 죽이려고 해병이 되었다."라는 어떤 특별한 부류의 병사를 거론했다.[48]

한 병사는 전쟁 회고록에서 살인의 장면을 이렇게 묘사했다. "그(희생자)는 가장 비참한 그리고 가장 고귀한 신의 피조물이었다. (벗어나려는) 노력과 분노로 숨을 헐떡이고 흐느껴 울었다. 거기에는 이상하게 중독되는 어떤 흥분이 있었다. 그리고 다시 그의 생각은 하나의 딱딱하고 날카로운 행동에 초점을 두는 듯 했다. 이제 고통과 기쁨의 양극단이 만나 하나가 되었다."[49]

살해 명령이 내려진 폭력적 무질서 상황에서 이런 과정이 일어날 수 있다는 것을 이해할 수 있다. 하지만 (비록 항상 발생하는 것은 아닐지라도) 모든 병사들이 과잉 살해에 가담하는 것은 아니다. 왈러는 "도덕적 이탈"과

"정체감"에 차이가 있다고 주장한다. 모슨은 자아의 견고함과 자극 추구(흥분 가능성, 정체성 유지)에 있어서 개인차가 있다고 주장한다.[50] 바우마이스터와 캠벨은 베타(B)과정으로 변화하는 것을 조종하는 다양한 수준의 죄의식이 있다고 주장한다. 그러나 이런 설명 중 어떤 것도 가해자 개개인들이 사용한 폭력의 형태를 있는 그대로 설명하지 못한다. 가해자의 내면을 통찰하는 방법에 있어서 지금까지 만남이나 면담에서 얻어지는 것은 거의 없다. 난징이나 미라이, 르완다 사건의 가해자들에 대한 면담이 있었다.[51] 이들은 자신들의 행동을 스스로 이해하지 못하겠고 마치 악마에게 사로잡혔던 것 같았다는 이상의 어떤 말도 할 수 없었다. 미라이와 그리스의 고문자들에 대한 면담도 있었다.[52] 이들 모두는 폭력이 어떤 의문도 없이 일상적으로 실행되는 평상시 행동으로 규범이 변화된 상태를 극적으로 보고하는 듯했다. 미라이 사건의 병사들은 명령에 따라 살인했던 것으로 합리화했으며 성폭행 등에 말려드는 것을 처음에는 거부했었다고 주장했다. 그리고는 점차 베트남 여성에 대해 "이들은 사람 같지 않았어요. …… 이들은 국gook이나 빨갱이commie였어요. 그러면 만사가 OK였어요"라고 했다.[53]

가능한 한 대량학살 가해자들의 자기 보고를 넘어선 철저한 심리학적 평가를 통해 더 많은 것들이 실행되어야 할 것으로 보인다. 슈펠드는 "심리 측정 도구와 내용 분석"이 뉘른베르크 재판 피고인들에게 사용되었다고 했으나[54] 콘로이는 이 조사가 단지 로샤 테스트에 불과했다고 했다.[55] 홀로코스트에 저질러졌던 행위를 설명할 수 있는 어떤 심리 평가도 나치당원의 개인적 성격, 가족사, 또는 개인사에 있어서 단일한 어떤 것도 정확히 지적하지 못했다. "정상적" 환경을 가정하여 설계된 심리 평가 도구는 전쟁 상황에서 끔찍한 행동을 저지르는 사람들과 그렇지 않은 사람들 사이의 의미 있는 차이를 구별해 낼 수 없다는 것을 잘 보여주는 것 같다.

스타우브는 그리스, 아르헨티나, 그리고 독일에서 고문범이 되어가는 성격적 요인에 대한 조사를 통해 이들이 갖고 있는 특성, 즉 권위주의, 강한 내부 일치감과 외부 집단 폄하 등이 제노사이드 가해자의 특성과 같다는 것을 발견했다.[56] 그러나 마지막 분석에서는 내부 역할 행동으로부터 성격적 특성을 추론하는 것과 역할 요구에 따라 행동하라는 엄청난 압력을 인용하는 것에 대해 경고했다. 극단적 폭력에 대한 설명은 폭력 과정을 점점 더 심화시키는 초기의 사회적 압력에 대해 어떤 설명이 되는 것 같다. 대부분의 병사들이 성폭행과 살해를 저지르는 극단적 환경에서 또 다른 병사들은 그러한 행동에 가담하지 않는다. 이것은 여전히 우리가 개인 차이에 대한 평가 수단을 갖고 있지 못하다는 것을 보여준다. 이러한 차이점은 자기 보고에 대한 평가에 의해서가 아니라 아마 신경 연결 시스템의 뇌주사腦走査, brain scan 영상에 의해 드러나게 될 것 같다.

제12장 마지막 고찰

> 악인에게 뿔이 달려있다고 믿는 한, 악인을 찾아낼 수 없을 것이다.
> _에릭 프롬, 『인간의 파괴성 해부』, 574쪽

우리는 제2장에서 군중 심리에 대한 르 봉의 서술을 살펴보았다. 군중 심리는 군중 속에서 사람들의 의식 수준이 하락한다는 것으로 충동성, 복종에 대한 갈망, 그리고 야만성이 그 특징이다.[1] 왈러는 이를 "조상의 그림자"로 부르면서 자기민족중심주의, 이방인 혐오증, 그리고 사회적 지배에 대한 열망 등과 같은, 인간 본성이 갖는 경향성으로 설명했다.[2] 사회적 지배에 대한 열망은 공격성과 폭력성으로 나타난다. 이런 특징들에 대한 왈러의 설명은 근본적으로 사회생물학적인 것이다. 그는 '자신에게 유리하게 하기'와 '외부인 지배하기'가 유전적 적응에 기여한다고 주장하는 논문들을 검토했다. 왈러는 "우리-그들" 사고의 기원이 초기 애착에서 비롯되며 생존에 결정적인 '유아와 돌보는 사람의 유대감

발달'이 "우리"라는 강한 감정을 발달시킨다고 주장한다. 보편적으로 인간에게는 이런 유대감이 발달하는 삶의 첫 해에 '낯설음에 대한 불안'을 관찰할 수 있다. 이것이 성인이 되면 이방인 혐오증으로 나타난다. 애착 유대가 발달함에 따라 낯섦에 대한 불안감도 증가한다. 여섯 살의 나이가 되면 국가가 무엇인지 충분히 이해하기 전임에도 자신이 속한 국가에 대해 강한 호감을 보여준다.[3] 따라서 자기민족중심주의와 이방인 혐오증은 애착 과정 자체에 있어 인간의 보편적인 토대가 되는 것 같다. 이는 말 그대로 애착의 어두운 측면이다. 왈러는 이것을 "유대감의 형성은 또 다른 골을 깊게 만든다."라고 적었다.[4] 이는 내부 집단을 정의하기 위해서 자신들 집단의 외부에 있는 무엇인가(즉 외부 집단)가 필요하다는 것을 말한다. 타이펠Tajpel은 이에 대해 "그들이 우리가 아니므로 우리는 우리다."라고 적었다.[5] 우리는 제노사이드 이전에 통상 극심한 선전이 선행되었음을 보았다. 이러한 선전은 내부-외부 집단의 차이점들을 과장하고 외부 집단을 역사적 상황으로부터 부당한 이익을 얻은 것으로 묘사했다. 이로 보아 왈러의 지적은 적절한 것이었다. 이제 우리는 바울비Bowlby의 선구적 작업 이래로 애착이 인간의 가장 강력한 동기이며 초기 생존의 바탕이라는 것을 안다.[6] 우리가 악한 행동을 저지를 수도 있는 외부 집단을 형성하는 경향은 이 강력한 애착 동기의 어두운 측면이다.

전쟁과 갈등의 독성, 외부 집단을 악마처럼 묘사하는 가공된 험담, 폭력의 새로운 규범에 따른 외부 집단을 향한 공격 행동의 증가, 분노의 폭력이 용인될 것으로 여기는 개인적 태도의 변화 등 이런 못된 짓이 자행될 수 있는 환경에 대해 이 책 전체에 걸쳐 검토되었다. 이런 환경은 '군중 심리'라고 부르는 의식 상태로 가는 길을 내준다. 이제 나타난 몇몇 새로운 증거는 군중 심리가 서술적인 개념으로서 뿐만 아니라 신경생물학적으로도 존재할 수 있다는 주장의 근거가 된다.

넬은 고생물학과 인류학적 증거에 대한 고찰을 통해 잔인성이 사회생물학적 발달의 결과라고 주장한다.[7] 그의 주장을 조금 더 전문적인 용어로 소개하자면 이렇다. 잔인성은 (먹이를 찾고 죽이는) 포식 행동의 부산물이고 오랜 시간 적응 과정에서 나온 강화물에 의해 추동되는 것으로 전원 또는 도시 사회 내부 포식자를 피해 (후대에게 유전자를 전달하는) '유전적 적응의 이익'을 제공한다. '잔인성'의 즐거움은 최초의 포식 적응에 대한 "문화적으로 공들여진" 발현이었다. 넬의 주장은 정서신경과학affective neuroscience과 사회심리학, 그리고 궁극적으로 군대에 의한 대량학살의 잔인성을 이해하는 데 있어 함축적 의미를 가진다. 그의 견해는 군중 심리를 일으키는 신체 내 신경의 위치neural locus를 가리키며 우리를 그 지점에 다가가도록 인도한다.

잔인성

넬은 잔인성을 150만 년 전 호모 에렉투스에서 기원하는 인류의 배타적 행동으로 보며, '다른 생명체에게 고통을 가하려는 의도를 갖고 실제 고통을 가하는 것'으로 정의한다. 만약 처벌의 목적이 희생자를 정복하거나 또는 저항할 수 없도록 하는 것이 아니라 고통을 가하려는 것이라면, 그리고 희생자가 고문을 당하는 동안 고통을 극복하지 못하거나 무기력한 상태로 억압받는다면 그 처벌은 잔인한 짓이다. 그리고 가해자 또는 목격 청중이 희생자의 고통에 의해 촉발되는 흥분을 경험하게 된다면 그 가해 행동은 잔인한 짓이다. 강한 감정은 잔인한 행동을 저지르거나 목격하는 것에 의해 생긴다.

사냥은 영양물 섭취를 위해 살해하는 것으로 정의되며 "고통-피-죽음"의 복합에 의해 강화된다. 영양물 섭취를 목적으로 하지 않는 사냥 역시 이런 강화물로부터 얻어진다. 고생물학적 증거는 250만 년 전부터 인류가 고기를 먹었으며 원시 호모 사피엔스는 동물로부터 거의 대부분의 단백질을 얻었다는 것을 보여준다. 인류의 조상은 사냥꾼이었고 140만 년 전부터 음식을 요리하는데 불을 사용했으며 불로 거대한 포식자들 쫓아냈다.(이로 보아 호모 사피엔스는 거의 1백만 년 동안 날고기를 먹었다는 결론이 나온다) 포식자면서 사냥감이기도 했던 이런 두 가지 역할은 인류에게 뇌의 지능을 사용하게 했다. 넬은 "뇌에 발달된 주름은 포식자를 적응시키는 감정적 조종자였으며 사냥꾼이나 청소 동물로서 먹잇감을 사냥하고 먹어치울 어떤 기회에 강력하게 반응하게 한다."라고 썼다.[8] (아프리카의 아이오쿵!kung족 같은) 사냥 사회에 대한 인류학적 연구에서 인류가 고양이처럼 은밀히 접근하여 집중해서 사냥을 하여 죽이는 동안 그리고 그 뒤 얼마 동안 큰 흥분을 경험한다는 것이 발견된다.[9] 그런데 사냥터가 드물었으므로 사냥의 방법은 동물이나 인간 모두에게 경제적이지 않았다. 늑대가 사슴 사냥에 성공하는 비율은 5퍼센트에 불과하며 아이오쿵족은 한 시간 사냥을 통해 얻는 음식물은 100칼로리에 그칠 뿐이었다. 인류에게는 작은 사냥감과 농작물 수확에 집중하는 것이 더 나을 수 있었다. 넬은 대규모의 사냥이 또 다른 목적, 즉 피 흘리기와 생명 빼앗기를 통해 수컷들의 성적 욕망을 확인시켜 준다고 주장한다. 이 견해에서 보면, 포식, 사냥, 그리고 고통과 피, 죽음에 대한 추구는 한 가지 공통된 근원으로부터 발생하는 상동 관계에 있다. 넬은 이것을 "모든 포유동물이 갖고 있는 원형적 감정-동기 과정"이라고 불렀다.[10] 또한 이 과정이 모든 포유동물 신경 세포의 신경 수지상 돌기에서 발생하는 생체 아민에 의해 전달된다고 주장한다.

포식과 고통-피-죽음 복합

포식은 처음부터 부족한 자원에 대한 육식 포유동물 사이의 경쟁에서 발달되었다. 결국 덩치 큰 유인원과 인류가 이 경쟁에서 승리하게 되었다. 후대가 물려받은 것들에 담겨진 강화물은 고통-피-죽음PBD 복합이라고 부르는, 연결되고 조건화된 일련의 자극이다. 이 복합에는 먹잇감이 갖고 있는 공포, 닥친 재앙으로부터 탈출하려는 몸부림, 피 흘리기, 부상당하고 (때로 산 채로) 잡아먹히는 먹잇감의 고통스런 소리 등이 있다. 이런 복합에 의해 격발되는 '선행하는 강화물anticipatory reinforcer'의 범위에는 도파민 방출과 긍정적인 느낌이 포함된다. PBD 복합은 원시 인류에게 포만과 성적 접근, 그리고 먹잇감의 죽음과 동시에 일어나는 자기 생존의 신호였다.(원시 인류는 사냥꾼인 동시에 사냥감이었으므로) 이것은 인류에게 가장 강력한 생존 동기로 기여했으며 안전을 추구하는 여러 단서와 함께 인류 생존의 결정적 신호였다.

하이에나와 사자의 사냥에서 첫 공격이 시작된 후 먹잇감이 죽게 되기까지 10분에서 1시간가량 걸렸음이 관찰되었다. 어떤 먹잇감들은 산 채로 잡아먹혔지만 대부분 먹잇감들은 잡힌 뒤 싸우거나 저항하다가 점차 저항을 멈추고 쇼크 상태로 들어갔다. 대부분 상처를 입었을 때 고통스러운 비명을 질렀고 피나 위에서 덜 소화된 내용물 등은 죽음과 관련된 특별한 냄새를 피웠다. 가해 동물들 또한 스스로 폭력을 표출하는 것, 그리고 희생 동물의 반항과 몸부림, 가해 동물이 본능적으로 느끼는 강화(위의 팽창 등)를 통해 자기 수용의 강화를 경험한다. 포식자들은 죽도록 달리거나 먹잇감의 울부짖음에서 극단적으로 흥분된다. 이런 모습은 콜로부스 원숭이들을 여러 조각으로 찢어 죽이곤 하는 침팬지에게서 볼 수 있다.

> 사냥과 죽임에 대한 침팬지의 본능적 반응은 강렬한 흥분이다. 숲은 유인원들이 짖어대고 우우대고 울어대는 소리로 가득하다. 곧 여러 방향에서 흥분된 새로운 종자들이 다가 온다. 원숭이들은 산 채로 찢겨져 비명을 지르며 잡아먹힐 것이다. 우두머리 수컷이 먹잇감을 잡으려고 분노로 울부짖으며 싸움과 사냥을 이끈다. 한두 시간 또는 그 이상 동안 흥분한 유인원들이 원숭이들을 찢어서 게걸스럽게 먹어치운다. 이것이 피에 굶주린 모습의 원시적 형태이다.[11]

침팬지는 영양분 섭취를 위한 사냥에서 자신들의 폭력성을 억제하지 않는다. 곰비 침팬지의 52퍼센트는 다른 침팬지의 공격에 의해 죽는다.

포유동물의 뇌에 가해지는 전기 자극은 세 가지의 뚜렷한 "공격적 순환(신경 네트워크)"을 보여주는데 여기에는 포식 공격, 성과 관련된 수컷 사이의 공격, 그리고 분노 공격이 있다. 포식 공격은 "추적 체계"(찾아다니기, 탐색, 호기심, 예상, 몰래 접근하기)로 구성된다. 여기 포함된 신경 체계는 확장된 횡측 시상하부 통로lateral hypothalamic corridor를 통해 중뇌 핵으로부터 나오는 도파민의 흐름을 증가시킨다. 이것은 최고 수준으로 활성화된 탐색과 추적 행동을 불러일으키는데[12] '찾아다니기'나 '몰래 접근하기'와 같은 특별한 행동은 종種마다 다양하게 나타난다. 이렇게 도파민에 의해 활성화되는 반응은 포식 그 자체가 (뒤쫓고 죽이는데 따르는 피로의 관점에서 보아 회피하고 싶은 힘든 일이므로) 포식자에게 높은 수준의 에너지가 요구됨에도 불구하고 쾌락이라는 높은 보상을 준다는 것을 알려 준다. 포식의 마지막 단계인 공격과 죽이는 것은 (먹잇감이 울부짖고 냄새를 피우는 것으로부터 얻어지는) 고통 단서로부터 쾌락을 느끼는 두뇌 활동과 결합된다. 여기에 자기수용적으로 피드백되는 쾌락이 더해진다. 이것이 PBD 복합의 원천이다. 넬은 이런 복합이 수백만 년의 진화에 의해 형성되었다고 주장한다. 넬은 "사람들은 성적 흥분과 결합된 높은 수준의 쾌락 보상이 있는 고통, 즉 힘든 일의 스트레스나 부상을 당하는 것 등의 결합이 포식의 성공과 사냥 적응을 위한 필요조건이라고 가정하는 것 같다. 결국 혼자 싸운다는 것, 이것은 또한 포식의 다양한 형태에 있는 싸움의 진실이다. …… 그리고 비록 싸움이 잔인함으로 정의되지는 않는다고 하더라도 고통은 전투로부터 분리되지 않는다."라고 하였다.13) 대를 이어 재생되는 고통과 흥분(PBD 복합)에 대한 보상은 지금도 진행 중이다. 공격, 고통, 그리고 성욕은 서로 내적으로 연결된다. 즉, "소뇌 편도체 신경세포들은 공격적 충돌에 의해 흥분되지만 성적 행동에 의해서도 흥분된다. …… 흥분의 바탕에 깔려 있는 동기는 안전 추구인 것 같다."14) 넬은 유인원으로부터 인간에게 이르는 포식의 진화에 대한 인류학적 논쟁을 정밀하게 고찰했다. 여기에는 어떻게 오스트랄로피테쿠스(호모사피엔스의 조상)가 폭력적인 육식동물이 되었는지에 대한 논쟁이 포함된다. 네안데르탈인은 죽기 전 트라우마를 부를 수 있을 정도, 즉 삐거나 뼈가 부러지는 심각한 부상을 빈번히 입었다. 이 부상은 죽음을 당하기 전에 인간 천적에 의해 사지가 뒤틀려졌다는 것을 보여준다.*

먹는 것이나 성행위 같은 성취consummation가 시작될 때 뇌에서 오피오이드opioid가 방출되며 추적 체계의 흥분은 감소한다. 이 오피오이드는 육체가 항상성을 회복하려는 신호일 것이다. "분노 체계"는 편도체

---

* 넬이 집필하던 시기 이전의 인류학자와 고생물학자들에게는 살해 전 트라우마를 일으킬 수 있을 정도의 공격에 의해 사지를 뒤틀렸는지 여부를 알아낼 수 있는 기술이 없었다.

로부터 나와서 시상하부로 순환한다. 이 부위의 전기 자극은 테스토스테론(남성호르몬의 일종_옮긴이)의 수준을 높이거나 세로토닌(혈관 수축 물질_옮긴이)의 수준을 내려 공격성을 증가시킨다. 테스토스테론은 발정기에 수치가 가장 높다. 분노 체계와 추적 체계는 서로를 억제하는데 하나가 작동하면 다른 하나는 꺼진다. 내부로부터 발생되는 포식 공격의 순환은 표적이 나타나기 전부터 시작한다. 반면 분노 공격은 표적이 나타나야 촉발된다.

감정적 강화와 함께 잔인성은 자신의 의도에 대한 충분한 인지적 발달을 요구하며, 또한 실행되어야 하고 공들여야 하는 충분한 사회적 기초를 필요로 한다. 일단 이런 기초가 완성되면 잔인성은 처벌, 오락, 그리고 사회적 통제와 같은 다양한 사회적 기능을 수행한다. 각각의 이런 양식은 희생자를 지배하는 가해자의 권력을 확인하는 것으로 원래의 포식 복합을 반복하며 생존과 성적 접근에 의해 더욱 강화된다.

이미 살펴보았듯이 난징, 엘 모소테, 미라이, 샌드 크리크 집단 학살 사건을 일으킨 군대는 적을 찾는 중이었다. 이는 포식 활동과 비교된다. 당시 난징에서는 일본군이 중국군으로부터 저항을 받긴 했으나 미미한 것으로서 심각하게 위협받을 정도의 전투는 아니었다. 그럼에도 어느 한 곳도 빠짐없이 극단적인 잔혹 행위가 잇따랐다. 베트남의 미 타이거 부대도 똑같은 짓을 저질렀다. 이들은 포식자들이었다. 북베트남인들과 접촉했다는 빌미로 모두를 살해하거나 불구로 만들었으며 시신의 일부로 전리품을 삼았다. 이미 보았던 것처럼 전쟁과 대량학살에 있어서 분노가 발생할 수 있다는 것은 명백하다. 반면 고생물학적 연구에 기초한 넬의 사회생물학적 분석은 이미 살해 행위 이전의 "탐색과 파괴" 임무가 극단적인 잔인성을 유발했다고 설명한다.

넬의 분석에 의하면 징계로 쓰이는 잔인성은 "문명"의 발달이나 초기 국가의 성립과 함께 현대 포식자의 잔인성으로 확대되어 국가에 의해 여러 목적으로 쓰이고 있다. 이 역할들에는 테러를 통해 적을 제압하는 것, 잡힌 노예를 처벌하는 것(그리고 생산성을 높이는 것)과 통치자인 왕의 지위를 재확인하는 것이 포함된다. 이런 이유로 포룸 로마눔Roman Forum 같은 대중 오락이 잔인성의 새로운 형태가 되어 갔다. 이런 잔인성은 더 거칠고 고통스러운 학대일수록 희생자 지배와 관련된 가해자의 지각 상태가 더 커진다는, 그리고 더 끔찍한 학대일수록 사회 체계의 영향력은 더 영원하게 된다는 원칙에 근거를 두고 있다. 선동되어 매우 흥분한 것으로 묘사되는 포룸 로마눔의 군중들은 때때로 살해에 능동적으로 가담했다. 서기 404년 담장을 뛰어넘어가 살인을 중지하라고 요구했던 수도승 텔레마코스가 결국 군중들에 의해 찢겨져 목숨을 잃었다.[15] 피와 죽음의 에로틱한 힘은 성욕을 불러일으키는 충동을 갖고 있다. 상거래가 활발히 이루어지던 대경기장 콜로세움의 출구 앞에는 언제나 매춘부들이 모여 있었다.

넬은 이런 사회 통제 기능이 역사적으로 존재했고 현재에도 "대중 오락은 적나라한 살인을 멈추려 하지 않으며, …… 전쟁 도구로서 잔인성의 기술 …… (그리고) 국가 또는 그 반대자들은 정치적 목적을 위해 공인된 일벌백계로서의 잔인성을 사용하는 강제력이 있고 …… 고의로 가하는 고통은 개인 사이 권력의 차이를 드러내는 것으로 가해자의 지위를 높인다. …… 처벌, 오락, 사회 통제를 위해 사회적으로 사용되는 잔인성의 뛰어난 확고함은 잔인성의 근본적인 동기 구조가 종사이에 널리 퍼져 있는 진화의 원천임을 보여준다."라고 주장했다.[16]

넬은 우리 시대의 싸움꾼을 사냥꾼이자 포식자의 후손으로, 고통-피-

죽음에 대한 이끌림은 선사시대 초기에 근원이 있는 것으로 보았다. 넬은 자신의 이론을 입증하기 위하여 그가 저술할 당시 아직 시도되지 않았던 어떤 연구를 제안했다. 이 연구는 기능자기공명영상fMRI 촬영*을 하는 동안 피험자에게 인간 희생자를 추적하고 해치고 살해하는 장면을 보여주고 고통스러운 소리를 들려주면서 이때 발견되는 대뇌 신경 경로가 고양잇과, 개과, 영장류 포식자들에게 포식의 만족을 불러일으키는 부위와 일치하는지를 알기 위한 것이었다. 이 그럴듯한 아이디어, 즉 연구에 참여한 사람에게 "스너프 영화(실제 벌어진 가학 살인을 촬영한 엽기적 포르노 영화_옮긴이)"를 보여주자는 아이디어는 대부분 대학 윤리위원회를 통과한 적이 없어 실행되는 일은 조만간에 없을 것이다. 이와는 별개로 '충동 조절을 지배하는 안와 전두 피질orbitofrontal cortex 일부가 포식과 관련된 두뇌 신경경로와 연합하여 작동할까?'라는 의문이 있다. 만약 그렇다면 이것은 잔인성에 대해 반대되는 신경 반응을 설명하는 것이 될 것이다. 뇌의 선택된 부분에 초점을 맞추는 뇌 연구는 때때로 관련된 다른 뇌 부위를 조사하지 못하고 지나치는 것 같다. 인간에 대한 최근의 연구는 부정적인 감정을 통제하는 신경 억제 능력에 있어서 개인 차이가 상당히 있음을 밝혀냈다.[17] 그리고 이 연구는 전두엽으로부터 편도체에 이르는 억제적 연결을 보여준다. 편도체가 분노 과정[18]이나 (피험자가 공격을 상상하는 동안의) 복내측 전두엽의 비활성화[19] 또는 (감정적이긴 하지만 포식적 살인자가 아닌 경우) 전두 부근의 활동성 감소[20]와 연관되어 있다는 것은 잘 알려진 것이다. 넬의 정의대로 만약 잔인성이 고통을 가하려는 의도가 요구되는 것이라면 어떻게 우리가 의도를 형성할 인지 능력이 없는 동물을

---

* 기능자기공명영상은 중추신경계와 뇌 등 신체 혈관 내부의 미세한 기능을 측정한다. 따라서 이것은 이전에는 알 수 없었던 뇌 기능의 새로운 모습을 보여 줄 수 있다. 어떤 자극을 보이거나 상상함과 동시에 작동하는, "불 붙는" 신경망을 측정한다.

사용하여 연구할 수 있겠는가? 그렇다. 비록 우리가 인간을 연구하지만 정교한 뇌 스캔 기술의 발달에도 불구하고 아직 우리는 여전히 "잔인성"을 뇌의 어느 한 부위에 위치지우거나 또는 개인 차이를 설명할만큼 충분히 알지 못한다. 서로 다른 연구들은 서로 다른 부위의 활성화를 발견하고 있다. 레인과 동료들은 연구 결과 잔인성이 자동차의 가속장치를 밟는 것 같은 증가 효과(편도체의 기능 증가)와 이에 협력하는 "제동장치 실패"(전두엽 기능의 감소)에서 비롯되는 것으로 설명했다.[21] 그러나 이런 경우는 여전히 "분노 살해"에서만 발생한다. 이는 가해자가 제정신이 아니라는 이유로 처벌받지 않고 있다. 넬은 포식적 살해에 뇌의 불규칙적인 활동이 나타날 것이라고 예측해 왔다. 반면, 레인과 그 동료들의 연구에서는 포식적 살해가 비폭력적 통제 상황과 다르지 않았다.

밀러Miller L.는 이전부터 공격적이지 않았던 사람들이 전두엽을 부상 당한 후 폭력성을 보이는 경우가 드물다는 것을 보여주는 연구를 인용한다.[22] 밀러는 민간 환경 맥락의 연쇄 포식 살해를 "계통 발생적 포식의 반사회적 변화"로 연구하면서 정상적인 사냥 형태와 관련된 뇌 작동 구조의 연장선상에서 함께 보았다.[23] 반면, 머니Money J.는 성적 새디즘을 뇌 질병으로서 연구한다. 성적 새디즘은 편도체, 해마, 그리고 시상 하부 등 성적 흥분, 성행위, 그리고 번식에 대한 뇌의 반응에 있어서 대뇌 변연계邊緣系 중심과 통로에 영향을 주는 것으로 본다.[24] 머니의 견해는 "군중 심리"를 담고 있을 가능성이 있는 신경 구조의 존재에 대하여 넬의 견해와 더욱 일치한다. 데이비슨과 그의 동료들은 충동적 공격이 전두 대뇌피질, 편도체, 전대상회피질 그리고 "다른 연결된 부위"가 궤도처럼 구성되는 신경 순환을 상정한다.[25] 이들은 충동적 폭력이 전두엽 대뇌피질의 기능 장애 때문에 생긴, 잘못된 감정 통제의 결과로서 바라본다. 그러나 이것은 충동적인 민간인 가해자에게 적용된 것으로 민간 환경에서 공격적이지 않았던 가해자들이 저지르는 군사적 공격성에는 적용되지 않을 것이다. 공격성에 기여하는 신경 물질은 분명히 알려져 있다.[26] 심지어 몇몇 물질은 예상되는 애착의 상실, 충동, 그리고 포식 등의 상태에 달려있기도 한다.[27] 그러나 신경학적으로 주장되기 전까지 군중 심리는 뇌 스캔 조사를 통해 더욱 많은 일관성과 특이성이 요구된다. 이제 우리는 독립된 연구에 의한 네트워크 발견에 대하여 어떤 답변이 필요하다는 것, 그리고 다른 뇌 영역이 아닌 이 특별한 신경 네트워크만이 이 발견에 포함되어 있다는 것을 알게 되었다. 스타인은 "악의 신경생물학"에 대한 논문에서 이에 공감한다.[28]

 스타인은 아이히만의 경우와 같은 "평범한 악"을 새디스트적 악으로부터 구별하는 것에 대해 심리생물학을 토대로 한 예비적 접근을 주장한다. 그는 새디스트적 악이 전두의 통제로부터 나오는 대뇌변연계의 분리 과정('이성 없는 열정'이라는 말 그대로)을 담고 있는 반면, 평범한 악은 대뇌 변연계의 자극으로부터 나오는 피질선조체의 분리 과정('감정 없는 이성'이라는 말 그대로)을 담고 있을 것이라고 주장한다. 하지만 이러한 "분리"가 어떻게 사회 정치적 맥락에서 발생할 수 있는지에 대해서는 의문이 남는다. 스타인은 모든 악을 심리생물학적 과정으로 설명하려는 환원주의에 반대하여 경계한다. 그는 자신이 제안한 심리생물학적 분리가 사회정치적 맥락에서 정착된 최종 결과물이라고 본다. 그러나 신경생물학의 주석(註釋) 역할은, 다른 흔한 경우가 아닌 극단적인 사회정치적 조건 속에서 신경 기능의 개인 차이를 생각할 수 있다는 맥락에서 한계를 가진다. 미래의 기능자기공명영상 연구에 의한 최상의 시나리오는 피험자에게 보여준 "순차적 포식 자극"이 포식에 반응하는 뇌의 행동 네트워크를 보여준다는 것이다. 만약 이것이 가능하다면 분노와 폭력이 원천적으로 공포에 근거하고 있다는 주장은 약화될 것이다. 그전까지 우리는 베커의 "공황의 가면"과 넬의 '후천적 포식의 확장 논리'라는, 극단적 폭력에 대해 경쟁하는 두 개 이론의 충돌을 겪게 될 것이다.

전쟁 범죄 재판

전범 재판은 앞에서 서술했던 끔찍한 사건들에 대해 사람들이 원했던 수많은 형태의 보복적 정의만큼이나 혼란스러운 결과를 가져 왔다.[29] 비록 필리핀의 일본군 최고 지휘관이 전쟁 범죄로 유죄 판결을 받아 교수형에 처해졌긴 했지만 이런 심각한 처벌의 경우는 드물다. 1959년과 1969년 사이에 전쟁 범죄로 재판을 받은 1천 명의 나치 중 징역형을 받은 자는 1백 명에도 미치지 못했다. 그후 여러 해에 걸쳐 나치를 포함해 모두 6천 명이 선고를 받았지만 단지 157명만 징역형을 받았다.[30] 이것은 나치 판사들의 재판과 비교할 때 매우 모순된다.[31] 이들은 나치를 반대하는 내용의 농담을 "범죄"라며 2만 6천 명에게 사형을 선고했다. 하지만 전쟁 후 이중 단 한 명의 판사도 유죄 판결을 받지 않았다.[32] 르완다에서 세워진 제노사이드 가해자에 대한 법정은 교묘한 구실에 핑계를 대었고 지연되었으며 그리고 무척이나 비생산적이었다. 재판은 국제재판소에서 행해져야 하는지 아니면 르완다 법정에서 행해져야 하는지에 대한 토론으로 난항에 빠졌다.(USIP.org) 그리고 어떠한 중형 처벌이나 사형 선고도 내려지지 않았다. 쿠르드족 집단학살에 대해 바그다드에서 열린 재판에서 사담 후세인은 "자신의 트레이드 마크인 두 줄 단추의 더블 슈트를 입은 채 피고석에 앉아 때때로 무관심하게 바라보거나 재판 과정을 무시하였고 코란을 읽기도 했다."³³⁾ 후세인은 한 여성이 산 채로 파묻힌 자신의 가족 이야기를 증언하는 동안에도 무관심했다. 결국 사담은 심복 부하 2명과 함께 교수형을 선고 받았고 몇몇 정당 간부들은 15년 징역형을 선고 받았다. 이라크에 살고 있던 쿠르드족과 시아파 무슬림은 이를 축하했다. 한 아버지는 "죽은 아들의 유골을 품에 안고 길거리에서 춤을 췄다."³⁴⁾ 그 아들은 사담의 군대에 의해 살해당했던 것이다. 반면 "북쪽에서는 수니파 사람들이 띠 폭탄을 자신의 허리에 둘러차며 정의를 수호하겠다고 맹세했다." 몇몇 정치적 입장을 대변하는 언론인들은 이라크를 단결시킬 수 있는 유일한 방법은 사담과 같은 또 다른 독재자일 것이라고 전망하기도 했다.³⁵⁾ 비록 사담이 "법정에 올라갔고" 교수형이 집행되었음에도 이 글을 쓸 당시 이라크는 미국과 영국의 침공을 받았던 이전보다도 더 많은 살해가 벌어지는 대혼란 상황에 놓여 있다.

1946년 도쿄 극동 군사재판소에서 20만 명이 넘는 사람들의 참관 아래 각종 증거들이 변론을 압도했다. 살해당한 것으로 추정되는 희생자 수는 3천 명(일본 측의 주장)에서부터 30만 명까지 달했다.³⁶⁾ 모든 청문과 조사를 마치고 7명의 일본군 장교가 유죄 판결을 받아 교수형에 처해졌다.³⁷⁾ 비난의 대부분은 중국 중부 파견대의 일본군 지휘관 마쓰이 이와네松井石根에게 쏟아졌다. 그런데 그는 잔학 행위가 벌어질 당시 아파서 난징에 없었다.

난징 사건은 "전쟁 동안 일본군이 저지른 잔학 행위들의 아주 작은 조각"의 하나에 불과했다는 증거가 법정에 제출되었다.³⁸⁾ 이는 살라와 웨이스가 주장한, 미라이 사건은 베트남인들에 대한 수많은 학살의 하나일 뿐이었다는 주장과 같은 것이다.³⁹⁾ "전쟁의 안개"로 인한 이른바 전쟁 범죄의 "쉬페 누아르chiffe noir(보고되지 않는 통계)"는 엄청났다. 엘 모소테 사건도 숨은 채 기어서 탈출한 두 명의 생존자가 증언함으로서 비로소 알려진 것이었다.

이미 발견된 위와 같은 문제점들 외에 누군가에게 비난을 뒤집어씌우는 문제가 남아 있다. 복종이 의무인 군대 상황에서 지휘 계통의 책임은 어디까지 올라가야 하는가? 이것은 아돌프 아이히만[40]과 윌리엄 캘리[41] 두 재판 모두에게서 부딪힌 문제였다. "자발적 사형 집행인들"에 의해 실행된 홀로코스트에 대한 골드하겐의 분석[42]과 동요 또는 저항의 경향이 뒤섞인 반응을 바라보는 브라우닝[43]과 일리[44]의 견해 사이의 논쟁에서 이런 문제점들을 보았다. 아이히만이 자신은 "단지 명령에 따랐을 뿐"이라고 한 발언은 잘 알려진 것이다. 그는 학살을 직접 저지르지는 않았다. 다른 누군가가 그렇게 하도록 시켰을 뿐이었다. 이런 합리화는 르완다의 제노사이드 가해자가 자신들의 법정 청문에서 진술한 것과 정확히 일치한다. 아이리스 장[45]은 사령관 마쓰이 이와네가 희생양일 뿐이며 일본군의 잔인한 정책은 난징에만 해당되는 것은 아니었다고 주장한다.[46]

모든 전쟁 범죄 재판 중 가장 유명했던 나치에 대한 뉘른베르크 재판은 자신 스스로 제노사이드 범죄자였던 요세프 스탈린에 의해 제안되었다.[47] 스탈린은 "공개 재판show trial"을 원했는데 이는 진보적 평결을 가져오는 것으로 알려져 있으나 단지 공공연하게 과시되는 것이 중요하기도 했다. 이런 재판은 1930년대 소련에서 정치적 적들을 탄압하기 위해 쓰였던 것이었다. 처칠은 1943년 11월 5십~1백 명의 나치 주범들을 새벽에 끌고 나가 총살하고 그 부하들은 재판에 넘기자고 제안했다.[48] 처칠은 나치 수괴들을 총살하자는 정치적 결정이 그들이 저지른 범죄의 심각성에 걸맞는 유일한 방법이라는 견해를 갖고 있었다. 그리고 이것은 처리가 신속하므로 합법성에 대한 논쟁을 최소화시킬 수 있었다. 미국은 이에 동의했고 전쟁부 장관 헨리 스팀슨은 미국 내 법률의 영향을 받지 않으면서 미군이 총살 부대에 참여하는 것에 대한 국제법적 근거를 검토했다.[49] 처칠은 1백 명의 나치 최고위급 수괴들 목록을 작성했으며 이 목록은 스탈린의 동의를 얻기 위해 전달되었다. 스탈린은 전쟁 범죄 처벌 결정이 보복이 아니라 합법적 결과라는 것을 드러내기 위해 "공개 재판"을 주장했다. 처칠은 자신의 회고록에서 "조 아저씨(스탈린)가 중대한 전쟁 범죄 처리에 대해 존경할 만한 기준을 갖고 있었다는 것을 예상하지 못했다. …… 재판 없는 처형은 없어야 하며 그렇지 않다면 우리는 전 세계로부터 재판을 두려워한다는 말을 듣게 될 것이었다."[50] 미 법무부의 로버트 잭슨은 새롭게 발달하고 있는 국제법에 근거하여 진정한 재판을 하도록 미 대표부를 압박했다. 소비에트는 나치가 이미 정부에 의해 유죄 판결을 받았으므로 진짜 재판은 필요 없다고 주장하였다. 결국 미국의 입장으로 재판 날짜를 잡게 되었고 잭슨은 검사장 중 한 명이 되었다.[51]

뉘른베르크 법정은 나치의 전쟁 범죄(전쟁 포로와 민간인 학대), 인도에 반한 범죄(체계적 학살, 절멸, 그리고 추방)와 함께 "평화 범죄", 즉 호전성 그 자체를 국제적 범죄로 기소했다. 당시 "제노사이드"라는 단어는 재판에 사용되지 않았다. 잭슨은 범죄의 첫 번째 범주인 평화 범죄에만 관심이 있었으므로 영국과 미국 출신의 검사들에게 이 임무를 부여했으며 다른 나머지 두 범주에 대한 조사 임무는 프랑스와 소비에트에게 넘겨졌다. 기소된 12명의 나치 중 11명이 유죄로 판단되어 사형 선고를 받았다. 계속된 12개의 다른 재판에서 2백 명의 나치 최고 수뇌부가 유죄 선고를 받았다. 미국은 1948년 10월 15일 나치에 대한 교수형을 시작한 이래

4개월 동안 매주 금요일에 15명씩 사형을 집행했다.

 그러나 카드리의 보고서에 따르면 이 재판은 (나치가 아니라_옮긴이) 독일 전체에 반대하는 것이 되어버렸다. 검사들은 개인 범죄에 대해서는 입에 발린 말에 그친 반면 독일 사람들 전체에 대해서는 반복해서 비난했다.(이는 도쿄 극동 군사재판소와 거의 반대이다)[52] 법정은 잔학 행위를 확대시킨 정치적 사기가 독일 전체에 만연되었던 것으로 바라보았다. 이리하여 독일하면 때때로 홀로코스트라는 단어를 떠올리게 되었다. 일본은 아직도 난징 대학살을 부인하며 보상을 거절하고 있다. 뉘른베르크의 조사는 변론을 반박할 수 있는 엄청난 양의 증거에도 불과하고 쉽게 진행되지 않았다. 이런 설명에 적절한 사례로 헤르만 괴링에 대한 조사를 들 수 있다. 괴링은 재판이 진행되는 동안 사담 후세인처럼 거만하고 경멸적인 태도를 보여주었다. 게다가 괴링은 매우 똑똑했고 재판이 진행되는 동안 화를 내거나 즐거운 태도를 보이는 등 오락가락했다. 괴링에 대한 반대 신문은 잭슨이 직접 담당했다. 괴링은 초기 독일에 대한 질문을 받자 세계적인 역사학자나 가질만한 거만한 태도로 능숙하게 설명했다. 그러자 잭슨은 괴링의 답변을 중단시켜 달라고 요구했고 미국의 판사 프란시스 비들이 이를 바로 잡았다. 잭슨은 괴링에게 한 장의 문서를 내밀고 1935년 이미 독일이 라인 지방 침공을 준비하고 있었다는 사실을 인정하라고 요구하면서 반대 심문을 마쳤다. 그런데 불행히도 이 문서는 번역이 잘못된 것이었다. 괴링은 매우 즐거워하며 이 문서는 군사적 움직임이 일어날 만약의 경우에 대비해서 군 배치를 다시 해야 한다는 것을 말할 뿐이라고 대답했다. 잭슨은 "거만하고 경멸적 태도"라며 괴링을 꾸짖었으나 잭슨 역시 판사로부터 오역으로 인해 하루를 휴회하게 되었다는 비난을 받았다.[53]

다음 날인 1945년 3월 20일 스코틀랜드 검사 데이비드 맥스웰 파이프경은 50명의 영국 공군 포로 총살 사건(미국에서는 『위대한 탈출』이라는 제목의 영화로 개작되었다) 등 전쟁 범죄에 초점을 맞춘 일련의 사건들과 함께 이 사건을 인계받았다. 연속된 질문들이 괴링을 괴롭혔다. 그 이유는 게르만 민족 특유의 기사도는 탈주가 예상되거나 이를 시도하는 적 병사에게 관용을 베풀어왔기 때문이었다. 괴링은 계속 자신을 변호했고 이 사건은 "전체 전쟁에 걸쳐 발생한 가장 심각한 사고였다."는 결론을 내렸다.54) 이어 맥스웰 파이프는 6백만 유대인의 죽음에 대해 괴링에게 질문하였다. 괴링 자신은 이 사건에 대해 아무것도 아는 것이 없다고 주장하며 다음과 같이 말했다. "히틀러일지라도 무슨 일이 벌어졌는지는 알 수 없다." 이어 맥스웰 파이프가 다시 질문했다. "당신은 아직도 히틀러에 대해 충성심을 갖고 있다고 느끼는가?" 괴링이 대답했다. "나는 좋은 상황이 아니더라도 자신이 한 맹세를 지켜야 한다고 믿는다. 훨씬 더 어려운 나쁜 상황에서도 물론이다." 이때 맥스웰 파이프는 1943년 4월에 있었던 히틀러의 연설문을 크게 읽었다. "유대인들은 결핵균처럼 다루어야만 한다, 건강한 신체가 오염될 수 있으므로 …… 유대인을 없애지 못하는 국가는 멸망한다."55) 맥스웰 파이프는 괴링에게 아직도 히틀러가 절멸 계획에 대해 아는 것이 없었다고 믿느냐고 물었다. 괴링은 히틀러가 그 계획을 알고 있었다고 인정했다. 11월에는 산송장 모습이 담긴 벨젠과 부켄발트의 영상이 법정에서 방영되었다.

대중은 잭슨에 대해 호의적으로 기억하고 있다. 그는 영화『뉘른베르크 재판』에서 배우 스펜서 트레이시에 의해 성공적인 검사로 그려졌다. 뉘른베르크 기소의 폐막 연설은 1946년 7월의 마지막 날에 영국 법무부 장관 하틀리 쇼크로스가 했다. 이틀 동안 청중을 매료시켰던 쇼크로스의 요약 보고는 고통 받는 인류의 사례로 점철되었으며 카드리가 말한 "제노사이드의 참된 의미"로 끝을 맺었다.[56] 잊혀 지지 않는 다음의 글은 우크라이나 기술자 헤르만 그레베가 채찍질하는 친위대 군인들에 의해 트럭에 실리던 유대인 가족들을 목격하고 쓴 것이다. 나체 상태가 되어 마지막 인사를 해야만 했던 한 가족에 대한 회상이다.

> 눈같이 하얀 머리를 한 할머니가 한 살짜리 아기를 안고 노래를 부르며 달래고 있다. 아기는 밝은 표정으로 옹알이를 하고 있다. 부부는 눈물이 가득한 채 서로를 보고 있다. 아버지는 열한 살 먹은 소년의 손을 잡고 부드럽게 말했고, 소년은 눈물을 보이지 않으려고 자신과 싸우고 있다. 아버지는 하늘을 응시하며 아이의 머리를 토닥거리면서 아들에게 뭔가 설명하는 듯이 보였다. …… 나는 검은 머리에 호리호리했던 한 소녀를 기억한다. 내 곁을 스치듯 지나가면서 자신이 "스물세 살"이라고 말했다. 어느덧 나는 흙무더기 주위를 걷고 있었는데 문득 그것이 거대한 무덤이라는 것을 깨달았다. …… 누군가 희생자들의 팔을 들쳐보거나 머리를 돌려 보았다. 아직 살아있는지 보려는 것이었다. 구덩이의 3분의 2가 가득 차 있었다. 이미 이곳에서 희생된 사람만 1천 명은 넘을 것 같았다.[57]

군사 법정의 궁극적인 문제는 이런 범죄에 걸 맞는 처벌이 어디에도 없다는 것에 있다.

제13장 요약

이 책의 연구 방법은 모든 제노사이드나 대량학살에 공통적으로 나타나는 일반화된 사회심리학적 과정에 대한 조사를 이용하는 것이었다. 나는 우리에게 극단적 폭력에 대한 이해가 부족했다는 점을 그때마다 지적하였다. 우리는 사건이 진행되는 동안(제노사이드의 경우에 있어서는 사건 발생 직전의 과정도 포함된다) 작동되는 심리 과정, 특히 가해자를 변화시키는 심리 과정의 윤곽을 알려고 했다. 우리는 대략이나마 역사적 선례를 살펴 볼 수 있었다. 처음에는 제노사이드 가해자의 행동과 관련하여 법의학적 설명을 시도하려고 했었다. 역사학적, 사회경제학적 설명은 제노사이드나 포그롬을 일으키는 환경을 설명하는데 더 적절해 보였다. 그러나 일단 폭력이 시작되면 개인의 행동에는 개별적 설명이 요구되었다. 유해 환경이 모든 상황에서 극단적 폭력을 낳는지, 그리고 만약 그렇다면 이런 상황이 인간의 새디스트적 측면[1]을 억제하지 못해 발생하는 것인지(예로 홀로코스트 동안 많은 독일인이 보여준 행동에 대한 골드하겐의 논쟁) 또는 부적절한 폭력이 저질러지는 동안 어떤 이들은 이에 수동적인 태도를 보이는 이유를 설명하려는 견해들 사이에서 논쟁해 왔다. 잔학 행위의 수준이 높아지게 되는 "유해 환경" 속에서도 개인의 차이는 계속 남아 있는 것으로 보인다. 짐바르도와 그의 동료들[2], 그리고 바우마이스터와 캠벨[3] 모두 이런 관점에 대한 증거를 보여주었다. 돌아보건데 미라이 사건의 어떤 병사들은 민간인을 총살한 반면 다른 병사들은 이를 거절했고 또 다른 병사들은 대량학살을 멈추려 했거나 베트남인들을 구하려 했다.[4] 그리고 이런 말도 해 왔다. 민족성이나 종교 또는 또 다른 인구통계학적 척도와 상관없이 어떤 집단의 다수 성원도 사회적 환경이 "최악의 상황"에 놓이게 된다면 동료에 반대하여 가장 끔찍한 폭력을 저지를 수 있다는 것을 보여준다고.

여기에 서술한 극단적 폭력 사례를 스타우브의 연구에 기초하여 살펴보면 대량 학살에 대해 한 가지 상징적인 결론을 내리게 된다. 이는 세계 속에 놓인 자신들의 처지를 바라보는 내부 집단의 관점에서 보아 외부 집단은 위협이 된다고 말하더라는 것이다. 내부 집단과 외부 집단의 구분은 전적으로 주관적이라는 결론은 논란이 없다. DNA 조사 결과는 보스니아 부족적 폭력의 희생자 사이에 아무런 차이도 없다는 것을 보여줬다. 그럼에도 세르비아, 무슬림, 또는 크로아티아라는 규정은 각 집단에게 생과 사를 가르는 극히 중대한 기준이었다. 또한 정치적 동맹은 덧없는 것이었고 그들 사이는 내부 집단이냐 아니면 외부 집단이냐에 따라 구별되었다. 크메르 루즈나 사담 후세인을 동맹으로 여긴 미국인들은 거의 없다. 그러나 이들 모두 한 때는 미국의 동맹이었다. 이런 "최초의 구분"은 콘로이가 주장했듯이 유아기 초기의 애착 유대에서 기원할 것이다. 그리고 이것은 바우마이스터와 캠벨이 서술한 것처럼 "집단 이기주의group egotism"의 형태로 구성되는 것 같다. 내부 집단의 견해가 일단 확신을 받고 사회적 지지를 받게 되면 스타우브가 묘사했던 방식으로 부풀려지거나 증폭될 것이다. 이것은 외부 집단에 반대하는 모든 또는 어떤 행동도 그럴 법한 보복 행동이라는 정당화된 결론을 낳는다. 동기화된 "주관적 보복감" 없이 이미 보았던 새디즘과 야만성을 설명하기 어렵다. 물론 주관적 보복감에는 '세계 지배의 자격이 있다'는 식의 기고만장한 관점과 외부 집단이 이를 가로막고 있다는 인식이 들어있을 수 있다.

외부 집단을 향하고 있는 특별한 폭력 형태, 즉 성폭행, 사지 절단, 고문 등에 대한 설명은 현재의 심리학 지식으로부터 조만간 나오기 어렵다는 것은 분명하다. 이것들은 모두 극단적인 새디즘의 한 형태이긴 하지만 이 새디즘이 특별한 방법으로 어떻게 발달하는가는 아직도 분명하지 않다. 우리는 가해자들이 스트레스를 받고 두려움에 떨며 탈감각화된다는 것, 그리고 인간 이하로 보면서 희생자들을 위협한다는 것을 안다. 가해자들은 영향력을 갖기 위해 새디즘의 형태를 이용하는데 여기에는 여전히 사회적 관습과 반응이 요구된다. 우리는 시간이 지남에 따른 베타(B)과정의 지배에 의해 자신이 저지른 야만 행위에 대한 혐오감이 감소된다는 것을 안다. 법의심리학은 이런 행동을 병리적 발달 과정의 결과에서 생긴 문제로 본다. 짐바르도[5]의 사회심리학적 설명은 국가의 공격성이 병리적 상황에서 발생할 수 있다는 것이었다. 짐바르도는 권력 불균형, 통찰력 부족, 그리고 집단 사이의 경쟁 목적이 해롭게 혼합되며, 이런 환경에서는 정상적인 대학생 또래의 남자들에게 학대 행동을 하게 만든다고 주장했다. 심리학은 인간의 조건이라는 개념으로 보아 대량학살의 함축성 또는 극단성을 설명하려는 시도를 하지 않는 것 같다. 이런 부족한 점의 원인 중 일부는 실험심리학 연구 방법의 제한성에 있을 것이다.

자살 폭탄테러범

이글을 쓰고 있는 지금에도 자살 폭탄 테러가 보편적으로 벌어지고 있다. (비록 스리랑카의 타밀 타이거와 자신의 비행기를 미군 배에 충돌시켰던 일본 가미가제에 의해 널리 쓰였었지만)[6] 지금은 대개 무슬림에 의해 쓰이고 있는 자살 폭탄 테러에 있는 여러 의문점들 중 우리가 제기하는 것은 다음 두 가지이다. 왜 무고한 민간인을 살해하려고 하는가? 왜 그들은 자신의 생명을 포기하는가? 첫 번째 질문의 대답은 그들이 이 행위를 정치적 근원을 선전하는 것으로서 본다는 데에 있는 것 같다. 이럴 경우 무고한 민간인들은 소모품에 불과해진다. 내 생각에 두 번째 질문의 대답은 자살 폭탄 테러범이 가진 정치적, 종교적 동기가 혼합되어 있다는 것이다. 일본 가미가제 특공대는 자살 폭격이 신격화된 왕에게 봉사하는 행위라고 믿었고 이를 행함으로서 저승에서 자신의 지위가 보장된다는 것이었다. 제1장에서 다룬 "불멸성 애착"에 대한 이런 믿음은 기독교 십자군에게서도 나타났다. 이들 역시 신성한 전쟁에 참여하는 것이었으므로 자신들의 전쟁은 정당했고 천국의 보상을 받을 것이라고 믿었다. 이슬람 자살 폭탄 테러 역시 지하드(신성한 전쟁)를 치르는 것이므로 천국이 모종의 지위를 보장할 것이라고 믿는다. 여기서 말하는 천국의 지위는 많은 경우 처녀들이 제공되거나 (보통 이들 처녀의 수를 표시하는데 72라는 숫자가 쓰인다)* 가족 등 사랑

---

* '72명의 처녀'에 대해 thestraightdope.com에 설명되어 있다. "코란 어디에도 믿음이 강한 자들에게 72명의 처녀들을 할당한다는 구체적인 언급은 없다. 오랜 격언에 따르면, 하디스(hadith, 마호메트의 언행록)를 따르려는 노력을 통해 마호메트에 대한 충성도를 구분할 수 있다고 한다. (마호메트) 전집의 하디스 넘버 2,562에는 '천국의 사람들에게 주어지는 최소한의 보상은 진주와 옥, 루비로 덮인 집에서 8만 명의 노예와 72명의 부인들을 거느리고 사는 것이다' 라고 적혀 있다. 이는 Sunnan al-Tirmidhi가 말한 것으로 알려졌다. '72명의 처녀'에 대한 논쟁은 2004년 Abhinav Aima가 쓴 commondream.org의 인터넷 기사에 소개되어 있다. Abhinav Aima는 이를 둘러싸고 나타난 분노는 종교적인 것이 아니라 정치적인 것이라고 주장했다."

하는 사람을 다시 만나게 되는 것이다. 천국에서 가족들을 만나게 될 것이라는 믿음은 기독교에서 이슬람에 이르기까지 복음 음악 등으로 아주 널리 퍼져있다. 복음 시에는 "강 건너편"(천국과 우리를 갈라놓은 요단강 넘어)에 떨어져 있는 소중한 사람을 다시 만나게 될 것이라는 내용으로 가득 차 있다. 이런 믿음은 인간이 상상할 수 있는 가장 강력한 염원, 즉 영원성에 대한 애착으로 이루어지게 된다. 사후에도 영원히 존재할 것이라는 느낌과 애착 안정성이라는 두 개의 기둥에 의지하면서 이 믿음은 이별과 죽음의 두려움을 동시에 없앤다. 이것이 어떤 사회 정치적 지향점을 가지고 이를 위하여 자신의 몸을 기꺼이 날려버리는 이유이다.* 교황이 십자군에게 한 것처럼 또는 지하드 성전의 경우처럼 정치적 목적 추구가 "신성화"되는 한, 정치적 목적을 갖는다는 것이 종교적 보상과 불일치되는 것은 아니라는 점에 주목해야 한다. 이때 제기되는 질문이 있

* 그러나 시카고 대학의 로버트 페이프(Robert Pape) 박사와 한 인터뷰에는 다음과 같은 예외가 있다.(출처, McConnell, S. (2005). The logic of terrorism. ***The American Conservative***) "나는 지난 2년이 넘도록 1980년부터 2004년 초까지 전 세계에서 발생한 자살 테러 공격의 데이터베이스를 최초로 완벽하게 구축하였다. 이 연구는 영어뿐 아니라 아랍어, 히브리어, 러시아어, 타밀어 등 각 지역 언어로 작성된 자료에서도 수행되었으며, 테러리스트 사회에서 만들어진 신문을 비롯한 각종 인쇄물에서도 정보를 모았다. 자살 테러 공격을 이해하는 데 도움이 될 것 같은 모든 정보를 취합하고 앨범을 제작하였다. 여기에서 테러리스트들이 자신이 속한 지역 공동체 안에서 자신들이 한 일에 대해 대단한 자부심을 갖고 있었음이 확인된다. 이런 풍부한 정보는 새로운 자살 테러리즘을 충동질했다. 그런데 이슬람 근본주의는 많은 사람들이 생각하는 것과 달리 자살 테러리즘과 밀접한 관련은 없다. 자살 테러리즘의 세계적인 지도 집단은 아마 그리 친숙하지 않을 스리랑카의 타밀 타이거이다. 이 집단은 스리랑카 타밀 지역의 힌두교 종파로부터 완전히 분리된 마르크스주의자들이다. 이들은 1991년 5월 라지브 간디(Rajiv Ghandi)를 암살하기 위해 유명한 자살 폭탄 조끼를 발명했다. 이어 팔레스타인 사람들이 타밀 타이거로부터 자살 폭탄 조끼에 대한 아이디어를 얻었다. 어쨌든 자살 테러의 핵심적인 사실은 이 공격의 압도적인 시도가 종교적인 이유에서 추동된 것이 아니라 분명한 전략적 목적을 갖는다는 것이다. 즉 이 공격은 테러리스트들이 자신의 고향으로 여기는 영역으로부터 점령군을 철수시키라는 압력을 현대 민주 사회에 가하는 것이 목적이었다. 레바논에서 스리랑카, 체첸 공화국, 카슈미르, 웨스트 뱅크에 이르기까지, 전체 사건의 95퍼센트를 넘는 주요 자살 테러 공격은 민주화된 국가들이 철수하도록 강압하는 것이 가장 중요한 목적이었다." 페이프 박사는 『승리하기 위해 죽기(Dying to win)』의 글쓴이이다.

다. 오늘날 잠재되어 있는 파괴성에 어떤 한계가 있긴 한 건지, 도대체 사람들은 언제부터 천상의 무한한 미래를 믿었는지? 예를 들어 펠드먼은 지하드와 핵전쟁의 조합이 피할 수 없는 것이라는 냉소적인 생각을 주장한다.[7] 게다가 지하드가 전쟁을 회피할 어떤 가능성도 포기한 이래로 비록 피할 수 없는 보복에 의해 무슬림이 죽는 한이 있더라도 핵탄두의 사용은 분명한 가능성이 되었다. 그리고 그 이유는 보복으로 살해당한 무슬림 역시 지하드의 "부차적" 희생이므로 천국에 자리가 보장된다는 것 때문이다. 펠드먼은 지하드가 인정하는 확장된 표적의 정의에 대해 조사했다. 거기에는 먼저 이스라엘 여성과 어린이들이 있었고 이어 미국인, 시아파, 맹목적 정통 수니파가 포함되어 있었다. 펠드먼은 핵무기를 가진 이슬람 국가는 지하드에 이를 사용할 것이며 이에 대한 보복 과정에서 살해당한 무슬림을 모두 순교자로 보이게 하려 한다고 주장한다. 더욱 심한 경우로 이슬람 역시 어떤 기독교 분파와 마찬가지로 세계가 멸망하고 종교적 르네상스가 올 것이라는 종말론적 견해를 갖고 있기도 하다. 오늘날 파괴적인 기술은 매우 빠르게 성장했지만 부족주의는 여전히 남아 있다. 과연 우리는 십자군 전쟁을 촉구하던 교황 어반으로부터 얼마나 멀리 진화했을까?

심리학은 실험심리학의 "자연 관찰법"으로 얻어진 행동의 유형과 동기를 재구성하는 일종의 "법의행동학"이 필요하다. 이는 대량학살에 대한 재판 심문 기록 또는 생존자의 보고로부터 얻어지며 전쟁 후 "정상" 조건 하에서 가해자 연구가 이루어질 수 있어야 한다. 민간 환경일 경우 폭력의 경향으로 여길 만한 확증적인 정보가 조사되어야 한다. 콘로이는 이미 자신이 사용한 이런 기법 몇 가지를 책에서 소개하고 있는데 미라이 사건을 담당한 아메리칼 사단의 심문관 돈 자그로네Don Dzagulones

에게 얻은 민간인 학대에 관한 증언, 1971년 '전쟁 반대 베트남전 참전 군인회' 청문으로부터 얻은 민간인 학대에 관한 증언[8]을 비롯하여 고문 희생자가 쓴 책들을 인용했다. 이런 몇 가지의 기법은 심리역사학적 연구에서 사용되었다.[9] 그러나 법의학적 분석에 있어서는 특별한 행동을 불러일으키는 데 필요한 심리 상태와 정보에 더 큰 비중이 주어진다.(예를 들어 디츠와 그의 동료들을 보라)[10] 달리Darley는 "실제 세상을 악화시킨 사회화 과정에 동원되었던 개인들의 개념 세계를 조사해 보라"라고 제안했다.[11] 이전까지 아무런 폭력 범죄 경향이 없었던 평범한 사람들이 대량학살이 진행되는 동안 성적 새디스트와 같은 행동을 할 수 있는가라는 궁극적 질문에 대해 이런 방법론만이 대답을 할 수 있을 것이다. 그리고 이런 행동 경향은 르 봉이 암시했던 '군중 심리'의 구조일 것인데, 사냥꾼이나 포식자로서 우리 시대에 갖게 된 발달된 신경 구조에 의해 지지되는 것 같다. 만약 우리가 이 지구상에 살아남으려 한다면 폭력의 기초에 대한 이해와 함께 서로 힘을 모아 폭력을 멈추겠다는 정치적 의지가 필요하다. 그리고 잔학 행위를 부인하는 대신에 이러한 잔학 행위가 전쟁에서 보편적으로 일어난다는 것을 인정해야 한다. 영화 『지옥의 묵시록』에서 잘라진 머리를 자신의 숙소 둘레에 진열했던 "불량" 장교 커츠 대령은 전후 베트남 사람들의 결심에 경탄한다. 그는 미국인들이 어떻게 마을의 어린이들을 접종했으며 그리고 다음 날 마을에 들어 온 베트콩이 접종된 아이들의 팔을 잘라냈는지를 회상했다.(에필로그를 보라) 미 국방부 장관 도널드 럼스펠드가 21세기 첫 번째 전쟁이라고 말했던 이라크 전쟁이 우리가 지금까지 이 책에서 보아왔던 공포와 다르다고 믿는 사람들은 에반 라이트Evan Wright의 『제너레이션 킬』[12]을 읽어야 한다. 라이트에 따르면, 이 병사들은 시내 폭력배 사이의 전쟁과 살인을 다룬 비디오 게임으로 인해 "이미 무감각한" 상태로 입대했다. 우리는 전쟁을 벌이기로 결정하기 전에 이미 피할 수도 없으며 필연적으로 잔인함을 일으킬 이런 요인에 대해 고려할 필요가 있다.

후기

프란시스 코폴라의 영화, 『지옥의 묵시록』(1979)에서

> 커츠: 나는 공포를 보았지 …… 너도 보았을 공포. 너는 나를 살인자라고 부를 권리가 없어. 나를 죽일 권리는 있지. 너는 그렇게 할 권리를 갖고 있어. …… 하지만 나를 심판할 권리는 없어. 공포가 무엇을 의미하는지 모르는 사람들에게 말로 설명하는 것은 불가능해. 공포. 공포는 얼굴이 있어. …… 너는 공포와 친구가 되어야 해. 공포와 도덕적 테러는 네 친구들이야. 그렇게 되지 않는다면 그들은 두려워해야 할 적이야. 그것들이 진짜 적이야. 특공대원이었을 때가 기억나는군. 마치 일천 세기도 더 지난 일 같아. 아이들을 접종시키기 위해 마을로 들어갔어. 소아마비 예방 주사를 맞힌 뒤 마을을 빠져 나왔어. 그리고 얼마 후 한 늙은이가 우리를 뒤따라와서 울더군. 그는 (우느라) 앞을 볼 수가 없었어. 우리는 그곳으로 되돌아갔어. 그들이 와서 접종된 팔을 모두 잘라냈던 거야. 그곳에는 잘린 팔들이 쌓여 있었어. 작은 팔들의 더미. 나는 …… 나는 …… 나는 …… 나는 울었던 것이 기억나. 할머니처럼 눈물을 흘렸어. 이를 드러내고 크게 울었어. 나는 내가 하려는 짓이 무엇인지 몰랐어. 그리고 그것을 기억하려 했어. 그걸 잊지 않으려고 했어. 잊지 않길 원했어. 그리고 깨달았지. …… 총을 맞은 것처럼 …… 다이아몬드 총알을 맞은 것처럼 …… 나의 앞이마를 정확히 관통한 다이아몬드 총알. 그리고 생각했어. 신이시여 …… 그것의 천재성. 천재성. 그렇게 하려는 의지. 완벽한, 진실한, 완전한, 수정같은, 순수한. 그리고 그때 그들이 우리보다 강했다

는 것을 깨달았어. 그들은 설 수 있었고 괴물이 아니었어. 이것들은 사람들이었어. …… 훈련받은 군인들. 자신의 심장으로 싸웠고, 가족들이 있었고, 아이들이 있었고, 사랑으로 가득 차 있는 자들 …… 그리고 이들은 힘을 가졌어. …… 힘 …… 그렇게 할. 만약 나에게 이런 병사들로 구성된 열 개의 사단이 있다면 이곳의 문제들은 아주 빠르게 끝낼 수 있어. 너는 영혼이 있는 사람들을 갖고 있어야 해 …… 그리고 동시에 원시적 본능을 이용해 살해할 수 있는 사람들이어야 해. 감정 없이 …… 열정 없이 …… 판단 없이 …… 판단 없이. 이런 판단은 우리를 패배시키니까.

커츠: (화면 없이 목소리만) 그 공포 …… 그 공포 ……

커츠: 죽여야 해. 태워버려야 해. 돼지에 이어 돼지를. 소에 이어 소를, 마을에 이어 마을을, 군대에 이어 군대를.*

---

* 인터넷 영화 데이터베이스에서 프랜시스 코폴라와 존 밀리어스의 영화 『지옥의 묵시록』의 대사를 인용하다.

옮긴이 후기

 2011년 초에 이 책을 만났다. 5년 가까이 "진실·화해를위한과거사정리위원회"에서 한국전쟁 전후 민간인 학살 사건에 대한 조사를 마친 상태였지만 담당했던 개별적 사건들에 대한 이해는 물론 한반도 이남 지역, 더 나아가 한반도 전체에 걸쳤던 사건을 종합하고 이해하는 데 턱없이 부족함을 느끼고 전체를 정리해보자고 덤비던 때였다.

 1950년 9·28수복 후 발생한 부역혐의 민간인학살 사건을 주로 담당했던 나로서는 당시까지 고양, 파주, 강화, 김포, 남양주, 포천, 양평, 여주, 용인 등 주로 수도권 지역에서 발생한 사건 정도를 종합할 수 있는 수준이었고 이 조차도 이해하지 못해 쩔쩔 매고 있었다. 충청 서산 태안, 전남 해남 등에서 발생한 대규모 학살 사건은 발생 사실을 확인하는 수준이었고, 국군 11사단에 의한 대량학살이었던 영호남 지역 토벌작전 민간인 학살 사건이나 미군 폭격 사건은 보고서 목차 정도를 열어보는 데 그쳤다.

 사건을 종합하는 일이야 일단 지난 진실화해위원회의 보고서를 통해

가능할 것으로 보고 작업에 착수했지만 이 사건들을 이해하는 데 필요한 여러 사회과학적 분석틀을 정리하는 일은 앞이 보이지 않았다. 어디서부터 시작해야 할 지도 판단이 서지 않았다. 이미 국내에서 출판된 연구서들은 전국이 아니라 대부분 제주4·3사건의 피해를 해석하기 위해 검토되는 것에 그쳤고, 집단학살 사건에 대한 이론적, 사회과학적 설명이라기 보다는 전세계에서 발생한 제노사이드 사건에 대한 설명을 중심 과제로 삼고 있는 듯했다.

이 땅에서 벌어진 사건들을 설명하기 위해서는 먼저 지리적으로, 정치적으로, 역사적으로 시야를 더 넓혀야 할 필요가 있어 보였다.

왜 죽였을까?

153구의 유골이 발굴된 고양 금정굴 사건의 피해자 유족과 목격자, 가해자들을 직접 조사하면서도 전쟁은 물론 이념, 심지어 개인적 원한과도 거리가 먼 사람들을 왜 대량으로 학살했는지 이해할 수 없었다.

이 질문에 대한 가해자들의 반응은 두 가지였다. 하나는 시키니까, 내가 살아야 하니까 할 수밖에 없었다는 것이고, 또 다른 하나는 죽어야 할 사람들을 죽였으니 정당했다는 것이었다. 이는 이 책이 말하는 "권위에 대한 복종"이나 "합리화"로 이해할 수 있었다. 하지만 이들은 두 세대가 지나가는 마당에까지 여전히 죽은 자들의 영혼을 위로하는데 반대했다. 무엇 때문일까? 지금도 이들에게 명령하는 권위가 남아있는 것일까? 그리고 자신들의 행위를 비난할 역사가 만들어지는 것을 두려워하는 것일까? 우리 사회가 갖고 있는 더 심각한 문제는 가해 당사자들이 죽고 없어진 마당에도 부인하는 정도를 넘어 그 후예들이 다시 전쟁 범죄의 뒤를 잇고 있다는 점일 것 같다.

더튼 교수의 이 책이 갖고 있는 "평범한 사람들이 어떻게 잔혹한 살인자들이 되었을까?"라는 주제는 한국전쟁 전후 민간인 학살 사건의 전국적 윤곽이 드러난 상황에서 내가 갖고 있던 가장 궁금한 의문 중 하나였다.

진실화해위원회 조사에 따르면, 1948년 10월 순천에 진입한 국군 3연대 2대대 5중대장 김용은 민간인을 즉결처분한다며 가지고 다니던 일본도로 민간인의 목을 잘랐으며 자신의 부하까지도 참수하려 했다고 한다. 그는 민간인에 대한 총살 명령에 대해 병사들이 주저하자 직접 20연발 자동소총으로 총살하기도 했으며 국군을 환영한 낙안면 주민들을 반군을 환영한 것이라며 일본도로 목을 베어 죽였다.(2008년 하반기 조사보고서 제3권, 635쪽)

같은 시기 국군 12연대 3대대 12중대는 희생자의 목을 잘라 전투 성과라며 보고한 사실에 대한 증언이 있었다. 중대원 이 씨는 "가장 용감한 군인 한 명에게 술을 먹여 민간인을 즉결한 다음 그 목을 카빈에 착검한 대검으로 잘랐으며 잘린 목을 어깨에 메고 시내에 들어와 작전 전과로 보고했다."라고 진술했다.(앞의 책, 638쪽. 이 부대의 지휘는 부연대장이 실질적으로 지휘했다고 하는데 당시 부연대장은 백인엽이었다.) 이 사건들은 남과 북 사이에 전면전이 발발하기 전에 저질러진 대량학살이었다.

이와 똑같은 사례는 1949년 여수와 순천은 물론 같은 해 11월과 1950년 10월경 경남 산청 오부면 수철리 마을, 전북 남원 대강면 강석리와 고창 상하면 용대리 등에서도 확인된다. 용대리에서는 이 책 엘 모소테의 사례처럼 심지어 네 살된 어린 아이에게도 참혹한 만행이 저질러지는 모습이 생존자들에게 목격되었다.

6·25전쟁 전은 물론 전쟁 중에 벌어진 민간인 학살 사건에서도 이 책이 다룬 과잉 살해 등 잔혹 행위가 발생했다는 사실이 확인되었다. 이 행위를 벌인 자들은 대부분 사람을 죽여도 처벌받지 않는 상황이었거나 전투 상황을 핑계로 대는 모습도 확인되었다.

비록 70년 전의 일이긴 했지만 우리의 경우에 있어서도 비폭력 비무장 민간인에 대한 잔학 행위가 대규모로 발생했다는 사실이 확인되었다. 이는 전쟁 범죄 또는 인도에 반한 죄라는 정의에 조금도 벗어나지 않는다. 그리고 그 잔혹 행위의 바탕에 인종적 증오와 다름없는 계급적 증오, 지역적 증오, 이념적 증오 등으로 합리화되는 모습은 제노사이드 범죄의 경우와 동일하다. 그리고 옮긴이가 접할 수 있었던 이 사건의 가해자들 상당수는 이런 상황이 아니었다면 사람을 죽일 일이 없는 평범한 사람들로 보였다.

아직도 말하기 두려운 이유

2018년 봄 아산 배방면 수철리에서 208명의 유골이 발굴되었다. 1951년 1월 6일 하루 동안 대량 학살당한 사람들이었는데 발굴 인류학자의 유해 분석 결과는 충격적이었다. 58명이 어린 아이들이었고 127명이 성인 여성이었으며, 28명의 성인 남성 역시 대부분 10대와 50대였다.(출처. 「충남 아산시 배방읍 폐금광 유해발굴 조사보고서」, 2018. 76쪽.) 피해자들이 민간인이었다는 사실만으로 놀랄 일이었지만 전쟁과 전혀 무관한 어린이, 여성, 노약자들만의 죽음이었으므로 더욱 심각한 충격이었다. 게다가 이 사건이 벌어질 당시 아산은 유엔군 측의 방어선 안쪽에 있었음에도 곧 적군에게 점령당할 수 있다는 빌미로 벌어진 만행이었다.

비록 유골이 발굴되지 않았지만 위와 같은 사건이 같은 시기에 더 있었다는 사실은 당시 대한민국 정부는 물론 지역 사회가 알고 있었다. 비록 알려지는 것을 막으려 했지만 말이다. 대표적인 사건이 강화 교동도, 남양주 진건면에서 벌어졌다. 물론 홍제리 사건이나 이북 신천 사건처럼 비슷한 사건이 이미 세계적으로 알려져 있는 경우도 있었다.

옮긴이가 직접 조사하면서 가장 놀란 사건은 남양주 진건면 사건이었다. 이승만 정부의 후퇴 명령이 내려진 직후인 1950년 12월 19일 양주경찰서 진건지서 경찰과 향토방위대가 어린이들이 포함된 229명의 주민들을 경기관총까지 사용하여 학살했다. 나는 희생자들은 대부분 일가족으로 20여 가족이 몰살당한 사실을 확인했다. 이 학살 사실은 혼란 상황을 틈타 임시 유치장을 탈출했던 생존 어린이 3명의 증언과 당시 군검찰 조사 기록으로 생생하게 남아있다.

황해도 신천에서는 미 24사단 19연대(점령관 해리슨 중위)가 점령한 1950년 10월 17일부터 12월 7일까지 52일간 주민 3만 5,380여 명이 학살당했다고 한다.(정영남 등,『신천박물관』, 3쪽) 유엔군 점령 직전인 1950년 10월 10일 당시 신천군의 인구는 14만 2,783명이었다고 하니 주민 네 명 중 한 명이 학살당했던 것이었다. 이중 가장 참혹한 사건이 미군 후퇴일인 12월 7일 원암리 화약창고와 그 부근에서 발생했다. 4백 명의 여성과 1백 2명의 어린이가 학살당했으므로 "사백 어머니와 백 둘 어린이에 대한 집단적 학살 만행"이라고 알려졌다. 위 팜플렛 자료는 이 사건에 대해 "1주일 동안이나 물 한 모금 주지 않았다. 그리고는 어머니 품이 그립고 굶주림에 시달려 아우성치는 어린이들에게 휘발유를 퍼주었다. 신천 땅에서 쫓겨 가는 12월 7일 미군은 웃 화약창고의 어린이들에게 휘발유를 뿌리고 불태워 학살하였으며 같은 시각 사랑하는 자식들을 애타게 찾는 아래 창고의 어머니들에게도 휘발유를 뿌리고 수류탄까지 먼저 불태워 죽이었다. 이렇게 2개의 화약창고와 그 주변 참호들에서 4백 명의 어머니들과 1백 2명의 어린이들을 포함한 9백여 명의 주민들이 무참히 학살되었다."라고 설명했다. 이 주장은 당시 사건이 미군 점령관이 지휘한 제노사이드식 대량학살이었음을 잘 보여준다.

그런데 한국전쟁에서는 이런 성격의 민간인 학살사건이 두 차례나 일어났다. 1950년 7월에 집중적으로 발생한 국민보도연맹 사건은 후퇴 후에 적에게 도움될 요소로 사람을, 특히 청년 남성을 두고 대량 학살했고 이는 전 세계의 전쟁사에서 찾기 드물다. 이 책의 내용과 비교하면 유대인을 내부의 적대적 요소로 여긴 히틀러가 패망을 앞두고 시도했던 "최종 해결책"과 투치족 르완다애국전선의 공격에 대응하던 후투족의 제노사이드를 들 수 있다. 두 번째 사건은 1·4 후퇴를 앞두고 다시 벌어졌다. 이번에는 제2국민병 징집으로 청년들이 없었기 때문이었는지 대부분 노약자와 어린이를 대상으로 벌어졌다. 실제 인민군 점령이 예상되는 경기 충청 등 북부 지역 청년들은 국민방위군 또는 제2국민병이라는 이름 아래 30만 명 이상이 굶다시피 천 리 길을 걸어서 남쪽 해안가까지 이동해야 했고 그 과정에서 10만 명에 이르는 청년들이 목숨을 잃었다.

전쟁에 동원될 것이라며 대책도 없이 청년들을 끌고 내려가 얼어 죽고 굶어 죽게 만든 상황도 끔찍했지만 남겨졌던 노약자 어린이들을 대량 학살한 행위를 어떻게 이해해야 할 것인가? 가해자들은 이들이 비록 어린 아이나 부녀자, 노약자일지라도 물러날 뒤 점령군에게 도움이 될 것 같다고 판단했던 것으로 보이지만 이는 마치 "아이가 자라서 보복할 것이므로 죽여야 한다"라던, 엘 모소테의 학살 현장 지휘 장교의 터무니없는 논리를 연상시킨다.

우리 사회는 여전히 6·25전쟁 전후 이승만 정부와 국군, 경찰, 그리고 그들의 지휘를 받은 대한청년단 등 민간 치안 조직들이 무슨 이유로 자국의 국민을 대량학살했는지 궁금히 여기고 있다. 심지어는 설마 그런 일이 있었겠느냐고 반문하는 경우도 있다. 마치 어릴 적 당한 심각한 트라우마 고통이 성인이 되어서도 무의식 속에서 억압당하는 모습을 연상시킨다.

그동안 정부와 주류 지식인 사회는 민간인 학살 사실 자체를 부인해 왔었다. 1960년 4·19혁명 직후 경남 지역을 중심으로 유골이 발굴되었지만 1961년 발생한 군사 쿠데타 이후 1992년 군부독재가 끝날 때까지 진실은 다시 은폐되었다. 이후 다시 유족들을 중심으로 진실규명 작업이 이루어지기 시작되면서 시민단체와 연구자들이 결합되어 체계적인 발굴과 증언 채록이 시도되었고 적잖은 성과를 내었다. 하지만 이때에도 발굴된 곳은 대부분 형무소에 감금되었던 반정부 인사들이 집단학살된 장소였다. 이미 잘 알려진 곳들이었고 희생자들 대부분 성인들이었다. 그래서 비록 희생자들이 비무장 민간인이었지만 "죽을 사람이 죽은 것"이라는 가해자 측의 자조적인 주장이 피해 유족들 사이에서조차 극복되지 못했다.

이 책의 내용은 글쓴이 스스로 지적했듯이 쉽게 읽을 거리는 아니었다. 인간이 저질러온 잔혹한 행위에 대한 글쓴이의 냉혹한 사회심리학적 분석을 이해하는 것부터 쉽지 않았지만 사실 이 잔혹 행위들을 읽어내는 것조차 힘이 들었다. 글쓴이는 자료를 보면서 자신이 겪은 고통을 "심리적 마비"였다고 설명했다. 직접 면담 조사를 하는 입장에서 구술 기록을 통해 전해지는 피해 생존자와 가해자, 목격자들의 감정이 이입되기 때문이었을 것이다.

이 측면에서 우리는 사건 당시 있었던 그대로를 기록으로 남기고 있는지 반성하게 된다. 잔혹한 행위에 대한 기록을 남기는 것은 쉬운 일이 아님은 분명하다. 그리고 이를 다시 들춰내 분석하는 것 역시 개인적으로나 사회적으로나 고통스러운 일이다. "악"의 전염성을 고려한다면 진실을 덮어두는 일이 언제나 해로운 것은 아닐 수 있다. 하지만 가해 행위의 진실에 대한 공동체의 인식이 공유되지 않는다면, 그 "악"은 결국 반드시 다시 나타나 더 끔찍한 결과를 낳는 것은 명백하다. 기록하는 일조차 피해자의 공포와 가해자의 부인을 극복할 수 있는 용기가 필요하다.

이 책의 주제와 직접적인 관련은 없지만 우리 사회가 여전히 극복하지 못한 두려움과 관련된 내용을 여기서도 만날 수 있었다. 이는 럼멜의 저서 『Death by Government』의 내용을 인용한 부분으로 북한, 멕시코, 중세 러시아의 경우를 1백만 명 미만인 메가학살혐의자 suspected megamurders로 분류했다는 것이었다. 이는 한국전쟁 전후 이승만정부에 의한 민간인 학살의 피해자가 1백만 명이 넘는다는 사실을 확인한 필자에게는 대단히 불편한 내용이 아닐 수 없었다. 글쓴이나 럼멜은 대한민국 이승만 정부가 저질렀던 1백만 명의 죽음에 대해서는 지나치고 이북 정권만을 주목했으니 이 연구자들 역시 반공이나 반북이라는 이념적 편견에서 벗어나지 못하고 있기 때문은 아니었는지 의문이 들었다. 이와 관련된 자료는 더튼 교수의 참고 문헌 목록에서는 확인되지 않았으니 이는 럼멜의 저서를 구입한 뒤에야 확인할 수 있었다.

이에 대한 럼멜의 주장은 모두 1980년대 이정식, 스칼라피노의 주장에 근거하고 있었다. 당시 세계적으로 알려졌다는 연구는 대부분 영어권의 주장에 근거했을 테고 이런 사정에서는 당연히 반공주의자들의 견해가 유일하게 만날 수 있는 입장이었을 것이다. 이승만정부에 의해 백만 명의 민간인이 학살당했다는 사실에 대해 내가 살고 있는 사회도 설득하지 못하는 마당에 누굴 탓할 것인가?

독보적인 가해 행위 연구

2기 진실·화해를위한과거사정리위원회 활동이 재개된 마당에 지난 1기 활동에서 짚고가야 할 몇 가지 쟁점이 있다. 진실 규명은 궁극적으로 그동안 국가와 권력 집단에 의해 은폐되었던 사실을 객관적으로 재구성한다는 것을 의미했지만 4년 간의 조사 활동에도 불구하고 대부분 피해 사실을 확인하는 것에 그쳐야 했다. 가해자 처벌은 입밖에 꺼내지도 못했을 뿐 아니라 가해자의 이름을 밝히는 것조차 기피하여 익명으로 처리하기도 했다. 가해 과정을 확인하기 위한 문헌 자료, 이를테면 검찰이나 군검찰 자료, 형무소 재소자 명부조차 여전히 비밀 자료로 분류되었는지 찾을 수 없는 경우도 많았다.

이왕 말이 나온 김에 한 가지 밝혀두자면 내가 이렇게 말할 수 있는 이유는 담당했던 금정굴 사건 관련 기록을 찾는 과정에서 이런 사실을 알 수 있었기 때문이었다. 이 사건은 국가기록원을 통해 관련 판결문은 찾을 수 있었지만 검찰 자료인 형사사건기록은 검색되지 않다가 2008년이 되어서야 검색 목록에 나타났다. 안타깝게도 이때는 이미 진실규명 결정을 받은 지 1년이 지난 뒤였다. 만약 조사를 시작하고 국가기록원을 드나들던 2005년에 이 자료가 발견되었다면 차원이 다른 보고서가 나올 수 있었을 것이다.

이 자료 안에는 마치 더튼 교수가 미라이 학살 사건의 윌리엄 캘리 등 가해 군인들의 진술에서 느낄 수 있었던 것처럼 1950년 10월 6일부터

25일까지 총살에 가담했던 고양경찰서 경찰관과 의용경찰대 대원, 태극단 단원들의 입장과 태도의 변화, 살인이나 성폭행을 해도 처벌받지 않을 것이라는 암시, 전쟁 상황을 핑계로 저지르는 폭력과 재산 수탈, 권위에 대한 복종과 이에 대한 저항 등의 기록이 담겨 있었다. 고양경찰서 경무주임은 부역혐의를 받던 한 주민의 어린 딸을 권총으로 위협하며 성폭행한 사실이 군검경합동수사본부에 의해 드러났으나 이 성폭행범은 아무런 처벌도 받지 않았다.

글쓴이는 재판 심문 기록이나 현장 생존자의 증언 자료를 통한 접근 방법을 "법의행동학"이라고 했다. 이는 비록 학문적인 목적은 아니었지만 진실화해위원회의 조사 방법과 같았다. 한국전쟁 전후 민간인학살 사건의 생존자 증언이나 판결문이나 형사사건기록 등 역사적 사건에 대한 국가기록을 이용하는 것과 크게 다르지 않았다. 특히 가해자의 행동을 이해하고 분석하기 위한 글쓴이의 독보적인 조사 방법은 옮긴이에게 매우 유익했다.

인간의 폭력성을 해명하기 위해 다양한 학문적 영역의 연구를 소개한 글쓴이는 이를 처벌하고 예방하기 위한 제도적 방안으로 전쟁 범죄 재판까지 검토했다. 그는 2만 6천 여명에 대해 제도화된 학살을 저질렀던 나치의 판사들이 정작 단 한 명도 처벌받지 않았다는 점을 지적했다. 법제화된 살인은 또 다른 법으로도 처벌하지 못했던 것이니 군사독재정권에 의한 고문과 조작, 학살의 역사를 갖고 있는 우리 역시 마찬가지였다.

암시적인 학살 명령을 내리는 최고 책임자, 차별과 증오를 조작하는 학살 기획자, 명령에 복종했을 뿐이라는 학살 집행자는 서로 역할을 나누었을 뿐 모두 같은 범죄 행위에 가담하고 있는 것이다.

평화를 생각하는 학문

일천한 수준의 심리학 지식이나마 기억하고 있던 나로서는 심리학자인 글쓴이가 이 책을 통해 정치학이나 사회학, 인류학 등 다른 사회과학이 보여주었던 분석틀의 단점, 즉 '그래서 나는 무엇을 해야지?'라고 하는 의문에 구체적이며 실천적인 답을 보완하려는 시도가 돋보였다.

글쓴이는 서문에서 "내가 바라는 것은 무슨 일이 일어날 수 있는지 사람들에게 충분히 알리고자 하는 것이며, 같은 인간으로서 모든 사람들에게 재발을 막을 수 있도록 충분히 유념하게 하는 것이다."라고 했다. 글쓴이는 자신의 연구를 통해 제노사이드 참상의 재발을 막기 위한 평화의 메시지를 던졌다.

그는 극단적 대량 학살을 불러일으키는 외부 집단에 대한 적대는 주관적인 기준에 따른 것에 불과했다고 단언한다. 그리고 실천 방안으로 "우리가 이 지구상에 살아남으려 한다면 폭력의 기초에 대한 이해와 함께 서로 힘을 모아 폭력을 멈추겠다는 정치적 의지가 필요하다. 그리고 잔학 행위를 부인하는 대신에 이러한 잔학 행위가 보편적으로 일어난다는 것을 인정해야 한다."라고 했다. 사실을 인정하고 정치적 의지를 모으자는 것이다.

옮긴이에게는 사실을 인정하라는 주장도 중요하지만 이미 글쓴이가 지적한 또 다른 측면을 강조하고 싶다. 더튼 교수는 린치 장에서 "린치 사건이 일어난 곳에서는 또 다른 린치 사건이 일어나지 않았다는 것이 발견되었는데, 예외였던 곳은 새로운 세대가 성장했거나 새로운 집단이 그 사회에 유입된 경우였다. 호스와 닐을 야만적으로 린치한 폭도들은 또 다른 린치 사건에 거의 개입하지 않았는데, 이는 그 폭도들이 거의 항상 그 지역 사회 주민으로 구성되어 있었기 때문이었다."라고 했다. 잔학 행위에 대한 사실을 인정하지 않더라도 같은 경험을 공유하고 있는 세대들은 이 참상이 반복되어서는 안된다는 교훈을 잊지 않고 있다. 하지만 이를 잊은 다음 세대는 그렇지 않다. 참상을 다시 마주할 운명에 놓이게 된다는 것이다.

우리 사회에서 6·25전쟁을 겪은 세대 중 일부 특권층을 제외하면 말로는 반공과 멸공 통일을 외치지만 속으로는 전쟁을 바라지는 않는다는 것이 확인된다. 한 번 당한 사람들이 외치는 전쟁 주장은 우리 사회 내부를 억압하는 용도의 측면이 더 강했다. 그리고 이것이 위력을 갖는 배경에는 전쟁 중 학살당한 민간인들의 죽음이 은폐되어 있기 때문이었다.

문제의 해결 여부는 다음 세대에게 달려 있었다. 함께 살아가는 세상이라는 것을 깨닫고 공동체의 규범을 다시 확립하는 것과 함께 평화와 화합을 생각하는 개인의 태도와 인성을 기르는 것이 필요하다. 글쓴이는 군사적 충돌 상황이 인간의 잔인성과 폭력성을 끌어내는 사례를 제시하면서 이를 억제할 수 있는 방법은 오직 인간의 풍부한 감수성밖에 없다고 했다. 그리고 이는 그리 어려운 일이 아니라고 주장한다.

오늘 우리 사회는 마치 인권이나 평화, 민주주의의 세상이 거의 다 온 것처럼 이야기하지만 메르스나 코로나라는 이름을 단 신종 바이러스의 등장만으로도 나와 우리의 이기심이 보편적인 인류의 가치를 넘어서는 모습을 목격하고 있다. 제노사이드 사건의 발생 초기의 모습을 우리는 아직도 극복하지 못하고 있는 것으로 보인다. 아마 6·25전쟁 전후 발생했던 민간인 대량 학살 사건을 성찰하지 못한 결과일 것이다.

남북 분단과 전쟁, 대량 학살의 진실을 재구성하고 그 원인을 규명하는 것은 증오와 차별의 세상을 넘어 평화와 연대의 세상을 열어가는 길로 이어진다. 더튼 교수의 연구 결과를 조금이라도 더 이해하려고 노력했지만 심리학에 대한 이해는 물론 인간에 대한 이해 측면에서도 턱없이 부족했다. 그럼에도 이 저서처럼 금기를 넘어 진실에 다가갈 수 있게 도와주는, 이론적 기초가 되는 연구들을 조금 더 많이 만나려는 노력을 게을리하지 않나 반성하면서, 인권과 평화를 향한 이성의 힘으로 "평화"가 새로운 사회 규범으로 세워져 전쟁과 증오의 구렁텅이에서 벗어나는 시대가 하루 빨리 다가오길 바란다.

미주

1) Clarens, C. (1967). *An illustrated history of the horror film*. New York: G. P. Putnams and Sons.
2) Rummel, R. J. (2004). *Death by government*. New Brunswick, NJ: Transaction Publishers.
3) Kadri, S. (2005). *The trial: A history, from Socrates to O. J. Simpson*. New York: Random House.
4) 앞의 책, 231.
5) Kelman, H. C., & Hamilton, V. L. (1989). *Crimes of obedience*. New Haven: Yale University Press.
6) Sallah, M,. & Weiss, M. (2005). *Tiger force: A true story of men and war*. New York Little, Brown and Company.
7) Phillips, K. (2006). *American theocracy*. New York: Viking.
8) Nell, V. (2006). Cruelty's rewards: The gratifications of perpetrators and spectators. *Behavioral and Brain Science*, 29, 211-57.
9) Dallaire, R. (2003). *Shake hands with the devil*. Toronto: Random House of Canada.
10) Danner, M. (1994). *The massacre at El Mozote*. New York: Vintage Books.
11) Power, S. (2002). *A problem from hell: America and the age of genocide*. New York: Harper Collins Perennial.
12) Fromm, E. (1973). *The anatomy of human destructiveness*. New York: Fawcett Crest.
13) Becker, E. (1975). *Escape from evil*. New York: The Free Press.
14) Harmon-Jones, E., Greenberg, J., Solomon, S., and Simon, L. (1996). The effects of mortality salience on intergroup bias between minimal groups. *European Journal of Social Psychology*, 26, 677-81.
15) Tinbergen, N. (1972). *The animal and its world: Forty years of exploratory behavior by an ethologist*. London: Allen and Unwin.

제1장 폭력의 역사

1) Le Bon, G. (1895). *La psychologie des foules*. Paris: F. Olean.
2) Asbridge, T. (2004). *The first crusade: A new history*. Oxford University Press.
3) Acocella, J. (2004, December 1), Holy Smoke: What were the Crusades really about? *The New Yorker*, 92-100.
4) 앞의 책, p. 94.
5) Zanna. M., and Cooper, J. (1974). Dissonance and the pill: An attributional approach to studying the arousal properties of dissonance. *Journal of personality and Social Psychology*. 29, 703-9.
6) Asbridge. *The first crusade*. 13.
7) Russell, F. H. (1975). *The just war in the Middle Age*. London: Cambridge University

Press.
8) 앞의 책, p. 17.
9) 앞의 책, pp. 18-19.
10) Phillips, J. (2003). *The fourth crusade and the sack of Constantinople* (p. 24). London: Jonathan Cape.
11) 앞의 책, p. 25.
12) 앞의 책, p. 26.
13) 앞의 책, p. 27.
14) 앞의 책, p. 29.
15) Asbridge. *The first crusade*. p. 33.
16) 앞의 책
17) 앞의 책, p. 34.
18) Phillips, K. (2006). *American theocracy*. New York: Viking.
19) Asbridge. *The first crusade*. p.35.
20) 앞의 책, p. 36.
21) 앞의 책
22) 앞의 책, p. 39.
23) 앞의 책, p. 43.
24) 앞의 책, pp. 46-48.
25) 앞의 책, p. 48.
26) 앞의 책, p. 48.
27) Acocella. Holy Smoke, p. 94.
28) Asbridge. *The first crusade*. p. 51.
29) 앞의 책, p. 54.
30) Acocella. Holy Smoke, p. 97.
31) Asbridge. *The first crusade*. pp. 114-16.
32) 앞의 책, pp. 118-19.
33) 앞의 책, p. 119.
34) 앞의 책, p. 121.
35) 앞의 책, p. 126.
36) 앞의 책
37) 앞의 책, p. 131.
38) 앞의 책, p. 136.
39) 앞의 책
40) 앞의 책, p. 147.
41) 앞의 책, p. 151.
42) 앞의 책, p. 159.
43) 앞의 책, p. 168.
44) 앞의 책
45) 앞의 책, p. 174.

46) 앞의 책, p. 181.
47) 앞의 책, p. 176.
48) 앞의 책, p. 191.
49) 앞의 책, p. 209.
50) 앞의 책, p. 210.
51) 앞의 책
52) 앞의 책, pp. 210-11.
53) 앞의 책, p. 239.
54) 앞의 책, p. 268.
55) 앞의 책, p. 274.
56) 앞의 책, p. 300.
57) 앞의 책, p. 316.
58) 앞의 책, pp. 316-17.
59) 앞의 책, p. 316.
60) 앞의 책, p. 318.
61) 앞의 책
62) 앞의 책
63) Acocella. Holy Smoke, p. 96.
64) Phillips. *The fourth crusade and the sack of Constantinople*. p. 78.
65) 앞의 책, p. 295.
66) 앞의 책, p. 299.
67) 앞의 책, p. 302.
68) 앞의 책
69) 앞의 책, p. 303.
70) Asbridge. *The first crusade*. p. 35.
71) Phillips, K. *American theocracy*. p. 106.
72) Panksepp, J. (1998). *Affective neuroscience: The foundations of human and animal emotions*. New York: Oxford.
73) Chang, I. (1997). *The Rape of Nanking*. New York: Penguin.

제2장 20세기 대규모 폭력

1) Amos. *The Holy Bible(Old Testament)*. 1:6-8.
2) Asbridge, T. (2004). *The first crusade: A new history*. Oxford: Oxford University Press. Phillips, J. (2003). *The fourth crusade and the sack of Constantinople*. London: Jonathan Cape.
3) Weatherford, J. (2004). *Genghis Khan and the making of the modern world*. New York: Crown.
4) Mann, C. C. (2005). *1491*. New York: Knopf.
5) Sweeney, E. R. (1991). *Cochise: Chiricahua Apache Chief*. Norman: University of

Oklahoma Press.
6) 앞의 책
7) Rowe, F. (1977). *Extinction-The Beothucks of Newfoumdland*. Toronto: McGraw-Hill Ryerson.
8) Brown, D. (1970). *Bury my heart at Wounded Knee*. New York: Holt. Rummel, R. J. (2004). *Death by government*. New Brunswick, NJ: Transaction Publishers.
9) Rummel. *Death by government*.
10) 앞의 책
11) Charney, I. W. (1999). *The encyclopedia of genocide*(Vols. 1 and 2). Santa Barbara: ABC-Clio. Power, S. (2002). *A problem from hell: America and the age of genocide*. New York: Harper Collins Perennial, Brown, *Bury my heart at Wounded Knee*. Tuchman, B. (1979), *A distant mirror: The calamitous 14th century*. New York: Knopf.
12) Jewitt, J. R. (1815/1994). *White slaves of the Nootka*. Surrey, B. C.: Heritage House.
13) 앞의 책, p. 13.
14) Mozino, J. M. (1792/1970). *Noticias De Nutka*. Seatle: University of Washington Press.
15) Mann, *1491*, p. 275.
16) Brown, *Bury my heart at Wounded Knee*.
17) Hochschild. A. (1999). *King Leopold's Ghost*. Boston: Houghton Mifflin.
18) 앞의 책, p. 165.
19) 앞의 책, p. 166.
20) 앞의 책, p. 174.
21) Rummel. *Death by government*.
22) 앞의 책, p. 390.
23) Gilbert, M. (1994). *The First World War: A complete history*. New York: Henry Holt.
24) Power. *A problem from hell: America and the age of genocide*.
25) Conquest, R. (2000). *Reflections on a Ravaged Century*. New York: Norton.
26) 앞의 책
27) Power. *A problem from hell: America and the age of genocide*.
28) 앞의 책 Also, Dallaire, R. (2003). *Shake hands with the devil*. Toronto: Random House of Canada.
29) Suedfeld, P. (1999). Toward a taxonomy of ethnopolitical violence: Is collective killing by any other name still the same? *Peace and Conflict: Journal of Peace Psychology*, 5(94).
30) Rummel. *Death by government*.
31) Charney. *The encyclopedia of genocide*.
32) Wynne-Edward, V. C. (1962). *Animal dispersion in relation to social behavior*. Edinburgh and London: Oliver and Boyd.
33) Chirot, D. (1998). Conference on ethnopolitical warfare: Causes and solutions, Londonderry, Northern Ireland.

34) Suedfeld. Toward a taxonomy of ethnopolitical violence.
35) Wynne-Edward. *Animal dispersion in relation to social behavior*.
36) Becker, E. (1973). *The denial of death* (p. 150). New York: The Free Press.
37) Brown. *Bury my heart at Wounded Knee*.
38) Asbridge. *The first crusade: A new history*.
39) Conquest, R. (1986). *The harvest of sorrow*. New York: Oxford University Press.
40) Greenberg, J., et al. (1992). Terror management and tolerance: Does mortality salience always intensify negative self reactions to others who threaten one's worldview? *Journal of Personality and Social Psychology*, p. 63.
41) Kadri, S. (2005). *The trial: A history, from Socrates to O. J. Simpson*. New York: Random House.
42) Milgram, S. (1974). *Obedience to authority*. New York: Harper & Rowe.
43) Janis, I. (1982). *Victims of groupthink*, 2nd ed. Boston: Houghton Mifflin.
44) Power. *A problem from hell: America and the age of genocide*.
45) Chang, I. (1997). *The rape of Nanking*. New York: Penguin.
46) 앞의 책
47) Hersh, S. (1970). *My Lai 4: A report on the massacre and its aftermath*. New York: Vintage Books. Kadri. *The trial: A history from Socrates to O. J. Simpson*. Kelman, H. C., and Hamilton, V. L. (1989). *Crimes of obedience*. New Haven: Yale University Press.
48) Danner, M. (1994). *The massacre at El Mozote*. New York: Vintage Books.
49) Dutton, D. G., & Kerry, G. (1999). Modus operandi and personality disorder in incarcerated spousal killers. *International Journal of Law and Psychiatry*, 22(3-4). Wolfgang, M. (1958). *Patterns of criminal homicide*. Philadelphia: Pennsylvania Press.
50) Dallaire. *Shake hands with the devil*.
51) Power. *A problem from hell: America and the age of genocide*.
52) Darley, J. (1999). Methods for the study of evil doing actions. *Personality and Social Psychology Review, 3*(3). Darley, J., and Latane, B. (1968). Bystander intervention emergencies: Diffussion of responsibility. *Journal of Personality and Social Psychology, 8*.
53) Suefeld, P. (2001). Theories of the Holocaust: Trying to explain the unimaginable. In D. Chirot and M. E. Seligman (Eds.). *Ethnopolitical warfare: Causes, consequences and possible solution*. Washington, DC: APA Press.
54) Chang. *The rape of Nanking*.
55) Takemoto, T., and Ohara, Y. (2000). *The alleged "Nanking Massacre": Japans rebuttal to China's Forged claims*. Tokyo: Meishei-sha.
56) Woods, J. E. (1998). *The good man of Nanking: John Rabe*. New York: Vintage Books.
57) Danner. *The massacre at El Mozote*.

58) Dallaire. *Shake hands with the devil*.
59) Le Bon, G. (1895). *La psychologie des foules*. Paris: F. Olean.
60) 앞의 책, p. 35.
61) 앞의 책, p. 37.
62) Freud, S. (1921). *Group psychology and the analysis of the ego*. London: International Psycholanalytic Press.
63) 앞의 책
64) Becker. *The denial of death*. Becker, E. (1975). *Escape from evil*, New York: The Free Press.
65) Becker, *Escape from evil*, p. 5.
66) 앞의 책, p. 111.
67) 앞의 책, p. 105.
68) Nell, V. (2006). Cruelty's rewards: The gratification of perpetrators and spectators, *Behavioral and Brain Science*, 29.

제3장 제노사이드

1) Power, S. (2002). *A problem from hell: America and the age of genocide*. New York: Harper Collins Perennial,
2) Ferguson, N. (2006). *The war of the world*. New York: Penguin.
3) Power. *A problem from hell: America and the age of genocide*.
4) Ferguson. *The war of the world*, p. 176.
5) 앞의 책
6) 앞의 책
7) Power. *A problem from hell: America and the age of genocide*, p. 8.
8) Million Armenians killed or exile. (1915, December 15), *New York Times* (p. 3).
9) Power. *A problem from hell: America and the age of genocide*, p. 517.
10) Ferguson. *The war of the world*, p. 177.
11) Power. *A problem from hell: America and the age of genocide*, p. 5.
12) 앞의 책, p. 6.
13) 앞의 책, p. 7.
14) Ferguson. *The war of the world*, p. 182.
15) 앞의 책, p. 183.
16) 앞의 책, p. 177.
17) Dolot, M. (1987). *Execution by hunger. The hidden holocaust*. New York: Norton.
18) Ulam, A. (1987). Introduction. In M. Dolot (Ed.), *Execution by hunger. The hidden holocaust*. New York: Norton.
19) Conquest, R. (1986). *The harvest of sorrow*. New York: Oxford University Press.
20) Ferguson. *The war of the world*, p. 216.
21) Conquest. *The harvest of sorrow*.

22) Ferguson. *The war of the world*, p. 216.
23) Dolot. *Execution by hunger. The hidden holocaust*, p. 140.
24) 앞의 책, p. 158.
25) Ferguson. *The war of the world*, p. 217.
26) Conquest. *The harvest of sorrow*, p. 126.
27) Ferguson. *The war of the world*, p. 217.
28) 앞의 책, p. 220.
29) Rummel, R. J. (2004). *Death by government* (p. 36), New Brunswick, NJ: Transaction Publishers.
30) 앞의 책, p. 37.
31) Ferguson. *The war of the world*, p. 623.
32) Power. *A problem from hell: America and the age of genocide*, p. 96.
33) Bergner, D. (2003). The most unconventional weapon, *New York Times Magazine*, pp. 48-53
34) Chang, I. (1997). *The rape of Nanking* (p. 88). New York: Penguin.
35) Power. *A problem from hell: America and the age of genocide*, p. 119.
36) 앞의 책
37) Janis, I. (1982). *Victims of groupthink* (2nd ed.), Boston: Houghton Mifflin.
38) Power. *A problem from hell: America and the age of genocide*, pp. 143 and 488.
39) 앞의 책, p. 144.
40) Ferguson. *The war of the world*, p. 624.
41) 앞의 책, p. 622.
42) Power. *A problem from hell: America and the age of genocide*, p. 120.
43) 앞의 책, p. 129.
44) 앞의 책, p. 489.
45) 앞의 책
46) 앞의 책, p. 129.
47) 앞의 책, p. 91.
48) Becker, E. (1975). *Escape from evil*. New York: The Free Press.
49) Staub, E. (1996). Cultural-societal roots of violence. *American Psychologist*, pp. 117-33.
50) Human rights. (1999). *Leave none to tell the tale: Genocide in Rwanda*. New York: Human Rights Watch. Power. *A problem from hell: America and the age of genocide*, p. 336.
51) Dallaire, R. (2003). *Shake hands with the devil*. Toronto: Random House of Canada.
52) Power. *A problem from hell: America and the age of genocide*, pp. 337-340.
53) Dallaire. (2004). Speech given at the University of British Columbia.
54) Human Rights. *Leave none to tell the tale: Genocide in Rewanda*.
55) Dallaire. *Shake hands with the devil*.
56) 앞의 책

57) Ressler, R. K., et al. (1992). *Sexual homicide: Patterns and motives*, New York: Free Press.
58) Chang. *The rape of Nanking*, p. 94.
59) Dallaire. *Shake hands with the devil*.
60) Ferguson. *The war of the world*, p. 627.
61) Human Rights Watch. (1992-1993). *War crimes in Bosnia-Hercegovina*. New York: Human Rights Watch.
62) Power. *A problem from hell: America and the age of genocide*, p. 249.
63) 앞의 책, p. 254.
64) Ferguson. *The war of the world*, p. 629.
65) Power. *A problem from hell: America and the age of genocide*, pp. 287 and 295.
66) 앞의 책, pp. 412-13.
67) Ferguson. *The war of the world*, p. 630.
68) Power. *A problem from hell: America and the age of genocide*, p. 47.
69) Ferguson. *The war of the world*, p. 628.
70) 앞의 책, p. 630.

제4장 홀로코스트

1) Ferguson, N. (2006). *The war of the world: Twentieth century conflict and the descent of the West* (pp. 245-269). New York: Penguin.
2) Gilbert, M. (1994). *The First World War: A complete history* (p. 30). New York: H. Holt.(Gilbert 1 henceforth.)
3) 앞의 책, p. 30.
4) Snyder, L. L. (1981). *Hitler's Third Reich: A documentary history* (p. 23). New York: Nelson-Hall Inc.
5) Goldhagen, D. J. (1996). *Hitler's willing executioners: Ordinary Germans and the Holocaust* (p. 49). New York: Alfred A. Knopf, Inc.
6) Schachter, S. (1951). Deviation, rejection and communication. *Journal of Abnormal and Social Psychology*, 46, pp. 190-207. Festinger, I. (1954). *A theory of social comparison processes*(pp. 117-140). *Human Relation*, 7.
7) Goldhagen. *Hitler's willing executioners: Ordinary Germans and the Holocaust*, p. 49.
8) 앞의 책, p. 50.
9) Goldhagen의 저서 *Hitler's willing executioners: Ordinary Germans and the Holocaust*에서 인용했다. 유대인에 대한 기독교인의 정교한 귀신학(demonology)과 유대인 행동의 원인으로 여기는 질병에 대한 그치지 않는 설명을 보려면 Trachtenberg의 저서 *The Devil and the Jews: The Medival Conception of the Jew and its relation to Modern Anti-Semitism* (Philadelphia: Jewish Publication Society)를 참고할 수 있다.
10) Goldhagen. *Hitler's willing executioners: Ordinary Germans and the Holocaust*, p. 54.
11) Ferguson. *The war of the world*, p. 31.

12) 앞의 책, p. 32.
13) 앞의 책, p. 33.
14) Goldhagen. *Hitler's willing executioners: Ordinary Germans and the Holocaust*, p. 55.
15) 앞의 책, p. 55.
16) Eley, G. (2000). Ordinary Germans, Nazism, and Judeocide, In Geoff Eley (Ed), *The "Goldhagen Effect": History, memory, Nazism-facing the German past* (p. 5). Ann Arbor: University of Michigan Press.
17) 앞의 책, p. 6.
18) 앞의 책, p. 6.
19) Ferguson. *The war of the world*, pp. 60-65.
20) 앞의 책, p. 60.
21) 앞의 책, pp. 60-63.
22) 앞의 책, p. 65.
23) Snyder. *Hitler's Third Reich: A documentary history*, pp. 24-25.
24) 앞의 책, p. 249.
25) 앞의 책, p. 249.
26) Macmillan, M. (2003). *Paris 1919: Six months that changed the world*. New York: Random House.
27) Gellately, R. *The Gestapo and German society: Enforcing racial policy 1933-1945* (p. 140). Oxford: Clarendon Press (Gellately 1 henceforth).
28) Snyder. *Hitler's Third Reich: A documentary history*, p. 16.
29) Burleigh, M. (2000). *The Third Reight: A new history* (p. 49). New York: Hill and Wang.
30) Snyder. *Hitler's Third Reich: A documentary history*, p. 16.
31) Macmillian. *Paris 1919: Six months that changed the world* (Chapter 15). Snyder. *Hitler's Third Reich: A documentary history*, p. 16.
32) Snyder. *Hitler's Third Reich: A documentary history*, p. 17.
33) 앞의 책, p. 18.
34) 앞의 책, p. 18.
35) 앞의 책, p. 18.
36) 앞의 책, p. 57.
37) 앞의 책, p. 56.
38) 앞의 책, pp. 56-57.
39) 앞의 책, p. 20.
40) 앞의 책, p. 3.
41) 앞의 책, p. 4.
42) 앞의 책, p. 23.
43) 앞의 책, p. 70.
44) 앞의 책, p. 70.
45) 앞의 책, p. 70.

46) 앞의 책, p. 80.
47) 앞의 책, p. 80.
48) 앞의 책, p. 81.
49) 앞의 책, p. 93.
50) 앞의 책, p. 95.
51) 앞의 책, p. 95.
52) 앞의 책, pp. 21 and 96.
53) 앞의 책, pp. 95-96.
54) 앞의 책, p. 131.
55) 앞의 책, p. 152.
56) 무장 친위대(Waffen-SS)는 친위대(Schutzstaffel)의 전투 부대이다. 하인리히 히믈러를 우두머리로 하는 무장 친위대는 제2차 세계대전 내내 활동하였는데, 이들 중 많은 수가 뉘른베르크 재판에서 전쟁 범죄를 저질렀음이 확인된다. 출범 당시는 국가사회주의당(NSDAP) 지도자의 경호 부대로서 초라했으나 점차 95만 명의 병력과 수많은 정예 부대로 구성된 38전투사단으로 성장하였다. 뉘른베르크 법정에서 무장 친위대는 국가사회주의당에 소속되어 있었기 때문에 범죄 조직의 일부로서 비난을 받았다. 퇴역한 무장 친위대 군인들은 독일의 다른 퇴역 군인들, 즉 방어군(Wehrmacht), 공군(Luftwaffe) 또는 해군(kriegsmarine)에서 근무했던 군인들에게 제공되었던 많은 권리를 인정받지 못했다. 그러나 징집병 대부분은 독일 정부에 의해 강제로 그 조직에 결합된 것이었으므로 재판에서 제외되었다. 무장 친위대의 기원은 히틀러 경호원으로 활동했던 2백 명의 선택된 집단의 창설로 거슬러 올라간다. 이 경호대는 돌격대(SA, Sturmabteilung)의 규모가 커지고 강력해지는 것을 불안하게 여긴 히틀러에 의해 만들어진 것이었다. 돌격대가 지나치게 커지자 히틀러는 완전히 자신에게만 헌신할 무장 경호대가 필요하다고 느끼기에 이르렀다. 이에 따라 친위대 또는 경호 부대가 만들어졌다. 1923년 뮌헨 반란의 실패로 감옥에 있던 히틀러는 경호원의 필요성을 더 절실히 느끼게 되었고, 히틀러 석방 후 친위대의 지위는 나치의 위계에서 더욱 굳건하게 되었다. 1929년 아직 돌격대가 나치당 내에서 지배적인 세력이었음에도 친위대는 강력해졌고 중요해졌다. 1929년 1월 히틀러는 하인리히 히믈러를 친위대의 우두머리로 임명했다. 당시 그의 계급은 제국의회 의장이었다. 히믈러의 목표는 정당 내에 무장한 병사들의 정예 부대를 만드는 것이었다. 그러나 친위대는 여전히 아주 작은 조직이었는데, 히틀러는 1933년까지 실제 동원할 수 있는 효율적인 무장력을 원했다. 히믈러는 신체적 능력과 정치적 신념 모두를 갖고 있는 독일 사회의 엘리트를 대표하는 남자들을 모집하기 시작했다. 적극적인 모집 활동 결과 1933년 말 히믈러는 친위대의 규모를 약 5만 2천 명으로 늘릴 수 있었다. 친위대가 기하급수적으로 증가하고 있었지만 돌격대 역시 히틀러 사병으로 성장하여 1933년 말 2백만 명을 넘고 있었다. 히틀러의 옛 동료 중 하나였던 에른스트 룀이 이끌던 돌격대는 독일 군부의 환심을 얻으려는 히틀러의 시도에 위협이 된다는 것이 드러났다. 그것뿐 아니라 돌격대는 정부 내에서 히틀러의 지위를 굳건히 지지해 주는 보수적 인사들에 대한 관계를 어렵게 만들었다. 결국 히틀러는 돌격대를 공격하기로 결정했으며 친위대가 돌격대의 룀과 다른 고위급 장교들을 제거하는 임무를 맡았다. 1934년 6월 30일 "긴 칼들의 밤(The Night of the Long Knives)"에 수천 명의 돌격대원들이 처형당했으며 돌격대의 권력은 사실상 끝장났다.(출처, Wikipedia)

57) Gellately, R. (2001). *Backing Hitler: Consent and coercion in Nazi Germany* (p. 69). Oxford: Oxford University Press (Gellately 2 henceforth).
58) 앞의 책, p. 69.
59) Snyder. *Hitler's Third Reich: A documentary history*, p. 15.
60) Gellately, R. (2003). The Third Reich, the Holocaust, and visions of serial genocide. In R. Gellately and B. Kiernan (Eds.), *Specter of genocide: Mass murder in historical perspective* (p. 253). New York: Cambridge University Press (Gellately 3 henceforth).
61) 앞의 책, p. 253.
62) 앞의 책, p. 253.
63) 앞의 책, p. 253.
64) Browning, C. (2000). *Nazi policy, Jewish workers, German killers* (p. 5). New York: Cambridge University Press (Browning 1 henceforth).
65) Gellately 1, p. 137.
66) 앞의 책, p. 172.
67) Goldhagen. *Hitler's willing executioners: Ordinary Germans and the Holocaust*, p. 136.
68) Browning 1, pp. 31-32.
69) 앞의 책, 117.
70) 앞의 책, 117.
71) 앞의 책, 117.
72) 앞의 책, pp. 125-126.
73) 앞의 책, pp. 125-126. Burleigh, *The Third Reich: A new history*, p. 181.
74) Browning 1, p. 126.
75) 앞의 책, p. 126.
76) 앞의 책, p. 126.
77) Gellately 2, p. 34.
78) 앞의 책, p. 34.
79) 앞의 책, p. 51.
80) 앞의 책, pp. 52-53.
81) 앞의 책, p. 35.
82) 앞의 책, p. 38.
83) 앞의 책, p. 38. Snyder. *Hitler's Third Reich: A documentary history*, p. 219.
84) Gellately 2, p. 38.
85) 앞의 책, p. 38.
86) See Ross, L. (1988). Review of Arthur Miller: The obedience experiments. *Contemporary Psychology*, 33(2), pp. 101-4.
87) Gellately 3, p. 243.
88) Snyder. *Hitler's Third Reich: A documentary history*, p. 85.
89) 앞의 책, p. 85.
90) Gellately 2, p. 35.
91) Gellately 3, p. 243.

92) Gellately 2, p. 36.
93) 앞의 책, p. 49.
94) 앞의 책, p. 49.
95) 앞의 책, p. 64.
96) Goldhagen. *Hitler's willing executioners: Ordinary Germans and the Holocaust*, p. 394.
97) 앞의 책, p. 136.
98) 앞의 책, p. 394.
99) 앞의 책, p. 136.
100) Gellately 1, p. 102.
101) 앞의 책, p. 104.
102) 앞의 책, p. 104.
103) 앞의 책, p. 104.
104) 앞의 책, pp. 105-106.
105) 앞의 책, p. 105-106.
106) 앞의 책, p. 106.
107) Gellately 3, p. 243.
108) 앞의 책, p. 244.
109) 앞의 책, p. 244.
110) 앞의 책, p. 244.
111) Goldhagen. *Hitler's willing executioners: Ordinary Germans and the Holocaust*, pp. 136-137.
112) 앞의 책, p. 137.
113) Gellately 2, p. 81.
114) 앞의 책, p. 82.
115) 앞의 책, p. 82.
116) 앞의 책, p. 36.
117) 앞의 책, p. 36.
118) 앞의 책, p. 43.
119) 앞의 책, p. 37.
120) 앞의 책, p. 37.
121) 앞의 책, p. 92.
122) 앞의 책, p. 93.
123) 앞의 책, p. 35.
124) 앞의 책, p. 35.
125) 앞의 책, p. 35.
126) 앞의 책, p. 63.
127) 앞의 책, p. 63.
128) Burleigh. *The Third Reight: A new history*, p. 158.
129) 앞의 책, p. 158.
130) 앞의 책, p. 284.

131) Gellately 2, p. 75.
132) 앞의 책, p. 75.
133) 앞의 책, p. 69.
134) Burleigh. *The Third Reight: A new history*, p. 173.
135) Gellately 2, p. 75.
136) 앞의 책, p. 113.
137) 앞의 책, p. 113.
138) 앞의 책, p. 114.
139) 바티칸, 나치, 그리고 무솔리니 사이의 권력 정치에 대해 구체적으로 조사하기 위해서는 존 콘웰(John Cornwell)의 *Hitler's Pope: The secret history of Pius XII* (New York: Viking Press, 1999)를 보라. 카톨릭 신자이자 캠브리지 신학대학의 선임 연구원인 Cornwell은 그 동안 바티칸 아카이브에서 비공개로 분류되었던 문서에서 오싹한 내용을 발견했다. 그것은 (바티칸이 살아남기 위한) 권력 정치와 피오스의 "유대인을 향한 개인적 동정심"에 대한 것이었다. 콘웰은 "나는 누적된 역사의 판단이 피오스 12세가 카톨릭 신자로서 그리고 다른 종교와 관련하여 미래 세대에게 신성한 모범이 아니라 심각하게 결함이 있는 사람이었음을 보여준다는 것, 그리고 진심어린 참회의 모습을 드러내줌으로서 사회에 도움이 될 수 있다는 것을 확신하게 되었다."라고 결론지었다. 아돌프 아이히만 같은 나치는 모사드에게 발각되기 전에 가명을 쓰면서 바티칸 여권으로 남미로 도망쳤다.[p. 384, Thomas, G. (1999), *Gideon's Spice: The secret history of the Mossad*. New York: St. Martin's Press.]
140) Burleigh. *The Third Reight: A new history*, p. 234.
141) 앞의 책, p. 233.
142) Gellately 2, pp. 111-12.
143) 앞의 책, p. 113. Burleigh. *The Third Reight: A new history*, p. 233.
144) Gellately 2, p. 114.
145) 앞의 책, p. 114.
146) 앞의 책, p. 114.
147) 앞의 책, p. 114.
148) 앞의 책, p. 115.
149) 앞의 책, p. 115.
150) 앞의 책, p. 115.
151) 앞의 책, p. 115.
152) 앞의 책, p. 116.
153) 앞의 책, p. 116.
154) Goldhagen. *Hitler's willing executioners: Ordinary Germans and the Holocaust*, p. 117.
155) Gellately 2, p. 38.
156) 앞의 책, p. 38-39.
157) 앞의 책, p. 47-48.
158) 앞의 책, p. 48.

159) 앞의 책, p. 48-49.
160) 앞의 책, p. 49.
161) 앞의 책, p. 38-39.
162) 앞의 책, p. 39.
163) 앞의 책, p. 39.
164) Snyder. *Hitler's Third Reich: A documentary history*, p. 211.
165) 앞의 책, p. 211.
166) Burleigh. *The Third Reight: A new history*, p. 294.
167) Goldhagen. *Hitler's willing executioners: Ordinary Germans and the Holocaust*, p. 138.
168) Gellately 1, pp. 106-7 and 160. Burleigh. *The Third Reight: A new history*, p. 294.
169) Gellately 1, pp. 106-8. Burleigh. *The Third Reight: A new history*, p. 294.
170) Gellately 1, pp. 106-7.
171) 앞의 책, p. 188.
172) 앞의 책, p. 111.
173) 앞의 책, p. 111.
174) 앞의 책, p. 112.
175) 앞의 책, p. 112.
176) 앞의 책, pp. 131-32.
177) 앞의 책, pp. 131-32.
178) 앞의 책, p. 138.
179) 앞의 책, p. 138.
180) Gellately 2, p. 39.
181) 앞의 책, p. 39.
182) 앞의 책, p. 40.
183) 앞의 책, p. 40.
184) 앞의 책, p. 40.
185) 앞의 책, p. 43.
186) 앞의 책, p. 43.
187) 앞의 책, p. 43.
188) 앞의 책, p. 43.
189) 앞의 책, p. 43.
190) 앞의 책, pp. 40-41.
191) 앞의 책, p. 45.
192) 앞의 책, p. 45.
193) 앞의 책, p. 46.
194) 앞의 책, p. 80.
195) 앞의 책, p. 80.
196) Gellately 1, pp. 190 and 233.
197) Goldhagen. *Hitler's willing executioners: Ordinary Germans and the Holocaust*, p.

138.
198) Gellately 1, p. 251. Gellately 2, p. 116.
199) Gellately 1, p. 182.
200) 앞의 책, p. 182.
201) 앞의 책, p. 73.
202) 앞의 책, p. 73.
203) 앞의 책, p. 73.
204) Gellately 1, p. 140.
205) 앞의 책, p. 140.
206) Gellately 2, p. 74.
207) 앞의 책, p. 106.
208) Gellately 2, p. 109. Gellately 3, p. 252.
209) Gellately 2, p. 109.
210) Gellately 3, p. 252.
211) Gellately 2, p. 109.
212) Gellately 3, p. 252.
213) 앞의 책, p. 109.
214) 앞의 책, p. 78.
215) 앞의 책, p. 78.
216) 앞의 책, p. 104.
217) 앞의 책, p. 104.
218) 앞의 책, p. 105.
219) 앞의 책, p. 105.
220) Goldhagen. *Hitler's willing executioners: Ordinary Germans and the Holocaust*, p. 139.
221) 앞의 책, p. 139.
222) Gellately 2, pp. 2-3.
223) 앞의 책, p. 58.
224) 앞의 책, p. 58.
225) 앞의 책, p. 59.
226) 앞의 책, p. 62.
227) 앞의 책, p. 62.
228) 앞의 책, p. 62.
229) Gellately 1, p. 112.
230) Gilbert, M. (1986). *The Holocaust: The Jewish tragedy* (p. 69). Suffolk: St Edmundsbury Press (Gilbert 2 henceforth)
231) Gilbert 2, p. 69. Snyder. *Hitler's Third Reich: A documentary history*, p. 219.
232) Gellately 1, pp. 113 and 117.
233) Gilbert 2, p. 70.
234) 앞의 책, p. 71.

235) Gellately 1, p. 114.
236) 앞의 책, p. 116.
237) Gilbert 2, p. 71.
238) 앞의 책, p. 71.
239) 앞의 책, p. 71.
240) Gellately 1, p. 119.
241) Gilbert 2, p. 73.
242) Gellately 1, p. 119.
243) 앞의 책, pp. 122-23.
244) 앞의 책, p. 120.
245) Gellately 3, p. 248.
246) 앞의 책, p. 246.
247) 앞의 책, p. 247.
248) 앞의 책, p. 247.
249) Browning 1, p. 3.
250) Burleigh. *The Third Reich: A new history*, p. 647.
251) Gellately 2, p. 101. Goldhagen. *Hitler's willing executioners: Ordinary Germans and the Holocaust*, p. 143.
252) Gellately 2, p. 101.
253) 앞의 책, p. 102.
254) 앞의 책, p. 102.
255) Gellately 2, p. 103. Gellately 3, p. 246.
256) Gellately 2, p. 103. Burleigh. *The Third Reich: A new history*, pp. 393-99.
257) Cited in Eley. Ordinary German, Nazism, and Judeocide, p. 16.
258) 앞의 책, p. 16.
259) Gellately 2, p. 103.
260) Goldhagen. *Hitler's willing executioners: Ordinary Germans and the Holocaust*, p. 145.
261) Browning 1, p. 5.
262) 앞의 책, p. 6.
263) 앞의 책, p. 6.
264) Snyder. *Hitler's Third Reich: A documentary history*, pp. 426 and 428.
265) Snyder. *Hitler's Third Reich: A documentary history*, pp. 428-29.
266) Gellately 3, p. 259.
267) 앞의 책, p. 259.
268) Browning, C. (1998). *Ordinary men: Reserve Police Battalion 101 and the final solution in Poland* (p. 9). New York: HarperPerennial (Browning 2 henceforth).
269) Browning 2, p. 11.
270) Wrighter, E. (2004). *Generation kill: Devil Dogs, Iceman, Captain America and the new face of American war*. New York: G. P. Putnam's Son.

271) Browning 2, p. 11.
272) 앞의 책, p. 11.
273) Browning 1, pp. 24-25.
274) 앞의 책, pp. 24-25. Gilbert, M. (2006). *Kristallnacht: Prelude to destruction* (p. 159). New York: Harper Collins.
275) Gilbert 2, p. 154.
276) Browning 1, p. 25.
277) Goldhagen. *Hitler's willing executioners: Ordinary Germans and the Holocaust*, p. 149.
278) 앞의 책, p. 149.
279) Browning 2, p. xvii.
280) 앞의 책, p. 5.
281) 앞의 책, p. 11.
282) 앞의 책, p. 12.
283) 앞의 책, p. 12.
284) 앞의 책, p. 12.
285) 앞의 책, p. 12.
286) 앞의 책, p. 12.
287) 앞의 책, p. 12.
288) 앞의 책, p. 12-14.
289) 앞의 책, p. 12-14.
290) 앞의 책, p. 14.
291) 앞의 책, p. 14.
292) 앞의 책, p. 14.
293) 앞의 책, pp. 16-17.
294) 앞의 책, p. 18.
295) 앞의 책, p. 18.
296) 앞의 책, p. 18.
297) 앞의 책, p. 18.
298) 앞의 책, p. 19.
299) 앞의 책, p. 19.
300) 앞의 책, p. 19-20.
301) 앞의 책, p. 21-22.
302) Goldhagen. *Hitler's willing executioners: Ordinary Germans and the Holocaust*, p. 149.
303) Browning 2, pp. 24-25.
304) Goldhagen. *Hitler's willing executioners: Ordinary Germans and the Holocaust*, p. 149.
305) 앞의 책, p. 151.
306) 앞의 책, p. 149.
307) 앞의 책, p. 149.
308) Gellately 3, p. 261.
309) Browning 1, p. 118.

310) 앞의 책, p. 118.
311) 앞의 책, p. 118.
312) 앞의 책, p. 121.
313) 앞의 책, p. 139.
314) 앞의 책, p. 28.
315) Burleigh. *The Third Reich: A new history*, p. 649.
316) Browning 1, p. 29.
317) 앞의 책, p. 30.
318) 앞의 책, p. 127.
319) Browning 2, p. 26.
320) 앞의 책, p. 27.
321) Browning 1, p. 127.
322) Goldhagen. *Hitler's willing executioners: Ordinary Germans and the Holocaust*, p. 154.
323) Browning 1, pp. 1-2.
324) 앞의 책, p. 36.
325) Browning 1, pp. 49-50.
326) 앞의 책, pp. 49-50. Goldhagen. *Hitler's willing executioners: Ordinary Germans and the Holocaust*, p. 157.
327) Gilbert 2, p. 121.
328) Browning 2, pp. 49-50.
329) 앞의 책, pp. 122-23.
330) 앞의 책, pp. 122-23.
331) 앞의 책, p. 124.
332) 앞의 책, p. 124.
333) Browning 1, p. 39.
334) 앞의 책, p. 45.
335) 앞의 책, pp. 45-46.
336) 앞의 책, p. 65.
337) 앞의 책, p. 65.
338) 앞의 책, p. 67.
339) 앞의 책, p. 76.
340) 앞의 책, p. 76.
341) 앞의 책, p. 50.
342) Burleigh. *The Third Reich: A new history*, p. 647.
343) 앞의 책, p. 648.
344) 앞의 책, p. 649.
345) 앞의 책, p. 650.
346) Browning 1, p. 50. Goldhagen. *Hitler's willing executioners: Ordinary Germans and the Holocaust*, p. 158.

347) Gilbert 2, pp. 283-84.
348) Browning 2, p. 27.
349) 앞의 책, p. 27.
350) 앞의 책, p. 30.
351) 앞의 책, p. 32.
352) 앞의 책, p. 32.
353) 앞의 책, p. 35.
354) 앞의 책, p. 36.
355) Gellately 3, p. 251.
356) Browning 2, p. xv.
357) 앞의 책, p. xv.
358) Browning 1, p. 55.
359) 앞의 책, p. 31.
360) Burleigh, *The Third Reich: A new history*, p. 417.
361) Browning 1, p. 56.
362) 앞의 책, p. 40.
363) 앞의 책, p. 40.
364) Browning 2, pp. 133-34.
365) 앞의 책, pp. 133-34.
366) 앞의 책, pp. 133-34.
367) Browning 1, p. 97.
368) Browning 2, p. 137.
369) 앞의 책, pp. 137.
370) 앞의 책, pp. 138-39.
371) 앞의 책, pp. 138-39.
372) 앞의 책, p. 94.
373) 앞의 책, p. 95.
374) 앞의 책, p. 95.
375) 앞의 책, p. 115.
376) 앞의 책, p. 115.
377) 앞의 책, pp. 115-17.
378) 앞의 책, p. 124.
379) 앞의 책, p. 124.
380) 앞의 책, p. 126.
381) 앞의 책, p. 126.
382) 앞의 책, p. 126.
383) 앞의 책, p. 131.
384) 앞의 책, p. 132.
385) Browning 1, p. 86.
386) 앞의 책, p. 87.

387) Gellately 2. p. 68.
388) 앞의 책, p. 68.
389) 앞의 책, p. 68.
390) 앞의 책, p. 68-69.
391) 앞의 책, p. 69.
392) Goldhagen. *Hitler's willing executioners: Ordinary Germans and the Holocaust*, p. 160.
393) 앞의 책, p. 160.
394) 앞의 책, p. 160.
395) 앞의 책, p. 160.
396) Browning 1, p. 101.
397) 앞의 책, p. 101.
398) Goldhagen. *Hitler's willing executioners: Ordinary Germans and the Holocaust*, pp. 327-29.
399) 앞의 책, p. 330.
400) 앞의 책, p. 330.
401) 앞의 책, p. 330.
402) 앞의 책, p. 333.
403) 앞의 책, p. 334.
404) 앞의 책, p. 334.
405) 앞의 책, p. 351.
406) 앞의 책, p. 351.
407) Gellately 3. p. 253.
408) 앞의 책, p. 253.
409) Goldhagen. *Hitler's willing executioners: Ordinary Germans and the Holocaust*, p. 413.
410) 앞의 책, p. 413.
411) Browning 2, pp. 49-50.
412) Beevor, A. (2002). *The fall of Berlin 1945*. New York: Penguin.
413) 앞의 책, p. 176.
414) 앞의 책, p. 247.
415) 앞의 책, p. 246.

제5장 군대에 의한 대량학살

1) Weatherford, J. (2004). *Genghis Khan and the making of the modern world*. New York: Crown.
2) Chang, I. (1997). *The rape of Nanking*. New York: Penguin.
3) Danner, M. (1994). *The massacre at El Mozote*. New York: Vintage Books.
4) Chang. *The rape of Nanking*. p. 187. Woods, J. E. (1998). *The good man of Nanking:*

    John Rabe. New York: Vintage Books.
5) Woods. *The good man of Nanking: John Rabe*.
6) Lipstadt, D. E. (1998). *Denying the Holocaust*. New York: Penguin.
7) Chang. *The rape of Nanking*, p. 40.
8) 앞의 책, p. 47.
9) 앞의 책, p. 50.
10) 앞의 책, p. 95.
11) 앞의 책, p. 109.
12) 앞의 책, p. 121.
13) 앞의 책, p. 57.
14) Browning, C. (1998). *Ordinary men: Reserve Police Battalion 101 and the final solution in Poland*. New York: Harper Collins.
15) Chang. *The rape of Nanking*, p. 59.
16) 앞의 책
17) 앞의 책, p. 58.
18) Stout, C. (2004). *Psychology of Terrorism*. Westport, CT: Praeger.
19) Chang. *The rape of Nanking*, p. 148. Kahn, D. (1991). Roosevelt, MAGIC, and ULTRA. In G. O. Kent (Ed), *Historian and archivists*. Fairfax, VA: George Mason University Press.
20) Chang. *The rape of Nanking*, p. 217.
21) 앞의 책, p. 55.
22) Triandis, H. C. (1995). *Individualism and collectivism*. Boulder, CO: Westview.
23) Chang. *The rape of Nanking*, p. 54.
24) 앞의 책, pp. 57-58.
25) 앞의 책, p. 54.
26) 앞의 책, p. 55.
27) Kelman, H. C., & Hamilton, V. L. (1989). *Crimes of obedience*. New Haven: Yale University Press.
28) Hersh, S. M. (1970). *My Lai 4: A report on the massacre and its aftermath*. New York: Vintage Books.
29) Kadri, S. (2005). *The trial: A history, from Socrates to O. J. Simpson*. New York: Random House.
30) Hersh. *My Lai 4: A report on the massacre and its aftermath*, p. 72. Brownmiller, S. (1975). *Against our will: Men, women and rape* (pp. 86-113). New York: Fawcett, Columbine.
31) Lifton, R. J. (1973). *Home from the war-Neither victims nor executioners*. New York: Simon and Schuster.
32) Kelman & Hamilton. *Crimes of obedience*, p. 9.
33) 앞의 책, p. 3.
34) Wright, E. (2004). *Generation Kill*. New York: G. P. Putnam.

35) Hersh. *My Lai 4: A report on the massacre and its aftermath*.
36) Brownmiller. *Against our will: Men, women and rape*, pp. 101-9.
37) Kadri. *The trial: A history, from Socrates to O. J. Simpson*, p. 244.
38) 앞의 책, p. 246.
39) 앞의 책, p. 247.
40) 앞의 책, p. 248.
41) Kelman & Hamilton. *Crimes of obedience*, pp. 7-8.
42) Kadri. *The trial: A history, from Socrates to O. J. Simpson*, p. 248.
43) Kelman & Hamilton. *Crimes of obedience*.
44) Kadri. *The trial: A history, from Socrates to O. J. Simpson*, p. 251.
45) 앞의 책, p. 253.
46) 앞의 책, p. 250.
47) 앞의 책
48) Danner. *The massacre at El Mozote*.
49) 앞의 책, p. 67.
50) 앞의 책, p. 75.
51) 앞의 책, p. 203.
52) 앞의 책, p. 152.
53) 앞의 책, p. 158.
54) 앞의 책, pp. 159-60.
55) 앞의 책, p. 189.

제6장 린치

1) Clark, J. W. (1998). Without fear or shame: lynching, capital punishment and the subculture of violence in the American south. *British Journal of Political Science, 28*, pp. 269-89.
2) Raper, A. F. (1933). *The tragedy of lynching*. Chapel Hill: University of North Carolina Press.
3) 앞의 책, p. 87.
4) Brundage, W. F. (1993). *Lynching in the New South*. Chicago: University of Illinois Press.
5) 앞의 책, p. 32.
6) Wells-Barnett, I. B. (1899). Lynch law in Georgia. Wells-Barnett, I. B. (2002). *On lynching* (p. 34). New York: Humanity Books.
7) Wells-Barnett. *On lynchings*, p. 37.
8) 앞의 책, p. 33.
9) Brundage, W. F. (1997). *Under sentence of death: Lynching in the South* (p. 48). Chapel Hill: University of North Carolina Press.
10) Schlesinger, L. B. (2004). *Sexual murder: Catathymic and compulsive homicide* (p.

199). Boca Raton: CRC Press.
11) 앞의 책
12) Wells-Barnett. *On lynchings*, p. 29.
13) Beck, E. M., & Tolnay, S. E. (1990). *A festival of violence*. Chicago: University of Illinois Press.
14) 앞의 책, p. 44.
15) Raper. *The tragedy of lynching*, p. 67.
16) Beck & Tolnay. *A festival of violence*.
17) Cantril, H. (1941). *The psychology of social movement*. New York: Chapman and Hall, Ltd.
18) 앞의 책
19) 앞의 책, p. 84.
20) 앞의 책
21) Milton, G. F. (1931). *Lynching and what they mean*. Atlanta: The Commission Publishing.
22) Raper. *The tragedy of lynching*, p. 52.
23) 앞의 책, p. 54.
24) Clark. Without fear or shame.
25) Beck & Tolnay. *A festival of violence*, p. 66.
26) 앞의 책, p. 68.
27) 앞의 책
28) Clark. Without fear or shame, p. 73.
29) Howard, W. (1995). *Lynching*. London: Associated University Press.
30) 앞의 책, p. 87.
31) 앞의 책, p. 88.
32) 앞의 책, p. 60.
33) 앞의 책, p. 36.
34) 앞의 책, p. 39-44.
35) 앞의 책, p. 51.
36) 앞의 책, p. 63.
37) 앞의 책, p. 64.
38) 앞의 책, p. 54.
39) 앞의 책, p. 55.
40) 앞의 책, p. 55.
41) Staub, E. (1999). The roots of evil: Social condition, culture, personality and basic human needs. *Personality and Social Psychology Review, 3*(3), pp. 179-92.
42) Beck & Tolnay. *A festival of violence*, p. 47.
43) Brundage, W. E. *Lynching in the New South*.
44) Becker, E. (1973). *The denial of death*. New York: The Free Press.
45) Wright, G. G. (1990). *Racial violence in Kentucky: Lynchings, mob rule and "legal*

lynching". London: Louisiana State University Press.
46) Smead, H. (1986). *Blood justice*. New York: Oxford University Press.
47) Howard. *Lynchings*, p. 92.
48) Browning, C. R. (1998). *Ordinary men: Reserve Police Battalion 101 and the final solution in Poland*. New York: Harper Collins.
49) Haritos-Fatouros, M. (2003). *The psychological origins of institutionalized torture*. London: Routledge.
50) Wells-Barnett. *On lynchings*, p. 122.
51) Cantril. *The psychology of social movement*, p. 11.
52) 앞의 책, p. 115.
53) Raper. *The tragedy of lynching*, p. 86.
54) Beck & Tolnay. *A festival of violence*, p. 85.

제7장 감옥 폭동

1) Useem, B., and Kimball, P. (1989). *States of siege: U.S. Prison riots 1971-1986*. New York: Oxford University Press.
2) McKay, R. (1972). *New York State Special Commission on Attica*. New York: Bantam Books.
3) Useem and Kimball. *States of siege: U.S. Prison riot 1971-1986*, p. 27.
4) 앞의 책, p. 37.
5) 앞의 책
6) Wolfgang, M. (1958). *Patterns of criminal homicide*. Philadelphia: Pennsylvania Press.
7) Useem and Kimball. *States of siege: U.S. Prison riot 1971-1986*, p. 50.
8) 앞의 책, p. 56.
9) Brownmiller, S. (1975). *Against our will: Men, women and rape* (p. 49). New York: Fawcett, Columbine.
10) Zimbardo, P., et al. (1972). A Pirandellian prison: The mind is a formidable jailer. *New York Times Magazine*, pp. 26-43.
11) Brickman, P. (1978). Is it real? In *Advances in Experimental Social Psychology*. New York Wiley.
12) Lifton, R. J. (1986). *The Nazi doctor: Medical killing and the psychology of genocide*. New York: Basic Books.
13) 앞의 책, p. 343.
14) 앞의 책, p. 347.

제8장 사회적 이행: 제노사이드에서 규범의 변화

1) Turnbull, C. (1972). *The mountain people* (p. 11). New York: Simon and Schuster.
2) 앞의 책, pp. 232-33.

3) Beevor, A. (2002). *The fall of Berlin 1945* (pp. 310-11). New York: Penguin.
4) Suedfeld, P. (2001). Theories of the Holocaust: Trying to explain the unimaginable. In D. Chirot and M.E.P. Seligman (Eds.), *Ethnopolitical warfare: Causes, consequences and possible solutions*. Washington, DC: APA Press.
5) Fein, H. (1979). *Accounting for genocide: National responses and Jewish victimization during the Holocaust*. New York: Free Press.
6) Davenport and Stam. (2004). genodynamics.org
7) Gourevitch, P. (1998). *We wish to inform you that tomorrow you will be killed with your families: Stories from Rwanda*. New York: Picador, Human Rights. (1999). *Leave none to tell the tale: Genocide in Rwanda*. New York: Human Rights Watch, Mamdani, M. (2001). *When victims become killers: Colonialism, nativism, and the genocide in Rwanda*. Oxford: James Currey.
8) Gourevitch. *We wish to inform you that tomorrow you will be killed with your families: Stories from Rwanda*. Human Rights. *Leave none to tell the tale: Genocide in Rwanda*.
9) Mamdani. *When victims become killers: Colonialism, nativism, and the genocide in Rwanda*.
10) Davenport and Stam.
11) Human Rights. *Leave none to tell the tale: Genocide in Rwanda*.
12) Staub, E. (1999). The roots of evil: Social conditions, culture, personality and basic human needs. *Personality and Social Psychology Review 3*(3), 179-92. Staub, (2000). Genocide and mass killings: Origins, prevention, healing and reconciliation, *Political Psychology, 21*(2), 367-82.
13) Staub. The roots of evil: Social conditions, culture, personality and basic human needs. p. 181.
14) Waller, J. (2002). *Genocide and mass killing*. New York: Oxford University Press.
15) Dawkins, R. (1976). *The selfish gene*. London: Oxford University Press. Tajfel, H., & Turner, J. C. (1986). The social identity theory of intergroup behavior. In S. Worchel and W. Austin (Eds.), *Psychology of intergroup relations*. Chicago: Nelson-Hall.
16) Conquest, R. (1986). *The harvest of sorrow*. New York: Oxford University Press. Dolot, M. (1987). *Execution by hunger. The hidden holocaust*. New York: Norton.
17) Janis, I. (1982). *Victims of groupthink* (2nd ed.), Boston: Houghton Mifflin.
18) 앞의 책, p. 11.
19) Hatzfeld, J. (2003). *Machete Season: The killers in Rwanda speak* (p. 121). New York: Farrar, Straus and Giroux.
20) 앞의 책
21) 앞의 책
22) 앞의 책, p. 119.
23) 앞의 책
24) 앞의 책, p. 120.
25) 앞의 책

26) 앞의 책, p. 120.
27) Gourevitch. *We wish to inform you that tomorrow you will be killed with your families: Stories from Rwanda*.
28) Cohen, P. (Director). (1989). *The architecture of doom* (119 minutes). Sweden.
29) Staub. The roots of evil: Social conditions, culture, personality and basic human needs. Staub. Genocide and mass killings: Origins, prevention, healing and reconciliation.
30) Power, S. (2002). *A problem from hell: America and the age of genocide* (p. 145). New York: Harper Collins Perennial.
31) Human Rights. *Leave none to tell the tale: Genocide in Rwanda*.
32) Hatzfeld. *Machete Season: The killers in Rwanda speak*, p. 121.
33) Staub, The roots of evil: Social conditions, culture, personality and basic human needs.
34) 앞의 책, p. 182. Waller. p. 134.
35) Bandura, A. (1979). The social learning perspective: Mechanisms of aggression. In H. Toch (Ed.), *Psychology of crime and criminal justice* (pp. 298-336). New York: Holt, Rinehart & Winston. Bandura, A. (1988). Social cognitive theory of moral thought and action. In W. M. Kutines and J. L. Gewirtz. (Eds.), *Moral development: Advances in theory*. Hillsdale, NJ: Erlbaum.
36) Bandura, A. (1987). Mechanisms of moral disengagement. *International Security Studies Program* (p. 3.). Washington, DC: Woodrow Wilson Center for Scholars.
37) Osofsky, M., et al. (2005). The role of moral disengagement in the execution process. *Law and Human Behavior, 29*(4), 371-93.
38) Ghigilieri, M. (1999). *The dark side of man: Tracing the origins of male violence*. Reading, MA: Perseus Books.
39) Hatzfeld. *Machete Season: The killers in Rwanda speak*, p. 122.
40) Sherif, M., et al. (1961). *Intergroup cooperation and competition: The robbers cave experiment*. Norman, OK: University Books Exchange.
41) Tajfel and Turner. The social identity theory of intergroup behavior.
42) Simmel, G. (1950). *The sociology of George Simmel*. Glencoe, IL: Free Press.
43) Pepitone, A., & Kleiner, R. (1957). The effects of threat and frustration on group cohesiveness. *Journal of Abnormal and Social Psychology 54*, 192-99.
44) Chang, I. (1997). *The rape of Nanking* (p. 41). New York: Penguin.
45) Kadri, S. (2005). *The trial: A history, from Socrates to O. J. Simpson* (p. 225). New York: Random House.
46) Cohen, P. (1989). *The architecture of doom*. Sweden.
47) Danner, M. (1994). *The massacre at El Mozote* (p. 75). New York: Vintage Books.
48) Bandura. The social learning perspective: Mechanims of aggression.
49) Le Bon, G. (1895). *La psychologie des foules*. Paris: F. Olean.
50) Loewenberg, P. (1983). *Decoding the past: the psychohistorical approach*. New York:

Knopf.
51) Hatzfeld. *Machete Season: The killers in Rwanda speak*.
52) Staub, E. (1996). Cultural-societal roots of violence. *American Psychologist*, 117-33, p. 120.

제9장 극단적 폭력에 이르는 개인의 이행

1) Browning, C. (1998). *Ordinary men: Reserve police battalion 101 and the final solution in Poland*. New York: Harper Collins.
2) 앞의 책, p. 53.
3) 앞의 책, p. 57.
4) 앞의 책, p. 58.
5) 앞의 책, p. 59.
6) 앞의 책
7) 앞의 책, p. 73.
8) 앞의 책
9) 앞의 책, p. 62.
10) 앞의 책
11) 앞의 책, p. 64.
12) 앞의 책, p. 66.
13) 앞의 책, p. 67.
14) 앞의 책, p. 68.
15) 앞의 책
16) 앞의 책, p. 69.
17) 앞의 책
18) 앞의 책, p. 72.
19) Grossman, D. (1995). *On killing: The psychological costs of learning to kill in war and society*. Boston: Little, Brown and Company.
20) 앞의 책, p. 4.
21) Baumeister, R. F., & Campbell, W. K. (1999). The intrinsic appeal of evil: Sadism, sensational thrills, and threatened egotism. *Personality and Social Psychology Review, 3*(3), 210-21.
22) Solomon, R. L. (1980). The opponent-process theory of acquired motivations: The costs of pleasure and benefits of pain. *American Psychologist, 35*, 691-712.
23) Dutton, D. G., & Painter, S. L. (1980). Traumatic bonding: The development of emotional attatchments in battered women and other relationships of intermittent abuse. *Victimology: An International Journal, 6*(1-4), 139-55.
24) Solomon. The opponent-process theory of acquired motivations, p. 693.
25) Baumeister & Campbell. The intrinsic appeal of evil.
26) Browning. *Ordinary men: Reserve police battalion 101 and the final solution in Poland*,

p. 77.
27) 앞의 책
28) Hersh, S. M. (1970). *My Lai 4: A report on the massacre and its aftermath*. New York: Vintage Books.
29) Brownmiller, S. (1975). *Against our will: Men, women and rape* (pp. 101-9). New York: Fawcett, Columbine.
30) Kadri, S. (2005). *The trial: A history, from Socrates to O. J. Simpson* (p. 244). New York: Random House.
31) Hersh. *My Lai 4: A report on the massacre and its aftermath*.
32) Kelman, H. C., & Hamilton, V. L. (1989). *Crimes of obedience* (p. 6). New Haven: Yale University Press.
33) 앞의 책, p. 7.
34) Kelman & Hamilton. *Crimes of obedience*, p. 7.
35) 앞의 책, p. 8.
36) Kadri. *The trial: A history, from Socrates to O. J. Simpson*.
37) Sallah, Michael & Weiss, Mitch(2005). *Tiger force: A true story of men and war*. New York: Little, Brown and Company.
38) 앞의 책, p. 315.
39) 앞의 책, p. 203.
40) Dutton, D. G., & Kerry, G. (1999). Modus operandi and personality disorder in incarcerated spousal killers. *International Journal of Law and Psychiatry, 22*(3-4), 287-300.
41) Staub, E. (1999). The roots of evil: Social conditions, culture, personality and basic human needs. *Personality and Social Psychology Review, 3*(3), 179-92.
42) Le Bon, G. (1895). *La psychologie des foules*. Paris: F. Olean.
43) 앞의 책, p. 15.
44) Fromm, E. (1973). *The anatomy of human destructiveness* (p. 323). New York: Fawcett Crest.
45) Zimbardo, P. G., et al. (1972). A Pirandellian prison: The mind is a formidable jailer. *New York Times Magazine*, pp. 26-43.
46) Danner. (1993). *The massacre at El Mozote*, The New Yorker, p. 88.
47) 앞의 책
48) Freud, S. (1921). *Group psychology and the analysis of the ego*. London: International Psycholanalytic Press.
49) Redi, F. (1942). Group emotion and leadership. *Psychiatry*, 573-82.
50) Zimbardo, P. G. (1969). The human choice: Individuation, reason and order vs. deindividuation, impulse and chaos. *Nebraska Symposium on Motivation*. Lincoln, NE: University of Nebraska Press.
51) Lifton, R. J. (1973). *Home from the war-Neither victims nor executioners*. New York: Simon and Schuster.

52) Zimbardo. The human choice: Individuation, reason and order vs. deindividuation, impulse and chaos.
53) 앞의 책
54) Mawson, A. R. (1987). *Transient criminality: A model of stress induced crime*. New York: Praeger.
55) 앞의 책, p. 61.
56) Bowlby, J. (1969). *Attachment and Loss, Attachment* (2nd ed., Vol. 1). New York: Basic Books. Bowlby, J. (1973). *Attachment and Loss, Seperation* (Vol. 2), New York: Basic Books.
57) Baumeister, R. F. (1990). Suicide as an escape from self. *Psychological Review*, 97(1), 90-113.
58) Baumeister. Suicide as an escape from self.
59) Dutton, D. G., and Yamini, S. (1995). Cognitive deconstruction and projective-introjective cycling in cases of adolescent parricide, *American Journal of Orthopsychiatry*, 65(1), 39-47.
60) Dutton and Yamini. Cognitive deconstruction and projective-introjective cycling in cases of adolescent parricide, p. 43.

제10장 성폭행과 연쇄 살인, 그리고 전쟁의 법의심리학

1) Hickey, E. W. (2002). *Serial murderers and their victims* (p. 70). Belmont, CA: Wadsworth.
2) Staub, E. (1999), The roots of evil: Social conditions, culture, personality and basic human needs. *Personality and Social Psychology Review 3*(3), 179-92.
3) Chang, I. (1997). *The rape of Nanking* (p. 50). New York: Penguin.
4) Baumeister, R. F. et al. (1990). Victim and perpetrator accounts of interpersonal conflict: Autobiographical narratives about anger. *Personality Processes and Individual Differences*, 59(5), 994-1005.
5) Ressler, R. K., et al. (1992). *Sexual homicide: Patterns and motives*. New York: Free Press. Ressler, R. K., et al. (1986). Sexual killers and their victims. *Journal of Interpersonal Violence*, 1(3), 288-308.
6) Ressler, R. K., et al. (1986). Murderers who rape and mutilate. *Journal of Interpersonal Violence*, 1(3), 273-287, p. 273.
7) Brownmiller, S. (1975). *Against our will: Men, women and rape* (p. 109). New York: Fawcett, Columbine.
8) Malamuth, N. (1981). Rape proclivity as a function of exposure to violent sexual stimuli. *Archives of Sexual Behavior*, 10, 33-47. Malamuth, N., et al. (1980). The sexual responsiveness of college students to rape depiction: Inhibitory and disinhibitory effects. *Journal of Personality and Social Psychology*, 38, 399-408.
9) Malamuth, N. (1981b). Rape proclivity amongst males. *Journal of Social Issues*,

1981(37(4)). 138-154.
10) Bader, M. J. (2002). *Arousal: The secret logic of sexual fantasies*. New York: St. Martin's Press.
11) Brownmiller. *Against our will: Men, women and rape*.
12) Sallah, M., & Weiss, M. (2005). *Tiger force: A true story of men and war* (pp. 201-2). New York: Little, Brown and Company.
13) Brownmiller. *Against our will: Men, women and rape*.
14) 앞의 책, p. 49.
15) 앞의 책, p. 51.
16) 앞의 책, p. 53.
17) 앞의 책, p. 55.
18) 앞의 책, p. 56.
19) Woods, J. E. (1998). *The good man and Nanking: John Rabe*. New York: Vintage Books.
20) Beevor, A. (2002). *The fall of Berlin 1945*. New York: Penguin.
21) 앞의 책, p. 29.
22) 앞의 책, p. 29.
23) 앞의 책, p. 107.
24) 앞의 책, p. 107.
25) 앞의 책, p. 107-198.
26) 앞의 책, p. 326.
27) 앞의 책, p. 326.
28) 앞의 책, p. 326.
29) 앞의 책, p. 409.
30) 앞의 책, p. 414.
31) 앞의 책, p. 414.
32) 앞의 책, p. 414-415.
33) Simon, R. I. (2005). *Bad men do what good men dream*. washington, DC: American Psychiatric Press, Inc.
34) 앞의 책, p. 75.
35) 앞의 책, p. 78.
36) Ressler et al. *Sexual homicide: Patterns and motives*, p. 54.
37) Hickey. *Serial murderers and their victims*.
38) Ressler et al. *Sexual homicide: Patterns and motives*.
39) 앞의 책, p. 54.
40) Brownmiller. *Against our will: Men, women and rape*.
41) Ghigilieri, M. (1999). *The dark side of man: Tracing the origins of male violence*. Reading, MA: Perseus Books.
42) Brownmiller. *Against our will: Men, women and rape*. Sallah & Weiss. *Tiger force: A true story of men and war*.

43) Brownmiller. *Against our will: Men, women and rape*.
44) Ghigilieri. *The dark side of man: Tracing the origins of male violence*.
45) Palmer, C. (1988). Twelve reasons why rape is not sexually motivation: A skeptical examination. *The Journal of Sex Research, 25*(4), 512-30.
46) 앞의 책, p. 518.
47) Beevor. *The fall of Berlin 1945*, p. 107.
48) Power, S. (2002). *A problem from hell: America and the age of genocide*. New York: Harper Collins Perennial.
49) Hickey. *Serial murderers and their victims*.
50) Hartwich, A. (1959). New York: Capricorn Books.
51) 앞의 책, p. 94.
52) Malamuth et al. The sexual responsiveness of college students to rape depiction: Inhibitory and disinhibitory effects.
53) Chang. *The rape of Nanking*.
54) Schlesinger, L. B. (2004). *Sexual murder: Catathymic and compulsive homicide* (p. 198). Boca Raton: CRC Press.
55) 앞의 책, p. 199.
56) 앞의 책
57) 앞의 책
58) Holmes, R. M. (1988). *Serial Murder*. Newbury Park, CA: Sage.
59) McClelland, D. C. (1975). *Power: The Inner Experience*. New York: Halstead.
60) Harden, B. (2003). The banality of Gary: A Green River chiller, *Washington Post*, p. 1.
61) 앞의 책
62) Hickey. *Serial murderers and their victims*.
63) 앞의 책, p. 106.
64) Ressler et al. Murderers who rape and mutilate.
65) Hickey. *Serial murderers and their victims*.
66) Marshal, W. L., & Kennedy, P. (2003). Sexual sadism in sexual offenders: An elusive diagnosis. *Aggression and Violence Behavior, 8*(1), 1-22.
67) Hickey. *Serial murderers and their victims*, p. 17.
68) Hersh, S. M. (1970). *My lai 4: A report on the massacre and in aftermath*. New York: Vintage Books. Lifton, R. J. (1973). *Home from the war-Neither victims nor executioners*. New York: Simon and Schuster.
69) Hickey. *Serial murderers and their victims*, p. 70.
70) 앞의 책, p. 176.
71) Becker, E. (1975). *Escape from evil*. New York: The Free Press.
72) Waller, J. (2002). *Becoming evil: How ordinary people commit genocide and mass killing*. New York: Oxford University Press.

제11장 폭력적 공격성의 개인 차이

1) Browning, C. R. (1998). *Ordinary men: Reserve police battalion 101 and the final solution in Poland*. New York: Harper Collins.
2) Baumeister, R. F., & Campbell, W. K. (1999). The intrinsic appeal of evil: Sadism, sensational thrills, and threatened egotism. *Personality and Social Psychology Review, 3*(3), 210-21.
3) Conroy, J. (2000). *Unspeakable acts: Ordinary people: The dynamics of torture*. New York: Alfred A. Knopf.
4) Haritos-Fatouros, M. (2003). *The psychological origins of institutionalized torture*. London: Routledge.
5) Conroy. *Unspeakable acts: Ordinary people: The dynamics of torture*, p. 285.
6) 앞의 책, p. 285-86.
7) 앞의 책, p. 88.
8) Zimbardo, P. (2006). *The Lucifer effect: Understanding how good people turn evil*. New York: Random House.
9) Milgram, S. (1974), *Obedience to authority*. New York: Harper & Row.
10) Kadri, S. (2005). *The trial: A history, from Socrates to O. J. Simpson* (pp. 245-46), New York: Random House.
11) Lifton, R. J. (1986). *The Nazi doctor: Medical killing and the psychology of genocide*. New York: Basic Books.
12) 앞의 책, p. 341.
13) 앞의 책, p. 343.
14) 앞의 책, p. 341.
15) Arendt, H. (1964). *Eichmann in Jerusalem: A report on the banality of evil*. New York: Viking Press.
16) Kelman, H. C., & Hamilton, V. L. (1989). *Crimes of obedience*. New Haven: Yale University Press,
17) 앞의 책
18) 앞의 책, Table 9.1, p. 215.
19) 앞의 책
20) Lifton. *The Nazi doctors: Medical killing and the psychology of genocide*. p. 338.
21) Brickman, P. (1978), Is it real? In *Advances in Experimental Social Psychology*. New York Wiley.
22) Arendt. *Eichmann in Jerusalem: A report on the banality of evil*, p. 105.
23) Lifton. *The Nazi doctors: Medical killing and the psychology of genocide*.
24) Waller, J. (2002). *Becoming evil: How ordinary people commit genocide and mass killing*. New York: Oxford University Press.
25) 앞의 책, p. 5.
26) 앞의 책, p. 7.

27) Kadri. *The trial: A history, from Socrates to O. J. Simpson*.
28) Browning. *Ordinary men: Reserve police battalion 101 and the final solution in Poland*, p. 122.
29) Lifton. *The Nazi doctors: Medical killing and the psychology of genocide*, p. 187.
30) Baumeister & Campbell. The intrinsic appeal of evil, p. 212.
31) Waller, p. 123.
32) Baumeister & Campbell. The intrinsic appeal of evil.
33) Toch, H. (1969/1993). *Violent men: An inquiry into the psychology of violence*. Washington, DC: American Psychological Association.
34) Groth, A. N. (1979). *Men who rape: The psychology of the offender*. New York: Plenum.
35) MacNair, R. M. (2002). *Perpetration-induced traumatic stress: The psychological consequences of killing*. Westport, CT: Praeger.
36) 앞의 책
37) Solomon, Z., et al. (1996). Acute posttraumatic reactions in soldiers and civilians. In B. A. van der Kolk, A. C. McFarlane, and L. Weisaeth (Eds.), *Traumatic Stress: The effects of overwhelming experience on mind, body and society*. New York: Guilford Press.
38) Herba, C. M., et al. (2007). The Neurobiology of Psychopathy: A Focus on Emotion Processing. In H. Herve and J. C. Yuille (Eds.), *The Psychopath: Theory, research and practice*. Mahwah, NJ: Lawrence Erlbaum and Associates.
39) Mawson, A. W. (1987). *Transient criminality: A model of stress induced crime*. New York: Praeger.
40) Zimbardo, P. (1969). The human choice: Individuation, reason and order vs. deindividuation, impulse and chaos. *Nebraska Symposium on Motivation*. Lincoln, NE: University of Nebraska Press.
41) Baumeister, R. (1990). Suicide as an escape from self. *Psychological Review, 97*(1), 90-113.
42) Van derKolk, B. A., et al. (1996). *Traumatic stress: The effects of overwhelming experience on mind, body and society*. New York: Guilford.
43) MacNair. *Perpetration-induced traumatic stress: The psychological consequences of killing*.
44) Baumeister & Campbell. The intrinsic appeal of evil: Sadism, sensational thrills, and threatened egotism.
45) Zimbardo, P., et al. (1972), A Pirandellian prison: The mind is a formidable jailer. *New York Times Magazine*, pp. 26-43.
46) Bandura, A. (1987). Mechanisms of moral disengagement. *International Security Studies Program*. Washington, DC: Woodrow Wilson Center for Scholars.
47) Ferguson, N. (2006). *The war of the world* (p. 124). New York: Penguin.
48) 앞의 책, p. 124.
49) 앞의 책

50) Mawson. *Transient criminality: A model of stress induced crime*, p. 182.
51) Brownmiller, S. (1975). *Against our will: Men, women and rape*. New York: Fawcett, Columbine. Chang, I. (1997). *The rape of Nanking*. New York: Penguin. *Frontline*. (2004). "Ghosts of Rwanda." New York and Washinton, DC: Public Broadcasting System.
52) Conroy. *Unspeakable acts: Ordinary people: The dynamics of torture*, p. 262.
53) Brownmiller. *Against our will: Men, women and rape*, p. 109.
54) Suedfeld, P. (2000). Reverberations of the Holocaust fifty years later: Psychology's contributions to understanding persecution and genocide. *Canadian Psychology, 41*, 1-9.
55) Conroy. *Unspeakable acts: Ordinary people: The dynamics of torture*, p. 285.
56) Staub, E. (1990). *Psychology and torture*. New York: Hemisphere.

제12장 마지막 고찰

1) Le Bon, G. (1895). *La psychologie des foules*. Paris: F. Olean.
2) Waller, J. (2002). *Becoming evil: How ordinary people commit genocide and mass killing*. New York: Oxford University Press.
3) 앞의 책, p. 155.
4) 앞의 책
5) Tajfel, H., and Turner, J. C. (1986). The social identity theory of intergroup behavior. In S. Worchel and W. Austin (Eds.), *Psychology of intergroup relations* (p. 22). Chicago: Nelson-Hall.
6) Bowlby, J. (1973). *Attachment and Loss. Seperation* (Vol. 2). New York: Basic Books.
7) Nell, V. (2006). Cruelty's rewards: The gratification fo perpetrators and spectators. *Behavioral and Brain Science, 29*, 211-57
8) 앞의 책, p. 216.
9) Lee, R. B. (1979). *!Kung San: Men, women and work in a foraging society*. Cambridge: Cambridge University Press.
10) Nell. Cruelty's rewards, p. 223.
11) Wrangham, R., and Peterson, D. (1996). *Demonic males: Apes and the origins of human violence* (p. 216). Boston: Houghton Mifflin.
12) Panksepp, J. (1998). *Affective neurocience: The foundations of human and animal emotions* (p. 216). New York: Oxford.
13) Nell. Cruelty's rewards, p. 9.
14) 앞의 책
15) 앞의 책, p. 220.
16) 앞의 책, p. 219.
17) Davidson, R. J., et al. (2000). Emotion, plasticity, context, and regulation: Perspectives from affective neuroscience. *Psychological Bulletin, 126*(6), 890-909.

18) Jackson, D. C., et al. (2000). Suppression and enhancement of emotional responses to unpleasant pictures. *Psychophysiology. 37*(4), 515-22.
19) Pietrini, G., et al. (2000). Neural correlates of imaginal aggressive behavior assessed by positron emission tomography in healthy subjects. *American Journal of Psychology, 162*(11), 1771-1781.
20) Raine, A., et al. (1998). Reduced prefrontal and increased subcortical functioning assessed using poistron emission tomography in predatory and affective murderers. *Behavioral Sciences and the Law, 16*(3), 319-32.
21) 앞의 책
22) Miller, L. (2000). The predator's brain: Neurodynamics of serial killers. In L. B. Schlesinger (Ed.), *Serial offenders: Current thought, recent findings, and unusual syndromes*. Boca Raton, FL: CRC Press.
23) 앞의 책, p. 79.
24) Money, J. (1990). Forensic sexology: Paraphilic serial rape (blastophilia) and lust murder (erotophilia). *American Journal of Psychotherapy, 44*, 26-36.
25) Davidson, R. J., et al. (2000). Dysfunction in the neural circuitry of emotion regulation-a possible prelude to violence. *Science, 289*, 591-94, p. 591.
26) 앞의 책, Pietrini et al. Neural correlates of imaginal aggressive behavior assessed by positron emission tomography in healthy subjects.
27) Dutton, D. G. (2002). The neurobiology of abandonment homicide. *Aggression and Violent Behavior*(7), 407-21.
28) Stein, D. (2000). The neurobiology of evil: Psychiatric perspectives on perpetrators. *Ethnicity and Health, 5*(3/4), 303-15.
29) Nino, C. S. (1996), *Radical Evil on Trial*. New Haven: Yale University Press.
30) 앞의 책, p. 9.
31) Kadri, S. (2005). *The trial: A history from Socrates to O. J. Simpson*. New York: Random House. Nino. *Radical Evil on trial*.
32) Nino. *Radical Evil on trial*, p. 9.
33) Agence-France-Presse. (2006). Family "buried alive" by Saddam regime. *Vancouver Sun*, pp. A10.
34) Fisher, M. (2006). Does Iraq need another Saddam? *Vancouver Sun*.
35) 앞의 책
36) Chang, I. (1997). *The Rape of Nanking* (p. 102). New York: Penguin.
37) 앞의 책, p. 175.
38) Brackman, A. (1987). *The other Nuremberg: The untold story of the Tokyo War Crimes trial* (p. 173). New York: Morrow. Chang. *The Rape of Nanking*.
39) Sallah, M., & Weiss, M. (2005). *Tiger force: A true story of men and war*. New York: Little, Brown and Company.
40) Arendt, H. (1964). *Eichmann in Jerusalem: A report on the banality of evil*. New York: Viking Press.

41) Kadri. *The trial: A history from Socrates to O. J. Simpson.*
42) Goldhagen, D. (1996). *Hitler's willing executioners: Ordinary Germans and the Holocaust.* New York: Knopf.
43) Browning, C. R. (1998). *Ordinary men: Reserve police battalion 101 and the final solution in Poland.* New York: Harper Collins.
44) Eley, G. (2000), *The "Goldhagen Effect": History, memory, Nazism-facing the German past.* Ann Arbor: University of Michigan Press.
45) Chang. *The Rape of Nanking.*
46) Chang. *The Rape of Nanking*, pp. 174-75.
47) Kadri. *The trial: A history from Socrates to O. J. Simpson.*
48) 앞의 책, p. 219.
49) 앞의 책, p. 220.
50) 앞의 책
51) 앞의 책, p. 223.
52) 앞의 책, p. 224-35.
53) 앞의 책, p. 227.
54) 앞의 책, p. 228.
55) 앞의 책, p. 228-29.
56) 앞의 책, p. 229.
57) 앞의 책, p. 230.

제13장 요약

1) Baumeister, R. F., & Campbell, W. K. (1999). The intrinsic appeal of evil: Sadism, sensational thrills, and threatened egotism. *Personality and Social Psychology Review,* 3(3), 210-21. Browning, C. (2000). *Nazi policy, Jewish workers, German killers.* New York: Cambridge University Press. Browning, C. (1998). *Ordinary men: Reserve police battalion 101 and the final solution in Poland.* New York: Harper Collins. Goldhagen, D. (1996). *Hitler's willing executioners: Ordinary Germans and the Holocaust.* New York: Knopf. Zimbardo, P. (1969). The human choice: Individuation, reason and order vs. deindividuation, impulse and chaos. *Nebraska Symposium on Motivation.* Lincoln, NE: University of Nebraska Press.
2) Zimbardo, P., et al. (1972). A Pirandellian prison: The mind is a formidable jailer. *New York Times Magazine,* pp. 26-43.
3) Baumeister and Campbell. The intrinsic appeal of evil.
4) Kadri, S. (2005), *The trial: A history from Socrates to O. J. Simpson.* New York: Random House.
5) Zimbardo. The human choice: Individuation, reason and order vs. deindividuation, impulse and chaos.
6) Stout, C. (2004). *Psychology of Terrorism.* Westport, CT: Praeger.

7) Feldman, N. (2006). Islam, terror and the second nuclear age. *New York Times Magazine*, pp. 72-79.
8) Conroy, J. (2000). *Unspeakable acts: Ordinary people: The dynamics of torture* (p. 286). New York: Alfred A. Knopf.
9) Brownmiller, S. (1975). *Against our will: Men, women and rape*. New York: Fawcett, Columbine. Chang, I. (1997). *The rape of Nanking*. New York: Penguin. Loewenberg, P. (1983). *Decoding the past: the psychohistorical approach*. New York: Knopf. Suedfeld, P. (2001), Theories of the Holocaust: Trying to explain the unimaginable. In D. Chirot and M. E. P. Seligman (Eds.), *Ethnopolitical warfare: Causes, consequences and possible solutions*. Washington, DC: APA Press.
10) Dietz, P., et al. (1991). Threatening and otherwise inappropriate letters to Hollywood celebrities. *Journal of Forensic Sciences, 36*, 185-209.
11) Darley, J. (1999). Methods for the study of evil doing actions. *Personality and Social Psychology Review, 3*(3), 269-75. p. 269.
12) Wright, E. (2004). *Generation Kill*, New York: G. P. Putnam.

찾아보기

12세기 14, 20, 81
13세기 36
20세기 36, 38, 40, 41-45, 51-53, 59, 64, 77, 122, 140, 172
30년 전쟁 37

ㄱ

가미가제 특공대 조종사 33
가스실 65, 83, 111, 253
가해자 35, 45, 50-53, 107-110, 120-121, 141, 154, 186, 189, 193, 200, 203, 211, 216, 222, 228, 229-249, 256, 259, 261, 262
감옥 폭동 42, 52, 159, 169, 177
감정 상실 220
강박 관념에 사로잡힌 살인자들 242
개인 차이 219, 227, 255-256, 259-262, 272-275
거리낌 216, 225
거부 60, 132, 195, 197, 199, 200, 216, 223, 249, 256-262
검사 93, 133, 169, 244, 278, 280
게릴라 47, 135, 209
게슈타포 93, 97-101
게시 248
게인 239, 242
게토 81, 87, 88-90, 105-110, 110, 111, 113
고문 50, 62, 117, 128, 141, 150, 156, 194, 197, 221, 231, 251
고속 반응의 차등 비율 225
고통-피-죽음 266, 267
골드하겐 78, 80, 87, 92, 110, 116, 277, 282

공격성에 충동된 강간범 236
공산주의자 74, 90, 93, 106, 182, 193, 205
공중 폭격 전략 46
공포 21
과다각성 220, 258
과실성 45
과잉 살해 50, 167, 184, 221, 224, 237, 259
과잉 인구 43
광란의 살인자 248
광란의 학살 126
괴링 193, 207, 250, 279
괴테 113
교도소 169, 170, 171, 176
교수형 83, 123, 170, 242, 275, 276, 278
교차표 182
교황 그레고리 15, 17
교황 레오 16
교황 레오 11세 16
교황 어반 2세 15, 17, 31
교황 이노센트 32
교황 클레멘트 3세 15
국회의사당 방화 사건 85, 193
군대에 의한 메서커 140, 156, 218, 223, 225, 265
군중 심리 53, 57, 210, 263, 264, 273, 288
굴락 66, 118
권력 투쟁 173, 176
규범 8, 55, 89, 96, 117, 129, 141, 157, 179, 188, 200, 211, 226, 261

그레베 281
그로스만 216
그리스 정교회 15
금기 223, 227, 229
기념품 144, 220, 242
기능자기공명영상 272, 274
기독교인 17-29, 31-35, 60-76, 78-79
기본적 욕구의 좌절 185, 192, 200
기사 14, 29, 30
기생충 192, 203, 209
기아 41, 44, 52, 87, 108, 179, 186
길리에리 204, 235, 237
길모어 216
길버트 41, 110

ㄴ

나가사키 35, 44, 47
나치 41, 56, 70, 78-79, 80-87, 90-94, 94-96, 98-101, 104-110, 110-111, 112-119, 126-127, 175, 185, 192, 193, 203, 207, 209, 213, 253, 275-281
나치당 90
나치즘 192
나토 76
난징 42, 47, 52, 73, 122-138, 168, 207, 218, 223-228, 232, 233-249, 250, 270, 276
난징 대학살 35, 49, 50, 52, 122-124, 129, 212, 279
납치 168
내면화된 도덕 기준 227
내부 집단 34, 44-45, 55-58, 67, 124, 187-188, 200, 204, 206-207, 208, 228, 254, 264, 283

내적 일치 174, 175, 254
내전 65, 68, 71, 123, 129, 135, 185
노예 제도 40
뇌 행동 시스템 58
눗카 38
뉘른베르크 법정 250, 278
뉴먼 143
뉴욕 타임즈 61, 65, 77, 137
닐 148-158

ㄷ

다니엘 133
다르푸르 42, 52, 185
대규모 농장 38, 41
대규모 사회적 폭력 42, 247
대규모 집회 19
대기근 44, 63, 65
대뇌 피질 기능 229
대동아공영체 129
대량 살상 무기 19, 138
댈레어 53, 62, 72-76
더튼 227
데모사이드 37, 38-39, 40, 66, 71
데이튼 76
데카메가 학살자 40
도덕성의 역전 203, 229
도덕적 이탈 201, 202, 223, 256, 257, 260
도밍고 몬테로사 바리오스 135
도쿄 극동 국제군사재판소 276
도쿄 극동 군사재판소 279
독가스 42, 51, 87, 104, 110
독방 162, 173
독일노동자당 81, 85
동물성애 239

동유럽 기독교 교회 22, 32
동정적 각성 226
동티모르 50
동프러시아 235
드 레 144, 237, 241-248
드살보 231
디 브라운 121
딸랏 60, 62, 136
똑똑히 회상되는 과거 258
뚜얼 슬랭 70, 194

ㄹ
라베 124
라인 지방 22, 279
라틴인 27, 28
러시아 37, 44, 59, 63, 81, 88, 105, 108-110, 114-119, 125, 181, 186, 207, 213, 233, 235, 238
럼멜 37, 40, 42, 66
레바논 전쟁 258
레인 273
렘킨 49
로샤 테스트 261
룀 89
르 봉 14, 53, 57, 210, 221, 263, 288
르완다 42, 50, 52-53, 62, 71-76, 80, 120, 126, 181, 183-185, 187, 191, 196-198, 200-202, 208, 223-226, 247-248, 260, 275
르완다애국전선 72, 183, 187, 191, 197, 201
르완다 인권 법정 53
리든아워 132
리메이 46, 47
리온 요새 121

리지웨이 242, 244, 245
리프턴 130, 176, 223, 256
린치 사건 11, 143, 144-158, 178, 201
린치 폭도 140, 146, 153, 155, 228, 242
림피에차 137

ㅁ
마니교도 파우스투스 반박 15
마야 38, 41
마오주의 67
마오주의 혁명 67, 69
마음의 이론 9
마지막 영혼들의 섬 120
마티네즈 여단 135
말라무스 231, 232, 240
맥나마라 35, 46
메서커 44, 49-53, 81-87, 107-110, 120-121, 130, 132-134, 140, 155-156, 171-178, 218, 221, 222-226, 229, 233-234, 248, 259, 259-262, 282
메카 22
멕시코 37, 41
멩겔레 175, 253, 254
멸시 108
모겐소 61, 62
모슨 226, 227, 259-262
모지노 38
모친 살해 227
모하메드 22
목화 농업 145
무슬림 18-35, 68-76, 78-119, 160-178, 205, 276, 283, 287
문화적 신념 체계 256
미라이 45, 47, 50, 52, 123, 130-138,

찾아보기 343

156, 184, 216, 218, 223, 227,
229, 233, 251-255, 255-256,
261-262, 276-281, 283, 287
미연방수사국 행동과학부 243
민병대 60, 73, 187-188, 193-198
밀그램 48, 89, 252
밀로세비치 42, 52, 74, 76

ㅂ
바르바로사 작전 106, 109, 213
바우마이스터 216-221, 226-227, 230,
251, 257-262, 283
바이러스 은유 208
바이마르 공화국 85, 94
바이스 219, 220, 233, 276
반대 과정 이론 216, 221, 257
반사회적 80, 94
반사회적 인격 장애 246
반유대주의 78-119, 182
반제 회의 109, 111, 253
발굴 53, 137
배신 21, 23
버얼리 84
법의학 245, 248
베르사이유 협정 83, 84, 86
베를린 118, 235
베커 10, 43, 45, 55-58, 249, 275
베타 과정 217-221
베트남 50, 67, 130, 134, 219, 254, 270,
283
베트남 전쟁 41, 46
벨로루시 64, 235
변형된 의식 227, 229, 259
보복 44, 76, 84, 97, 102, 130, 170, 228,
235, 278, 287

보스니아 42-45, 52, 74-76, 205, 283
보스톤 학살 231
보호 감호 95, 98, 99, 100, 102
복내측 전두엽 272
볼세비키 63
부룬디 68, 196
부비 트랩 131
부족주의 78, 186, 204, 287
부켄발트 280
북아프리카 173
분노 상태 155, 223
불임 시술 93, 95
붕괴된 사고 227
브라우닝 88, 109-119, 127, 154, 212-
228, 250, 277
브라운밀러 131, 171, 219, 231, 232
브루턴 감옥 149
브릭만 173, 176, 254
블라드 체페슈 35
블랙 무슬림 160, 162, 164, 167
블랙 케틀 121
블랙 팬더당 160, 160-169
비들 279
비버 118, 181, 233, 234, 238
비야 41
비인간화 7, 17, 27, 40, 153, 223
비잔틴 제국 15, 32
빌리 알토프 113

ㅅ
사기 23, 47, 117
사라센 21, 29
사라예보 75
사마르칸트 37
사면 96, 165

사이코패스 185, 244, 258
사지 절단 72, 134, 135, 150, 154, 197, 218, 231, 234, 239, 259, 284
사회 규범 179
사회생물학자 43, 238
산타페 교도소 169
살라 219, 220, 276
살해에 대한 최초 반응 216
새디즘 59, 73, 129, 173, 175, 217, 221, 240, 254, 284
샌드 크리크 44, 50, 121, 270
생체 해부 19
샤이엔 44, 121
서머나의 미 영사관 61
선전 72, 85, 90, 183, 192, 203, 209, 264, 285
선행하는 강화물 267
성도 31, 34
성 아우구스티누스 8
성적 살인범 247
성직자 15
성취 269
성폭행 후 살해 125, 234
세계 지배 284
세르비아 42, 51, 74, 233, 283
소각장 175, 193
소련 41, 67, 105, 235, 277
소아성애자 239
소아시아 22, 26
소이탄 46, 47
수단 50, 52, 185
수우 121
수정의 밤 102, 103, 233
슈펠드 11, 42, 52, 181, 261
스레브레니차 75

스리랑카 50, 285, 286
스탈린 40, 44, 52, 63, 192, 205, 277
스타우브 153, 185, 192, 200, 203, 210, 229, 243, 262, 283
스페인의 아메리카 정복 37
스포츠식 학살 225
시로 아주마 125, 230
시상하부 220, 227, 268, 273
시상하부 각성 227
시아파 22, 276, 287
식인 풍습 57, 125
신경 네트워크 268, 274
신경 수지상 돌기 266
신경 전달 물질 220
신성한 전쟁 16, 18, 22, 45, 285
심리역사학적 연구 288
심리적 마비 258, 259
십자군 14, 17, 19-35, 36-58, 122, 285
십자군 제1차 원정대 18, 21
씬티 앤 로마 100

ㅇ
아동 살해 31, 50, 221
아렌트 254
아루샤 협정 72
아르메니아 25, 28, 41, 52, 59, 61, 168, 193, 205
아르헨티나 43, 262
아리안 78, 83, 85, 94, 117, 210, 233, 255
아메리카 원주민 37, 169
아브 그레이브수용소 251
아우구스 45
아우구스티누스 15
아우슈비츠 110, 115-119, 213-221,

253-255
아이케 102
아이히만 51, 105-110, 252, 253, 274, 277
아인자츠그루펜 106
아틀랜타 컨스티튜션 142, 155
아티카 160-178
아파치 37
아프리카계 미국인 80, 141, 145, 147, 148, 153, 155, 158
아프리카 원주민 부족 37, 68, 179
안락사 101, 104
안와 전두 피질 272
알렉시우스 1세 22
알바니아인 76
알파 과정 217, 218
앙골라 50
애스브리지 15, 17-35
애착 안정성 286
앨버트 밴두러 201, 260
야마시타 254
야만성 27, 35, 128, 156, 221, 230, 236, 249
약탈 24, 26, 60, 103
에데사 26
엘 모소테 50, 52, 131, 135-138, 156-158, 184, 214, 218, 222-228, 233, 270, 276
여호아의 증인 93
연쇄 살인범 53, 237-241, 242-248
영 턱스 60
예루살렘 17, 21, 26-29, 31
오토만 제국 59-60, 61
올렌도르프 108
완곡어법 201

왈러 121, 186, 249, 255, 256, 260, 263
외부 집단 67, 83, 96, 117, 124, 128, 184, 187-188, 191, 200, 204, 205, 207, 209-211, 247, 254, 264, 283
외부 집단 폄하 262
외상성 애착 217
외적 일치 174, 174-178, 254
우리와 그들을 구분하는 사고 256
우크라이나 44, 52, 59, 63, 63-64, 107, 186, 193, 222, 235, 281
울람 63
원시적 패거리 55, 57
웨스트 뱅크 286
웰스 65, 120
위계 128, 164, 177, 191, 222
위그노 교도 37
윈-에드워즈 43
유대교 79, 94
유대인 사냥 114
유해 환경 283
유혈 16
은폐 132
이디 아민 185
이방인 혐오증 186, 204, 206, 222, 256, 263
이스라엘 34, 36, 186, 251, 258, 287
이슬람 17, 21, 28, 33, 60, 285, 287
이오지마 46
이중 과정 모델 217
이집트 파티마 왕조 31
이크 179-180
인간사냥 141, 154
인간 이하 27, 129, 155, 284
인류에 반한 범죄 61, 278

인민의 십자군 20, 22, 34
인민혁명군 135
인종 오염 93, 233
인종적 순수성 71, 201, 207
인종적 우월성 242
인종 폭동 164
인지 부조화 14
인테라하므웨 188, 193, 194, 196
일리 80, 277
일본 대사관 124
일시적인 범죄성 226

ㅈ
자경단 65
자극 추구 226, 261
자기 민족 중심주의 129, 186, 204, 264
자기 수용 225, 267
자기 수용의 강화 267
자부심 245, 258
자살 폭탄 테러 19, 285
자아 54, 226, 256, 261
자아 경계의 약화 226
잔인성의 문화 256
잔학 행위 9, 18, 21, 30, 39, 49, 61, 121, 124, 239
장 50, 123, 154, 212, 277
재니스 48, 69, 187, 191
재정착 70, 87, 113, 194
저속 반응의 차등 비율 224
적개심의 이데올로기 200
전격전 213
전대상회피질 273
전두엽 272
전리품 144, 151, 235, 242, 270
전쟁 범죄 29, 46, 124, 132, 275, 278

전쟁 범죄 법정 63, 70, 230, 234
전쟁 범죄 재판 123, 127, 275, 277
전쟁 수행에 관한 공동 위원회 122
전쟁의 안개 35, 46, 224, 276
전투 16, 19, 21, 28, 106, 125, 131, 206, 216, 226, 250, 269
절멸 36, 104, 156
정신병 133, 247
정신병리적 문제 256
정의의 전쟁 15-35
정치적 이념 33, 44, 67
제1차 세계대전 60, 61, 64, 71, 78, 81, 85, 94, 122, 185, 215
제2차 세계대전 35, 38, 46, 57, 87, 95, 101, 122, 207, 212
제3제국 88, 182
제4차 십자군 31, 75
제11경보병여단 50, 130
제14차 미국 헌법 수정안 147
제101예비경찰대대 106, 114, 212, 213, 217, 250
제네바 협약 122
제노다이나믹 과제 183
제노사이데어스 42
제노사이드 범죄 방지과 처벌을 위한 UN 협약 49
제노사이드의 전제 조건 185
조상의 그림자 186, 249, 256, 263
존 아코셀라 14
종교적 이념 33
종족 청소 41, 42, 71, 74, 76, 196
죄수 66, 89, 93, 123, 161, 165, 169
주이트 38
죽음의 바탄 행진 12
중국 35, 42, 52, 67, 192, 222

중일전쟁 122
지각의 변화 230
지옥의 묵시록 220, 288
지하드 19-35, 285
진실위원회 137
진주만 128
짐바르도 172-178, 218, 222, 251-255, 259-262, 283
집단 사고 48, 69, 187, 191
집단 성폭행 125, 127, 235
집단 수용소 89, 93, 95, 98, 102-119, 217
집단 이기주의 283
집단 폭력 36, 42, 140, 159, 178, 222
집시 41, 100, 101, 105, 116

ㅊ
참수 27, 38, 75, 128
처리 수법 32, 73, 223, 236, 248
처벌 235
체계적 학살 44, 107, 278
체첸 공화국 50, 286
초기 애착 263
총살 교육 214
총살 집행 부대 213, 215
최악의 상황 9, 81, 161, 228, 283
최종 해결책 57, 106, 109, 114, 193, 212, 253
추방 31, 44, 60, 65, 74-76, 100-119, 188, 195, 278
추수감사절 대학살 113
추적 체계 268, 269
치빙턴 121
친위대 57, 86, 102, 104, 118, 217, 281

ㅋ
카드리 132-134, 219, 279-281
카르타고 36, 123
카슈미르 286
카자크 64
카자흐스탄 64
캄보디아 41, 42, 51, 52, 57, 66-76, 177, 182, 186, 194, 205
캘리 47, 50, 124, 130-138, 219, 248, 253, 253-262, 277
캠벨 216, 217, 219, 251, 257, 259, 261, 283
코란 33, 276, 285
코사크 63, 64
코소보 76
코소보 주민들 76
콘로이 251, 261, 283, 287
콘스탄티노플 15, 22, 32, 60
콘스탄티누스 21, 78
콘키스타도르 35
콜로라도 제3기병 연대 121
콜리세움 35
콩고 39, 42, 57
쿠르드족 42, 207, 276
쿠바 미사일 위기 46
쿠클럭스클랜 177
크레믈린 63
크로아티아 74, 205, 239, 283
크리스토톰 79
크리포 95, 98
크메르 루즈 42, 52, 67-71, 192-198, 205-206, 207, 283-284
키갈리 191, 196

ㅌ

타르수스 25
타밀 타이거 285, 286
타이거 부대 220, 233, 270
탈감각화 128, 154, 210, 284
탈개인화 225
탈개인화된 공격 224
탈개인화된 폭력 222, 224, 228
탕크레드 25
터키 59-60, 63, 168, 203
턴불 179
테오네스테 바가소라 195
텔레마코스 271
토레온 41
토막 살인자 잭 242
토벌 경찰 106, 211, 212
투석기 21, 23
투치 39, 50-53, 71-74, 181-185, 187-188, 189-190, 196-198, 199-202, 204, 208, 258
트라우마 74, 220, 235-241
트로우니키스 218
특성 병리학 73
특수 부대 219
티토 41, 74, 76

ㅍ
파괴적 복종 256
파문 15, 31
파워 51, 59, 71, 74
파인 182
퍼거슨 60, 65, 76, 80, 122, 260
페리트라우마 220
편도체 269
편집증 69, 135
평화주의 16

포그롬 44, 50, 81, 102, 107, 207, 282, 288
포로 24, 68, 106, 114, 122, 124, 128, 207, 217, 225, 278, 280
포식 265, 266-267
포식자 265, 266-267, 267-268, 268-275, 288
포위 전투 20, 21, 23, 33
포트 42, 67-71, 177, 205
폭력의 광란 248
폴란드 41, 84, 86, 100, 103, 106-110, 112, 212, 217, 233
폴란드 유대인 102, 105
표적 집단 19, 48, 50, 71, 152, 159, 181-211, 222-228, 243
프랑스 대혁명 53, 205
프로이트 54-58, 179, 222
프롬 59, 222, 263
피난민 62, 68
피베즈 39
필립스 16, 33, 34

ㅎ
하비아리마나 187, 191, 195
하이드리히 104, 105, 111
하츠펠드 189, 198, 199, 202, 204
하쿠도 127, 248
하트위치 239
학대 행동 222, 251, 284
한나 아렌트 253
함부르크 44
합리적인 이기심 256
합리화 44, 60, 136, 191
항상성 269
항상성 이론 43

해리토스-패투어로스 251
해마 220, 273
핵무기 65, 287
허쉬 130, 131, 218
호스 141, 148, 154-156
혼란 43, 91, 109, 164, 166, 170, 193,
    200, 211
홀로도모르 63, 65
홀로코스트 44, 49, 51-53, 59, 74, 77,
    81-87, 110-111, 116-119,
    212-213, 255, 282-283
홀로코스트 박물관 255
화살 20
환상 57, 191, 229-249
횡측 시상하부 통로 268
후세인 42, 275, 279
후투 39, 42-45, 50-53, 70, 80, 181,
    183-211, 223-226, 257-262
휴먼라이츠워치 52, 73, 194
희생양 80, 146, 153, 177, 185, 200,
    208, 277
히로시마 35, 44, 47
히믈러 86, 88, 92, 95, 100, 102, 105
히브리 286
히스테리성 전염 20
히스페닉 160, 169
히키 246, 248
히틀러 40, 53, 65, 82-119, 124-138,
    192, 201, 210, 280

S
SA돌격대 89, 102

T
T-4 작전 104